最新现代高等物流教育系列

Purchasing and Inventory *Management*

采购与库存管理 （第2版）

蹇令香　李东兵　编著

东北财经大学出版社·大连
Dongbei University of Finance & Economics Press

图书在版编目（CIP）数据

采购与库存管理 / 蹇令香，李东兵编著．—2版．—大连：东北财经大学
出版社，2016.12（2018.1重印）

（最新现代高等物流教育系列）

ISBN 978-7-5654-2499-1

Ⅰ．采…　Ⅱ．①蹇…②李…　Ⅲ．①采购管理-高等学校-教材②库
存-高等学校-教材　Ⅳ．F253

中国版本图书馆CIP数据核字（2016）第222339号

东北财经大学出版社出版

（大连市黑石礁尖山街217号　邮政编码　116025）

网　　址：http：//www.dufep.cn

读者信箱：dufep@dufe.edu.cn

大连图腾彩色印刷有限公司印刷　东北财经大学出版社发行

幅面尺寸：185mm×260mm　　字数：605千字　　印张：25.75

2016年12月第2版　　　　　　2018年1月第5次印刷

责任编辑：孙　平　　　　　　　责任校对：贺　欣

封面设计：沈　冰　　　　　　　版式设计：钟福建

定价：48.00元

第二版前言 DIERBAN QIANYAN

随着市场经济的发展与完善，采购不仅成为企业组织生产的先决条件，而且是降低成本、获取利润，从而提升企业核心竞争力的重要环节。一方面，采购管理能降低所有的直接原料成本，减少公司所占用的资金，从而提高公司的资本回报率；另一方面，通过采购管理将质量管理延伸到供应商质量控制上，不但从源头上保证了产品的质量，并且对质量成本的削减作出贡献。

我国企业数量众多，不同的企业所处的物流一体化进程各不相同，因此，采购管理所适用的方法和手段也不尽相同。跨国公司如大众、西门子等，已实现外部物流一体化，即进入了供应链管理阶段。它们已大规模实行电子采购、JIT采购、供应链采购等新型采购方法。我国较早实现国际化的企业，如海尔、联想等，也在积极采用这些方法。而我国的大部分企业，仍处于内部物流一体化的阶段，运用更多的采购方法是MRP采购和订货点采购。

本书在借鉴和吸收国内外采购管理理论和最新研究成果的基础上，密切结合国内企业采购管理的实际情况，介绍了采购管理的基础知识、基本方法和采购管理的前沿问题，旨在帮助学生较为系统、全面地了解采购管理理论，为其日后的实际工作提供一个基本的分析工具。

本书的特点是：第一注重基础性，第二注重实践性，第三注重前沿性，尝试多方面知识的融会贯通，注重知识层次的递进，同时在具体内容上突出实际运用知识的能力。本书含有很多中外运作实例，加强对学生采购管理应用能力的培养，鼓励学生用采购管理原理来理解和解释发生在自己周围的一些企业的实际运作问题，从而既能引起学生的兴趣，又能浅显易懂地说明采购管理的核心问题，使本书做到"教师易教，学生乐学，技能实用"。此外，书中还配有练习题，以供学生课后练习使用。为方便教学，本书配有电子课件，请登录东北财经大学出版社网站（www.dufep.cn）免费下载。

本书可作为物流管理专业的本科教材，也可作为相关专业本科生、研究生以及采购和物流管理的研究人员、管理人员的参考用书。

全书共13章，其中第1、2、4、5、6、12章由大连海事大学交通运输管理学院蹇令香教授编写，第3、7、8、9、10、11、13章由大连理工大学城市学院李东兵副教授编写。全书修订工作由蹇令香教授负责。

在本书的编写过程中，参考了大量的相关文献，在此向各位同行表示深深的感谢。由于水平有限，书中不当之处在所难免，恳请读者批评指正。

编著者
2016年10月

目 录 MULU

第 1 章

采购与库存管理概述

◆ **学习目标**

通过本章的学习，应了解采购的重要性、采购的基本程序和原则、采购的新发展，理解采购、采购管理的概念，采购管理的发展趋势、库存管理的内容及目标，掌握采购管理的内容与流程，为以后各章的学习打下基础。

◆ **基本概念**

采购 采购管理 库存控制 库存管理

引导案例　　　　　　　　　**跨国公司的采购操作**

企业在竞争中能否取胜取决于实力。领先的核心技术是实力，英明的经营决策是实力，优秀的人力资源是实力，可观的规模效应、优良的企业资产和科学的管理体系等，都是有实力的企业所应具备的。

然而，除上述先决条件外，企业生产经营中的成本控制也是关键的一环。成本乃生存之道，经营效益的好坏与生产成本能否被有效地控制密切相关。以原材料、零配件采购为例，若采购成本高，生产成本必然也高，反之亦然。因此，采购作为企业为满足特定的需要而发生的外部购买行为，采购管理对企业就意味着使购买物有所值。

采购管理离不开三个主题：降低成本、提高质量和提高效率。既然采购是"外部"购买行为，就意味着供应商和客户之间的利益关系并不完全一致。为此，要在变动的采购利益关系中准确界定企业的利害关系，并以此为基础展开采购行为。

国内大部分企业存在一个误区，即采购工作就是和供应商搞好关系，然后在这种关系基础上，与企业需求之间寻求磨合和平衡。其实对企业而言，这种情况是很危险的。在采购行为中，与供应商建立良好的个人关系固然重要，但企业间的利益关系更是本质的因素，并具有决定性作用。在采购管理方面，跨国公司有很多成功的经验值得我们学习。

许多跨国公司在采购活动中都采用"业务外包"的做法，将采购部门从单纯的服务于生产的职能中解放出来。耐克（Nike）公司就是一个广为人知的极端例子。这家世界运动鞋霸主没有直接的原材料供应商，甚至没有自己的工厂。在很多发展中国家的工厂里，耐克鞋被日夜不停地生产出来，而工厂的主人却不是耐克。这些工厂拥有自己的原料供应商——提供布匹、塑料、生产设备等的供应商。这些供应商们也同样拥有自己的供应商。

耐克从生产到广告，从飞机票到午餐，从仓储到市场调研等，都是通过采购得以实现。这种成功在很大程度上是以"大采购"战略的成功为基础的。

认识自己的核心能力对于采购也是很重要的。在美国微软公司全球3万余名雇员中，有超过一半的雇员是从事软件开发的，1万人左右做市场和销售工作，另有4 000人左右从事财务、人事、办公室管理和物流管理工作，其他业务和资源全部通过采购获得。

世界饮料工业的头号巨人可口可乐公司也采取了同微软类似的做法。它虽然保留了"可口可乐"工厂，保留了诸如财务、人事等管理职能，但始终把大部分精力投入市场和销售领域。即使在市场部门，工作的主要内容也是保证利用通过采购获得的消费者研究、零售研究、竞争对手等研究结果的准确性，并保证能够应用到公司的渠道策略、广告策略和新产品开发策略中去。近些年，可口可乐公司也开始对生产进行采购，即进行"合作生产"，如"天与地""醒目"等。

微软注重研发，可口可乐注重市场，并非偶然。提到微软，人们首先想到的是好用的软件；提到可口可乐，人们首先想到的是充满活力的广告和地道的美国文化，大概除了供应商本身，没有人会去注意"Office软件的包装是哪里生产的"、"可口可乐的水是哪条河里的"等问题。

可以说，对那些成熟的跨国公司而言，它们把资源和注意力更多地放在"核心能力"上，而对于那些与核心能力无关的业务，则尽量通过采购获得，这是它们的普遍战略，是值得国内企业借鉴的成功之处。

（资料来源 九仔．物流案例：跨国公司的采购［EB/OL］．（2012-08-08）［2016-02-18］．http：//www.9956.cn/college/68279.html.）

采购作为企业生产经营活动的首要环节，对企业的生存和发展起着至关重要的作用。目前，越来越多的企业已将采购管理作为企业的一项重要战略任务。对企业来说，合理地进行采购，可以降低采购成本，节约采购费用，为企业提供符合品质要求的原材料，保证了企业的正常生产和销售，既满足了市场需求，又促进了企业的良性循环，让企业获得更多的利润。采购为什么如此重要呢？

1.1
采购

1.1.1
采购的含义

1）采购的基本概念

采购可以从狭义与广义两方面来理解。

狭义的采购，是指企业基于生产、销售、管理等目的购买所必需的所有货物和服务的交易行为。它包括根据需求提出采购计划，选好供应商，经过商务谈判确定价格、交货条件，最终签订合同并按要求收货付款的全过程。

采购过程中的主要活动有：

- 确定需要购买的商品和服务的规格（按照要求的质量和数量）；
- 选择最合适的供应商；
- 为订立协议作准备并与供应商进行谈判；
- 将订单发给优先供应商；
- 订单的监督和支出的控制；
- 后续工作和评估（解决索赔，产品和供应商档案的更新，供应商评级和分类）。

图1-1显示了采购过程的主要活动，这些活动是紧密相关的。

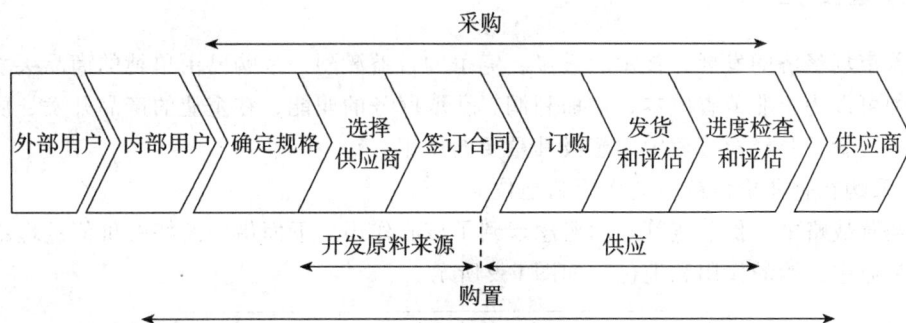

图1-1　采购过程模型和相关概念

广义的采购，是指除了以购买的方式获取物品之外，还可以通过下列途径取得物品的使用权，以达到满足需求的目的：①租赁。租赁是一方以支付租金的方式取得物品的使用权，使用完毕或租期满后将物品归还给物主的一种非永久性的行为。企业的生产经营中所租赁的物品通常有厂房、车辆、生产设备、仪器、办公用品等。②交换。交换就是通过以物易物的方式取得商品的所有权及使用权，但是并没有直接支付商品的全部价款。换言之，当双方交换的货物价值相等时，不需要以金钱补偿对方；当双方交换的货物价值不相等时，仅由一方补贴差额给对方，如生产物料的交换、机器设备的交换等。这种交换方式不仅可以取得自己想要的东西，还可以盘活自己闲置或多余的东西，可谓一举两得。③外包。外包是指企业将一些与企业核心业务关联性不强的业务外包给别的专业公司，以取得专业优势，从而降低成本的一种新型采购方式。这种方式的优势非常明显，能有效地降低资金的占用率，化解投入大量资金建设生产线所引起的高额投资风险；可以大大缩短产品获利周期；有利于提高企业的核心竞争力。外包形式近几年日趋流行。综上所述，采购就是指企业为了满足某种特定的需求，以购买、租赁、交换、外包等途径，取得商品及服务的使用权的活动过程。

在日常经营活动中，我们所讲的采购主要是指狭义的采购。

2）采购的相关概念

（1）订购和购置。订购这个术语指的是依照事先约定的条件向供应商发出采购订单。此外，这个术语还被用在并没有询问供应商的条件而直接发出采购订单的时候。电话订购属于这个范畴，因为电话订购的产品已经列在供应商的产品目录中。订购被认为是采购过程的一部分。

购置是指将从供应商处获取的产品送至最终目的地所要求的所有活动。它包含采购职能、贮存、交通和运输、来料检查和质量控制与保证。

（2）开发原料来源，是指寻找供应源，保证供应的连续性，确保供应的替代源，搜集可获得资源的信息等活动。

（3）供应。在美国和欧洲，供应的含义比较宽泛，包括采购、存储和接收等活动；在中国，供应一词的基本含义是指供应商提供产品或服务的过程，偏重于物流活动，而采购更偏重于商流活动。

1.1.2
采购的重要性

随着市场经济的发展、技术的进步、竞争的日益激烈，采购已由单纯的商品买卖发展成为一种可以为企业节省成本、增加利润、获取服务的职能，在企业的产品开发、质量保证、供应链管理及经营管理中起着极其重要的作用。

1）采购在企业价值链中的作用和地位

在经营战略中，价值链管理的概念起到了核心作用。下面借助波特的价值链理论来说明工业企业中采购的作用和地位，如图1-2所示。

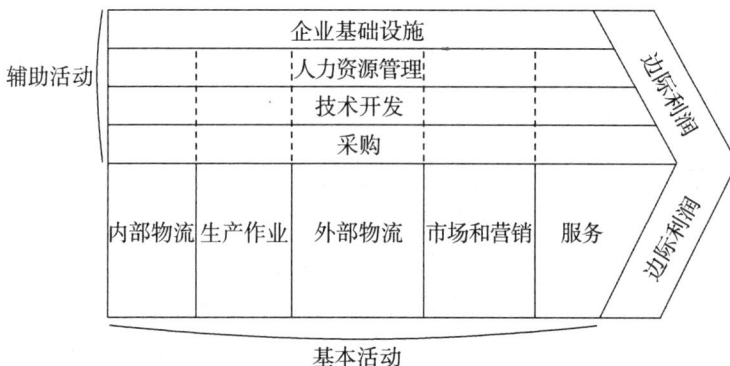

图1-2 采购和价值链

图1-2中的价值链由价值活动和由这些活动创造的边际利润组成。价值活动可以按照

物质和技术活动分成不同的组。波特将其区分为基本活动和辅助活动。

基本活动是与公司交付给其客户的最终产品的物理变化和加工有直接关系的活动。从图1-2可以看出，向客户交付产品和提供服务（产品）是这些基本活动的一部分。

辅助活动作用于基本活动并给予其支持。它们可以被用来支持某一基本活动，也可以被用来支持整个基本活动过程。

波特将基本活动分为五种基本类型。

（1）内部物流。与接收、存储和分配相关联的各种活动，如原材料的搬运、仓储、库存控制，车辆调度和向供应商退货。

（2）生产作业。与将投入转化为最终产品形式相关的各种活动，如机械加工、包装、组装、设备维护、检测、印刷和各种设施管理。

（3）外部物流。与订货、存储和将产品发送给买方有关的各种活动，如产成品库存管理、原材料搬运、送货车辆调度、订单处理和生产进度安排。

（4）市场和销售。与提供一种买方购买产品的方式和引导他们进行购买有关的各种活动，如广告、促销、报价渠道选择、渠道关系建设和定价。

（5）服务。与提供服务以增加或保持产品价值有关的各种活动，如安装、维修、培训、零部件供应和产品调整。

辅助活动被分为以下四种基本类型：

（1）采购。采购是指购买用于企业价值链各种投入的活动。采购的投入包括原材料、储备物资和其他易耗品，也包括各种资产，如机器、实验设备、办公设备和建筑物。这些例子表明，采购投入在基本活动和辅助活动中都存在。这就是为什么波特将采购划入辅助活动而不是基本活动的一个原因。

（2）技术开发。技术在此范围有着广泛的含义。因为在波特看来，每一项活动都包含了技术，程序或技术包含在过程或产品设计中。大多数价值活动都用到了许多涉及不同学科的交叉技术。

（3）人力资源管理。人力资源管理包括涉及所有类型人员的招聘、雇用、培训、开发和薪酬管理的各种活动。它在基本活动和辅助活动中都起作用。

（4）企业基础设施。整个公司是这些活动的消费者。它们不只支持一项或更多的基本活动——相反，它们支持全部的公司活动过程。这些活动包括管理、计划、筹资、会计、法律、行政事务和质量管理等。在通常包括不同业务部门的大公司中，这些活动可按照总部和业务部门来划分。

所有的活动都应当在产生的价值大于其消耗的成本的前提下进行。在波特看来，公司的总价值是由其销售总价值决定的。边际利润反映了公司风险的报酬。波特把采购看成辅助活动。他使用"采购"而不是"购买"，是因为购买的通常含义仅仅限于管理人员。采购职能的分散性常常导致总的购买量不清晰，并意味着很多购买活动很少得到详细研究。

采购的重要作用体现在能够为下列活动提供支持：

（1）基本活动。采购职能应该满足与内部物流、外部物流，特别是与业务运作有关的物料需求。采购业务由物料需求计划所决定。为基本活动进行采购被称为"生产采购"或"生产物品的采购"。通常，这一领域得到管理层的较大重视。

（2）辅助活动。采购活动也可能与和其他辅助职能有关的辅助产品和服务有关。例如，下列各项的购买：研发所用的实验设备、计算机中心所需的计算机硬件和软件、为销售部门和高级管理层租借的汽车、会计用的办公设备、招待部门所需的食品和饮料、内务所需的清洁材料等。

以辅助活动为目标的采购职能在性质上有很大的不同。一些需要做的采购活动是日常的（维护、修理及运营（Maintenance，Repair and Operations）用品，即MRO用品）、重复性的和低价值的。其他的采购活动会有"突出的特征"，并且是唯一的和高价值的（投资品、固定设备、建筑物）。总的来说，这类采购指的是"非生产采购"或"普通开支"。它们可以被分为MRO用品、投资品和服务。这种类型的采购的多样性使其获得统一的计算机信息系统和/或采购程序的支持非常困难。表1-1总结了为基本活动进行采购和为辅助活动进行采购之间的区别。

表 1-1 　　　　　　　　为基本活动进行采购和为辅助活动进行采购的主要区别

项　目	为基本活动进行的采购	为辅助活动进行的采购
产品种类	可多可少	非常多
供应商的数量	有限，清楚	非常多
采购金额	非常大，相当可观	有限
购货订单的数量	相当多	非常多
平均订货量	高	低
控制	依赖于生产计划的类型	有限，与预测有关或与项目有关的计划
决策制定单位	设计、制造部门的专业人员支配	各个部门，随产品或服务而变化

2）采购对企业经营的重要性

企业的成本结构直接显示了采购对企业经营的重要性。采购成本是企业成本管理中的主体和核心部分。在企业的产品成本构成中，采购的商品和服务占企业总成本的比例随行业的不同而不同，如图1-3所示，大体在30%~85%，平均水平在60%以上。从世界范围来说，对于一个典型的企业，一般采购成本（包括原材料、零部件）要占60%，工资和福利占20%，管理费用占15%，利润占5%。而在中国的工业企业中，各种物资的采购成本要占企业销售成本的70%。而在现实中，许多企业在控制成本时将大量的时间和精力放在不到总成本40%的企业管理费用及工资和福利上，而忽视其主体部分——采购成本，往往是事倍功半，收效甚微。

采购零部件和辅助材料成本占到最终产品销售价值的大部分，这意味着，在获得物料方面所做的点滴成本节约对利润产生的影响，要大于公司其他成本减去销售领域内相同数量的节约给利润带来的影响。这就是人们所熟知的杠杆原理。

下面用两个例子说明采购的杠杆作用。

首先，用一张简单的利润表来说明杠杆原理的作用。我们的目标是将利润提高一倍。现在，某公司的总销售额为1亿元，利润为500万元。其中，销售额的60%用来购买产品和服务，其余的成本包括劳务费、工资，以及一般管理费用。问题是：销售额、产品价格、劳务费和工资、一般管理费用或采购额要增加或减少多少，才能使利润从目前的500万元提高到1 000万元？

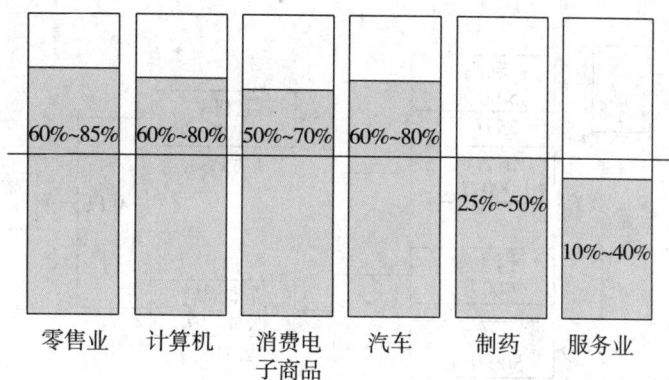

图1-3 采购的商品和服务占商品销售成本的百分比

表1-2列出了为使利润翻番，每个项目应变化的幅度。可以看出，除了价格和采购外，其余各项都必须经历大幅度变动才能使利润增加一倍。而价格一项，市场上的激烈竞争也会使价格的上涨很难实现。在成本方面，我们虽然无法控制购入产品成本的主要部分，但是往往可以通过一些简单的手段来大幅度降低成本，比如让两个供应商对同一产品报价，与供应商紧密协作来控制成本，利用供应商的数量折扣，或者仔细选择货源、运输路线、运输方式等。这些方面成本下降的百分比不需要很多就可以实现绝对成本的大幅下降，利润的大幅提高。

表1-2 　　　　　　　　　　　采购利用杠杆原理实现利润翻番　　　　　　　　　单位：百万元

	当前值	销售额 +17%	价格 +5%	劳务费 和工资 −50%	一般管理 费用 −20%	采购 −8%
销售额	100	117	105	100	100	100
购入的商品和服务	60	70	60	60	60	55
劳务费和工资	10	12	10	5	10	10
一般管理费用	25	25	25	25	20	25
利润	5	10	10	10	10	10

其次，通过杜邦分析可以说明采购对公司投资回报的杠杆作用。除了提高利润外，采购价格的降低还会降低企业资产的基数，同样会使得资产回报率增长的幅度大于价格下降的幅度。

假设某公司的年销售额为1 000万元，总成本为950万元。公司拥有500万元的资产，其中200万元为库存。购入物料的成本占销售额的50%。我们使用杜邦分析模型，如图1-4所示。如果采购价格下降5%，那么资产回报率将提高多少？

由于杠杆作用，采购价格小幅度下降可以使利润增长50%。另外，采购价格下降使库存价值降为原来的95%，以此减少了公司资产的基数，使资本周转速度从原来的2提高到2.04，资本回报率从原来的10%增长到15.3%，提高了53%。

当然，这种杠杆作用在相反方面也是有效的：由于缺少详细定义的采购方针和采购（决策制定）过程的结构，采购成本缺乏控制，可能会导致不可预见的财务亏损。

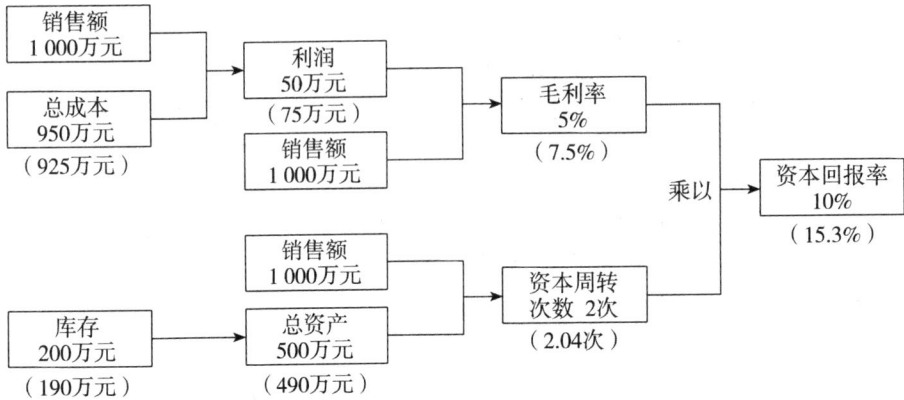

注：①假设采购金额占总销售额的50%；②假设库存占总资产的40%；③括号中为假设采购价格下降5%时的数字。

图1-4 采购价格下降5%前后的资本回报率

杜邦分析显示，采购在两个方面对于公司的资本回报率作出了贡献：

（1）降低所有的直接原料成本——这将迅速导致公司利润的提高，而公司利润的提高又将提高公司的资本回报率。引进新的供应商、竞标、寻求替代原料等方法都可能降低直接原料成本。

（2）降低公司所占用的资本——这将会提高公司的资金周转次数。能够导致较低的资本占用的方法有很多，包括较长的支付周期，通过准时制采购降低基本原料的生产线上库存，供应商质量的提高及租赁设备等。

3）采购对企业的间接贡献

除了直接降低采购价格，采购职能也能够以一种间接的方式对公司竞争地位作出贡献。这种间接贡献以对产品质量的保证作用、质量成本的降低等形式出现。在实践中，这些间接贡献通常比直接节省的金钱更加实在。

质量是产品的生命。采购物料不只是价格问题（而且大部分不是价格问题），更多的是质量水平、质量保证能力、售后服务、服务水平、综合实力等。有些东西看起来买得很便宜，但经常维修，经常不能正常工作，这就大大增加了使用的总成本；如果买的是假冒伪劣商品，就会蒙受更大的损失。一般企业都将质量控制按时序划分为采购品质量控制、过程质量控制及产品质量控制。

由于产品中价值的一半左右是经采购由供应商提供的，所以最终产品的质量在很大程度上受采购品质量控制的影响。也就是说，保证企业产品"质量"不仅要靠企业内部的质量控制，更依赖于对供应商的质量控制。上游质量控制得好，就会为下游质量控制打好基础。采购环节中对质量的管理不仅体现在进货验收上，更重要的是将质量管理工作拓展到供应商的生产制造过程，建立起一整套的供应商质量管理制度，从源头抓起，才能真正地确保产品质量。经验表明，一个企业要是能将1/4~1/3的质量管理精力花在供应商的质量管理上，那么企业自身的质量水平起码可以提高50%以上。可见，通过采购将质量管理延伸到供应商质量控制，是提高企业自身质量水平的基本保证。

同时，采购能对质量成本的削减作出贡献。当供应商交付产品时，许多公司都会进行进料检查和质量检查。如果选择那些有健全的质量保证体系的供应商，就可以减少采购货物的来料检查和质量检查的成本。

此外，通过采购从供应商处获得新材料、新技术、新产品信息，将有力地支持企业产品改进和新产品开发等工作。

1.1.3
采购的原则

采购的原则就是在适当的时候以适当的价格从适当的供应商处买回企业所需数量的达到品质要求的商品，也就是说，采购要遵循"5R"原则——适时（Right Time）、适价（Right Price）、适地（Right Place）、适量（Right Quantity）、适质（Right Quality）。

1）适时

企业已安排好生产计划，若原材料未能如期到达，往往会引起企业内部混乱，即产生停工待料，当产品不能按计划出货时，会引起客户强烈不满。若原材料提前太多时间买回来放在仓库里等着生产，又会造成库存过多，大量积压采购资金，这是企业很忌讳的事情，故采购人员要扮演协调者与监督者的角色，去促使供应商按预定时间交货。对某些企业来讲，交货时机很重要。

2）适价

价格永远是采购活动中的敏感焦点，企业在采购中最关心的要点之一就是采购能节省多少采购资金，因此采购人员不得不把相当多的时间与精力放在跟供应商的"砍价"上。一个合适的价格往往要经过以下几个环节的努力才能获得：

（1）多渠道获得报价。这不仅要求有渠道供应商报价，还应该要求一些新供应商报价。企业与某些现有供应商的合作可能已达数年之久，但它们的报价未必优惠。获得多渠道的报价后，企业就会对该物品的市场价有一个大体的了解，并进行比较。

（2）比价。俗话说"货比三家"，因为专业采购所买的东西可能是一台价值百万元或千万元的设备或年采购金额达千万元的零部件，这就要求采购人员必须谨慎行事。由于供应商的报价单中所包含的条件往往不同，故采购人员必须将不同供应商报价中的条件转化一致后才能进行比较，只有这样才能得到真实可信的比较结果。

（3）议价。经过比价环节后，筛选出价格最适当的两三个报价。随着进一步的深入沟通，不仅可以将详细的采购要求传达给供应商，而且可进一步"杀价"，供应商的第一次报价往往含有"水分"。但是，如果采购物品为卖方市场，即使是面对面地与供应商议价，最后所取得的实际效果可能要比预期的低。

（4）定价。经过上述三个环节后，买卖双方均可接受的价格便作为日后的正式采购价，一般需保留两三个供应商的报价。这两三个供应商的价格可能相同，也可能不同。

3）适地

天时不如地利，企业往往容易在与距离较近的供应商的合作中取得主动权，企业在选择试点供应商时最好选择近距离供应商来实施。近距离供货不仅使得买卖双方沟通更为方便，处理事务更快捷，亦可降低采购物流成本。越来越多的企业甚至在建厂之初就考虑到选择供应商的"群聚效应"，即在周边地区能否找到企业所需的大部分供应商，对企业长期的发展有着不可估量的作用。

4）适量

批量采购虽有可能获得数量折扣，但会积压采购资金，太少又不能满足生产需要，故合理确定采购数量相当关键，一般按经济订购量采购，采购人员不仅要监督供应商准时交货，还要强调按订单数量交货。

5）适质

一个不重视品质的企业在今天激烈的市场竞争环境中根本无法立足，一个优秀的采购人员不仅要做一个精明的商人，同时也要在一定程度上扮演管理人员的角色，在日常的采购工作中要安排部分时间去推动供应商改善、稳定物品品质。

采购物品品质达不到使用要求的严重后果是显而易见的：

（1）来料品质不良，往往导致企业内部相关人员花费大量的时间与精力去处理，会增加大量的管理费用。

（2）来料品质不良，往往在重检、挑选上花费额外的时间与精力，造成检验费用增加。

（3）来料品质不良，导致生产线返工增多，会降低产品质量，降低生产效率。

（4）因来料品质不良而导致生产计划推迟进行，有可能导致不能按承诺的时间向客户交货，会降低客户对企业的信任度。

（5）若因来料品质不良导致客户退货，有可能令企业蒙受多种损失，严重的还会丢失客户。

总之，在采购工作中采购人员都有这样的体会，就是在实际的采购工作中很难将上述"5R"统一。当强调"5R"中的某一个方面时，就要牺牲其他方面。例如，若过分强调品质，供应商就不能以市场最低价供货，因为供应商在品质控制上投入了很多精力，它必然会把这方面的部分成本转嫁到它的客户身上。因此，采购人员必须综观全局，准确地把握企业对所购物品各方面的要求，以便在与供应商谈判时提出合理要求，从而争取有更多机会获得供应商合理报价。只有综合考虑才能实现最佳采购，这需要采购人员在长期的实际操作中积累经验。

小资料

新时期采购的发展趋势

采购人员必须学习各种可提高采购绩效的新知识，了解采购的发展趋势，以调整采购策略，为企业获取更大的利益。近些年来，在采购领域内出现了很多新事物或新趋势，还有一些新趋势正在形成之中。下面作简单介绍。

（1）建立采购团队

由于采购绩效对一个企业的生存与发展有着至关重要的作用，故采购部门的地位在企业中得到了提升。随着采购的日益复杂化，单单靠采购人员来完成采购工作及跟采购相关的工作，显然已不能满足新时期采购的需要。企业内每个部门的人对本部门业务有更深、更广的把握，如果由来自不同部门的人员来对重要采购决策作出决定显然要比单纯的采购人员作出决定会更适宜，俗话说"三个臭皮匠凑成一个诸葛亮"。在现代企业的运作当中，各部门的职能界线正在变得模糊，各部门的工作越来越多地交织在一起，但这并不意味着各部门职责不清，而是要充分发挥团队的力量去把企业内的每一件重要的事尽可能地做到最好。我们亦可清楚地看到并不只是其他部门的人员参与到采购活动中对采购人员施加影响，采购人员同样活跃在其他部门的活动中，比如，对供应商的品质监管，参与到新产品的开发活动中去等等。

（2）E-采购与因特网

电子化采购对于一些小企业来说可能还是很陌生的事，因为部分小企业的老板认为在改变采购的作业方式上花太多的钱是一件很不划算的事，但是从全球的采购发展趋势来看，E-采购将越来越广泛地被人们接受，而事实上，在人们步入21世纪前，许多跨国公司就已通过电子采购方式获得了它们想要的相当部分物料，一些公司一年通过电子采购的金额就达数百亿美元之巨。实行了E-采购的企业认为E-采购比传统采购方式有更多的优点：首先，因特网给采供双方提供了更广阔的选择余地；其次，在采购单价及采购管理费用上的开支亦可降低或较大幅度减少；最后，伴随EDI的应用令交易可在更短时间内完成，这正可满足企业实行柔性制造的需要。

（3）供应商的选择将趋向本地化

我们可以清楚地看到，中国通过30多年来的改革开放已吸引了众多的外商在中国投资建厂或设立分公司，在广东省的珠江三角洲地区及江浙地区（包括上海）已形成明显的群聚效应，并且这种趋势正在向其他地区蔓延。由于跨国公司到中国内地建厂或设立销售点越来越多及生产各种类型产品的厂家越建越多，所以国内的采购人员可以取近舍远以取得更大的主动性及降低采购成本。而对于国外的采购人员来说，中国这个大市场已成为他们进行国际化采购的一个重要地区，当然，如果他们的工厂已搬至中国那就另当别论了。

（4）减少供应商数量

太多的供应商不仅让采购人员难以应付，而且供应商的总体表现往往不能让人满意，采购人员越来越强烈地意识到供应商的数量不在于多而在于精。不难想象，把一样多的精力放在1 000家供应商上和放在300家供应商上，它们之间的效果差异。人们越来越多地思考由多家供应商来供同一物料的弊病，与其让三家供应商来供货不如让一家品质优良、价格公道的供应商来供货，这样采购人员及其他相关人员就可以把更多精力放在对这一家供应商进行培训及监管上。由于订单的集中，还有可能获得供应商给予的数量折扣，并可减少采购业务处理费用。

（5）建立新型的采供关系

供应商是敌人还是朋友？供应商其实既不是敌人也不是朋友，应该把供应商和自身组织看成为了自身利益及共同利益而并肩作战的两支队伍。采供关系一直在演变，最低档次的采供关系是互相隐瞒、互相欺骗及尔虞我诈，这种关系不可能长久维持下去，采供双方都抱着一种"能骗就骗，骗不了就撤"的低层次想法，在目前这个诚信度还有待提高的采购大环境中，在我们的周围还存在不少这种恶劣的采供关系；一般档次的采供关系是双方在互惠互利的前提下开展合作，采供双方能对对方产生较大的信任感并能把合作关系较长时间地维持下去；高档次或者说理想的采供关系是我们所说的战略联盟关系，这种关系把供应商的利益与组织的利益甚至连同客户的利益紧密揉在一起，制定共同的长期发展规划，开诚沟通，信息共享，达到各方利益的最大化。和供应商建立战略联盟关系固然可以让双方长期从中获利，但要在采供双方之间建立起这种关系需要双方高层管理者的深层次沟通，只有双方拥有相同或相近的经营理念及达成一致的长期发展目标才有可能走到一起。

（6）采购业务外包

就像我们常见的一个企业的食堂、清洁卫生甚至制造业务外包给别的公司来经营，企业的部分采购业务也将外包。把采购这种"玩钱"的业务外包给别人来做看起来有些惊险，这里面的关键在于对外包如何进行控制及监管的力度如何，将采购业务外包并不意味着将采购业务全权交给承包公司来运作、企业自身对采购这块业务就可以撒手不管了。在目前阶段，大部分将采购业务外包的企业只是把MRO这些相对于生产原材料不太重要的杂项采购外包给别的公司来经营，主要物料的采购工作仍由企业自身的员工来操作。把采购业务外包的好处是承包公司有更强的采购能力、更多的采购渠道，或者整合多个企业的相同需求来和供应商谈价而获得数量折扣，从而企业可以获得比自身去采购更大的利益。

（7）全球化采购

全球化采购是指在全世界范围内寻找供应商，寻找质量最好、价格合理的产品。由于世界各国经济的多样性和差异性，互相之间具有互补性，随着世界贸易组织职能的发挥，各国间的贸易变得更规范和简便，全世界范围内的资源优化变得更可行了，全球化采购在此背景下逐渐发展壮大。全球化采购是将眼光放大到全球范围，寻找最优秀的供应商提供原料，让企业本身能因为这项采购行为取得相对优势，然后再通过一连串的增值活动，创造出比竞争者更高的附加价值。

采购的发展趋势远远不止上述几方面，并且随着科学技术的发展及全球产业结构的进一步调整，采购还会不断吸收新方法、新技术而引起采购方式上的变革，谁在这场变革中走在了前面，他就能取得主动权并因此从中获取更多利益。

（资料来源 佚名. 新时期采购的发展趋势［EB/OL］.［2013-12-04］. http：//www.dginfo.com/ xinwen-114108/.2013/12/4 11：36：01.）

1.1.4
采购的分类

1）按企业内部的采购权限分类

（1）集中采购

集中采购是指企业在核心管理层建立专门的采购机构，统一组织企业所需物品的采购进货方式。它适用于大宗货批量物品，价值高或总价多的物品，关键零部件、原材料或其他战略资源，保密程度高、产权约束多的物品。

（2）分散采购

分散采购是企业下属各单位，如子公司、分厂、车间或分店实施的满足自身生产经营需要的采购方式。它适用于小批量、单件、价值低，总支出在产品经营费用中占的比重小的物品等。

2）按采购方法分类

（1）传统采购

企业传统采购的一般模式是：每个月的月末，企业各个单位报下个月的采购申请单及下个月需要采购货物的品种、数量，交采购部门汇总，制订出统一的采购计划，并于下个月实施采购。采购回来的货物存储于企业的仓库中，满足下个月对各个单位的货物供应。

这种采购，以各个单位的采购申请单为依据，以填充库存为目的，管理比较简单、粗糙，市场响应不灵敏，库存量大，资金积压多，库存风险大。

（2）科学采购

①订货点采购。订货点采购是严格根据需求的变化和订货提前期的长短，精确确定订货点、订货批量或订货周期、最高库存量等，建立起连续的订货机制和库存控制机制，以达到既满足需求，又使得库存总成本最小的目的。这种采购模式以需求分析为依据，以填充库存为目的，采用计量方法，兼顾满足需求和库存成本控制，原理比较科学，操作比较简单。但是由于市场的随机因素多，该方法同样具有库存量大、市场响应不灵敏的缺陷。

②MRP采购。MRP采购主要应用于生产企业。它是生产企业根据主生产计划和主产品的结构以及库存情况，逐步推导出生产主产品所需要的零部件、原材料等的生产计划和采购计划的过程。这个采购计划规定了采购品种、数量、采购时间和采购回来的时间，计划比较精确、严格。它也是以需求分析为依据，以满足库存为目的的。它的市场响应灵敏度及库存水平比订货点方法有进步。

③JIT采购。JIT采购又称准时化采购，是一种完全以满足需求为依据的采购方法。它对采购的要求是：供应商恰好在用户需要的时候，将合适的品种、合适的数量送到用户要求的合适的位置。它以需求为依据，改造采购流程和采购方式，使它们完全适合于需求的品种、时间、数量，做到既能灵敏地响应需求的变化，又能使库存向零库存趋近。这是一种比较科学的、理想的采购模式。

④供应链采购。供应链采购是一种供应链机制下的采购模式。在供应链机制下，采购不再由采购者操作，而是由供应商操作。采购者只需要把自己的需求规律信息及库存信息向供应商连续及时地传递，供应商再根据自己产品的消耗情况，不断及时、小批量补充库存，以保证采购者既能满足需要，又使总库存量最小。供应链采购对信息系统和供应商操作要求都比较高，也是一种科学的、理想的采购模式。

⑤电子采购，即网上采购，是在电子商务环境下的采购模式。它的基本特点是在网上寻找商品、寻找供应商、网上交易洽谈、网上下单和网上付款结算，货物通过物流系统进行配送。这种模式的好处是扩大了采购市场的范围，缩短了供需距离，简化了采购手续，减少了采购时间和采购成本，提高了工作效率，是一种很有发展前途的采购模式。但是它要依赖于电子商务的大力发展和物流水平的不断提高，而这两者几乎取决于整个国民经济发展的水平和科技发展水平。我国现在已经有不少企业以及政府采购采用了网上采购的方式，但是要把网上采购真正搞好，还需要有一个相当长的过程。

3）按采购的价格决定方式分类

（1）招标采购

将物料采购的所有条件（如物料名称、规格、品质、数量、交货期、付款条件、处罚规则、投标押金、投标资格等）详细列明，刊登公告进行招标。

（2）询价现购

采购人员选择信用可靠的厂家将采购条件说明，并询问价格或寄予询价单，促请对方报价，比较后现价采购。

（3）比价采购

采购人员请数家厂商提供价格，从中加以比价后，选择厂商进行采购。

（4）议价采购

采购人员与厂商经过讨价还价，议定价格进行采购。一般来说，询价、比价、议价是结合使用的，很少单独使用。

（5）定价收购

购买货物数量巨大，并非几家厂商能全部提供的，如纺织厂定购棉花、糖厂定购甘蔗等，或当市场上该物资匮乏时，则定价现款收购。

（6）公开市场采购

大宗采购货物时，价格变动频繁，采购人员在公开交易或拍卖时随机地采购。

4）按采购形态分类

（1）有形采购

有形采购的结果是有形的物品。例如，一支钢笔、一台电脑、一块电路板等，像这样的采购被称为有形采购。有形采购主要采购具有实物形态的物品，如原料、辅助材料、机械设备、仪器仪表、工具、燃料等。

（2）无形采购

无形采购是相对于有形采购而言的，其采购对象是不具有实物形态的技术和服务。例如，一项服务、一个软件、一项技术、保险及工程发包等，像这样的采购被称为无形采购。无形采购主要是咨询服务采购和技术采购，或是采购设备附带的服务。下面，对无形采购中的技术、服务和工程发包进行简单的介绍。

①技术。技术是指取得能够正确操作或使用机器、设备、原料等的专业知识。只有取得技术，才能使机器或设备发挥效能，提高产品的产出率或确保优良的品质，降低材料损耗率，减少机器或设备的故障率。这样才能达到减少投入、增加产出的目的。

②服务。在无形采购中，用于服务、维护、保养等目的的采购统称为服务采购，具体包括安装服务、培训服务、维修服务、咨询服务等。

③工程发包。工程发包包括厂房、办公室等建筑的建造与修缮以及配管工程、机器储槽架设工程、空调或保温工程、动力配线工程及仪表安装工程等。工程发包有时要求承包商包工包料，以争取完工时效；有时要求包工不包料以节省工程发包的成本。

5）按采购原料类型分类

（1）直接采购

直接采购是指那些直接用于制造产成品或服务的直接原料的采购。直接材料指那些用于生产最终产品的材料，通常是行业专用品、通用消费品、近消费品、标准材料、半专用品，或公司特制品。

例如，电子行业中，大多数微处理器被认为是近商品或者是标准材料。公司特制材料是战略的或者说是关键的，因为规格说明是非常专业的以至于只有少数供应商能符合要求。

直接材料通常是至关重要的。因此，采购部门必须控制其采购量并保持相应的库存水平，并将相当的时间和精力花在寻找直接材料过程中。

（2）间接采购

间接采购是指那些为保持业务连续运转的间接原料的采购。间接原料是为保持业务连续运转但并不直接参与到产成品或服务的生产中的原料。间接采购分为两类：ORM采购和 MRO 采购。

ORM 是运营资源管理 (Operating Resource Management) 的缩写, 顾名思义, 指保持组织日常运营的非关键产品和服务, 包括办公设备、家具、文具、差旅服务、清洁服务等。

MRO 表示维护、修理和运行 (Maintenance, Repair and Operations), 指需要维护保养的和保持业务运营的至关重要的品项。公司不能没有这些品项, 它们包括从机器的备件到公司中心服务器的维修。

由于针对行业甚至是公司的具体差异, MRO 归类不太容易。当采购 MRO 品项时, 一般需要复杂的、详细的规格说明书, 以及相应的专家经验, 它们通常作为库存项目罗列出来并仔细监控。

人们经常会误解, 即将所有的间接原料 (包括 ORM) 都视为 MRO, 甚至第三方的软件提供者也犯这样的错误。事实上, 这里有一个重要的区别。MRO 品项是至关重要的, 其采购与库存管理需要密切关注。复印机缺纸 (ORM 需要) 与生产线上机器损坏是有巨大区别的。与 MRO 采购相比, ORM 的采购过程大多相对简单。这是由于 ORM 产品和服务的标准化特性, 很容易对其分类和定位, 库存基本不成为问题。

MRO 采购很专业化, 采购至少由采购部门进行管理, 这样可以借鉴专业采购人员的经验。MRO 采购员关注许多因素, 如质量控制、满足确切规格说明的能力、服务水平、技术支持、交货能力和其他重要的因素, 这些因素比价格因素更重要。另外, ORM 采购倾向于在公司范围内普遍授权。由于不需要特殊的专家经验, 因此, 任何一个雇员都可能申请授权进行 ORM 采购。

1.2
采购管理

1.2.1
采购管理的含义

1) 采购管理的概念

采购管理是指为了维护企业利益、实现企业的经营目标, 对企业的采购活动和过程进行的计划、组织、协调和控制等, 它包括管理供应商关系所必需的所有活动。它着眼于企业内部、企业和其供应商之间构建和持续改进采购过程, 因此采购管理有内部和外部两个方面。

2) 采购和采购管理的区别

采购和采购管理是两个不同的概念。采购是一项具体的业务活动, 是作业活动, 一般由采购员承担具体的采购任务。采购管理是企业管理系统的一个重要子系统, 是企业战略管理的重要组成部分, 一般由企业的中高层管理人员承担。企业采购管理的目的是保证供应, 满足生产经营需要, 既包括对采购活动的管理, 也包括对采购人员和采购资金的管理等。一般情况下, 有采购就必然有采购管理。但是, 不同的采购活动, 由于其采购环境以及采购的数量、品种、规格的不同，管理过程的复杂程度也不同。个人采购、家庭采购尽管也需要计划决策，但毕竟相对简单，一般属于家庭理财方面的研究，这里我们重点研究的是面向企业的采购管理活动。当然，在企业的采购中，工业制造和商贸流通企业的采购目标、方式等还存在差异，但因为有共同的规律，所以一般也就不再进行过细的划分。

1.2.2
采购管理的基本目标

在现代企业的经营管理中，采购管理已变得越来越重要。采购管理是企业经营管理的核心内容，是企业获取经营利润的一个重要源泉，也是竞争优势的来源之一。采购管理要实现以下四个基本目标：

1）适时适量保证供应

适时适量很重要。物资采购不是货物进得越多越好，也不是进得越早越好。货物进少了不行，生产需要的时候，如果没有货物供应，就会产生缺货，影响生产，这当然不行；但是货物进得多，不但会占用较多的资金，而且还会增加仓储和保管费用，使成本升高，造成浪费，这也是不行的。货物进迟了会造成缺货，但是进早了等于增加了存储时间，相当于增加了仓储、保管费用，同样提高了成本。因此要求采购适时适量，既保证供应，又使采购成本最小。

2）保证质量

保证质量，就是要保证采购的货物能够达到企业生产所需要的质量标准，保证企业生产出来的产品质量合格。保证质量也要做到适度。质量太低，当然不行；但是质量太高，不但没有必要，而且必然会增加购买费用，也是不合算的。所以，物资采购要在保证质量的前提下尽量采购价格低廉的物品。

3）费用最省

费用最省是贯穿物资采购始终的准绳。在物资采购中，每个环节、每个方面都要发生各种各样的费用，如购买费用、进货费用、检验费用、入库费用、搬运费用、装卸费用、保管费用、银行利息等。因此，在物资采购的全过程中，我们要运用各种各样的采购策略，使总的采购费用最小。

4）协调供应商，管好供应链

物资采购要实现和资源市场的纽带作用，就要建立起与资源市场的良好关系，即协调供应商，管好供应链。可以说，资源市场也是企业的生命线，它不但是企业的物料来源，而且是资源市场信息的来源，这些信息对企业来说是非常重要的。

1.2.3
采购管理的内容

采购管理是企业管理的重要职能，也是企业专业管理的重要领域之一。采购管理不但要面向企业全体采购员，还要面向企业组织的其他人员（进行有关采购的协调配合工作）。采购管理的内容如图1-5所示。

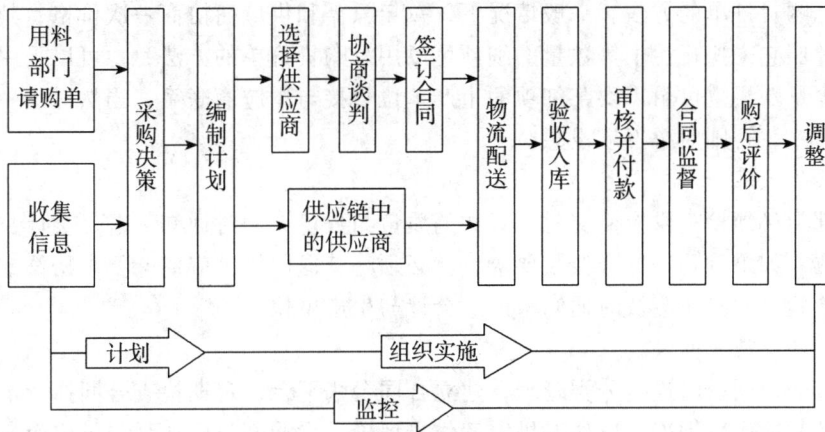

图1-5 采购管理内容示意图

1）计划

（1）接收采购请求

采购部门负责接收正式采购请求，其内容应包括：

①所需物料细项说明；

②所需物料的质量与数量；

③期望交货日期；

④采购申请人。

（2）进行采购决策

在请购单审核之后要决策以下几个方面的问题：

①品种决策，即确定采购物品的品种、规格以及功能要求；

②采购量决策，即确定计划期内的采购数量；

③采购方式决策，即决定现货采购还是远期合同采购，同种物品是向同一家购买还是向多家购买，是由各部门采购还是由集团总部集中采购，是否进行网上采购或招标采购；

④采购批量决策，即确定采购的数量和批次；

⑤采购时间决策，即确定采购周期和进货时间。

（3）编制计划

根据采购部门收到的正式请求编制采购计划，包括年度采购计划、季度采购计划和月度采购计划。

2）组织实施

（1）采购部门选择供应商

采购部门必须选择能够供应所需商品的供应商。如果在当前文件清单上找不到合适的供应商，就应立刻去找新的供应商。选择供应商时可以参考供应商分级，当考虑到某供应商的未来业绩呈上升趋势时，还应更新分级信息。选择供应商的具体方法将在后面详细介绍。

（2）采购部门向供应商订货

如果订单涉及的费用很大，尤其在一次性购买设备的情况下，往往要求供应商投标，此时需要生产与设计人员来帮助采购部门和供应商进行协商。数量大、经常使用的细项，可以使用总购货订单的方法。一般情况下，每年只需和供应商协商一次价格，其后一年内的价格都遵照它来执行。中等数量的细项可以用总购货订单的方法，也可以采用个别订货的方法。少量购买也可由需要某细项的生产单位直接与供应商联系，当然对这种采购一定要有控制措施，否则后果不堪设想。

（3）验收入库

收货部门必须检查供应商交付的货物的质量与数量，同时通知采购、会计与需要货物的生产单位。如果货物不符合接收要求，就必须将其退回给供应商并要求赔偿或替换，或接受仔细检验。此时还应及时通知采购、会计与生产单位。

（4）合同监督

对签订的合同及时进行分类管理，建立合同台账平台，定期检查合同执行情况，并将执行过程及时输入数据库，以便对供应商作出评价。采购部门要加强与供应商的联系，督促其按期交货，对出现的质量、数量、到货时间等问题要及时进行交涉。同时，要与企业内部的其他部门密切配合，为顺利执行合同做好准备。

（5）购后评价和调整

对供应商供货情况和合同执行情况进行评价，更新供应商分级评估记录，以便对下一次供货进行调整。

3）监控

采购活动是企业很重要的一项工作，采购工作的好坏必然会影响到企业各项工作的正常进行。因此，必须加强对采购工作的监管与控制，降低采购风险。采购监控的内容及方法如下：

（1）采购监控的内容

采购监管与控制是采购管理工作的一项重要内容，其主要目的是保证实现采购工作的目标和完成采购计划。采购监管与控制既是采购主管的重要职责，也是管理人员的重要职责，其主要依据是采购计划。因为在采购的运作过程中，实际工作与采购计划往往会出现偏差，而采购监管与控制的职责就是纠正偏差的过程，采取各种措施；把那些不符合要求的采购活动纳入到正常的轨道上来，使企业稳步地实现采购目标。采购监管与控制的目的是实现适时、适质、适量、适价、适地的"5R"采购目标。

从采购监管与控制的内容来看，主要包括采购人员的控制、采购流程的控制、采购资金的控制、采购信息的收集与使用以及采购绩效的考核。

①采购人员的控制。采购人员是采购活动的执行者，也是关系到采购活动顺利进行的关键。企业要依靠采购人员顺利地完成采购工作，就要提高采购人员的素质，避免和消除在采购活动中存在的假公济私、行贿受贿、贪污腐败、损害企业利益等行为。一些供应商给采购人员一定的回扣，以此获取采购订单，而这些产品往往是高价的或者是质量差的，会给企业带来经济损失。

要加强采购人员的素质管理，使采购人员具备较高的道德素质和敬业精神，热爱企业，品性正派，不贪图私利；使其有较高的业务素质，对物料的特性、生产过程、采购渠道、运输保管、市场交易行情、交易规则有深入的了解，思维敏捷，表达能力强。还要加强采购人员的职业道德教育和业务知识培训，建立奖惩制度，及时对采购人员进行奖惩。

②采购流程的控制。采购流程的控制包括整个采购的流程，但这并不意味着整个采购

流程事无巨细的各种活动都是控制的直接对象，这需要花费大量的资源，是不可能也是不必要的。采购控制应当抓住采购流程中的关键点，从而通过重点控制来控制全局。企业在采购流程中采购监管与控制的要点包括以下几个方面：

- 采购计划的制订；
- 采购文件的准备；
- 采购文件的基本内容和要求；
- 采购文件的审批；
- 向合格的供应商提交采购文件；
- 采购合同的审批；
- 采购合同的签订；
- 向供应商提供采购文件；
- 向供应商反馈采购物资的质量状况；
- 在供应商处验证采购产品；
- 对供应商提供的产品进行验证；
- 采购文件的保管。

采购监管与控制应制定并实施对采购质量进行重点控制的工作程序，应当对采购文件的编制、评审和发放实施控制。采购文件主要分为以下几类：ISO 9000文件、ISO 14000文件、运作程序、作业指导书、表格、图纸和技术资料，这些采购文件要准确地规定采购产品的要求并有利于供应商的理解。不同企业的采购文件不太一样，但通常采购合同是采供双方之间签订的具有法律效力的协议，是受害方向违约方索赔的重要依据。

采购方应对每一个供应商提供合格产品的能力进行适当的评审，并确保向合格的供应商进行采购。应与供应商就供应产品的质量达成明确的协议，以确保对供应商提供产品的质量控制。

采购方应与供应商就验证方法达成明确的协议，以确保验证方法的合理性和验证结果的统一性。应当制定与供应商解决质量争端的规定，以利于及时解决和处理有关质量的问题。

采购方应当规定适当措施，以确保收到的产品符合规定的质量要求。采购方应当保存与接收有关的产品质量记录，以便证实与追查产生质量问题的原因。

③采购资金的控制。在一个企业组织中，采购管理者对采购资金的控制是相当重要的，采购预算控制是采购资金控制常用的手段。采购预算实现了采购计划的具体化，为采购资金的控制提供了明确的标准，有利于采购资金控制活动的开展。因此，采购人员必须按照预算使用采购资金，努力使采购计划符合实际，贯彻既保证生产又节约的原则，需要什么就采购什么，需要多少就采购多少，对采购的顺序也要做到心中有数。

对于采购资金的使用要建立起一套严格的规章制度，资金的领取、审批、使用一般要规定具体的权限范围，要有审批制度和书面证据制度。对于货款的支付，要根据对方的信用程度及具体的风险情况进行妥善的处理。比如，一般货款的支付，要等到货物到手并验收合格以后，再付全部货款；差旅费的领取数量、领取审批等都要有较详细的规定。

④采购信息的收集和使用。采购控制过程是通过采购信息的传输和反馈得以实现的，控制部分有信息输入到受控部分，受控部分也有反馈信息送到控制部分，从而形成闭合回

路。控制正是根据反馈信息来比较、纠正和调整它发出的控制信息，以此实现有效控制。

⑤采购绩效的考核。绩效评估可以清楚地显示目前部门及个人的工作表现，从而找到现状与预设目标的差距，也可以奖勤罚懒，提高工作效率，促进组织目标的实现。

对采购绩效的考核可以分为对整个采购部门（采购团队）的考核及对采购人员个人的考核。对采购部门绩效的考核可以由企业高层管理者来进行，也可以由内部客户来进行；而对采购人员的考核通常由采购主管来进行。

（2）采购监控的方法

要使采购监管与控制能够顺利地进行，并行之有效，采购监管与控制的方法是至关重要的，具体包括以下方法：

①建立健全完善的采购规章制度。完善的采购规章制度可以规范采购人员的行为和采购作业流程，从而起到规范采购活动的作用。采购规章制度包括以下内容：

● 采购控制程序。其目的是使采购工作有所依循，完成适质、适量的采购职能。其内容包括各部门及有关人员的职责、采购程序要点、采购流程图以及采购的相关文件、相关表格等。

● 采购规范。采购规范指将所采购的物料规格详细地记录下来，作为采购人员要求供应商遵守的规范，包括商标或商品名称、蓝图或规格表、化学分析或物理特性、材料明细表，以及制造方法、用途及使用说明、标准规格及样品等。

● 采购管理办法。采购管理办法是对企业采购流程每一个步骤的详细说明。

● 采购作业规定。这是指采购作业的信息收集、询价采购、比价采购或者是议价采购、供应商的评估和样品检验、选择供应商、签订采购合同、请购、订购、与供应商的协调沟通以及催交、进货验收、整理付款等的相关规定。

● 采购作业指导。其目的是对采购作业进行指导，使采购作业有序地进行。

● 外协加工管理办法。它包括外协加工的目的、范围、类别、厂商调查、选定方法及基准、试用、询价、签订合同、申请、外协、质量控制、不良抱怨、付款、模具管理、外协厂商辅导以及考核的规定。

● 有关物料与采购管理系统的规定。它包括材料分类编号、存量控制、请购作业、采购作业、验收作业、仓储作业、领料发料作业、成品仓储管理、滞料废料处理等的有关规定。

● 进料验收管理办法。其目的是使物料的验收以及入库作业有所依据。

● 采购争端解决的规定。它包括解决采购争端的要求、解决采购争端的常见方法等。

上述采购规章制度既是采购工作的基础，又是采购监管与控制的有效方法。

②实施采购标准化作业。要制定标准化的采购作业流程，制定采购作业手册，明确每一个步骤，对出现每一个情况如何处理都要作出规定，要求每一个步骤都要留下记录，这样才能有效地进行监管。

● 要明确采购人员的权限范围。既要给予采购人员一定的自主权，以提高其积极性和工作效率，又要予以限制，防止采购人员滥用权力，增加采购风险，给企业带来经济损失。

● 建立请示汇报制度。如果出现超越权限范围的情况，就要及时请示采购主管或者采购副总经理，特别是在采购活动中的一些关键环节，如签订合同以及改变作业程序、指标等时更应如此。

- 建立资金使用制度。对采购资金的使用要建立严格的规章制度，对资金使用的各环节加以监控。特别是对货款的支付要慎重从事，充分考虑供应商的信用情况，从而降低采购风险。

- 建立运输进货控制进度。在签订采购合同时要明确进货风险与责任，以及理赔的相应办法，一些贵重货物要办理好保险，以降低采购进货的风险。

③建立采购评价制度。采购评价包括两个部分：一是对采购人员的评价；二是对采购部门的评价。建立采购评价制度的目的就是要评定业绩、总结经验、纠正缺点、改进工作，这也是一种监管与控制。

采购人员的自我评价是一种主观考核技术，可以采用填写自我评价表的方式进行，其内容包括实际完成情况的汇报，实际情况与计划对比的变化及原因，以及实际完成指标的优劣程度评价。这种方法简便易行，但易受考核者主观心理偏差的影响，会削弱考核的公正性。

对采购人员也可以采用客观评价技术，但要强化考核指标的设计。一般可以采用分值评价法，即对人员绩效评估的项目加以指标化，每一指标确定若干个等级和分值，并逐项对被考核者进行评级和评分，然后将各项指标的得分值汇总，其总分就是对人员绩效考核的结果。此方法将定性与定量评价相结合，有较系统的评价依据，因而比较科学合理，有助于提高考核的效率与质量。

对采购部门的评价可以采用单次审核评估、月末评估和年末评估的方法进行。单次审核评估就是将采购人员自我评价表和采购计划进行对比，如果出现偏差就要及时查清原因，进行监管与控制。月末评估就是把一个月内所有的自我评价表进行统计汇总，得出整个采购部门的业绩评价。年末评估是把月末评估进行汇总，得出全年的业绩汇总。

④及时对采购人员进行奖惩。奖励与惩罚是对采购人员的行为进行监控的重要内容之一。奖惩的意义在于鼓励和肯定积极因素，抵制和否定消极因素，从而使采购队伍保持积极向上、努力工作的精神面貌。

奖惩要有明确的规章制度，要公之于众，并经常对采购人员进行教育。奖惩要公平合理，要建立在采购绩效考核的基础上，以客观事实为依据。要及时进行奖惩，以达到激励或教育的最佳效果。奖励要注意物质奖励和精神奖励相结合，惩罚要以理服人，重在说服教育。

1.3
库存管理

采购管理不能够只管采购，还要关注库存，因为库存是由采购形成的，对企业的生产成本有着很大的影响，所以采购管理的一个重要原则就是要实行库存控制。

1.3.1
库存的概念

狭义的观点认为，库存仅仅指的是在仓库中处于暂时停滞状态的物资；而广义的观点认为，库存表示用于将来目的、暂时处于闲置状态的资源，即资源停滞的位置并不仅仅限于仓库里，而是可以在非仓库中的任何位置，包括运输途中，同时这种资源的闲置状态可能由任何原因引起，可以是主动的各种形态的储备、被动的各种形态的超储、完全的积压。

库存具有二重性。一方面，库存是企业生产的前提条件，没有库存，企业的生产就不能正常进行；另一方面，库存也是一种负担，它需要占用企业大量的资金，耗费很高的成本。企业库存的目的，是为了保障供应。如果库存不能够用于供应，就会是一种浪费、一种负担。企业希望最大限度地追求利润，就必须最大限度地消除浪费，最大限度地解除负担，就要取消一切不必要的库存。

在生产企业，企业为了生产的需要处在生产准备状态，即处在一种暂时等待状态的物资，就是库存。这种库存有三种情况：一是原材料库存，原材料是从市场上采购回来准备用于生产，但是还没有用到生产之前的处于暂时等待阶段的物资。二是在制品库存，在制品是指在生产过程各个工序之间临时储存的工件、物料等——上个工序加工完了，应该流到下一个工序，但是下一个工序还没有空出来，不能进入下一个工序的加工，不得不存放到仓库里或者就存放在工位旁。各个工序都可能有在制品库存，一般都存放于在制品仓库中。这种在制品库存能够衔接上下工序，保障上下工序都能顺利进行。三是产成品库存，企业的产成品生产出来以后，应该推向市场，供应到用户，但不是每件产成品一生产出来就能推向市场，总要形成一定的批量以后，才能一起推向市场。这种从生产出来起，直到推向市场之前的阶段的产成品，就形成了产成品库存。产成品库存衔接供需，保障生产和销售都能顺利进行。

在流通企业，物资购进来是为了销售出去，但是为了保证连续不断顺利地销售，需要有一部分物资处在暂时等待状态。例如，购进一批货物，但是这一批货物不是一下子就能全部销售出去，可能要持续销售一段时间。没有销售出去的货物，就只能暂时存放在仓库里，等待销售。流通企业里这种暂时处在等待销售状态的物资，就是流通企业的库存，或者叫流通库存。这种流通库存在不同的流通企业中都有，如批发企业库存、零售企业库存等，都是流通库存。这种流通库存的作用是保障后续销售的持续进行，保障流通活动的连贯。

在生产企业和流通企业中为准备生产和销售而有意识暂时存放的库存，都叫周转库存。这种库存的特点：一是暂时存放；二是存放的目的是准备生产或销售，是为了衔接供需，缓冲供需之间在时间上的矛盾，保障供需各方都能顺利运营。

除周转库存之外，另外还有一类库存，是为了应付一些不确定性情况而有意识储备的库存，一般叫做安全库存。生产企业和流通企业中为预防一些随机性、偶然性因素的发生，也需要设立一些安全库存。安全库存的特点是：一般存放期较长，长期保存；存放的目的是应付紧急的、意外的需求。一旦发生意外的、紧急的需求，就可以从安全库存中予以满足，事后又将安全库存补足到额定水平。因此，安全库存要经常保持额定值不变。

1.3.2
库存控制

库存量越高、库存时间越长，库存费用也就越大，所以库存不宜过大。但是库存又不能太小，太小则容易产生缺货，影响企业的正常生产或销售，影响人们正常的生活。因此，库存量必须有效地进行控制。

所谓库存控制，就是对库存量的控制。对采购管理来说，主要是指对所采购进来的物品库存量的控制。

库存控制的目的是在满足客户服务要求的前提下，通过对经营过程中的库存数量进行控制，力求降低库存数量，提高物流系统的效率，以强化企业经营的竞争力。

根据企业具体的情况，在理论和实践上都有一个最佳库存水平。在这个最合适的库存量水平上，既能够满足物资需求，保障供应，又可以使库存总费用最省。因此，无论是生产企业，还是流通企业，都在千方百计地为维持这个最佳库存水平而工作。所有这些为追求最佳库存水平而进行的工作，都是库存控制工作。

这里要说明的是，所谓库存控制，主要是对周转库存而言的。安全库存虽然也有一个库存控制的问题，但是只需一次性地计算出安全库存量的额定值就可以了，平时只要维护这个额定值，不需要另外进行什么工作。而周转库存就不同了，它的订货、进货、库存、销售的全过程都需要纳入库存控制的机制中去。因此，从平时看，库存控制工作主要反映在周转库存中。

1.3.3
库存管理的内容及目标

库存管理是以控制库存为目的的方法、手段、技术以及操作过程的集合，它是对企业的库存（包括原材料、零部件、半成品以及产品等）进行计划、协调和控制的工作。库存管理的内容，主要是根据市场需求情况与企业的经营目标，决定企业的库存量、订货时间以及订货量等。具体地说，库存管理的核心内容就是要解答以下问题：何时补货（订货）？补充（订货）多少？库存系统的周转库存、安全库存、周转率等各是多少？

库存管理的目标有两个：一是降低库存成本；二是提高客户服务水平。这两个目标之间存在着权衡关系。在其他条件相同的情况下，保持高水平的服务就必须付出高额的成本；同样，降低成本必然以服务水平的下降为代价。库存管理就是要在两者之间寻求平衡，以达到两者之间的最佳结合。传统的库存管理方法往往更注重成本目标的实现，而随着买方市场的形成和竞争的日趋激烈，越来越多的企业开始重视客户服务水平的提高。

1.3.4
采购管理与库存控制的关系

采购管理最基本的职能是满足需求，保障供应。在企业中，一般的需求表现为两种形态：一是直接需求；二是间接需求。直接需求，即需求点的需求。这时不设仓库库存，采购进来的物资直接用于需求点的消耗。间接需求，即基于库存的需求。这时设有仓库库存，采购进来的物资直接存入仓库，再通过仓库去供应各个直接需求，各个直接需求点都到仓库去获取自己需要的物资，采购不直接与直接需求打交道。这时库存消耗量就是采购的间接需求量。采购管理无论满足哪一种需求形态，都需要进行库存控制。

在直接需求的情况下，采购管理的任务就是要维持零库存运行，即把采购进货量控制到刚好能满足生产需要的程度，没有多余的库存。这样的零库存运作就需要进行库存控制。采购管理如果不进行库存控制，这种零库存生产运作就不可能实现。

在间接需求的情况下，采购进来的物资直接用于填充库存，通过仓库去满足间接需求，因此就更需要重视库存控制。库存是采购供应和库存消耗两个方面共同作用的结果，是一个动态变化过程。库存消耗是生产和生活的需要，是采购管理必须保障和满足的间接需求。因此，采购管理的任务就是要把库存量控制在既能满足间接需求，又不使库存水平太高的程度。这也必须进行库存控制。如果不控制库存，就不能满足生产、生活的需要，或者造成成本太高、负担太重的局面。

采购管理应当全部承担起库存控制的任务，要把采购工作的每一个步骤、每一步具体工作都看成是库存控制的具体工作，都要自觉地为库存控制作贡献，把库存控制的思想融入每一项具体的工作、具体的行动中去。可以说，物资采购管理部门是企业库存控制的核心，它应该在企业的库存控制中起决定性的作用。企业库存控制的水平和科学化的程度，主要取决于物资采购管理部门的工作。只要在采购管理工作中树立起库存控制的思想，针对各种具体的需求情况，科学地制定采购策略和采购计划，并在采购工作的各个环节认真实施和控制，就能够达到库存控制的目的。

◆ 小结和学习重点与难点

本章首先介绍了采购的含义、采购的重要性以及采购的分类，其次阐述了采购管理的含义、基本目标、内容及发展趋势，最后介绍了库存管理的内容、目标及采购管理与库存管理的关系。

采购是指企业基于生产、销售、管理等目的购买所必需的所有货物和服务的交易行为。它包括根据需求提出采购计划，选好供应商，经过商务谈判确定价格、交货条件，最终签订合同并按要求收货付款的全过程。

采购管理是指为了维护企业利益、实现企业的经营目标，对企业的采购活动和过程进行的计划、组织、协调和控制等，它包括管理供应商关系所必需的所有活动。

采购就是实现对整个企业的物资供应，有四个基本目标：一是适时适量保证供应；二是保证质量；三是费用最省；四是协调供应商，管好供应链。

企业采购管理的主要内容有：制订采购计划，组织与实施采购计划，监督、评价和分析采购活动。

库存控制，就是对库存量的控制。对采购管理来说，主要是指对所采购进来的物品库存量的控制。库存控制的目的是在满足客户服务要求的前提下，通过对经营过程中的库存数量进行控制，力求降低库存数量，提高物流系统的效率，以强化企业经营的竞争力。

库存管理是以控制库存为目的的方法、手段、技术以及操作过程的集合，它是对企业的库存进行计划、协调和控制的工作。

库存管理的内容，主要是根据市场需求情况与企业的经营目标，决定企业的库存量、订货时间以及订货量等。库存管理的目标有两个：一是降低库存成本；二是提高客户服务水平。

本章的学习重点是掌握采购的重要性和采购管理的内容。

本章的学习难点是理解和掌握采购管理与库存管理的关系。

◆ 前沿问题1

采购管理的发展趋势

随着全球经济一体化和信息时代的到来，采购管理的工作将会被提升到一个新的高度。采购管理表现出如下发展趋势：

1）采购管理集中化

采购管理集中化可以集中全公司和集团的采购力，对整个供应市场产生影响，使采购处于有利地位；同时，采购的集中也有利于公司对供应商的管理，便于公司主体资源的优化。在商品经济的竞争环境下，同类产品的价格相差无几，这样企业的利润完全取决于自己的成本控制。如果企业对成本控制不力，成本居高不下，企业利润就很难保证，甚至亏损。一旦亏损，企业就无力开发新品种、开拓新市场，无法应付对手的进攻（如降价），就会处于不利的竞争地位。采购管理的集中可以增强企业的核心竞争力，从而推动企业的发展。

2）采购管理职能化

以往，很多公司的采购部门隶属于生产部门。近年来，越来越多的公司的采购部门从生产部门或其他部门独立出来，开始直接向总经理、副总经理汇报。相应地，采购部门发挥着越来越大的作用，采购职能也从原来被动地花钱，开始有了节省资金、满足供应、降低库存等一系列目标。

当然，采购要完成这些任务，绝不是只要形成独立的采购部就可以直接做到的。要做好采购需求分析、采购计划、资金占用计划，形成采购供应战略，管理好战略供应链资源和供应商资源，让采购成为供应链管理的强有力的一环，将生产计划、物料计划、采购、仓储、运输集成为一个反应迅速、总成本最低、物流速度快、响应市场要求的灵敏的链条。企业要战胜对手，过去强调产品、技术，现在强调市场宣传、国际化和结盟，但都不再是企业自己的单打独斗，而是需要联合供应链上的每一个成员的力量，形成一条成本低、反应快、服务好的供应链、价值链。这样，采购部门就会成为公司核心竞争力的一部分，是公司连接供应商和客户的桥梁，是公司的核心业务部门。当然，这样就对采购管理者和采购员的素质有了前所未有的高要求，也只有这样，采购才能发挥出前所未有的作用。

3）采购管理专业化

传统采购组织中，采购员发挥不了很大作用：一方面是领导对采购认识的局限、对采购舞弊的恐惧，以及采购环境的恶劣；另一方面也由于采购员和采购组织的软弱无力和技能缺乏，造成采购的低技术性。

实际上，采购员需要了解购买的物品，了解产品的原理、性能要求，了解市场行情、价格走势，了解供应商的实力、供应商报价的合理性，实地考察供应保证能力，需要极强的谈判能力和计划能力，有能力在保证供应的同时保证价格和质量标准。这些能力不是一蹴而就的。总的来说，作为专业采购人员，需要掌握至少一门符合企业实际需要的采购内容的专业知识，同时，采购人员需要有能力与公司其他国家的同样的物品采购部门进行沟通，了解世界市场变化和供应商的表现，因此英语表达和沟通能力、计算机网络知识也很需要。而资深采购专家则需要项目管理、财务管理、供应链管理等专业技能。

4）采购管理一体化

采购管理一体化要求生产计划、库存控制、质量检查和采购之间紧密合作，采购不能够只遵循自身的原则。例如，采购要与生产计划结合起来，按照生产计划的需要制定采购规范；如果企业实行即时生产，那么为保证即时生产的顺利运行，必须实行即时采购，严格要求采购品的质量。

5）环境问题

在许多国家中，环境问题越来越普遍。各国政府制定的环境法规越来越严格。例如，在德国，有关工业包装的严格法规最近已经开始生效，所有不必要的包装都必须加以避免。包装物生产商将逐渐要对使用过的包装废弃物负责。如大众公司在制造其最新的 Golf 轿车时，要求在汽车生命周期的最后可以把不同的部件和零件（较容易地分拆开）进行重新加工利用。大众汽车公司甚至为了达到这个目标而建立了自己的再加工部门。环境问题对采购管理提出了全新的挑战，它们将对制造企业产生新的问题。与供应商一起寻求解决问题的思路和措施也是采购管理的任务，这些思路和措施应该能够解决或缓解这些环境问题。

◆ 前沿问题 2

全球供应链下的库存管控

科学合理地做好库存管理，是制造业企业盘活资金、提高效益的重要举措之一。在企业经营活动中，库存所占用资金的比重最大，一般占企业运营成本的 30% 以上，对企业利润的影响超过了机器设备、厂房、人力等其他资源。

现有库存研究方向集中在库存管理的方法和技术，着眼于局部对库存管理进行分析和改善，缺乏全局观来研究库存管理。在实际商业活动中，供应链上各成员的库存设计和策略未能考虑到整个供应链，只针对和着眼于某一个局部环节，各自具有独立的库存和目标。如何让库存管理变得更为科学化、系统化、规范化就成为摆在库存管理研究者面前亟待解决的难题。基于全供应链库存管理思想提出有效的库存控制方法，可以使企业更好地管理库存、优化库存，提高资金利用率，增强企业竞争力。

1）库存成因分析

制造企业库存是企业为了满足生产需要、客户订单需求而设定的各种原材料、半成品及成品等物料处于短暂闲置的备用状态，其目的是满足未来的生产、经营需要。库存产生因素可分为内部因素和外部因素两个方面。

库存产生的内部原因分为如下几类：

（1）研发原因。一是产品研发滞后及各环节不同步。现阶段由于很多企业研发过程不规范，缺乏系统和总体规划的研发，盲目跟风模仿，缺乏明晰的市场分析和产品竞争优势，造成新产品研发和进入市场时机脱节的局面。一旦新产品研发周期过长，生产出来的新产品错过了进入市场的最佳时期，则会造成大量商品滞销积压，这是形成"死库存"的根本原因。另外，产品从设计到完成品，所有的工程没有连接在一起，且供应链上不同阶段的工程能力也不同，同样会产生库存。二是设计不合理。产品设计脱离现实需求、产品功能不全等都会导致原材料、半成品和产成品的不良库存；设计不合理，材料的标准化较差，不能共享，零部件设计集成化不合理，且数量设计过多，产品原材料规格过多，共享性及可替代性较差，使企业库存量增加。三是技术更新和新产品开发的适应力弱。物料清单（Bill of Material，BOM）更改频繁，导致原库存无法正常投入使用而产生积压，或成为呆料。在产品生命周期内，对一些零部件将根据工程或客户的需要而进行设计变更，或用于实验产品项目上而后淘汰使用的物料或剩余的物料而产生库存。四是执行工程变更环节控制出错。如物料版本更新后未能及时通知采购，仍按旧版本下单到货，将使生产无法使用其物料而产生不合理库存。

（2）采购、供应原因。一是盲目追求经济订购批量容易造成库存总量居高不下。采购环节如果没有合理的批量采购计划，将会增加企业库存压力。二是安全库存量水平设定不合理。设置安全库存是企业采取的一种应急措施，水平设定的基准不合实际，会造成过多的人为不良库存，阻碍企业内部存货运转。三是等待出库过程中的货品囤积。对于需长距离运输的货物或单批次量大的订单，受货品出货的形式与运输机构选择的影响，在等待拼柜和船期的过程中，会导致库存量的增加。

（3）生产及计划控制原因。一是生产计划与实际脱节。生产计划和生产进度与实际采购计划脱节，造成原材料供应不及时、实际入库原材料和生产进度不匹配、实际采购品种与生产计划不同步等，造成原材料库存积压；对产品制造过程的监督不力易出现诸多问题，如设备问题、质量问题、异常停工、计划问题、交期问题等，均会造成企业的库存积压；生产过程中各个生产环节未通过质量检验的原料、半成品、成品得不到及时处理，造成生产线上在制品的积压。二是产能紧张的原因。为满足产品生产要求，必须预先生产某一种半成品，从而使该工序或设备能腾出时间转为其他生产，导致半成品的库存增加。此外，企业为满足紧急客户订单的需求，拆掉成品上的物料去完成缺料成品，使半成品库存增加。三是生产线布局不合理及工位间不平衡引起库存增加。四是库存控制策略过于简单。许多企业在确定原材料采购量时，由于缺乏科学管理手段，对生产合格率、消耗量等参数不能准确把握，一般供应链上的节点企业以及企业内部采购、生产等部门总会在实际需求数量的基础上再上浮一定比例，多出4%~10%。

（4）市场及销售原因。一是市场预测不准确或错误。由于产品的实际销售数量是不确定的，市场的实际需求与预测数据之间必然会产生一定的误差，因此预测销售数量与实际销售数量之间的差额导致库存的不确定。二是对客户需求的理解出现偏差。销售部门可能在接受订单时没有明确顾客对产品的要求，或者没有将准确的订单信息传递给生产部门，致使制造出来的产品达不到顾客要求而退货产生库存。有时销售部门也会一厢情愿地以自己的判断来代替客户需求，一旦判断失误，便容易造成不合理库存的产生，导致客户服务水平下降。三是退货引起库存。如货物本身质量不过关、产品版本确认失误等情况。

（5）企业组织、领导原因。一是部门设置不合理或缺乏有效沟通。销售、制造、计划、物料、采购等控制系统和业务过程相互独立，往往导致各部门库存管理的不协调，导致多级库存等问题。存货在企业中主要以原材料、辅助材料、在制品、产成品等形式存在，且存放地点比较分散，缺乏统一管理，管理部门和使用部门对存货信息掌握不一致，造成存货长期积压。二是绩效评价机制的缺陷。一些企业鼓励超产，对生产部门的超产给予一定的奖励，导致生产部门会在原计划外自行决定超额生产，而年度或月底原料供应计划没有考虑超产这部分原料的供应，因此造成部分原辅材料不配比的情况，重新形成表面上新的原材料紧缺。原料供应部门以采购周期长、困难大为由申请允许大量采购物料存储备用，从而导致不必要的原料库存增加。

库存产生的外部原因主要有如下几类：

（1）供应链中的不确定性因素。需求会因为客户计划的变更、购买力的波动、季节性变动、心理和个性特征等因素发生变化。为了应对需求的不确定性，企业往往会通过提升安全库存方式来保证生产的需要。企业错误地估计供应链中物料的流动时间也会造成库存呆料的产生。

（2）订单变更频繁。在客户订单临时变更和取消的情况下，如果计划员和采购员没能及时采取补救措施，及时通知供应商延迟或取消原材料的交货，额外物料库存的情况就不可避免；订单管理与客户管理的缺失，致使原有订单减少或取消，生产企业来不及调整物料计划，致使原先购用的原材料或已制成的成品、半成品，变成不良库存；商品的季节性需求或制造商突然采取的各项促销活动，以及供应链为维持更高的客户服务水平，保证销售网络中各成员企业生产经营的连续性等，都是库存存在的原因；在企业经营中，常常会出现订单的交货期比合同约定的期限提前或缩短现象，一些企业因竞争压力和其他原因不得不接收此类订单，但又过分依赖于预备的库存，使企业增加预备库存的持有量。

（3）供应链企业间缺乏合作与协调。库存问题不是孤立存在的，而是与供应链节点企业有着千丝万缕的联系，但各个部门或企业间往往对库存控制的目标并不完全一致，有些目标甚至是互斥的。供应链组织的协调涉及的利益群体众多，如果企业间没有实现无缝连接，相互之间的信息透明度不高，企业则无法掌握下游的真正需求和上游的供货能力，加之源头供应商不能享有足够的市场信息，会导致交货期延迟和服务水平下降，引起库存量的增加。

（4）规避风险的库存储备。在不可抗力产生的情况下，比如市场需求变动引起的生产调整、供应商生产能力丧失等，使订货被迫取消，造成企业库存量增加。

2）库存优化措施

针对库存成因的问题，结合企业的特点，库存改善首先要增强企业全员的成本管理意识，并从技术、管理、销售、绩效等方面进行改善；就库存管理而言，必须严格遵守先进先出、即时补货、分类管控、少量多次等原则。

（1）内部库存优化措施

在研发方面，提高零组件标准化、通用化水平。通用化的材料可通过批量采购获取价格折扣，而且可采用批量生产的方式降低产品成本，进而提高产品的价格竞争优势。控制好研发的源头，以减少物件的浪费，减少不良库存量。

在生产控制方面，实施生产过程合理化和在制品库存管控策略。合理安排生产过程，可以降低在制品存货的数量；在制品的控制可以使生产周期得到一定的缩短，提高制造企业对市场的响应速度及能力。

在采购供应方面，建立物料预警机制和提高库存周转率。通过建立警示标志系统，对应该取消的物料品种予以及时取消，防止无用物料的积压。

库存贯穿于整个需求与供应链管理的大流程中，除了包括仓储管理这个环节之外，更重要的部分还包括：预测与订单处理、生产计划与控制、物料计划与采购控制、库存计划与出货计划，以及成品、原材料的配送策略，甚至包括海关管理流程。而伴随着需求与供应链管理流程的整个过程，则是信息流与资金流的管理。要想达到库存控制的根本目的，就必须控制好各个环节上的库存，做好各流程的实物及虚拟信息的管理，而不是仅仅管理好已经到手的实物库存。

在企业运营层面，加强制造业企业存货管理基础工作，健全存货管理制度。对不同的原材料应采取不同的库存管理方法，比如优化库房结构、减少库房设置、实施 ABC 分类管理等。库存计划是生产计划不可或缺的部分。对"非常用产品"不安排库存，对"常用产品"分别确定其最低库存、预警库存和最高库存，由企业的销售状况、财务状况、生产能力、供应条件等综合求得一个平衡点，原则上，最大库存不应超过一个月的销售量。提高企业信息化水平，加强各部门之间的联系。生产系统与企业之间的不确定性可以通过调整控制和合作的方式加以改善。只有生产车间、仓库、物资采购部、财务部等取得及时的联系，同时基础数据准确及产品的合格率提高，才能从整体上动态把握存货的实时情况，提高库存的管理水平。此外，还有增强适应市场变化的能力、在销售关键绩效中增加库存指标的比重等手段。

（2）外部库存优化措施

采取协同规划、预测与补给式供应链库存管理模式。其最大优势是能及时准确地预测由各项促销措施或异常变化带来的销售高峰和波动，从而使分销商和供应商都做好充分的准备，赢得主动。提高需求预测准确性，能够大幅度降低企业原材料、半成品库存；同时，准确的需求预测也减少了生产缺料的情况，使得企业采购和生产出的材料符合客户的真实需求，减少库存中呆滞材料的存在，加快库存的周转。企业外部与企业内部要实现无缝对接，一般情况下采用供应链整体化策略。

建立供应链库存管理信息系统。建立物流节点库存制度，使信息能够快速传递、处理与反馈，实现集成化管理。相对于其他企业间的协调管理制度，供应链管理的优势在于信息处理的高效性。企业间通过共享原材料采购、生产计划、需求预测和仓库库存等信息，实现供应链企业的决策高效性。通过建立信息共享的库存控制体系，不仅对提升整个供应链运行效率有着重要作用，还可进一步压缩节点企业的运营成本，形成库存管理的良性循环。

保持供应链各节点与库存控制目标的一致性。建立节点库存与供应链整体库存相协调的目标管理体系，使各节点之间实现物料、半成品、成品的快速衔接，缩短材料中途停滞时间，提高供应链整体的运行效率。对于供应链上各节点企业而言，要想保持低库存，就必须以整个供应链为出发点，通过与供应链上各节点企业的合作，来共同实现对库存的高效管理，深度挖掘供应链的竞争力。

建立健全供应链评价、考核体系。供应链的评价指标体系一般都涉及质量、成本、按时交货率、服务与流程等。供应链库存考核是超越了单个企业管理制度上的跨企业联合管理制度，这就要求在制定整个供应链库存管理考核指标的时候，要更多地关注整条供应链的库存管理的效果，在考虑单个企业的库存管理绩效考核的同时，综合考虑单个企业的指标和整条供应链的指标。

供应链企业库存管理不仅仅是一个系统软、硬件的开发和实现的问题，更重要的是企业管理者自身管理理念的转变与突破。库存产生及其管控是一个系统性工程。库存问题的解决应该在全面库存管理思想的指导下，应用先进信息技术、先进管理模式、工业工程技术和现代库存管理方法从企业内部供应链的供应、生产、营销及供应链企业间的协调整合等方面进行系统的、全面的全过程管理。采取管理控制与技术控制相结合的库存管理手段，管理控制与技术控制两者缺一不可。合理监督技术控制的运行，管理控制可以发挥其指挥作用；技术控制可以发挥其舵手作用，可以积极调整库存，也起着定量管理的修正作用。两者互为补充，共同促进企业库存管理水平的提升。解决供应链库存管理问题主要靠两条途径：一是建立企业协同机制；二是加强信息共享。同时加强企业的存货管理控制评审制度，建立严密、完善的控制体系，提高员工在库存控制方面的技术业务水平；建立、完善存货管理岗位责任制及管理稽查、考核、奖惩制度等。总之，在实际工作中，对于任何一类产品的库存管理，永远都没有最优的方法，只有通过不断地运用更先进的管理理念和现代技术，不断摸索更适合企业的库存管理模式，提高库存管理水平，企业才能在市场竞争中处于优势地位。

（资料来源　佚名. 全球供应链下的库存管控［EB/OL］.［2013-12-17］. http://www.chinawuliu.com.cn/xsyj/201312/17/268782.shtml.）

◆ 案例探讨

苹果公司库存与供应链管理

1）苹果公司的采购管理

庞大的采购量使得苹果在零部件成本、制造费用以及空运费用上获得了巨大的好处，有时甚至有些不近人情。因为消费者众多，所需零部件也在不断增加。例如，苹果每年需要支付给三星零部件采购费用超过70亿美元。苹果是三星的最大客户，其2011年收入总额1090亿美元中苹果所占比重达7.6%。三星上游供应链厂商指出，诉讼后苹果和三星仍有可能继续维持供应链合作关系。在去年的诉讼高发期，三星仍然为苹果的iPhone和iPad供应核心A5逻辑芯片。但也有人认为，苹果似乎不想再让三星控制全球的芯片市场。苹果公司近期向日本尔必达公司广岛工厂下了大笔DRAM芯片订单，占苹果芯片需求的三成。苹果此举是希望辅助尔必达与三星芯片市场对抗，以维持公司的谈判能力。

2）苹果公司的库存管理

1996年苹果公司的库存成品价值高达7亿美元，公司一度陷入存货危机。为此，苹果采取了一系列措施降低库存。

第一，减少供应商数量。苹果将原先庞大的供应商队伍减少至一个较小的核心群体，开始经常给供应商传送预测信息，共同应对因各种原因导致的库存剧增风险。但是，苹果对供应商也提出了一系列残忍的完美主义要求，无论何时，如果一个项目没有达到要求，苹果都会要求供应商在12小时内作出根本原因分析和解释。

第二，减少产品种类。这是整个改革中最基础的环节，苹果把原先的15种以上的产品样式消减到4种基本的产品样式，并尽可能使用更多标准化部件，从而大大地减少了产品生产的零部件的备用数量以及半成品的数量，能够将精力更集中于定制产品，而不是为大量的产品搬运大量存货。譬如，iPod nano几乎使用了所有的通用IC，从而减少了在元件准备上的时间和库存。2007年，苹果获得了快速的存货周转水平和高速的业绩增长。

第三，提供更多无形产品。苹果通过提供iTunes音乐商店服务，让消费者把钱大把地花费在一个近20亿美元销售额的零库存商品供应链上。目前，苹果的在线iTunes音乐商店已经成为世界上第三大音乐零售商，仅次于沃尔玛和百思买。

3）苹果公司上游物流与供应链

苹果公司是典型的品牌输出企业，负责创意和设计，产品制造由供应商提供。从一些公开的产品拆解报告和产业分析文献中看到，苹果公司的供应商遍布全球，分布在中国台湾、美国、韩国等地，在中国大陆主要是台资企业的生产基地，最后主要由富士康组装成机。苹果的组装商遍布全球：鸿海（富士康）（全球最大的苹果外包商）、广达电脑集团公司（Quanta Computer Inc.）、英华达公司（Inventec Corp.）、和硕联合科技股份有限公司（Pegatron Corp.）、正崴精密工业股份有限公司（CHENG UEI Precision Industry Co.）以及致伸科技（Primax Electronics Ltd.）。以iPhone 4为例：iPhone 4主要零配件产地为韩国、美国、法国、德国和日本，负责组装iPhone 4的主要为烟台和深圳的富士康企业。欧洲物流（出口至欧洲）被马士基所承接，美洲物流（出口至美洲）被APL所掌控，而在亚洲的物流经营则分给了中国台湾的阳明海运，中国内地的则部分交由中远集团负责。苹果公司将生产外包给不同区域的企业，可以降低运输成本，产品从生产到供应本区域的市场周期也会缩短；海外劳动力相对较低的价格降低了生产成本；海外工厂的规模和劳动力灵活性可以保证苹果的供应；垄断生产线：IT制造业新生产线投资巨大，必须有很高的产量才能收回投资，到目前还只有苹果能和供应商签大批量的长期协议，苹果甚至为供应商支付工厂建设费用，换取新零部件的独家采购权。

4）苹果公司下游物流与供应链

苹果的实体店物流主要采用的是直营+代理的模式。直营模式主要是苹果直接在国外市场开设实体店，销售苹果产品。目前，苹果在中国的北京、上海、香港都开设有直营店，三里屯的苹果商店是苹果公司在中国开设的第一家实体店面。但是，苹果直接在国外市场开设的实体店数量很少。代理模式主要是苹果公司授权经销商代理销售苹果产品。但是苹果在中国对零售终端的管理非常严格，要求各级经销商向苹果定期汇报，并对销售终端进行频繁检查。此外，苹果还加强了在中国的售后服务体系。官方和授权的苹果商店是不允许销售除行货外的苹果产品的，而且授权也是分电脑授权和iPod系列授权的。苹果公司在中国的销售主要依托实体店面，然后再将商品发往各个代理店铺实现实体店的销售。目前在北京、上海、深圳、香港都有苹果的零售店。

5）苹果公司的营销管理

苹果公司采用饥饿营销、差异化营销、体验营销、口碑营销、人性营销等营销方式。苹果针对不同的产品类型，采用各具特色的销售渠道。对于iPhone产品，苹果全部是直接与运营商（在美国是AT&T，在英国是O2）合作，通过销售分成的方式获利。但在中国，当骄傲的苹果公司想将这种方式直接复制过来时，却碰了一鼻子灰，因为处于垄断地位的中国运营商远比其他国家的同行强势。据了解，O2在取得iPhone的销售权的同时，便意味着今后要把40%的收入交给苹果，但这种方式对中国移动或中国联通是行不通的。

苹果的成功，除了乔布斯的影响力、自身研发团队的努力外，还有哪些因素？媒体报道苹果发布了2015年度供应商责任进展报告，报告显示，在过去一年里苹果对供应链完成了633次审计，涵盖19个国家和地区，超过160万名供应链工人。每年苹果产品都像超级巨星般登场，万众瞩目，但有多少人了解它身后的全球供应商？据苹果公司自己公布的数据，2014年苹果共有590家供应商，其中有349家分布在中国内地；而这一数据在2012年是156家全球供应商，有8家来自中国内地，增速非常之快。不仅中国，日韩、东南亚相关企业也越来越多地跟苹果发生着"关系"，共同助力这个硅谷"创新怪胎"疯狂生长。

（资料来源　佚名. 苹果公司库存与供应链管理［EB/OL］.［2015-05-25］. .http：//wenku.baidu.com/link？url=IsaTNAbSdbgXmjVwYc2lYkAZvYfwtYlX0-KZKfE-OikKuWc4Koml8o_tQNLwi48ey04jjPErsgq1jfXmXoVkxuhDZiB0NZ0gvzD_Xgms0WC.）

思考题：

1. 苹果公司的采购管理对你有何启发？

2. 苹果公司的库存管理对你有何启发？

◆ 课后练习

（一）名词解释

采购　采购管理　库存管理

（二）填空题

1. 采购监管与控制是采购管理工作的一项重要内容，其主要目的是为了保证实现采购工作的目标和完成采购计划，其主要内容包括：_____的控制、_____的控制、_____的控制、采购信息的收集与使用以及采购绩效的考核。

2. 随着全球经济一体化和信息时代的到来，采购管理的工作将会被提升到一个新的高度。采购管理表现出如下发展趋势：采购管理_____、采购管理_____、采购管理_____、采购管理_____、对环境问题的关注等。

3. 库存管理的目标有两个：一是_____，二是_____。

（三）单项选择题

1. 在企业中为准备生产和销售而有意识暂时存放的库存，叫作（　　）。

A.安全库存　　　　B.缓冲库存　　　　C.流通库存　　　　D.周转库存

2. 将从供应商处获取的产品送至最终目的地所要进行的所有活动被称为（　　）。

A.采购　　　　B.购置　　　　C.订购　　　　D.供应

（四）多项选择题

1. 广义的采购，可以通过下列（　　）途径取得物品的使用权，以达到满足需求的目的。

A.租赁　　　　B.购买　　　　C.外包　　　　D.交换

2. 下列采购结果属于无形采购的是（　　）。

A.工程发包　　　　B.辅助材料　　　　C.服务　　　　D.技术

3. 企业采购管理的基本目标包括（　　）。

A.适时适量保证供应　　　　B.保证原材料质量　　　　C.费用最省

D.管理协调供应商　　　　E.管理供应链

（五）简答题

1. 简述采购监控的方法。

2. 采购具有哪些类型？简述一般采购过程。

3. 采购管理的基本目标是什么？

4.采购管理的内容是什么？

5.什么是采购管理，采购管理与采购在概念上有什么不同？

（六）论述题

1.什么叫库存？采购管理为什么要特别重视库存控制？

2.为什么说采购在企业中具有重要的作用？

3.你认为企业的采购工作应把握好哪几个关键环节。

第 2 章

采购管理组织

◆ **学习目标**

通过本章的学习，使读者了解采购管理组织的地位，了解采购管理组织结构的形式，掌握采购管理部门的主要任务、责任和权限知识，熟悉采购管理部门的人员设置、采购团队的组建的相关知识。

◆ **基本概念**

组织结构　采购管理组织

引导案例　　　　　　　　　**沃尔玛的全球采购**

沃尔玛公司是全世界零售业收入位居第一的巨头企业，素以精确掌握市场、快速传递商品和最好地满足客户需求著称，是著名的"全球500强排行榜"的冠军，而全球采购正是沃尔玛成功的必要条件之一。

1）沃尔玛全球采购组织

（1）沃尔玛发展全球采购网络的组织

在沃尔玛，全球采购是指某个国家的沃尔玛店铺通过全球采购网络从其他国家的供应商进口商品，而从该国供应商进货则由该国沃尔玛公司的采购部门负责采购。

①全球采购网络的地理布局

沃尔玛结合零售业务的特点以及世界制造业和全球采购的总体变化趋势，在全球采购网络的组织上采取以地理布局为主的形式。在其设立的四大区域中，大中华及北亚区的采购量最大，占全部采购量的70%之多，其中中国分公司又是采购量第一的国别分公司，因此，沃尔玛全球采购网络的总部就设在中国的深圳。

②全球采购总部

全球采购总部是沃尔玛全球采购网络的核心，也是沃尔玛的全球采购最高机构。在这个全球采购总部里，除了四个直接领导采购业务的区域副总裁向总裁汇报以外，总裁还领导着支持性和参谋性的总部职能部门。

（2）沃尔玛全球采购网络

沃尔玛的全球采购网络相当于一个"内部服务公司"，为沃尔玛在各个零售市场上的店铺买家服务，包括：

①商品采集和物流。全球采购网络要尽可能地在全球搜索到最好的供应商和最适当的商品——沃尔玛的全球采购网络实际上担当了商品采集和物流的工作，对店铺买家来说，他们只有一个供应商。

②向买家推荐新商品。对于新产品，沃尔玛没有现成的供应商，它通过全球采购网络的业务人员参加展会、介绍等途径找到新的供应商和产品。店铺买家会到全球采购网络推荐的供应商那里和他们直接谈判以及购买。

③帮助其他国家的沃尔玛采集货品。沃尔玛的全球采购为全世界各个国家的沃尔玛店铺采集货物。而不同国家之间的贸易政策往往不一样，这些差别随时都需要加以跟踪，并在采购政策上作出相应的调整。

2）沃尔玛全球采购政策

沃尔玛的全球采购中心总部中有一个部门专门负责检测国际贸易领域和全球供应商的新变化对其全球采购的影响，并据以指定和调整公司的全球采购政策。沃尔玛的采购政策大致可以分为以下三方面：

（1）永远不要买得太多

沃尔玛提出，减少单品的采购数量，能够方便管理，更主要的是可以节省营运成本。沃尔玛的通信卫星、GPS以及高效的物流系统使得它可以以最快的速度更新其库存，真正做到零库存管理，也使"永远不要买得太多"的策略得到有力的保证。

（2）价廉物美

沃尔玛采购的第一个要求是价廉物美。在沃尔玛看来，供应商都应该弄清楚自己的产品跟其他同类产品有什么区别，以及自己的产品中究竟哪个是最好的。供应商最好尽可能生产出一种商品专门提供给沃尔玛。沃尔玛最希望以会员价给顾客提供尽可能多的在其他地方买不到的产品。

（3）突出商品采购的重点

沃尔玛一直积极地在全球寻找最畅销的、新颖有创意的、令人动心并能创造"价值"的商品，造成一种令人高兴、动心的购物效果，从而吸引更多的顾客。沃尔玛的商品采购的价格决策和品项政策密不可分，它以全面压价的方式从供应商那里争取利润以实现天天低价；沃尔玛还跟供应商建立起直接的伙伴关系以排斥中间商，直接向制造商订货，消除中间商的佣金，在保证商品质量的同时实现利润最大化。

（资料来源　佚名．沃尔玛的全球采购策略及分析［EB/OL］．［2012-02-08］．http：//www.doc88.com/p-053209502024.html.）

当今许多公司在重组其采购组织时经历着重大改变，不断变化的客户需求使得企业对其采购组织进行再造。采购在企业内部越来越具有战略性的作用，承担了更高的职能。采购组织需要管理者设计出那种能支持和促进员工有效地完成采购组织任务的结构设计方案——既要取得高效率，又能保持灵活性，这些都是在当今动态环境中经营的企业取得成功所必需的。那么，企业的采购管理组织应如何设计的呢？

2.1
组织设计的要素及模型

什么是组织结构？所谓组织结构就是组织中正式确定的使工作任务得以分解、组合和协调的框架体系。管理者在发展或变革一个组织的结构时，他们就在开展组织设计工作。组织设计是一个涉及六方面关键要素的过程。这些要素是工作专门化、部门化、指挥链、管理跨度、集权与分权、正规化。

2.1.1
组织设计的六要素

1）工作专门化

工作专门化是指组织中的任务被划分为各项专门工作的程度。工作专门化的实质是，不将整项任务交由某个人承担，而是将之细分为若干步骤，每一步骤由一个单独的个人来完成。各个员工都仅专门从事某一部分的活动而不是全部活动。工作专门化是提高生产率的一个的源泉。

工作专门化虽然是一个重要的组织方式，但不是一个能无止境地提高生产率的办法。工作专门化能为某些类型的工作带来经济性，但过度专门化又会导致问题的产生。

2）部门化

部门化就是指将若干职位组合在一起的依据和方式。每一个组织都可以有其划分和组合工作活动的独特方式。

部门化有职能部门化、产品部门化、地区部门化、过程部门化和顾客部门化五种方式。职能部门化是依据所履行的职能来组合工作。这种部门化方式可以在各种类型组织中得到应用，尽管具体的职能会有不同，因为各组织的目标和要开展的工作活动是有差异的。产品部门化是依据产品线来组合工作。在这种方式下，每一主要产品领域都划归到一位主管人员的管辖之下，该主管人员不仅是所分管产品线的专家，而且对所开展的一切活动负责。地区部门化是按照地理区域进行工作的组合，如将仅在本国内运营的组织划分为南部、中西部、西北部等，全球化的企业可能分设为美国、加拿大、欧洲、亚太区等。过程部门化是依据产品或顾客流来组合工作，使各项工作活动沿着处理产品或为顾客提供服务的工艺过程的顺序来组织。最后，顾客部门化是依据共同的顾客来组合工作，这组顾客具有某类相同的需要或问题，要由相应的专家才能更好地予以满足。

大型组织通常需要将上述大部分的或全部的部门化方式结合起来使用。在部门化方面，最近出现了两种趋势：一是顾客部门化愈来愈得到普遍使用，被认为是能更好地监测顾客的需要并能对其需要变化作出更好的反应的一种部门化方式；另一趋势是，跨职能团队愈来愈受到管理者的青睐，这是将各专业领域的专家们组合在一起协同工作。

3）指挥链

指挥链概念曾是组织设计的基石。指挥链是指从组织高层延伸到基层的这样一条持续的职权线，它界定了谁向谁报告工作。它帮助员工回答"我遇到问题时向谁请示"，或者"我对谁负责"这类问题。

指挥链的三个相关概念：职权、职责，以及统一指挥。所谓职权是指管理职务所固有的发布命令和希望命令得到执行的这样一种权力。为了促进决策和协调，各级管理者作为组织中指挥链的一环，需要被授予一定程度的自主权以便履行其职责。而在管理者协调和整合雇员的工作时，这些下属员工也被认为负有执行任务的义务。这种对完成任务的期待或义务就是职责。最后，统一指挥原则是指每个下属应当而且只能向一个上级主管直接报告工作。不遵循统一指挥原则，让多个上级发出冲突的命令或优先处理要求，会造成许多问题。

信息技术的发展及加大对员工的授权，指挥链、职权、职责、统一指挥这些概念在当今被认为相对不那么重要了。这是因为遍布整个组织的员工可以在几秒钟内取得原来只有高层管理者才能获得的信息；另外，利用计算机，员工可以不通过正式的渠道，也就是指挥链，而与组织中其他任何地方的人员进行沟通；而且，随着员工被授权制定原本只有管理者才有权作出的决策，以及随着越来越多的组织使用自我管理的跨职能团队及在新型的组织设计中更多地引入"多头领导"体制，职权、职责、统一指挥这些传统的思想正变得越来越不被关注。

4）管理跨度

一位管理者能够有效地管理多少个下属？这一管理跨度问题非常重要，因为它在很大程度上决定了组织中管理层次的数目及管理人员的数量。假定其他条件不变，管理跨度越宽或者说越大，组织就越有效率。从成本角度看，宽跨度显然更有效率。但超过了某一点，宽跨度会导致管理效果降低。也就是，当跨度变得过大时，下属员工的绩效会因为管理者没有足够的时间提供必要的指导和支持而受到影响。

管理跨度的现代观认为，一个管理者能既有效率又有效果地管理的下属人员的合适数量是受许多因素影响的。这些因素包括管理者和下属人员的技能和能力，以及所要完成的工作的特性。比如，员工的训练程度越高，经验越丰富，他们所需要的直接监督就越少。所以，领导这些训练有素、经验丰富的员工的管理者就可以保持较宽的管理跨度。其他的决定合适跨度范围的权变因素还有：下属工作任务的相似性、下属工作任务的复杂性、下属工作地点的相近性、使用标准程序的程度、组织管理信息系统的先进程度、组织文化的凝聚力，以及管理者偏好的管理风格等。

近几年的趋势是朝着加宽管理跨度的方向演进。加宽管理跨度，这与管理者力图降低成本、加快决策、增强组织灵活性、更接近顾客以及向员工授权等的努力是一致的。但为了确保绩效不因跨度加大而受到影响，这些组织都正在员工培训方面投入巨资。管理者认识到，要是员工能掌控好自己的工作，知道与其他工作的关联，或在遇到难题时能求助于同事，那么，宽管理跨度就不会有问题。

5）集权与分权

有些组织是由高层管理者作出所有的决策，低层管理人员一般只是负责执行上级的指令。另一种极端是，组织中的决策尽可能地下授给采取行动的那一层次的管理人员。前一类型的组织是高度集权的，后一类型的组织则是高度分权的。

集权化程度反映决策集中于组织中某一点的程度。要是高层管理者在作出组织的关键决策时，从不或很少从低层取得决策投入，那么这样的组织就是集权的。与此相比，要是低层人员提供了更多的决策投入，或者实际上可以作出决策，那么组织的分权化程度就越高。集权或分权只是一个相对的概念，而不是绝对的两极。也就是说，组织不可能是彻底集权的，也不会是彻底分权的。很少有组织能够在所有决策都集中于一特定的高层管理者团体时仍能有效地运行；同理，将所有决策都授予最低层员工的组织，也不会是有效的。

当前已出现的一个明显趋势是下授决策权，这是与力图使组织具有灵活性和反应能力的努力相一致的。尤其是在大型企业中，低层管理者最接近采取行动的地方，通常比高层管理者对问题及其解决的办法有更细致的认识。

哪些因素决定了一个组织是更为集权的抑或更为分权的？表2-1列示了被确认为对组织的集权与分权程度有重要影响的一些因素。

表2-1　　　　　　　　　　　　**影响集权与分权程度的因素**

更集权化	更分权化
• 环境稳定	• 环境复杂且不确定
• 低层管理者不具有高层管理者那样作出决策的能力或经验	• 低层管理者拥有作出决策的能力和经验
• 低层管理者不愿意介入决策	• 低层管理者要参加决策
• 决策的影响大	• 决策的影响相对小
• 组织正面临危机或失败的危险	• 公司文化容许低层管理者对所发生的事有发言权
• 企业规模大	• 公司各部在地域上相当分散
• 企业战略的有效执行依赖于高层管理者对所发生的事拥有发言权	• 企业战略的有效执行依赖于低层管理者的参与以及制定决策的灵活性

6）正规化

正规化指组织中各项工作的标准化以及员工行为受规则和程序约束的程度。要是一项工作是高度正规化的，则承担这项工作的人员就对做什么、何时做以及如何做等没有什么自主权。由于员工被要求以完全相同的方式处理同样的投入，所以能产生一致的、统一的产出。高度正规化的组织有明确的职位说明、许多的规则条例，并对工作过程订立了明确的程序。要是组织正规化程度比较低，工作行为就相对非结构化，员工对如何做他们的工作拥有较大的自主权。鉴于一个人对工作的自主程度与其工作行为受组织预先规定的程度呈负相关关系，因而标准化程度越高，员工对如何做工作的自主空间越小。标准化不仅取消了员工采取其他行为方式的可能性，而且甚至连员工思考是否还有其他的方式也显得多余。

在不同的组织中，正规化程度有很大的差别。即便在同一个组织内，正规化程度也可能不同。

2.1.2
组织设计的一般模型

并不是所有的组织都以完全相同的方式来架构。只有30名员工的组织，其组织结构不会与拥有3万名员工的组织相同。而且，即便规模相同的组织，也未必采取类似的结构。在一个组织中有效的，不见得对另一组织也有效。那么，管理者该如何对要采用什么样的组织设计方案作出决策？这一决策取决于一些权变因素。下面我们要考察组织设计的两种一般模型，然后分析其选用的主要权变因素。

1）机械式与有机式组织

机械式组织是一种刻板的严密控制的结构，其特征是：高度的专门化、广泛的部门化、窄的管理跨度、高度正规化、有限的信息沟通（大多是下行沟通），基层员工很少参与决策。

机械式的组织结构犹如高效率的机器，以规则条例、工作的标准化和同一模式的控制作为润滑剂。这种组织设计试图将个性差异、人的判断及由此产生的模糊和不确定减少到最低限度。人性特征被认为是非效率的，只会带来不一致。虽然现实中并不存在某种纯粹的机械式组织，但绝大多数大型公司和政府机构都至少在一定程度上有这些机械式的结构特点。

与机械式组织构成鲜明对比的是有机式组织。这是一种灵活的具有高度适应性的结构，而机械式组织则是僵硬、稳定的。因为不具有标准化的工作和规则条例，所以有机式组织具有灵活性，能根据需要迅速地作出调整。有机式组织也进行劳动分工，但人们所做的工作并不是标准化的。员工经过良好的训练，并被授权开展多种多样的工作活动和处理问题，因此，这些组织经常地使用员工团队。有机式组织中的员工不需要多少正式的规则和直接监督。他们高水平的技能和训练，以及来自其他团队成员的支持，使正规化和严密的管理控制成为不必要。

何时选用机械式组织更好？何时有机式组织更为合适？让我们研究一下影响这一选择的权变因素。

2）权变因素

一般来说，绝大多数组织的高层管理者对如何设计一个合适的组织结构都有许多个人的想法。合适的组织结构是什么，这取决于四个方面的影响因素：组织的战略、规模、技术，以及环境的不确定性。

（1）组织的战略

组织结构应该促进组织目标的实现。因为目标是由组织的战略决定的，所以，使战略与结构紧密配合，这是顺理成章的，特别是结构应当服从战略。如果管理者对组织的战略作了重大调整，那么就需要修改结构，以适应和支持这一调整变革。公司战略的变化导致了组织结构的变化。一些组织通常起始于单一产品或产品线，只要求一种简单、松散的结构形式。然而，当组织成长以后，它们的战略变得更有雄心，也更加复杂了。为支持所选定的战略，结构就需要变革。

绝大多数现有的战略分析框架倾向于集中考察三个维度：①创新，反映组织对有意义的、独到的创新的追求；②成本最低，反映组织对严格控制成本的追求；③模仿，反映组织通过效仿市场上的领先者，力求使风险最小化而盈利机会最大化。那么，什么样的结构设计能与各种战略最佳匹配？创新者需要有机式结构提供灵活性和自由流动的信息；成本最低者则努力通过机械式结构取得高效率、稳定性和严密的控制；模仿者同时使用这两种结构，一方面通过机械式结构保持紧密的控制和低成本，另一方面又借助有机式结构寻求新的创新方向。

（2）组织的规模

组织的规模明显地影响着结构。例如，大型组织倾向于比小型组织具有更高程度的专门化、部门化和集权化，规则条例也更多。但是，这种关系并不是线性的，而是规模对结构的影响强度在逐渐减弱，即随着组织的扩大，规模的影响越来越不重要。为什么是这样？从本质上说，一个拥有 2 000 名左右员工的组织，已经是相当机械式的了，再增加500 名员工不会对它产生多大的影响。相比之下，只有 300 个成员的组织，如果增加 500名员工，就很可能使它转变为一种更机械式的结构。

（3）技术

任何组织都需要采取某种技术，将投入转换为产出。例如，海尔公司的工人是在一条标准化的装配线上生产冰箱、洗衣机和其他家用电器。双鹤药业的员工则是在一条连续流动的生产线上制造药品。每一个组织都代表一种不同类型的技术。

从研究总体上来看，组织根据它们的技术调整其结构。一个组织将投入转换为产出的过程或方法，会在常规化程度上表现出差异。一般来说，技术越是常规化的，结构就越显示出标准化的机械式特征。组织越是采用非常规化的技术，就越可能实行有机式结构。

（4）环境的不确定性

一个组织的结构会受到环境的不确定性影响。一些组织面临相对稳定和简单的环境，另一些组织面临动态和复杂的环境。环境的不确定性威胁着组织的绩效，管理者都试图减少这种不确定性。而组织结构的调整就是减少环境不确定性的一种措施。环境的不确定性程度越大，越需要有机式设计所提供的灵活性。反之，在稳定、简单的环境中，机械式设计倾向于最有效。

现在许多管理人员尽力将他们的组织变得更精干、快速和灵活。全球的竞争，由竞争者推动的日益加速的产品创新，以及顾客对高品质和快速交货的越来越高的要求，这些都是环境因素动态性的表现。机械式组织并不适于对环境的快速变化和不确定性作出反应，这使组织的设计更加有机化。从本质上说，机械式组织在稳定的环境中运作更为有效，有机式组织则与动态的、不确定的环境相匹配。

2.2
采购管理组织的地位

2.2.1
影响采购部门在组织中地位的因素

采购组织的地位非常依赖于管理层对于采购职能所持的看法。当管理层主要将采购职能看作业务活动时，会造成采购部门在组织等级中处于相当低的地位。然而，如果管理层将采购视为一个重要的竞争因素，并且对组织具有战略重要性，那么采购经理就非常可能向董事会汇报。管理层对于采购的观点在很大程度上与下列因素有关：

（1）管理层的知识及认识水平。

（2）在最终产品的成本—价格中采购所占的份额。采购所占比例越高，管理层就越认为采购职能具有战略性。

（3）公司的财务状况。在发生严重财务亏损的时候，管理层会对采购业务和与采购相关的成本提出更高的要求，这会导致对更高的会计责任的要求。

（4）公司对于供应商市场的依赖程度。具有高集中度的供应商市场通常会得到管理层更多的关注。

2.2.2
采购部门在企业组织中的地位

企业的性质、最高决策当局的观念或重视采购的程度，采购物料成本占企业营业成本的比例大小等都会影响采购部门在企业中的地位。小规模的企业常无独立的采购组织，或只指定一人专办或兼办采购。中型企业大都将采购与仓储作业合并组织。大规模的企业多设有专职机构独立办理。

在企业中采购部门的形式通常有以下几种类型：

（1）设立独立的采购部门。一般而言，视采购为主要机能的大规模企业，以及材料在产品单位成本中占较高比例的企业，都设立独立的采购部门，全面行使采购职能。

（2）附属于制造部门。适用于采购材料工作较单纯而价格较稳定的企业。

（3）附属于物流部门。物流作为企业的第三利润源泉，越来越受到企业的重视，许多企业将采购等分散的物流职能整合到一起成立物流部门。

（4）附属于销售部门。适用于材料经简单程序即出售的企业，或非制造业企业如代理业等。

（5）只承担部分作业的采购部门。这种采购组织机构只办理物料的采购，而不兼办验收与储运。采购种类及数量较少的企业适用这种类型。

为适应近代企业的激烈竞争，规模大的企业，或材料占成本比重高的企业，采购部门的组织大都采用第一种方式，以便使其与制造、推销、财务等部门划分职责，分工合作，从而使生产部门专心于产品的制造与改进，而不必为了购料而分心。至于其他中小型企业则视其本身的实际情况作决定。不论采用何种方式，必须有良好的采购组织，如此才能协同其他部门，供应生产配合销售。

2.2.3
采购管理组织的设置原则

1）采购部门设置应同企业战略目标、方针相适应

采购组织结构应该促进企业战略目标的实现。企业的战略决定采购的组织结构，采购

组织结构与企业战略紧密配合，如果管理者对企业的战略作了重大调整，那么就有可能需要修改采购组织结构，以适应和支持这一调整变革。公司战略的变化将导致采购组织结构的变化。

2）采购部门设置应同企业的性质和规模相适应

采购机构的设置同企业的性质、产品、规模等有直接的关系。比如石油企业的原材料一般需要一些专业人员采购，并往往直接向最高领导汇报；小公司可能仅仅设置一个简单的供应部门负责原材料的采购，而大型企业或跨国公司则常常设有集团采购部或中央采购中心负责采购。

3）采购部门设置应同企业所处的环境相适应

采购组织的结构会受到环境的不确定性的影响。面临相对稳定、简单环境和面临动态和复杂环境的采购组织的结构将会不同。

4）采购部门设置应同企业的管理水平相适应

企业内部采购部门的设置，应同企业的管理水平相适应。一般管理水平较高的现代化企业非常重视采购管理职能，因此通常会设置独立的集中采购部门。

2.3
采购管理组织结构

在设计采购组织或管理范围时，应注意涉及多种不同业务性质单位共同执行某项任务的重叠作业，必须依据相同规程，参照实际需要，树立整体观，并作适当的管理，以期发挥整体的效果。

2.3.1
采购管理组织设计需要考虑的问题

采购管理组织设计需要考虑的问题是集中采购与分散采购。集中或分散采购应到什么程度的问题难以简单地回答。大多数公司在两个极端之间进行平衡：在某个时候它们会采用集中的采购组织，而在几年以后它们选择更加分散的采购组织。目前许多汽车公司都决定将其采购业务集中化，但也有其他行业公司从职能结构转向部门结构时，中心采购部门被在已形成的部门和经营单位中分割成分散的采购部门。下面的因素或标准在决定采购的集中或分散时具有决定性作用：

（1）采购需求的通用性。当公司内部各单位所购买的物资的通用性越高时，从集中的或协作的方法中得到的好处就越多。这就是大型公司中的原材料和包装材料通常集中购买的原因。

（2）地理位置。当经营单位位于不同的国家和/或地区时，这可能会极大地阻碍协作的努力，因为在不同国家之间的贸易和管理实践中存在较大的差异。一些大型公司已经将其协作战略从全球性战略转为地区性战略。

（3）供应市场的议价能力。有时公司会在它的一些供应市场上选择一个或数量有限的几个大型供应商组织。在这种情况下，肯定对供应商有利。如果采用一种协同的采购方法面对这些强有力的贸易伙伴，往往就会获得一个更好的谈判地位。

（4）成本节约的可能。一些类型的原材料的价格对采购数量非常敏感。在这种情况下，购买更多的数量会立刻导致成本的节约。

（5）价格波动。如果物资价格对政治和经济气候的敏感程度很高，集中的采购方法就会更有力。

表2-2列出了分散采购的优点和缺点——其反面可以用于集中采购。

表2-2   分散采购有关的一些优点和缺点

优点	缺点
• 对利润中心直接负责	• 分散的采购能力，缺乏规模经济
• 对于内部用户更强的顾客导向	• 缺乏对供应商统一的态度
• 较少的官僚采购程序	• 分散的市场调查
• 更少需要内部协调	• 在采购和物料方面形成专业技能的可能性有限
• 与供应商直接沟通	• 对不同的经营单位可能存在不同的商业采购条件

2.3.2
直线职能式公司中的采购结构

1）不强调物流管理的采购结构

如果企业规模较小，产品结构较单一（典型的例子就是单一的工厂或企业，分公司距离较近的大公司也可以），那么设置单一的采购部门并直接向总经理汇报工作较好。其组织模式如图2-1所示，这是一种集中采购的模式。

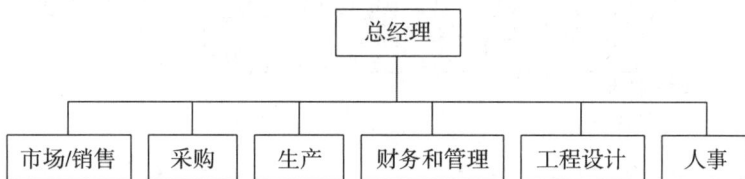

图2-1　单一采购的组织模式

2）强调物流管理的采购结构

物流作为企业的第三利润源泉，越来越受到企业的重视，许多处于物流一体化第三阶段的企业纷纷成立了独立的物流管理职能部门，上升到与其他职能部门并列的地位。企业根据自身特点，选择集中或分散采购，有些企业将采购从属于物流管理部门，由物流管理部门统一管理，实行集中采购，如图2-2和2-3（a）所示。也有些企业将采购从属于各生产部门，由各生产部门管理，实行分散采购，如图2-3（b）所示。

2.3.3
事业部式公司中的采购结构

在事业部式公司中的采购管理组织有如下方案可供选择：分散的采购结构、集中的采

```
                        ┌─────────┐
                        │  总经理  │
                        └────┬────┘
      ┌──────────┬──────────┼──────────┬──────────┐
 ┌────────┐ ┌────────┐ ┌──────┐ ┌──────────┐ ┌──────────┐
 │市场/销售│ │  物流  │ │ 生产 │ │财务和管理│ │ 工程设计 │
 └────────┘ └───┬────┘ └──────┘ └──────────┘ └──────────┘
        ┌────────┼────────────┐
   ┌─────────┐ ┌──────────┐ ┌─────────┐
   │物料计划和│ │(集中)采购│ │物料分配 │
   │库存管理  │ └──────────┘ └─────────┘
   └─────────┘
```

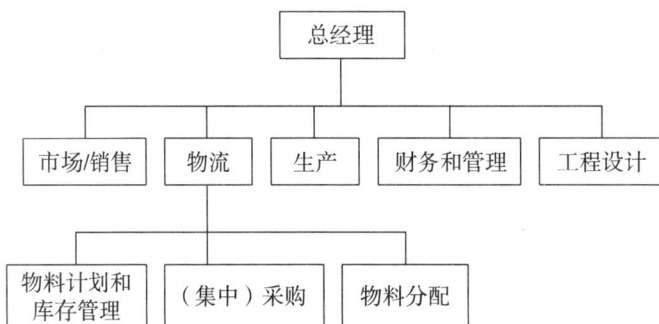

图 2-2　完全一体化的物流结构

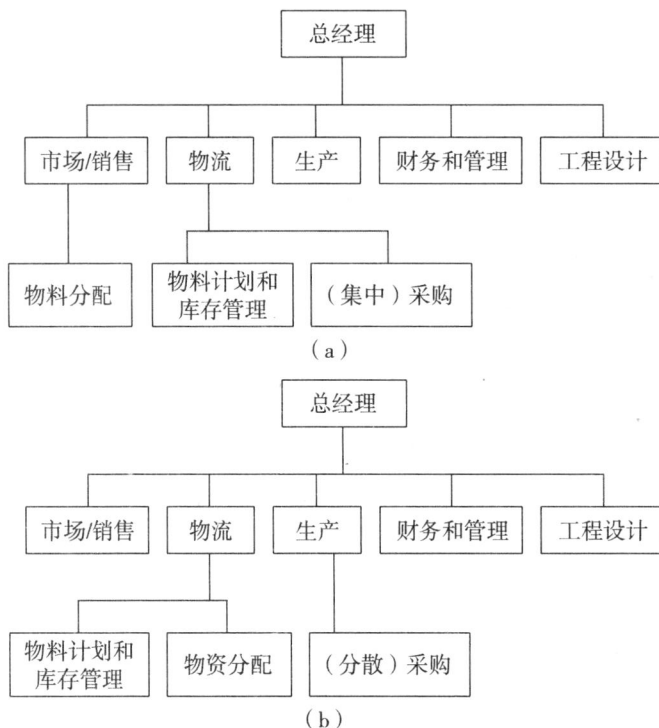

```
                        ┌─────────┐
                        │  总经理  │
                        └────┬────┘
      ┌──────────┬──────────┼──────────┬──────────┐
 ┌────────┐ ┌────────┐ ┌──────┐ ┌──────────┐ ┌──────────┐
 │市场/销售│ │  物流  │ │ 生产 │ │财务和管理│ │ 工程设计 │
 └───┬────┘ └───┬────┘ └──────┘ └──────────┘ └──────────┘
 ┌────────┐    ┌──────┴──────┐
 │物料分配│ ┌──────────┐ ┌──────────┐
 └────────┘ │物料计划和│ │(集中)采购│
            │库存管理  │ └──────────┘
            └──────────┘
```

（a）

```
                        ┌─────────┐
                        │  总经理  │
                        └────┬────┘
      ┌──────────┬──────────┼──────────┬──────────┐
 ┌────────┐ ┌────────┐ ┌──────┐ ┌──────────┐ ┌──────────┐
 │市场/销售│ │  物流  │ │ 生产 │ │财务和管理│ │ 工程设计 │
 └────────┘ └───┬────┘ └──────┘ └──────────┘ └──────────┘
        ┌────────┼────────────┐
   ┌─────────┐ ┌──────────┐ ┌──────────┐
   │物料计划和│ │ 物资分配 │ │(分散)采购│
   │库存管理  │ └──────────┘ └──────────┘
   └─────────┘
```

（b）

图 2-3　部分一体化的物流结构

购结构、集中/分散采购结构和组合结构。

1）分散的采购结构

这种结构可以在采取经营单位结构的公司中看到，其一个主要的特点就是每个经营单位的经理对他自己的财务后果负责，如图 2-4 所示。因此，这个经营单位的管理要对其所有的采购活动负完全责任。这种结构的缺点之一是不同的经营单位可能会与同一个供应商就同一种产品进行谈判，结果达成了不同的采购情境。当供应商的能力吃紧时，经营单位相互之间就会成为真正的竞争者。

这种结构对于拥有经营单位结构的跨行业公司特别有吸引力。每一个经营单位采购的产品都是唯一的，并且与其他经营单位所采购的产品有显著的不同。在这种情况下规模经济只能提供有限的优势和节约。

```
                    ┌──────────┐
                    │  董事会  │
                    └────┬─────┘
        ┌────────────────┴────────────────┐
   ┌────┴─────┐                      ┌─────┴────┐
   │ 公司职员 │                      │ 公司职员 │
   └──────────┘                      └──────────┘
        ┌───────────────┬───────────────┐
   ┌────┴─────┐   ┌─────┴────┐   ┌──────┴───┐
   │  部门A   │   │  部门B   │   │  部门C   │
   └──────────┘   └──────────┘   └──────────┘
```

● 采购　　　　● 采购　　　　● 采购
● 生产　　　　● 生产　　　　● 生产
● 市场／销售　● 市场／销售　● 市场／销售

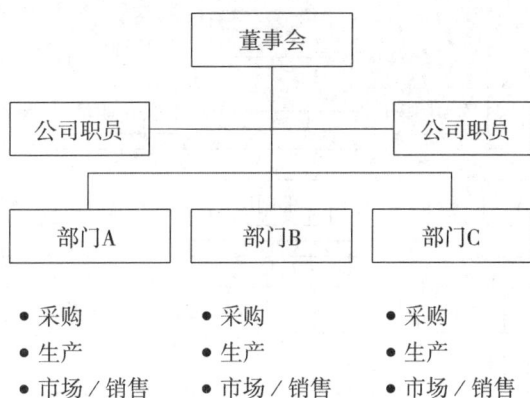

图2-4　分散的采购组织结构

2）集中的采购结构

这种情况下，在公司层次上可以找到中心采购部门，公司的合同专家在战略和战术层次上进行运作，如图2-5所示。产品规格的决策被集中制定（通常与中心工程技术或研发机构紧密合作），在供应商选择的决策上也是如此；与供应商之间的合同的准备和洽谈也是这样进行的。这些合同通常是与预先具有资格的供应商之间的长达数年的规定了一般和特殊采购条件的合同。这些采购活动是由经营性公司实施的。这种结构的特点就是中心采购部门在战略和战术层次上进行运作。有关产品规格的决策和供应商选择的决策，以及供应商之间的合同的准备和洽谈内容被集中起来共同制定。

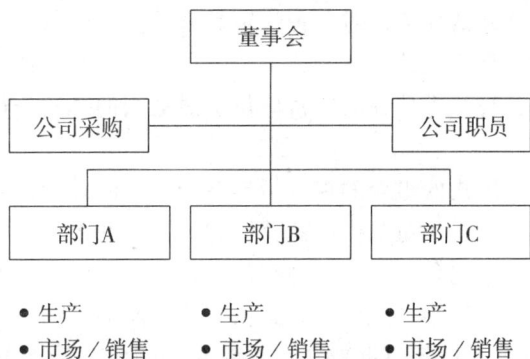

```
                    ┌──────────┐
                    │  董事会  │
                    └────┬─────┘
        ┌────────────────┴────────────────┐
   ┌────┴─────┐                      ┌─────┴────┐
   │ 公司采购 │                      │ 公司职员 │
   └──────────┘                      └──────────┘
        ┌───────────────┬───────────────┐
   ┌────┴─────┐   ┌─────┴────┐   ┌──────┴───┐
   │  部门A   │   │  部门B   │   │  部门C   │
   └──────────┘   └──────────┘   └──────────┘
```

● 生产　　　　● 生产　　　　● 生产
● 市场／销售　● 市场／销售　● 市场／销售

图2-5　集中的采购组织结构

这种结构的优点体现在：一是通过采购协作可以从供应商处得到更好的条件（在价格和成本方面以及服务和质量方面）；二是它将推进供应商向着产品标准化的方向努力。其缺点表现在：单独的经营单位的管理层只对采购的决策负有限的责任。这种结构的适用条件是几个经营单位购买相同的产品，并且这种购买对供应商具有战略重要性。

3）集中/分散的采购结构

集中/分散的采购结构如图2-6所示。这种结构的特点是在公司一级的层次上存在着公司采购部门，独立的经营单位也进行战略和战术采购活动。在这种情况下，公司的采购部门通常处理与采购程序和方针的设计相关的问题，还可以促进部门或经营单位之间的相互协作或解决他们之间的问题。而战术采购活动完全由部门或经营单位的采购组织实施。这种结构适用于非常大的国际公司。

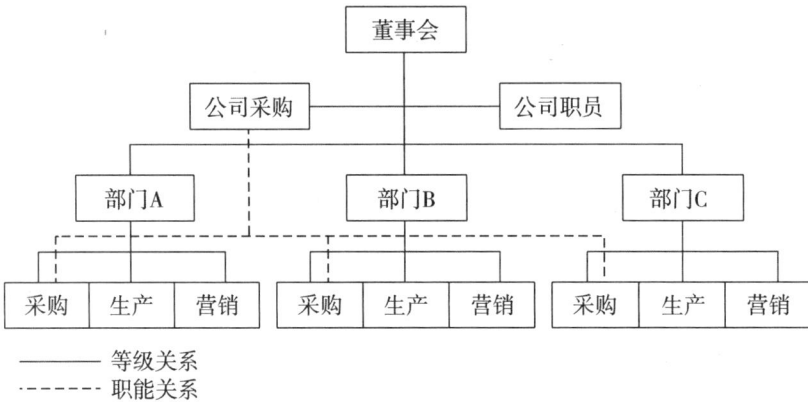

图2-6 集中/分散采购组织结构

4）组合结构

组合结构是前面三种组织结构的结合。组合是以提高公司的影响从而减少总体物料成本和/或改善来自外部供应商的服务为目标，将两个或更多的经营单位的共同物料需求结合起来。组合可能是强加给经营单位的，也可能是经营单位自愿的。组合结构主要有以下几种情况：

（1）自愿配合。在这种情况下，经营公司的采购部门之间会发生相当可观的信息交换。以这些数据为基础，每一个经营单位可以自由决定是参与（公司）合同还是单独运作。合同由采购协调委员会（或商品小组）进行准备，其中提及了最大的用户。

（2）领先购买。在这种情况下，对一种特定类型的商品的需要量最大的经营单位承担了与供应商就公司合同进行洽谈的责任。这个经营单位从所有其他单位收集有关的全部数据并同供应商进行谈判，每一个单独的经营单位参照适当的合同条件直接向供应商定期发出订单。

（3）领先设计。这种形式的组合的根本指导原则是共同设计。对于负责特定的产品或部件设计的经营单位或部门，也对与供应商就所有的物料和部件签订合同负责。例如，一家主要的汽车公司的一个部门负责开发一种新的燃料喷射系统，在新产品获得批准后，这个系统有可能被应用在新车型中，从而用到其他部门。然而，物料和零部件是从供应商那里获得的，而它们已经由先行部门批准和订约购买。通常，制造商与供应商关系非常密切，供应商在制造商的开发和设计阶段的早期就被纳入其中。

组合可以在不同层次上发生，包括商品层次、供应商层次、经营单位层次、部门层次和采购市场层次。

2.4
采购部组织结构

不同的企业，其采购部职位设置也不同。企业为确保采购职能的实现，在设计采购部组织结构时，须充分考虑企业的规模、采购的职能、采购过程中的专业分工、采购的物资类别、采购地区、采购渠道等方面的影响，确保采购组织的高效性、灵活性。

2.4.1

按企业规模设计的采购部组织结构

1）中小型企业采购部组织结构

中小型企业采购部组织结构如图2-7所示。

图 2-7 中小型企业采购部组织结构示例

2）大型企业采购部组织结构

大型企业采购部组织结构如图2-8所示。

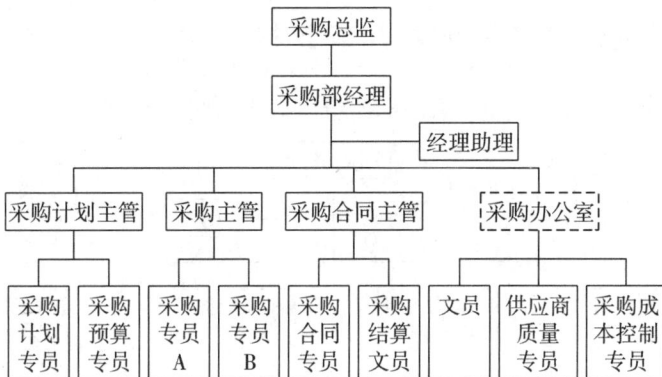

图 2-8 大型企业采购部组织结构示例

2.4.2

按职能设计的采购部组织结构

根据采购过程中的职能不同，采购部的组织结构如图2-9所示。

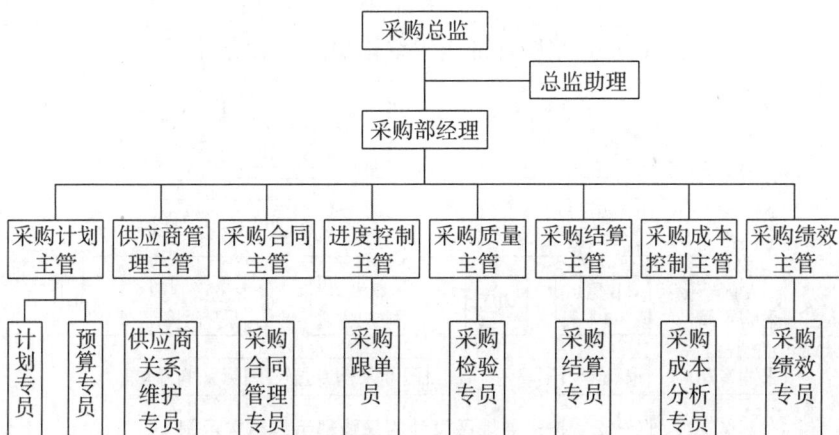

图 2-9 按职能分工设计的采购部组织结构示例

2.4.3
按专业分工设计的采购部组织结构

若按采购过程中的专业分工来设计，采购部的组织结构如图 2-10 所示。

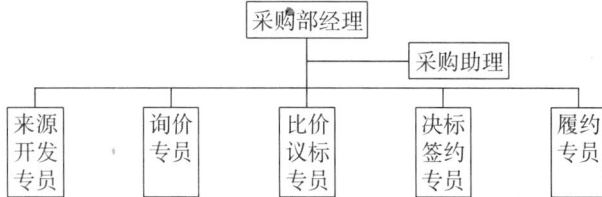

图 2-10　按专业分工设计的采购部组织结构示例

2.4.4
按采购物资类别设计的采购部组织结构

按所采购的物资类别来设计，采购部的组织结构如图 2-11 所示。

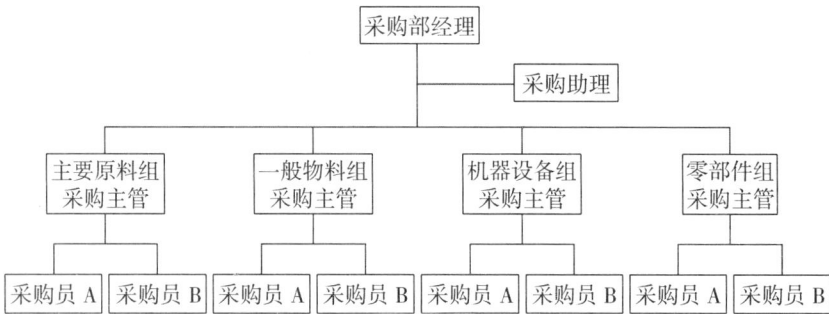

图 2-11　按采购物资类别设计的采购部组织结构示例

2.4.5
按采购地区设计的采购部组织结构

按采购地区的不同来设计，采购部的组织结构如图 2-12 所示。

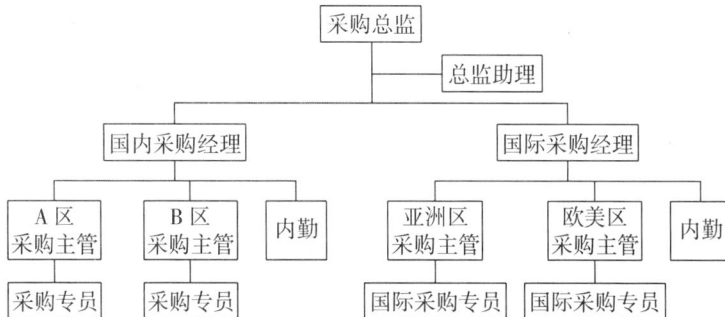

图 2-12　按采购地区设计的采购部组织结构示例

2.4.6
按采购渠道设计的采购部组织结构

按采购渠道的不同来设计,采购部组织结构如图 2-13 所示。

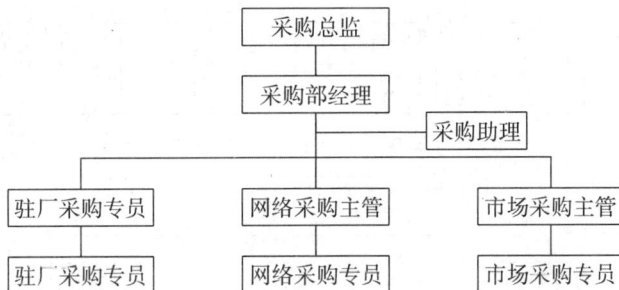

图 2-13　按采购渠道设计的采购部组织结构示例

2.4.7
按行业设计的采购部组织结构

1) 超市采购部组织结构

超市采购部的组织结构如图 2-14 所示。

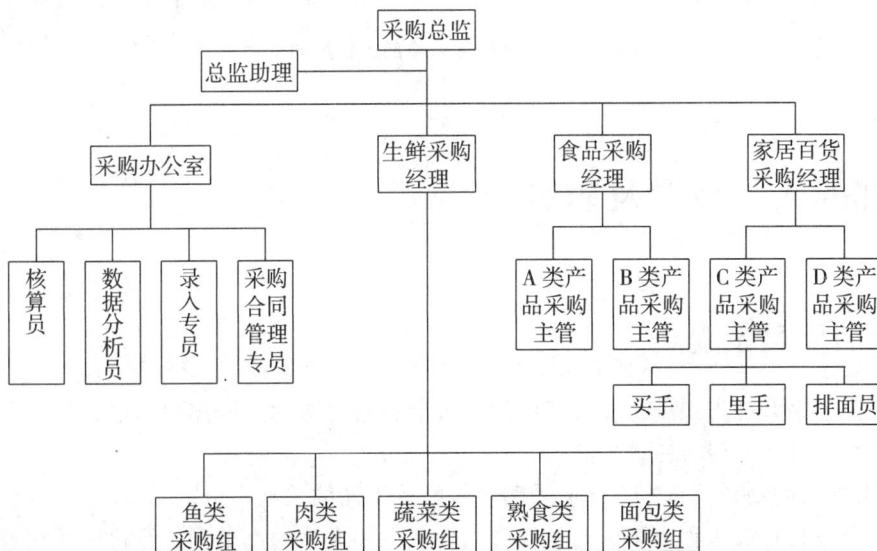

图 2-14　超市采购部组织结构示例

2) 酒店、宾馆采购部组织结构

酒店、宾馆采购部的组织结构一般如图 2-15 所示。

3) 工程项目采购部组织结构

房地产、建筑施工企业的工程项目采购包括项目承包、分包招标采购和工程材料采购。同时,工程项目采购可分为企业统一采购、项目采购、统一采购与项目采购相结合三种采购方式,工程项目采购部的组织结构如图 2-16 所示。

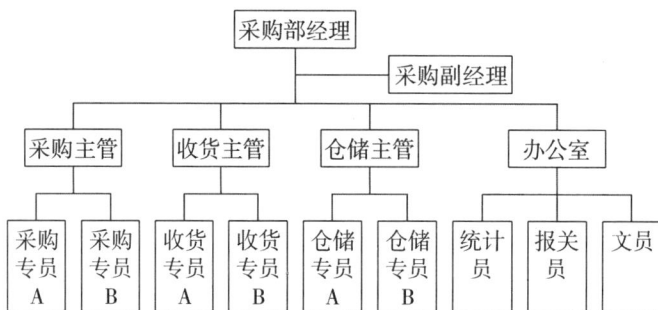

图2-15　酒店、宾馆采购部组织结构示例

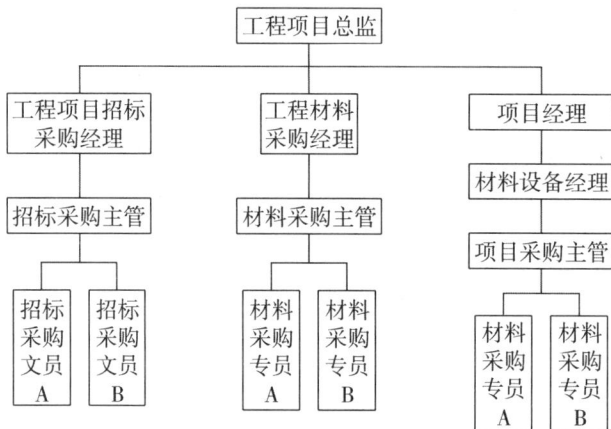

图2-16　工程项目采购部组织结构示例

2.5
采购部的人员设置及职责

2.5.1
采购部的人员设置

当明确了采购部组织结构在公司中的设置后，就要考虑采购部门内部人员的设置。采购部门人员的设置一般有三种方式：

1）根据采购物料设置，不同的采购物料配备不同的采购人员

这适合原材料需求种类多、专业性强的企业，如大型的汽车厂、石化厂。在这些企业中，几乎每一种原材料都有自己物理或化学方面的要求，如果没有专业的知识和技能，不可能完成采购任务，因此不同的原材料采购需要配备不同的采购人员。

2）根据采购流程设置，采购的不同环节设置不同的采购人员

这种人员设置便于采购人员更好地熟悉业务，同时有利于各个环节之间相互监督，避免浪费和腐败现象，减少内部审计成本，还有利于培养大家的团队合作精神；但这要求内部更好地协调和合作，否则会造成采购效率低下，管理混乱。这种人员设置方式如图2-17所示。

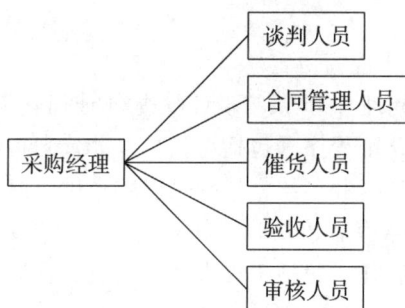

图2-17　按采购流程设置采购人员

当一些大企业的原材料需求多、数量大、专业性强时，可采用综合采购物料和采购流程来设置采购人员。

3）按地区设置

按物料的来源分设不同部门，如国内采购部与国际采购部。这种设置方式主要是基于国内、外采购的手续及交易对象有明显的差异，因而对采购人员的工作要求也不尽相同，所以应分别设立部门加以管理。采购管理人员需比较国内、外相同物料的优势，判断物料采购应该划归哪一部门办理。

2.5.2

采购部的职责

关于采购任务、职责和权力的分配，有三个不同的层次需要加以区分：战略的、战术的和业务的。

1）战略层次

战略层次涵盖了那些从长远来看影响公司市场地位的采购决策。主要任务有：

（1）运营方针、程序和任务说明书的制定和发布，这是采购部门的权力。

（2）实施为监控和改进采购作业与绩效的审计和复查程序。

（3）建立长期的合同和与经鉴定的/或优先的供应商签订合同（如长期采购协定、特许协议、合作协定和共同设计协定）。

（4）与供应商战略相关的决策，这种决策以多重或单一采购为基础。

（5）重大的投资决策（如对建筑物、设备、计算机的投资等）。

（6）重大的制造或购买决策。通过这种决策，原先在内部进行的制造活动被转移给外部的供应商。

（7）与后向一体化有关的决策，也就是在财务上参与供应商的运作以保证关键物料的未来供应。

（8）与价格转移和公司间的供应政策有关的决策。

（9）与互惠协议、互惠贸易和易货贸易政策有关的决策。

以上说明了采购和供应决策对公司的竞争战略可能产生的长期的、战略的影响。

2）战术层次

战术层次的采购职能包含影响产品、工艺和供应商选择的因素。该层次的采购决策的例子有：

（1）共同协定和/或年度供应商协定。

（2）准备和发展价值分析程序和/或与设计复查和/或简化为目标的程序。

（3）采用和实施供应商认证程序（包括审计）以改善来料的质量。

（4）进行一般的供应商选择和订约，特别是以减少供应商基数为目标的程序。

有关这些问题的决策常常有着较长时间的影响（1～3年），它们是跨职能的，要求组织内部的其他专业的协调与合作（包括工程设计、制造、物流、质量保证）。

3）业务层次

业务层次指的是与订购和规划预算职能有关的所有活动。这个层次的活动包括物料的订购、监控交货和解决来料的质量争端，如：

（1）订购过程。

（2）与发出的订单有关的所有规划预算活动。

（3）对供应商表现的监控和评价。

（4）解决纷争。

表2-3显示了三个任务层次和若干采购职能之间的关系。

表2-3　　　　　　　　　　采购的三种管理层次和一些管理者位置之间的关系

任务	管理层次				
	最高管理层	物流管理	采购管理	高级采购员	采购助理/物料计划员
战略层次	×	×	×		
战术层次		×	×	×	
业务层次				×	×

在一般人事管理比较成熟的企业或机构，前述各个不同阶层采购人员的职责，都会在职位工作说明书中详细记载。美国《采购世界月刊》对1 280个采购部门所做的调查显示，采购部门的职责按其重要性来排列，其前九种重要采购工作顺序如下：①评估现有的供应商；②选择及开发新的供应商；③安排采购及交货日期；④谈判采购合约；⑤从事价值分析的工作；⑥自制或采购（外包）的决策；⑦指定运输方式；⑧控制存货；⑨租赁或买断的决策。

由上可知，采购部门是以寻求合格的厂商以维持物料的充分供应为最主要的职责。但是，除此之外，采购部门的职责逐渐从传统的业务层次提升到战略层次。

2.6
采购组织的发展

当今社会由于科技的快速发展，企业的经营方式和理念都在发生深刻的变化，大规模定制、供应链管理正在成为主流模式，企业采购面临新的挑战。采购组织需要创新，要针对市场竞争的需要，重新设计和调整企业的采购组织。

2.6.1
建立采购中心

为避免采购人员独揽采购大权，损害企业集体利益的行为发生，采购部的采购决策应由采购中心负责。由采购中心负责作出企业的采购决策也是国际上的通行做法。采购中心是企业的采购业务的领导与协调者，统一管理与采购事务相关的全部业务与人员。相关人员包括所有参与购买决策的人员，包括企业内部使用产品的成员、产品技术人员、有权决定产品需求量和供应商的人员、有权批准决策者或采购者所提行动方案的人员、具有选择供应商与商定采购条款权力的人员以及采购人员。

1）采购中心运作方式

中心成员共同参与采购决策，完成采购任务，但这并不是要求这些人员隶属于企业采购部，采购部并不需要增加人员编制。采购部在确定购买决策时，需要上述人员的参与。按照购买过程的一系列程序，各成员民主行使相应的职责。在确定采购品的属性特征时，采购部需同产品使用者、技术人员一起分析。采购数量由使用部门决定。

整个购买决策方案由采购部经理批准实施，重大的新的采购决策方案由企业高层领导审批。采购方案被批准后，采购人员负责寻找合适的供应商，并和采购中心的其他成员一起分析、评价供应商的技术能力、交货能力和服务能力等，负责和供应商谈判，按经审核的各项交易条件成交，完成具体采购任务。

采购中心的运作模式既可增强企业采购决策的科学性和民主性，提高采购工作效率，又能有效防止采购领域的不正之风。

2）采购部和采购中心的关系

采购部是企业中负责采购的职能部门，是确定采购决策过程中的召集者和具体采购的执行者。采购中心的其他成员只是作为确定采购决策的必要参与者，在确定采购决策时发挥相应作用，尤其在企业新购或修正重购中发挥较大的作用。而在企业直接重购中，由于各项交易条件不变，购买过程简单，所以由采购部具体执行即可。

采购部是企业固定、常设的业务部门，是采购中心的主体部门。采购中心的成员构成则不是固定的，其成员随采购品的不同而不同。采购中心的工作实际是在采购部主持下进行的，其工作形式灵活多样。采购部可以召集不同部门的有关人员组成具体的采购中心，共同商议来作出采购决策，也可以请相关部门签署采购需求意向来完成采购决策。

采购中心运作的核心是提高采购决策的系统性、科学性和规范性，以防止采购决策的重大失误。

2.6.2
建立专业化采购团队

新型采购人员组成高水准的采购团队。所谓高水准的团队，是指由身具多种技能的员工组成的、共同从事一种经营活动的团体。这支团队有以下特点：成员共同分担领导责任；前任上司担任教员的角色，借以提供支持；自行雇用、培训及惩罚其成员；自行设立目标并自查工作进展；自行策划、监控并改进工作程序。

在高水准的团队里，采购人员能够充分发挥作用。他们将母公司下不同部门所需的采购项目汇总起来，以在市场上获取更多的杠杆效益。许多企业都不清楚他们在全球范围内的各项采购是什么，以及由谁来执行这些采购。而使用综合采购管理信息系统来得到上述数据，是使得企业总体采购支出平衡的首要步骤。

清楚了解企业各个部门由谁、从哪里、如何采购哪些商品或服务之后，专业采购人员才能够为企业争取更多利益。如果逐个从供应商那里作单项采购，那么供应商往往无从得知这些名称各异的购买者其实同属于一家母公司。如果企业将全国甚至全球的采购进行整合，它们就会轻易获得更多的折扣，得到供应商更深层次的支持。

1）采购团队的奋斗目标

团队的核心是共同奉献，否则，团队只是松散的个人集合。在这一点上，采购团队也不例外。采购团队的每一成员都要有大局意识、奉献精神，愿意为完成共同的采购目标而奋斗。具体目标有：

（1）共同开发公司的采购战略。制定正确的采购战略仅靠采购部门是无法完成的，它需要销售、质检、公关、生产等各部门的共同努力，这是因为采购战略必须服从公司的整体战略，必须和各部门相互协调。例如，采购工作如果没有生产部门的参与，采购的原材料就可能满足不了生产的要求，毕竟原材料是为生产服务的。

（2）开发新产品。开发新产品本是设计部门的责任，但如果有采购部门、供应商的参与，就可以缩短开发时间、减少开发成本，因为这样可以使采购部门随时了解开发进程，及时采购需要的零部件，供应商也可以根据设计的要求及时生产所需的原材料。

（3）对供应商进行选择、评价、管理。

（4）对所采购的物料进行调查、分析。

采购团队的具体目标还有很多，但都是围绕着降低公司总成本、提高采购效率，进而提高整个公司的运作效率而提出的。

2）采购团队的类型及组建流程

（1）多部门组成的采购团队。多部门采购团队至少由来自三个不同职能部门的人员组成，他们在考虑采购目标的基础上，共同完成与采购有关的工作。发展跨职能采购团队的目标主要有五个：①缩短采购时间；②解决采购问题；③发展协作，推动产品革新；④推动企业整体战略目标的实现；⑤帮助团队中每个成员的发展。

（2）有供应商参与的采购团队。吸收供应商参与采购团队，相互交流信息，有利于对供应商的管理，确保得到优质的原料和服务，同时，对新产品的开发也有很大的支持作用。

（3）有最终消费者参与的采购团队。最终消费者参与采购团队，有利于企业及时了解消费者的需求变化，更好地改进自己的产品。设计的变化，必然要求采购的变化，这样更方便采购部门及时制订和修正自己的计划。

采购团队的组建一般包括计划、执行、检查、调整四个阶段，如图2-18所示。

3）专业采购人员的要求

公司中设有不同的采购职位，对不同职位的采购人员的要求也不相同。

计划	执行	检查	调整
明确团队任务、职责分工，制定团队纪律	明确团队成员，制定团队战略和流程	检查团队工作过程，发现问题	解决团队中存在的问题，评价效果

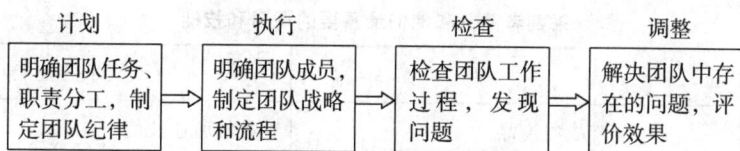

图2-18　采购团队的组建流程

（1）公司采购者。就大批量货物（原材料）或大的投资项目（例如制造设备和计算机硬件与软件）进行谈判是他们的任务。他们的对应人员通常是客户经理，其受教育程度较高并且经验丰富，因此要求公司采购者最好拥有相似的教育背景，通常是大学水平。

（2）采购工程师。采购工程师通常的任务是短期规划和较多的运营任务。由于必须经常与工程师和其他技术专家会见和交谈，所以他们要有足够的技术背景，并且与商业技能相结合。他们的具体工作包括市场调查、供应商的选择，以及准备和实施与供应商的合同谈判。

（3）项目采购者。项目采购者的任务与采购工程师的任务有点相似。然而，采购工程师主要考虑生产用物资，而项目采购者主要考虑投资设备类货物。对于这个职位而言，大学水平的专业教育背景是必需的。由于这些决策通常要求采用团队的方法，所以项目采购者应该拥有一定的沟通和表达技巧。

（4）物料计划员。物料计划员对于物料计划和订购负责。那些在物料领域实现了高度计算机化的公司中，这两个任务经常综合为一种职能。这里，物料计划员主要依照年度计划购买物料。此外，他们在质量和交货表现上监督和控制供应商。对于这个职位而言，中级的教育水平就足够了。在这里最重要的是个人能力，例如，工作取向和有效地组织工作的能力。除此之外，这个职位还为当事人未来成为采购者提供了熟悉工作的良好机会。

（5）MRO采购者。MRO采购正日益得到企业的重视，MRO采购对整体采购成本控制与节省的影响不可忽视。最近美国的一项对MRO采购的调查报告显示：MRO采购占企业总体采购成本的比率平均为26%，高的甚至可达63%；施行MRO采购成本节省计划的企业平均可降低MRO成本6%，高的可达25%。MRO的品种通常很多，MRO购买者的任务是有效地管理这些品种，而不是力争使每一个单独的项目的性能价格比最优。因此，对于这种类型的购买者而言，对于物流管理和技巧（特别是存货管理和订货管理）的良好理解是基本要求。

关于MRO采购的趋势主要围绕着开发和应用新的工具来提高工作效率并降低成本进行，比如采用采购专用消费卡、统合供应协议、进行电子采购等。与此同时，MRO采购人员还对公司所采购的维修物件、零配件、行政耗材、服务等进行分析；检查并优化内部客户用来定购MRO产品的操作流程；对供应商进行监督与管理。这些举措有助于将MRO采购的流程尽可能优化，并将供应商数量降到最低。从长远来看，供应商的严格选择和日后积极地维护供应商关系，最终可以使企业得到长期回报，主要体现在流程效率的提高、库存的降低、客户服务水准的提高以及成本的降低。

表2-4总结了前述职位的最重要的职责和技能。

表2-4 采购者简介和他们最重要的职责和技能

职 位	职 责	要求的技能
公司采购者	战略商品	专业的商业技能 长期规划能力 沟通技能 广泛的商业导向
采购工程师	新的物资和新的部件 新的供应商	全面的技术背景 中期规划能力 商业技能 沟通技能
项目采购者	设备和服务	专业的项目管理技能 "团队合作"
物料计划员	物料和订单计划 订单处理 卖主评级	全面的"常识" 承受压力 服务导向 解决问题的技能
MRO采购者	MRO供应品	通才 有效地处理订单 品种经理 服务导向 商业技能

◆ 小结和学习重点与难点

本章主要讨论了如何为采购管理进行组织设计，并对采购管理部门的主要任务、责任和权限的问题进行阐述，还对采购管理部门的人员设置、采购团队的组建进行介绍，使读者能全面掌握采购管理组织所涉及的各项工作要点，为从事实际工作打下基础。

组织设计是一个涉及六方面关键要素的过程，这些要素是：工作专门化、部门化、指挥链、管理跨度、集权与分权、正规化。

采购组织的地位非常依赖管理层对于采购职能所持的看法。管理层对于采购的观点在很大程度上与下列因素有关：①管理层的知识及认识水平；②在最终产品的成本-价格中采购所占的份额；③公司的财务状况；④公司对于供应商市场的依赖程度。

事业部式公司中的采购管理组织有如下方案可供选择：分散的采购结构、集中的采购结构、集中/分散采购结构和组合结构。

设计采购部组织结构时，须充分考虑企业的规模、采购的职能、采购过程中的专业分工、采购的物资类别、采购地区、采购渠道等方面的影响，确保采购组织的高效性、灵活性。

关于采购任务、职责和权力的分配，有三个不同的层次需要加以区分：战略的、战术的和业务的。战略层次涵盖了那些从长远来看影响公司市场地位的采购决策。战术层次的采购职能包含影响产品、工艺和供应商选择的因素。业务层次指的是与订购和规划预算职能有关的所有活动。

本章的学习重点是采购管理组织结构的设计和采购部组织结构的设计。

本章的学习难点是采购任务、职责和权力分配的层次区分。

◆ 前沿问题

采购人员在"新常态"下面临的挑战

经济发展进入新常态，正从高速增长转向中高速增长，经济发展方式正从规模速度型粗放增长转向质量效率型集约增长，经济结构正从以增量扩能为主转向调整存量、做优增量并存的深度调整，经济发展动力正从传统增长点转向新的增长点。新常态下，人们感到生活与工作上的压力越来越大，在企业运营中起着重要作用的采购人员亦感到今天的采购工作已不同于数年前的采购，今天的采购人员必须运用各种新手段从全局角度出发去实现最佳采购，而不仅仅只是把所需的东西买回来。

采购人员在新时期面临的挑战至少有以下几方面：

1）降低采购总成本的压力

大多数行业进入了微利时代，使得越来越多的企业管理者深感赚钱越来越不容易，于是企业管理者们把相当部分的降低成本的压力分派到了采购人员的头上。这样，衡量采购人员工作绩效起码有以下两方面：第一，把企业所需要的东西买回来以保证企业生产、运营的连续进行；第二，与上一年度或上一季度相比，采购成本降低的幅度。虽然有很多途径可以在一定程度上降低采购总成本，但是有些方式需得到企业高层管理者和/或其他部门的大力支持方可奏效。这样，就要求采购人员花相当的时间和精力去策划、沟通、协调才能达到所预期的目的。另外，在压缩采购总成本的大环境下，如何保证货物的品质成了采购人员不得不关注的一件事，尽管每个企业都有一个"品质保证部"去监管供应商的供货品质，但在相当多的时候，采购人员要在成本和品质之间的夹缝中生存。

2）采购提前期的缩短带来的压力

如今，产品的生命周期在变短或者说产品更新换代的速度在加快，使得企业不得不缩短整个制造周期以便把新产品比别人更早地推向市场，有时候一种新产品在刚推向市场时利润是惊人的；另外，市场的风云变幻令市场人员难以把握市场的脉搏，而有可能取消事先安排好的订单或者临时增加新订单。这样，就要求采购人员适应市场波动带来的变化，如何在更短的时间内把物料买回来，这需要采购人员通过多种途径去开发更优秀的供应源和得到供应商的更紧密的配合。

3）库存压力

一方面，库存造成企业资金的积压，另一方面，企业为了让生产持续进行又不得不保持一定的库存。问题的关键是保持一个什么样的库存才是合理的，如何才能在长时期内维持一个合理的库存水平。供应商库存管理（VIM）虽可让企业减少库存，却让供应商保持较大库存，如果供应商愿承担较大的库存固然可以，但是现在几乎每个企业都在减少库存，并且一旦订单取消而令库存品成为滞料，这个损失由谁来承担恐怕会引起争议，除非双方事先有约定。推行供应商JIT交货可以降低库存，但是此项工作一方面需耗费大量精力去培训供应商及排除推行过程中存在的问题，另一方面，也并不是所有供应商都愿实行JIT交货，甚至可以说绝大部分供应商都不愿实行JIT交货。

4）企业实行柔性制造带来的压力

随着人们个性化需求的增多，越来越多的企业转向柔性制造，大家熟悉的青岛海尔在柔性制造方面起步较早并且做得较为成功。目前大部分企业都还处在批量制造阶段，批量生产无论是对生产安排还是对物料采购来说都容易些，如何让供应商从批量供货转向多品种、小批量供货需要采购人员与供应商进行深层次的沟通、对供应商进行培训、对物料的供应渠道重新布局、开发新的供应商等。

5）对采购人员本身的素质越来越高要求的压力

随着WTO保护期的解禁，国外企业给国内企业带来冲击是不可避免的，随着中国政府对关税的进一步降低，国内企业将与国外企业在同样的条件下展开竞争。竞争的加剧势必要求企业拥有素质更高的各类人才，就采购人员来说，以前那种单一的"购买"角色已一去不复返了，甚至他/她们应成为下列某方面的专家：外语、工程技术、品管知识、物料知识、市场行情、总体策划及协调、物流知识、E-采购知识等。

（资料来源　佚名. 采购人员在"新常态"下面临的挑战［EB/OL］.［2015-08-11］. http: //www.vccoo.com/v/bd0c02.)

◆ 案例探讨

华为技术有限公司的采购管理之道

华为技术有限公司是一家生产销售通信设备的民营通信科技公司，总部位于中国广东省深圳市龙岗区坂田华为基地。华为的产品主要涉及通信网络中的交换网络、传输网络、无线及有线固定接入网络和数据通信网络及无线终端产品，为世界各地通信运营商及专业网络拥有者提供硬件设备、软件、服务和解决方案。华为的产品和解决方案已经应用于全球170多个国家，服务全球运营商50强中的45家及全球1/3的人口。2014年《财富》世界500强中华为排行全球第285位，与上年相比上升30位。2015年，华为被评为新浪科技2014年度风云榜年度杰出企业。作为管理网络倡导者、实践者和领先者的华为技术有限公司为了建立国际竞争力，不惜高价从知名的跨国公司IBM请来顾问帮助建立起自己的采购系统，以求更好地发展。

1）华为采购概述

（1）采购目标

构建一个世界级的采购运作系统，满足客户需求，提升公司的客户满意度和核心竞争力。

（2）采购定位

在下述方面推行世界级的采购运作：对供应商的行为和合作关系进行管理；基于端到端的流程处理和有效的信息技术支持之上的流线型运作；高水平职业化团队的建立。

（3）采购战略

①集中认证，分散采购。通过集中认证（专家团），寻求公司整体最佳利益。各采购组分散采购，快速响应市场，满足局部需求。

②细分采购策略。

③与核心供应商建立战略伙伴关系。

④采购早期介入研发。

（4）采购原则

对于供应商与采购执行，华为公司已明确授权，只有采购部门才能代表公司对外承诺。华为公司采购立足于全流程（申购—采购—收货—付款），任何人或独立的责任部门都不能承担多于一项的责任，只有当物料或服务不能集中接收时，申购或收货可以由一个人或责任部门完成。

（5）华为的采购、供应商管理核心价值观

努力争取全面了解华为公司和供应商的能力、要求和需要；积极阐明华为公司和供应商的观点，促进各层面和各部门之间的沟通、诚信和团队精神。

①确保华为公司和供应商都能够一丝不苟地遵守所有的协议和协议精神。

②以信任、诚实和坦诚为基础，与供应商建立长期合作关系。

③坚决避免因为局部或部门的利益损害华为的整体最高利益。

④本部门员工之间、与其他部门的同事之间以及与供应商之间都应该发扬团队精神，严谨正直、相互尊重、追求卓越。

⑤坚信和坚持真正的跨部门团队合作，以达成更好的采购决策和更顺利、更快速的实施。

2）华为采购组织结构

（1）基于物料族的组织结构

华为采购部建立了物料专家团（Commodity Expert Group，CEG），各CEG负责采购某一类或一族的物料满足业务部门、地区市场的需要。按物料族进行采购运作的目的是在全球范围内利用华为的采购杠杆。每个CEG都是一个跨部门的团队，通过统一的物料族策略、集中控制的供应商管理和合同管理提高采购效率。

（2）主动的组织——早期介入产品开发和市场投标

CEG与华为的技术和认证中心（Technology&Qualification Center，T&QC）在华为研发和供应商之间架起了沟通的桥梁，推动供应商早期参与华为的产品设计，以此来取得双方的技术融合以及在成本、产品供应能力和功能方面的竞争优势。华为的工程采购部（Customer Solution Procurement，CSP）和华为销售和行销部门一起积极地参与客户标书的制作。参与市场投标将使采购部门了解到客户配套产品的需求，在订单履行过程的早期充分了解华为向客户作出的承诺，以确保解决方案满足客户需求并能够及时交付。

（3）采购需求履行

生产采购和行政采购负责日常采购运作以及与供应商和内部客户的沟通、及时处理采购请求和解决双方的问题，从而提高供应商的绩效和内部客户满意度。同时，华为也关注不断提高采购履行流程的自动化程度，让采购执行人员有更多的机会积极地参与物料族采购策略的制定。

3）华为采购流程

（1）华为的供应商认证流程

华为致力于向所有潜在供应商提供合理、平等的机会，让大家都能够展示自己的能力。潜在供应商各种方式的垂询都将转给采购部门进行回复。

如果华为和供应商都有意开拓业务关系，华为采购部门会要求潜在供应商完成调查问卷。在接到调查问卷并进行评估后，华为将知会供应商评估结果。如果华为有兴趣和供应商进行合作，华为将启动后续的认证步骤。后续认证可能需要和供应商面谈，讨论供应商对调查问卷的回复。根据面谈的结果，华为决定是否需要现场考察。然后可能需要进行样品测试和小批量测试，确保供应商的产品满足规格要求，产能满足需求。认证的结果将知会供应商。在发生采购需求时，通过认证的供应商将作为候选供应商进入供应商选择流程。

（2）华为的供应商选择

负责供应商选择的主体部门是采购部门各物料专家团。华为采购部门在向外部供应商采购物品、服务和知识资产时，有责任为华为获取最佳的整体价值。因此，在选择供应商时CEG有两个主要目标：①选择最好的供应商；②评定公平价值。

供应商选择流程：华为制定了完善的供应商选择、公平价值判断流程以确保华为选择最符合华为利益的供应商，采购获得最公平的价值，同时保证华为向所有供应商给予平等赢得华为生意的机会。该流程的基本原则是公平、公开和诚信，并由以下机制保证：①采购集中控制——采购部门是公司内部唯一授权向供应商作出资金承诺、获得物品或服务的组织。除此以外的任何承诺都被视为绕过行为，视为对公司政策的违背。②供应商选择团队——供应商选择将由相关专家团主任组建团队来进行，成员包括采购和内部客户的代表。小组的使命是制定RFQ/RFP，确定能够按照华为要求提供所需产品或服务的现有合格供应商名单。这个团队管理供应商选择流程，参与评估供应商的回复以及选择供应商。③供应商反馈办公室——如果供应商在与华为的交往中有任何不满意的地方，有专门的帮助中心负责收集供应商的反馈和投诉。

（3）华为供应商绩效评估

华为采购部门制定了供应商评估流程，定期向供应商提供反馈。该流程包括相关专家团正式的绩效评估。供应商的绩效将从技术、质量、响应、交货、成本和合同条款履行这几个关键方面进行评估。评估流程的目的在于给双方提供开放沟通的渠道，以提升彼此的关系。同时，华为鼓励供应商向华为反馈，站在客户的角度他们如何评价华为，这些评估信息将用于改善彼此的业务关系，以及改善华为内部的业务运作。

4）华为的采购IT系统

华为的采购主系统从ERP10.7升级至ERP11i，带来了多方面的变化，例如：实现了大部分订单的自动发放；实现了行政办公用品的自助采购；通过网络平台与供应商共享预测数据和交互PO信息；通过电子商务平台与供应商共享预测数据和交互PO信息；成为ERP系统（Oracle 11i）的一部分；自助采购集成了请购、采购、收货；丰富的Catalog资源。新系统目前已在非生产采购业务中使用。采购订单自动发放如图2-19所示。

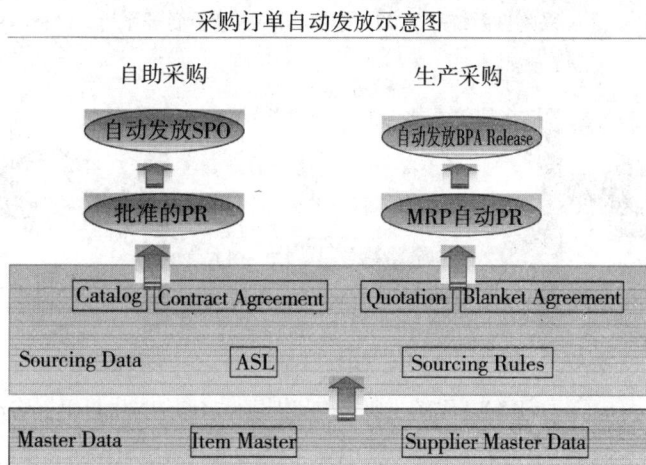

采购订单自动发放示意图

自助采购　　　　　　　生产采购

自动发放SPO　　　　自动发放BPA Release

批准的PR　　　　　　MRP自动PR

| Catalog | Contract Agreement | Quotation | Blanket Agreement |

Sourcing Data　　　ASL　　　Sourcing Rules

Master Data　　Item Master　　Supplier Master Data

图2-19　华为采购订单自动发放示意图

SCC是Supply Chain Collaboration（供应链协作）软件平台的简称。SCC主要提供预测交互和订单交互功能，帮助华为和供应商进行有效的信息传递。SCC提供问题管理的功能，能够对预测交互中的供需差异、PO执行过程中的异常等进行管理（如图2-20所示）。SCC从2003年10月开始在生产采购业务中使用，已有约300家供应商通过SCC与华为进行订单的交互。

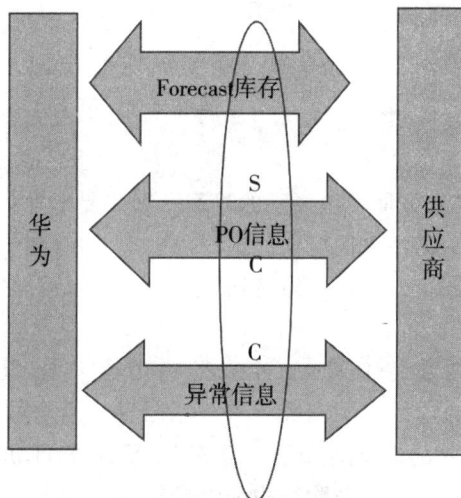

华为　Forecast库存　SCC　PO信息　异常信息　供应商

图2-20　华为的SCC软件平台示意图

电子化交易就是"在网上进行买卖交易"，其内涵是：企业以电子技术为手段，改善经营模式，提高企业运营效率，进而增加企业收入。电子化交易可以让企业得到更多的供应商资源、充分了解供应市场状况、更好地收集市场信息、使采购策略立足于事实基础之上。华为正在着手实现从"采购请求"到"付款"全流程的自动化。华为希望供应商支持这一行动，并参与电子采购的使用，将其作为主要的沟通和交易平台。此外，华为还将在预测/订单状态、RFI/RFQ/RFP、供应商评估等方面与供应商进行电子化的合作。这将给华为和供应商双方带来收益，有助于提高效率和降低交易运作成本。华为B2B电子商务系统如图2-21所示。

采购IT系统——B2B的RosettaNet电子商务系统

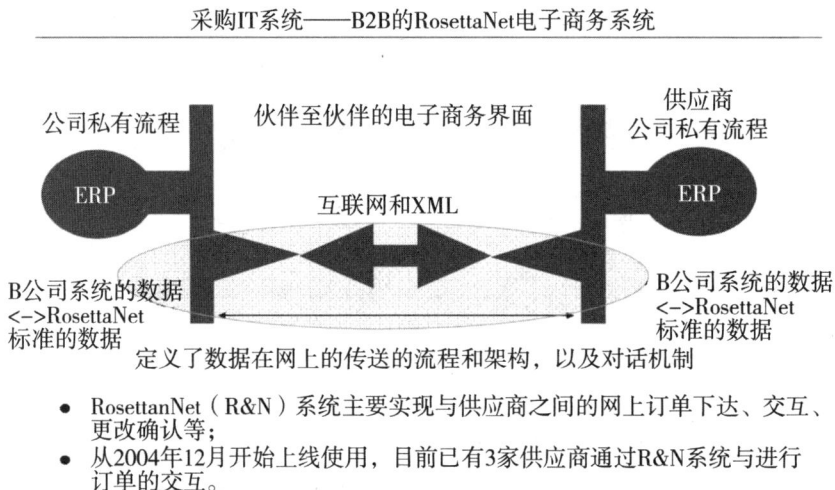

- RosettanNet（R&N）系统主要实现与供应商之间的网上订单下达、交互、更改确认等；
- 从2004年12月开始上线使用，目前已有3家供应商通过R&N系统与进行订单的交互。

图2-21　华为B2B电子商务系统示意图

（资料来源　佚名. 华为的采购实践［EB/OL］. ［2016-02-21］. http://doc.guandang.net/b142201f1d998470a5ac8daa7.html.）

思考题：

试分析说明华为技术有限公司的采购管理方式。

◆ 课后练习

（一）名词解释

组织结构　工作专门化　部门化

（二）填空题

1.组织设计是一个涉及六方面关键要素的过程。这些要素是：工作专门化、_____、_____、_____、_____和正规化。

2.部门化有职能部门化、_____部门化、_____部门化、_____部门化和顾客部门化五种方式。

3.合适的组织结构取决于四个方面的影响因素：组织的_____、_____、_____，以及环境的不确定性。

4.在事业部式公司中的采购管理组织有如下方案可供选择：_____采购结构、_____采购结构、_____采购结构和组合结构。

5.关于采购任务，职责和权力的分配，有三个不同的层次需要加以区分：_____；_____；_____。

（三）单项选择题

1.具有高度的专门化、广泛的部门化、窄的管理跨度、高度正规化、有限的信息沟通、基层员工很少参与决策特征的组织结构是（　　）。

A.机械式组织　　　B.有机式组织　　　C.事业部式组织　　　D.直线式组织

2.组织中各项工作标准化以及员工行为受规则和程序约束的程度，即（　　）。

A.指挥链　　　　B.部门化　　　　C.正规化　　　　D.工作专门化

（四）多项选择题

1.组织设计在部门化方面出现了以下（　　）趋势。

A.过程部门化愈来愈得到普遍使用

B.跨职能团队愈来愈受到管理者的青睐

C.产品部门化愈来愈得到普遍使用

D.顾客部门化愈来愈得到普遍使用

2.管理跨度的现代观认为，有许多因素影响着一个管理者管理的下属人员的合适数量，这些因素包括（　　）。

A.管理者和下属人员的技能和能力　　　B.所要完成的工作的特性

C.下属工作任务的相似性　　　　　　　D.使用标准程序的程度

3.在决定采购的集中或分散时具有决定性作用的因素或标准有（　　）。

A.采购需求的通用性　　　　　　　　　B.地理位置

C.供应市场的议价能力　　　　　　　　D.成本节约的可能性

（五）简答题

1.简述对组织的集权与分权程度有重要影响的因素。

2.简述影响采购在组织中地位的因素。

3.简述采购管理组织的设置原则。

4.简述分散采购的优点和缺点。

5.简述采购部组织结构如何设置。

（六）论述题

1.试论采购团队的奋斗目标。

2.企业设有哪些采购职位？不同职位最重要的职责和技能是什么？

第 3 章

采购计划及预算管理

◆ **学习目标**

通过本章的学习，了解采购计划与预算的基本概念，熟悉编制采购计划的主要环节；掌握采购需求的确定方法，熟悉影响采购计划的主要因素和编制采购预算的原则，了解采购业务预算的过程；掌握预算编制的方法和流程。

◆ **基本概念**

经济订货批量　物料需求计划　配送需求计划　采购计划　采购预算

引导案例　　　　**先锋电子公司基于需求预测系统的库存控制**

先锋电子公司是一家总部位于日本东京的全球化电子消费品公司。公司在全世界设立了150多个分支机构。在激烈的市场竞争中，管理层逐渐地意识到控制公司的库存水平在电子消费品行业中的重要性。因此决定对其整个供应链进行整合，并且确定了明确的战术目标：削减库存；库存风险的明细化；降低生产销售计划的周期。公司通过对需求变动原因的收集和分析，制订高精度的销售计划，同时通过缩短计划和周期，尤其是销售计划和生产的周期来达到削减库存的目的；通过基于客观指标的需求预测模型，依靠统计手法所得的需求预测，和反映销售意图的销售计划分离的机制来使库存风险明细化；同时通过系统引入，预测、销售计划业务的效率化，各业务单位的生产销售计划标准化、共享化，来制订未来销售拓展计划，并进而达到生产销售计划周期的降低。在完成了上述设计之后，更关键的是在组织和流程方面进行全面的重新确定。在组织方面，重新设计和计划决策部门的职能，划分了需求预测和销售计划的职能；在业务流程设计方面，设计能实现每周计划的业务流程、建立了以统计的预测手段为前提的需求预测流程和独立的需求预测流程和销售计划流程。由于有了组织和流程的保证，使得整体的设计得以顺利实现。在此基础上，先锋电子在系统中构筑新的生产销售流程。这一流程主要基于零售实际业绩的预测模型和产品竞争力、季节性、因果要素（需求变动要素）等的统计性预测的需求预测系统，实现了需求变动信息的累积功能，以及月、周生产销售精细计划的功能，并可以对需求预测和销售计划之间的差异进行管理，还可以实现批量处理的需求预测、销售计划、生产计划等方案的优化，以上手段结合起来，确保新的生产销售流程的顺利推行。销售计划的预测模型在先锋电子的推行取得了积极的成效：在管理咨询公司的帮助下，先锋电子可以依靠系统制订出综合多方因素的销售计划，并且，通过生产、销售计划的编制精度的提高，使得原材料等物料的采购提前期从4天减少到2天。

（资料来源　佚名．先锋电子公司的库存管理和库存控制案例分析［EB/OL］．［2012-12-13］. http：//wenku.baidu.com/view/573cef44f7ec4afe05a1df04.html.）

要进行采购，首先要弄清采购管理部门所代理的全体需求者们究竟需要什么、需要多少、什么时候需要的问题，从而明确应当采购什么、采购多少、什么时候采购以及怎样采购的问题，得到一份确实可靠、科学合理的采购任务清单，为选择采购方法、制订采购计划、分派采购任务提供决策支持。

3.1
采购需求的确定

采购需求的确定是制订采购计划的基础和前提。它是一项技术性很强的工作，涉及企业各个部门、各个生产环节、各道工序、各种材料、设备和工具以及办公用品等各种物资，因此要有比较全面的知识。首先要有生产技术方面的知识，要知道生产产品和加工工艺的知识，会看图纸，会根据生产计划以及生产加工图纸推算出物料需求量；还要有数理、统计方面的知识，会进行科学的统计分析；还要有预测方面和管理方面的知识，会发现需求规律，并根据需求规律进行预测。

采购需求分为单周期产品的采购需求和多周期产品的采购需求。单周期产品的采购需求是指对某种产品的采购需求只发生在一段时间内。单周期产品的采购通常是一次性的。多周期产品的采购需求是指在足够长的时间里对某种产品的采购需求是重复的、连续的，需要通过不断采购来满足需求。多周期产品的采购需求按性质可以分成独立需求和相关需求。来自用户的对企业产品和服务的需求称为独立需求。独立需求最明显的特征是需求的对象和数量不确定，只能通过预测方法粗略地估计。相反，我们把企业内部物料转化各环节之间所发生的需求称为相关需求。相关需求也称为非独立需求，它可以根据对最终产品的独立需求准确地计算出来。比如，某汽车制造厂年产汽车30万辆，这是通过预测市场对该产品的独立需求来确定的。一旦30万辆汽车的生产任务确定之后，对构成该种汽车的零部件和原材料的数量和需要时间是可以通过计算精确地得到的。对零部件和原材料的需求就是相关需求。相关需求可以是垂直方向的，也可以是水平方向的。产品与其零部件之间垂直相关，与其附件和包装物之间则水平相关。独立需求和相关需求的关系如图3-1所示。生产过程的相关需求和独立需求如图3-2所示。独立需求的确定是相关需求确定的前提。

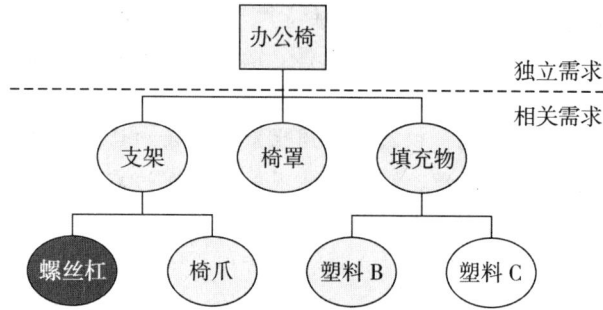

图 3-1　独立需求和相关需求的关系

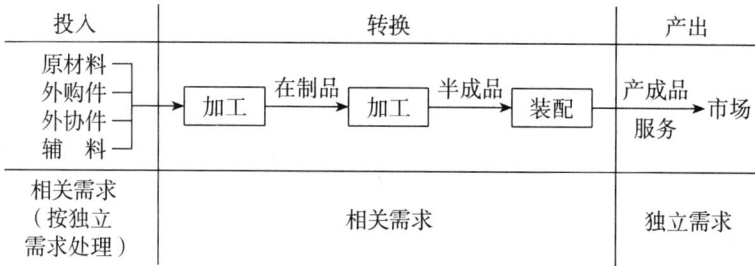

图 3-2　生产过程的相关需求和独立需求

3.1.1

单周期采购量的确定

由于单周期产品的采购通常是一次性的，所以确定采购量是非常关键的。一方面，如果需求量大于采购量，就会失去潜在的销售机会。另一方面，如果需求量小于采购量，所有未销售出去的物品将可能以低于成本的价格出售，甚至可能报废还要另外支付一笔处理费。显然，最理想的情况是采购量恰恰等于需求量。

对于单周期产品的最佳采购量可采用期望利润最大法、期望损失最小法等方法进行预测。下面将分别对期望利润最大法、期望损失最小法进行讨论。

1）期望利润最大法

期望利润最大法就是比较不同采购量情况下的期望利润，取期望利润最大的采购量作为最佳采购量。假设某种物品的单位成本为 U，单位销售价格为 P，如果物品在预定的时期内销售不出去，则只能获得残值 S（S<U），因此未销售出去的单位产品的损失为 $R_0=U-S$；销售出去的每单位产品带来的利润为 $R_1=P-U$。设采购量为 Q 时的期望利润为 E（Q），则：

$$E(Q) = \sum_{d<Q}[R_1 d - R_0(Q-d)]p(d) + \sum_{d>Q} R_1 Q p(d)$$

式中：p（d）——需求量为 d 时的概率。

［例 3-1］某超市根据历史的销售数据预测，今年嘉兴粽子的需求分布情况如表 3-1 所示。

嘉兴粽子进货价为 70 元/盒，超市的零售价格为 100 元/盒，如在端午节之前卖不出去，最终只能以 30 元/盒的价格进行处理。该超市面临着该采购多少盒的问题。

表3-1   **某超市嘉兴粽子的需求预测**

需求量d（盒）	1 500	1 600	1 700	1 800	1 900	2 000
概率p（d）	0.1	0.15	0.25	0.25	0.15	0.1

根据上述公式，可以计算采购量为1 500盒、1 600盒、1 700盒、1 800盒、1 900盒、2 000盒等情况下的期望利润。例如，当采购量为1 800盒时：

$$E（1 800）=（30×1 500-40×300）×0.1+（30×1 600-40×200）×0.15+（30×1 700-40×100）×0.25+$$
$$（30×1 800）×0.25+（30×1 800）×0.15+（30×1 800）×0.1=48 050（元）$$

当采购量Q为其他值时，可按同样的方法计算E（Q），结果如表3-2所示。由表可以得出最佳采购量为1 700盒，此时可获得利润48 550元。

表3-2   **期望利润**

采购量 Q（盒）	需求量及概率						期望利润 （元）
	1 500	1 600	1 700	1 800	1 900	2 000	
	0.1	0.15	0.25	0.25	0.15	0.1	
1 500	45 000	45 000	45 000	45 000	45 000	45 000	45 000
1 600	41 000	48 000	48 000	48 000	48 000	48 000	47 300
1 700	37 000	44 000	51 000	51 000	51 000	51 000	48 550
1 800	33 000	40 000	47 000	54 000	54 000	54 000	48 050
1 900	29 000	36 000	43 000	50 000	57 000	57 000	45 800
2 000	25 000	32 000	39 000	46 000	53 000	60 000	42 500

2）期望损失最小法

期望损失最小法就是比较不同采购量下的期望损失，取期望损失最小的采购量作为最佳采购量。假设某种产品的单位成本为U，单位销售价格为P，如果产品在预定的时期内销售不出去，则只能获得残值S（S<U），因此未销售出去的单位产品的损失为$C_0=U-S$；如果需求量大于采购量，那么单位缺货带来的损失为$C_1=P-U$。设采购量为Q时的期望损失为E（Q），则：

$$E(Q)=\sum_{d>Q}C_1(d-Q)p(d)+\sum_{d<Q}C_0(Q-d)p(d)$$

式中：p（d）——需求量为d时的概率。

我们仍以上述的某超市的嘉兴粽子的采购问题为例，来说明期望损失最小法。当实际需求d<Q时，将有一部分嘉兴粽子卖不出去，每盒嘉兴粽子的损失为$C_0=U-S=40$（元）；当实际需求d>Q时，将丧失一部分销售机会，每盒嘉兴粽子的缺货损失为$C_1=P-U=30$（元）。

根据上述公式，可以计算采购量为1 500盒、1 600盒、1 700盒、1 800盒、1 900盒、2 000盒等情况下的期望损失。例如当采购量为1 800盒时：

$$E（1 800）=40×300×0.1+40×200×0.15+40×100×0.25+40×0×0.25+30×100×0.15+30×200×0.1$$
$$=4 450（元）$$

当采购量 Q 为其他值时，可按同样的方法计算 E（Q），结果如表 3-3 所示。由表可以得出最佳采购量为 1 700 盒，此时期望损失最小。

表 3-3　　　　　　　　　　　　　　　　期望损失

采购量 Q（盒）	需求量及概率						期望损失（元）
	1 500	1 600	1 700	1 800	1 900	2 000	
	0.1	0.15	0.25	0.25	0.15	0.1	
1 500	0	3 000	6 000	9 000	12 000	15 000	7 500
1 600	4 000	0	3 000	6 000	9 000	12 000	5 200
1 700	8 000	4 000	0	3 000	6 000	9 000	3 950
1 800	12 000	8 000	4 000	0	3 000	6 000	4 450
1 900	16 000	12 000	8 000	4 000	0	3 000	6 700
2 000	20 000	16 000	12 000	8 000	4 000	0	10 000

3.1.2
独立需求采购量的确定

独立需求采购量主要有三大类预测技术：定性预测、时间序列预测和因果关系预测。定性预测采用专家意见和特殊的信息对未来进行预测；时间序列技术则完全把注意力集中在历史模式和模式的变化上；因果关系预测，如回归方法，则是使用明确而又特定的有关变量的信息，来展开主导事件与预测活动之间的关系。

1）定性预测

定性预测是指预测者依靠熟悉业务知识、具有丰富经验和综合分析能力的人员与专家，根据已掌握的历史资料和直观材料，运用个人的经验和分析判断能力，对事物的未来发展作出性质和程度上的判断，然后，再通过一定形式综合各方面的意见，作为预测未来的主要依据。在缺少历史数据和需要作出管理性判断的情况下，这类技术是理想的。以销售人员提供的数据为基础对一个新地区或一个新产品进行预测就是这样一个例子。然而，定性方法并不普遍用于预测，因为它需要时间。定性预测需要通过调查、座谈和协商会议来展开。

下面主要对时间序列预测和因果关系预测进行较为详细的讨论：

2）时间序列预测

时间序列技术是一种利用历史销售数据的统计方法，这些历史销售数据中应当具有相对清楚而又稳定的关系和趋势。时间序列分析主要用于识别：①由于季节性因素使数据发生的系统性变动；②周期模式；③趋势值；④这些趋势的增长率。一旦确定各项预测成分，时间序列技术就假定未来的变动类似于过去的变动，这意味着现有的需求模式将在未来得到延续。从短期来看，这种假定应该说是正确的。因此，这类技术最适合于作短期预测。然而，这一技术的应用需求模式相当稳定，否则，无法保证始终得出精确的预测。

时间序列技术包括分析历史数据类型和动态的各种方法。根据具体特征，可以使用各种变化复杂的技术。下面我们将讨论两种时间序列技术：移动平均法和指数平滑法。

（1）移动平均法

移动平均法是用分段逐点推移的平均方法对时间序列数据进行处理，找出预测对象的历史变动规律，并据此建立预测模型的一种时间序列预测方法。

用移动平均法平滑处理的具体做法是每次取一定数量的时间序列数据加以平均，按照时间序列由前向后递推，每推进一个单位时间，就舍去对应于最前面一个单位时间的数据，再进行平均，直至全部数据处理完毕，最后得到一个移动平均值组成的新的时间序列。根据需要这种移动平均处理过程可多次进行。

①一次移动平均值的计算

设实际的预测对象时间序列数据为 Y_t（t=1，2，…，m），一次移动平均值的计算公式为：

$$M_t^{[1]} = (Y_t + Y_{t-1} + \cdots + Y_{t-n+1})/n$$

式中：$M_t^{[1]}$——第 t 周期的一次移动平均值；

n——计算移动平均值所取得的数据个数。

n 的大小对平滑效果影响很大，n 取得小，平滑曲线灵敏度高，但抗随机干扰的性能差；n 取得大，抗随机干扰的性能好，但灵敏度低，对新的变化趋势不敏感。因此，n 的选择是用好移动平均法的关键。针对具体的预测问题，选择 n 时，应考虑预测对象时间序列数据点的多少及预测期限的长短。通常 n 的取值范围可在 3~20 之间。

［例3-2］已知某企业15个月的销售量（见表3-4），试利用移动平均法预测其第17个月的销售量（n=3）。

表3-4   **某企业15个月的销售量和一次移动平均值**   单位：万台

月序t	1	2	3	4	5	6	7	8	9	10	11	12	13	14	15
销售量 Y_t	7	11	6	10	10	12	13	15	14	16	18	17	18	19	19
$M_t^{[1]}$（n=3）	—	—	8	9	8.7	10.7	11.7	13.3	14	15	16	17	17.7	18	18.7

计算 n=3 时的一次移动平均值，根据公式有：

$$M_3^{[1]} = (Y_t + Y_{t-1} + \cdots + Y_{t-n+1})/n = (Y_3 + Y_2 + Y_1)/3 = 8$$

$$M_4^{[1]} = (Y_4 + Y_3 + Y_2)/3 = 9$$

以此类推，可得出一个移动平均值序列（见表3-4）。

将实际的时间序列数值与计算出的一次移动平均值进行比较，如图3-3所示，可以看出，通过一次移动平均处理，削弱了随机干扰的影响，较明显地反映出了预测对象的历史变化趋势。但应当注意到，当实际数据随时间推移发生变化时，一次移动平均值的变化总是落后于实际数据的变化，存在着滞后偏差，n 取得越大，滞后偏差就越大。

②二次移动平均值的计算

二次移动平均值要在一次移动平均值的基础上计算，计算公式为：

$$M_t^{[2]} = (M_t^{[1]} + M_{t-1}^{[1]} + \cdots + M_{t-n+1}^{[1]})/n$$

式中：$M_t^{[2]}$——第 t 周期的二次移动平均值。

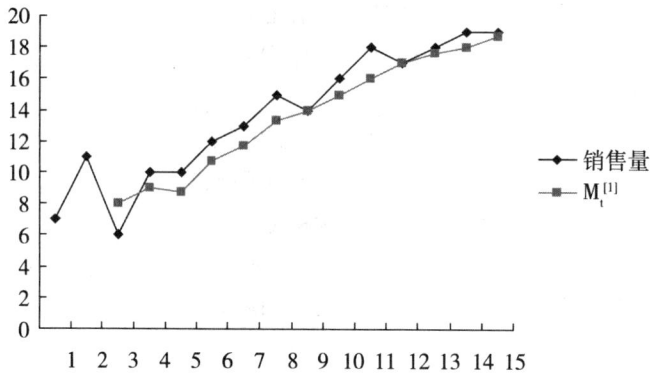

图3-3　实际数据序列与一次移动平均值序列的对比

[例3-3] 根据例3-2中的数据计算n=3时的二次移动平均值，如表3-5所示。

表3-5　　　　　　　某企业15个月的销售量、一次移动平均值和二次移动平均值　　　　　单位：万台

月序t	1	2	3	4	5	6	7	8	9	10	11	12	13	14	15
销售量Y_t	7	11	6	10	10	12	13	15	14	16	18	17	18	19	19
$M_t^{[1]}$（n=3）	—	—	8	9	8.7	10.7	11.7	13.3	14	15	16	17	17.7	18	18.7
$M_t^{[2]}$（n=3）	—	—	—	—	8.6	9.5	10.4	11.9	13	14.1	15	16	16.9	17.6	18.1

将一次移动平均值与计算出的二次移动平均值进行比较，如图3-4所示，可以看出，二次移动平均值序列的曲线比一次移动平均值序列的曲线更加平滑。

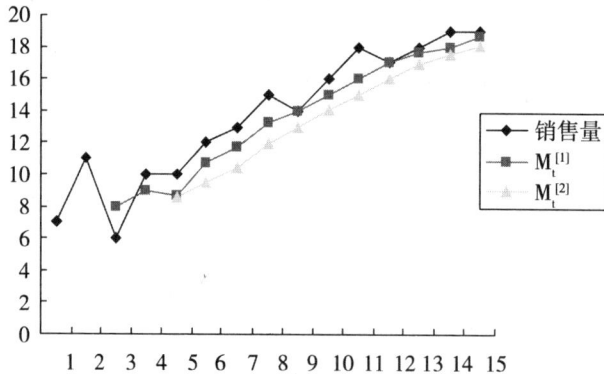

图3-4　实际数据列与一次、二次移动平均序列的对比

③利用移动平均值序列作预测

如果实际的时间序列数据没有明显的周期变动，近期的移动平均值序列没有明显的增长或下降趋势，就可以直接用最近一个周期的一次移动平均值，作为下一周期的预测值。如果实际的时间序列数据有明显的周期变动，近期的移动平均值序列有明显的增长或下降趋势，就不能直接用一次移动平均值作预测。这是因为，移动平均值的变化总是滞后于实际数据的变化。当预测对象有明显的增长趋势时，直接用一次移动平均值作预测则会使预测值偏低；当预测对象有明显的下降趋势时，直接用一次平均值作预测则会使预测值偏高。在这种情况下，如果预测对象变化趋势呈线性，就可以通过建立线性预测模型来预测。

线性预测模型的一般形式为：

$Y_{t+T}=a_t+b_tT$

$a_t=2 M_t^{[1]} - M_t^{[2]}$

$b_t=(M_t^{[1]} - M_t^{[2]})2/(n-1)$

式中：t——目前的周期序号；

　　　　T——由目前到预测周期的周期间隔数；

　　　　Y_{t+T}——第 t+T 周期的预测值；

　　　　a_t——线性预测模型的截距；

　　　　b_t——线性预测模型的斜率，即每周期预测值的变化量。

［例3-4］根据表3-5中的数据建立预测模型，预测第17个月的销售量，目前的月序为15。

$a_{15}=2 M_{15}^{[1]} - M_{15}^{[2]} =2×18.7-18.1=19.3$

$b_{15}=(M_{15}^{[1]} - M_{15}^{[2]})[2/(3-1)]=18.7-18.1=0.6$

故可得线性预测模型：

$Y_{15+T}=19.3+0.6T$

第17个月的销售量预测值为：

$Y_{15+2}=Y_{17}=19.3+0.6×2=20.5$（万台）

（2）指数平滑法

指数平滑法是移动平均法的改进。其基本思路是：在预测研究中越近期的数据越应受到重视，时间序列数据中各数据的重要程度由近及远呈指数规律递减，对时间序列数据的平滑处理应采用加权平均的方法。

①一次指数平滑值的计算

假设时间序列数据是一个无穷序列：Y_t，Y_{t-1}，Y_{t-2}，…，其加权平均值为：

$\beta_0Y_t+\beta_1Y_{t-1}+\beta_2Y_{t-2}+\cdots+\beta_iY_{t-i}+\cdots$

其中：$1\geq\beta_i\geq0$　　　　i=0，1，2，…

且　$\sum\beta_i = 1$

令　$\beta_i=\alpha(1-\alpha)^i$　（i=0，1，2，…）

则　$\sum\beta_i = \alpha + \alpha(1-\alpha) + \alpha(1-\alpha)^2 + \alpha(1-\alpha)^3 + \cdots$

　　　　$= \alpha[1 + (1-\alpha) + (1-\alpha)^2 + (1-\alpha)^3 + \cdots]$

　　　　$= \alpha/[1-(1-\alpha)] = 1$

用 $\beta_i=\alpha(1-\alpha)^i$（i=0，1，2，…）对时间序列数据加权，设加权平均值为 $S_t^{[1]}$，则有：

$S_t^{[1]}=\alpha Y_t+\alpha (1-\alpha) Y_{t-1}+\alpha (1-\alpha)^2Y_{t-2}+\alpha (1-\alpha)^3Y_{t-2}+\cdots$

　$=\alpha Y_t+ (1-\alpha) [\alpha Y_{t-1}+\alpha (1-\alpha) Y_{t-2}+\alpha (1-\alpha)^2Y_{t-2}+\cdots]$

　$=\alpha Y_t+ (1-\alpha) S_{t-1}^{[1]}$

所以一次指数平滑值的计算公式为：

$S_t^{[1]}=\alpha Y_t+ (1-\alpha) S_{t-1}^{[1]}$

式中：α——阿尔发因素或平滑常数，是新旧数据权重的一个分配比例，α值越大，则新数据在 $S_t^{[1]}$ 中的权重越大。α取值的大小是影响预测数据效果的重要因素，一般要根据实际时间序列数据的特点和经验确定。如果时间序列数据的长期趋势比较稳定，则应取较小的 α 值（如 0.05~0.20）；如果时间序列数据具有迅速明显的变动倾向，则应取较大的 α 值（如 0.3~0.7）。

$S_t^{[1]}$ 的计算公式是一个递推公式，计算 $S_t^{[1]}$ 时，要先知道 $S_{t-1}^{[1]}$，计算 $S_{t-1}^{[1]}$ 时，要先知道 $S_{t-2}^{[1]}$，如此递推下去，计算 $S_t^{[1]}$ 时就需要有一个初始值 $S_0^{[1]}$。当实际数据比较多时，初始值对预测结果的影响不会很大，可以以第一个数据 Y_1 作为初始值；如果实际数据较少（如 20 个以内），初始值的影响就比较大，一般取前几个周期的数据平均值作为初始值。

如果实际时间序列数据的变动主要是随机变动而没有明显的周期变动和增长或下降趋势，我们就可以直接用最近一个周期的一次指数平滑值 $S_{t-1}^{[1]}$ 作为下一周期的预测值 Y_{t+1}'。如果求得的一次指数平滑值时间序列数据有明显的线性增长或下降趋势，与移动平均法相类似，由于一次指数平滑序列相对于实际数据序列存在着滞后偏差，则必须在求二次指数平滑的基础上建立预测模型。

②二次指数平滑值的计算与线性预测模型的建立

二次指数平滑值的计算是对一次指数平滑值序列再作一次指数平滑。二次指数平滑值的计算公式为：

$$S_t^{[2]} = \alpha S_t^{[1]} + (1-\alpha) S_{t-1}^{[2]}$$

式中：$S_t^{[2]}$——第 t 周期的二次指数平滑值。

求二次指数平滑值要先确定初始值，通常直接取 $S_0^{[2]} = S_0^{[1]}$，也可以取前几个指数平滑值的平均值作二次指数平滑的初始值。

在二次指数平滑处理的基础上可建立线性预测模型：

$$Y_{t+T} = a_t + b_t T$$

其中：截距 $a_t = 2 S_t^{[1]} - S_t^{[2]}$

斜率 $b_t = (S_t^{[1]} - S_t^{[2]})\alpha/(1-\alpha)$

式中：t——目前的周期序号；

T——由目前到预测周期的周期间隔数；

Y_{t+T}——第 t+T 周期的预测值；

a_t——线性预测模型的截距；

b_t——线性预测模型的斜率，即每周期预测值的变化量。

［例 3-5］根据例 3-2 中的数据用指数平滑法建立线性预测模型，计算数据如表 3-6 所示。

表 3-6 　　　　　　　　　实际数据及指数平滑法的计算数据　　　　　　　　　单位：万台

月序 t	1	2	3	4	5	6	7	8	9	10	11	12	13	14	15
Y_t	7	11	6	10	10	12	13	15	14	16	18	17	18	19	19
$S_t^{[1]}$	7.5	9.3	7.7	8.9	9.5	10.8	11.9	13.5	13.8	14.9	17.5	17.2	17.6	18.3	18.7
$S_t^{[2]}$	7.8	8.5	8.1	8.5	9	9.9	10.9	12.2	13	14	15.7	16.5	17	17.7	18.2

取指数平滑系数 $\alpha = 0.5$，设初始值：

$$S_0^{[2]} = S_0^{[1]} = (Y_1 + Y_2 + Y_3)/3 = 8$$

$S_t^{[1]} = \alpha Y_1 + (1-\alpha)$　$S_0^{[1]} = 0.5 \times 7 + (1-0.5) \times 8 = 7.5$

预测模型的截距 $a_{15} = 2 S_t^{[1]} - S_t^{[2]} = 2 \times 18.7 - 18.2 = 19.2$

预测模型的斜率 $b_{15} = (S_t^{[1]} - S_t^{[2]}) \alpha/(1-\alpha) = 18.7 - 18.2 = 0.5$

因此可得线性预测模型：

$Y_{15+T} = 19.2 + 0.5T$

将上式与应用移动平均法求得的预测模型相比较，上式中的斜率明显地要小，这是由于指数平滑法更重视近期数据的变化趋势所造成的。

二次指数平滑预测模型仅适用于预测对象的变动趋势呈明显线性的情况。如果预测对象的变动趋势是非线性的，则应在求三次指数平滑值的基础上建立非线性预测模型。

③三次指数平滑值的计算与非线性预测模型的建立

三次指数平滑是对二次指数平滑值序列再作一次数值平滑。

三次指数平滑值的计算公式为：

$S_t^{[3]} = \alpha S_t^{[2]} + (1-\alpha) S_{t-1}^{[3]}$

式中：$S_t^{[3]}$——第 t 周期的三次指数平滑值。

求二次指数平滑的初始值可以直接取 $S_0^{[3]} = S_0^{[2]}$，也可以取前几个指数平滑值的平均值作三次指数平滑的初始值。

在三次指数平滑处理的基础上可建立如下非线性预测模型：

$Y_{t+T} = a_t + b_t T + c_t T^2$

模型中系数的计算公式分别为：

$a_t = 3 S_t^{[1]} - 3 S_t^{[2]} + S_t^{[3]}$

$b_t = [(6-5\alpha) S_t^{[1]} - 2(5-4\alpha) S_t^{[2]} + (4-3\alpha) S_t^{[3]}] \alpha/2(1-\alpha)^2$

$c_t = (S_t^{[1]} - 2 S_t^{[2]} + S_t^{[3]}) \alpha^2/2(1-\alpha)^2$

［例 3-6］某企业 2005—2015 年每年的销售量如表 3-7 所示，用指数平滑法建立预测模型并预测 2016 年和 2017 年的销售量。

表 3-7　　　　　　　　　实际数据及指数平滑法的计算数据　　　　　　　　单位：万台

年序 t	0	1	2	3	4	5	6	7	8	9	10	11
Y_t		225.2	249.9	263.2	293.6	318.9	356.1	363.8	424.2	466.5	582.0	750.0
$S_t^{[1]}$	246.1	239.8	242.9	249.0	262.3	279.3	302.5	320.9	351.9	386.3	445.0	536.5
$S_t^{[2]}$	246.1	244.2	243.8	245.4	250.5	259.1	272.1	286.8	306.3	330.3	364.7	416.2
$S_t^{[3]}$	244.5	244.4	244.2	244.6	246.4	250.2	256.8	265.8	277.9	293.6	315.0	345.3

通过作散点图分析，实际数据系列呈非线性递增趋势（如图 3-5 所示），故必须在三次指数平滑值的基础上建立非线性预测模型。

$S_0^{[2]} = S_0^{[1]} = (Y_1 + Y_2 + Y_3)/3 = 246.1$

$S_0^{[3]} = (S_1^{[2]} + S_2^{[2]} + S_3^{[2]})/3 = 244.5$

$a_{11} = 3 S_{11}^{[1]} - 3 S_{11}^{[2]} + S_{11}^{[3]} = 706.2$

$b_{11} = 98.4$

$c_{11} = 4.5$

$Y_{11+T} = a_{11} + b_{11}T + c_{11}T^2 = 706.2 + 98.4T + 4.5T^2$

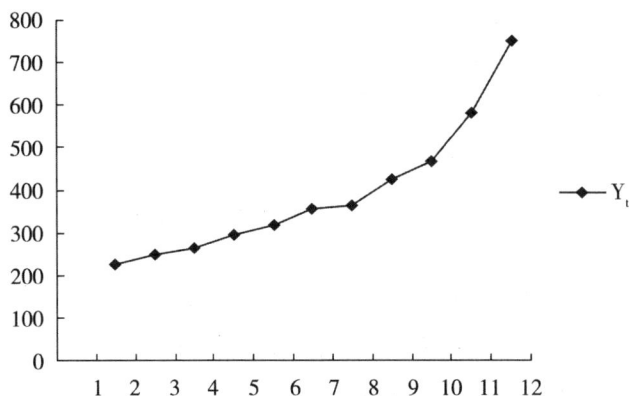

图 3-5　实际数据散点图

2016 年的销售量预测值为：

$Y_{12}=706.2+98.4+4.5=809.1$（万台）

2017 年的销售量预测值为：

$Y_{13}=706.2+98.4×2+4.5×2^2=921$（万台）

3）因果关系技术

因果关系分析法是基于市场活动中存在着各种变量之间的因果联系而提出的。它包括一元线性回归、多元线性回归、一元非线性回归等多种模型。这里只讨论一元线性回归法。

一元线性回归法，是指只有一个自变量对因变量产生影响，而且两者之间的关系可用回归直线来表示。

$Y=a+bx$

式中：Y——因变量，即预测对象；

　　　x——自变量，即影响因素；

　　　a、b 是回归系数，为两个待定参数。

a 与 b 的数值可用最小二乘法求解。求解公式为：

$$a = \frac{1}{n}(\sum Y - b\sum x) \qquad b = \frac{n\sum xY - \sum x \sum Y}{n\sum x^2 - (\sum x)^2}$$

［例 3-7］根据例 3-2 中的数据用一元线性回归法预测其第 17 个月的销售量。

Y 表示销售量，x 表示月份，建立一元线性回归预测模型，经过计算得：

$Y=0.9036x+6.4381$（$R^2=0.9024$）

实际数据序列与线性回归预测数据序列的对比情况如图 3-6 所示。

当 x=17 时：

$Y=0.9036×17+6.4381=21.7993$（万台）

3.1.3

相关需求采购量的确定

1）物料需求计划

物料需求计划（Material Requirement Planning，MRP），是根据企业的主产品生产计划、

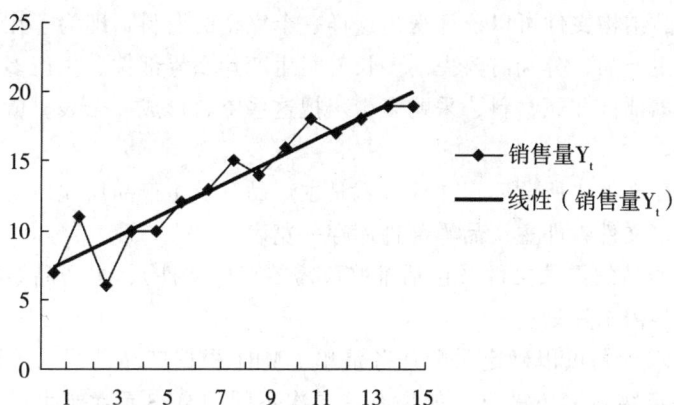

图3-6　实际数据序列与线性回归预测数据序列的对比

主产品的物料单和结构文件及库存文件，分别求出主产品的所有零部件的需求时间和需求数量的方法。

物料需求计划为主生产计划设计出具体的订货时间表。主生产计划中包括了某件物品的生产数量，通常情况下以周为单位。物料需求计划在这个基础上，结合每件产品所需要的物料清单，制定出一份物料供应的时间表。这些物料可以是采购来的，也可以是内部制造的，物料需求计划的主要输出内容为：

（1）物料需求的时间表；

（2）采购物料订单发送的时间表；

（3）内部制造的物料生产的时间表。

物料需求计划对主生产计划进行"扩展"，从而制订出原料供应的计划，它提供了物料的生产与订购的时间表，以确保有充足的原料供应。

物料需求计划的计算步骤如下：

（1）确定主产品需求计划。所谓主产品，是指企业提供给社会的主要产成品。例如，汽车制造厂的主产品就是汽车，电视机厂的主产品就是电视机。主产品的生产计划，是企业接受社会订货，或者计划提供给社会的主产品的数量和进度计划。这个计划主要是根据社会对主产品的订货计划生成的，但是也有的企业是靠市场预测和经营计划而生成。主产品的生产计划，就是社会对主产品的需求计划，它是企业生产和采购的主要依据。但是，企业生产和采购还有另外一个次要依据，就是社会维修企业对社会上处于使用状态的主产品进行维修保养所需要的零部件的需求计划。这些零部件的生产或采购也需要企业承担。

（2）确定主产品的物料单和结构文件。物料单，或者叫作零件清单是生产一种产品所需要的所有物料的订货清单，其中也包括了物料被使用的顺序。主产品结构文件表示出装配主产品需要哪些零件、部件、原材料，各需要多少，哪些要自制，哪些要外购，自制或外购需要多长时间，即生产提前期或采购提前期有多长，这样逐层分解，一直到最底层的原材料层次，用一个自上而下的结构树来表示所有各层零部件的品种数量和装配关系。最上层是0级，即主产品级，0级的下一层是1级，对应主产品的1级零部件，依次往下分解。每个方框标有三个参数：①组成零部件名；②组成零部件的数量；③相应的提前期（Lead Time，LT）。

由这个主产品结构文件可以统计得出这样一个完整的资料，即为了在某个时间之前生产出既定数量的主产品，分别需要提前多长时间生产什么零部件、生产多少，需要提前多长时间采购什么零部件和原材料、采购多少。把这些资料形成一个表，就是主产品零部件生产采购一览表。

（3）确定库存文件。所谓库存文件，就是主产品以及主产品所属所有零部件、原材料的现有库存量清单文件，即主产品零部件库存一览表。

（4）根据主产品的需求文件（包括维修所需零部件文件）、主产品结构文件和库存文件，推导求出物料需求计划。

根据物料需求计划可以确定采购任务清单。MRP根据产品结构的不同层次和最后的物料清单层次决定物料清单需求。如果有些层次不同的MPS元素产生了相同的需求，则可将每个时期相同的需求加以归类。这些需求被称为毛需求。实际上我们可能不需要订这么多物料，因为通过查看库存记录，我们可能会发现所需的部分物料还有库存，或者是已经订货但尚未送达。如果我们从毛需求量当中减去上述的这些数量，我们就得到了所需物料的净需求，也就是我们实际需要订货的数量，如图3-7所示。考虑到以往的订货过程，可得出净需求曲线，并建立起材料需求。材料需求是靠从供应商处采购来满足还是靠公司的生产部门自行生产来满足必须及时确定。

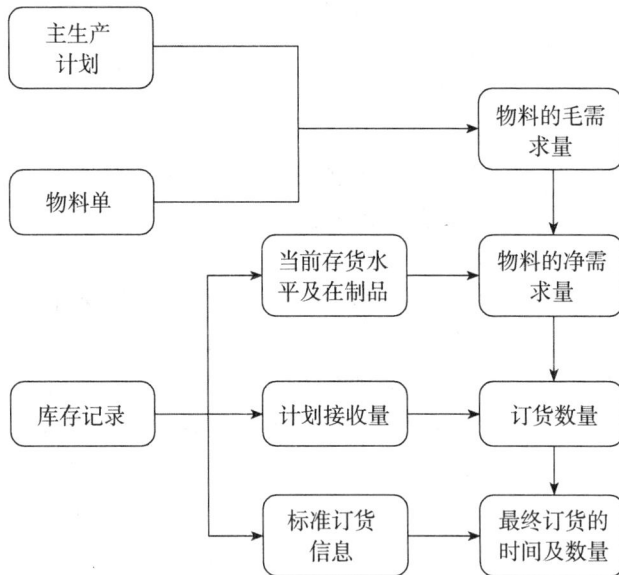

图3-7　物料需求计划计算方法简图

对每种物料来说：

毛需求量=需要制造的产品数量×用于制造一件产品所需的物料数量

净需求量=毛需求量-当前存货数量-已订货的数量

物料需求计划需要计算的两个关键因素是数量和时间。下面举例说明物料需求计划如何计算。假设一家公司组装一个餐桌需要用一个桌面和四个桌腿，所使用的物料单的格式通常如图3-8所示。每种物品都属于程序当中的某一"层次"。括号当中的数字表示制造一件成品所需的物料数量。成品的层次为0，层次为1的物料是直接用来构成层次为0的成品的。

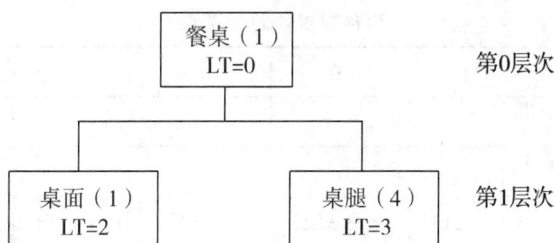

图 3-8　一张餐桌的物料单简图

你会经常见到由物料单简化而成的结构图，就桌子来说，我们可以简化为：

第 0 层次

　餐桌

　　第 1 层次

　　　桌面（1）

　　　桌腿（4）

　　现在我们来假设，根据主生产计划，从 6 月 21 日开始的一周内需要制造 6 张餐桌。6 张餐桌需要 6 个桌面和 24 个桌腿，这些物料都需要在 6 月 21 日对应的这一周组装之前准备好。同时假设组装桌子不需要一周时间，即提前期 LT=0 周。物料需求计划可以通过物料单的形式来对主进度计划进行扩展，从而得出所需物料的详细清单。库存记录显示，在 5 月 24 日对应的这周有 4 个桌腿存货，在 6 月 7 日对应的这周计划接收 12 个桌腿。

　　下面用表格说明计算过程，说明表 3-8 中的数据如何计算和填写。

　　因为在 6 月 21 日之前，餐桌没有期初存货，也没有已订货的数量，根据净需求量=毛需求量−当前存货数量−已订货的数量，所以在 6 月 21 日对应的这一周的毛需求量和净需求量相等，为 6 张，分别填在第 5 行和第 8 行。由于组装时间不超过一周，即提前期 LT=0 周，所以在 6 月 21 日对应的这一周里开始组装，组装数量为 6 张，填写在 6 月 21 日对应的这一周第 9 行。组装完成后将接收到 6 张餐桌，交付客户，填写在 6 月 21 日对应的这一周计划接收量第 7 行中。

　　我们确定了桌子的开始组装时间和数量，也就确定了桌面的毛需求量和时间。桌面的毛需求量为 6 个，时间是在 6 月 21 日对应的这一周里，填在第 12 行。由于桌面的期初存货和已订货的数量为 0 个，所以桌面的净需求量也为 6 个，时间是在 6 月 21 日对应的这一周里，填在第 15 行。桌面需要订货，提前期为 2 周，故在 6 月 7 日对应的这一周里需要发布 6 个桌面的订单，填在第 16 行。这样在 6 月 21 日对应的这一周里将会有 6 个桌面的计划接收量，填写在第 14 行。

　　同理，我们确定了桌子的开始组装时间和数量，也就确定了桌腿的毛需求量和时间。由于 1 张桌子需要 4 个桌腿，因此，6 个桌子就需要 24 个桌腿，即桌腿的毛需求量为 24 个，时间为桌子的开始组装时间 6 月 21 日对应的这一周，填在第 19 行。根据库存记录，在 5 月 24 日对应的这周有 4 个桌腿存货，在 6 月 7 日对应的这周计划接收 12 个桌腿，分别填在第 20 行和第 21 行。根据净需求量=毛需求量−当前存货数量−已订货的数量，得到桌腿的净需求量=24−4−12=8（个），时间为 6 月 21 日对应的这一周，填在第 22 行。净需求的 8 个需要订货，提前期为 3 周，故需要在 5 月 31 日对应的这一周里发布 8 个桌腿的订单，填在第 23 行。这样在 6 月 21 日对应的这一周里将会有 8 个桌腿的计划接收量，填在第 21 行。

表 3-8 物料需求计划计算表

	A	B	C	D	E	F	G
1	物料需求计划						
2							
3		5月24日	5月31日	6月7日	6月14日	6月21日	6月28日
4	第0层次餐桌	（LT=0周）					
5	毛需求量					6	
6	期初存货						
7	计划接收量					6	
8	净需求量					6	
9	开始组装					6	
10							
11	第1层次桌面	（一个桌子需要1个桌面，LT=2周）					
12	毛需求量					6	
13	期初存货						
14	计划接收量					6	
15	净需求量					6	
16	发布订单			6			
17							
18	第1层次桌腿	（一个桌子需要4个桌腿，LT=3周）					
19	毛需求量					24	
20	期初存货	4	4	16	16	16	
21	计划接收量			12		8	
22	净需求量					8	
23	发布订单		8				

　　下面我们改变一下条件，还是上面的例子，组装桌子需要一周时间，即提前期LT=1周，其他条件不变。物料需求计划计算会发生怎样的改变？下面用表格说明计算过程，说明表3-9中的数据如何计算和填写。

　　因为在6月21日之前，餐桌没有期初存货，也没有已订货的数量，根据净需求量=毛需求量-当前存货数量-已订货的数量，所以在6月21日对应的这一周的毛需求量和净需求量相等，为6张，分别填在第5行和第8行。由于组装时间为一周，即提前期LT=1周，所以在6月14日对应的这一周里开始组装，组装数量为6张，填写在6月14日对应的这一周第9行。经过1周组装，在6月21日对应的这一周将接收到6张餐桌，填写在计划接收量第7行中。

表 3-9　　　　　　　　　　　　　　　　**物料需求计划计算表**

		A	B	C	D	E	F	G
1	物料需求计划							
2								
3			5月24日	5月31日	6月7日	6月14日	6月21日	6月28日
4	第0层次餐桌		（LT=1周）					
5	毛需求量						6	
6	期初存货							
7	计划接收量						6	
8	净需求量						6	
9	开始组装					6		
10								
11	第1层次桌面		（一个桌子需要1个桌面，LT=2周）					
12	毛需求量					6		
13	期初存货							
14	计划接收量					6		
15	净需求量					6		
16	发布订单			6				
17								
18	第1层次桌腿		（一个桌子需要4个桌腿，LT=3周）					
19	毛需求量					24		
20	期初存货		4	4	16	16		
21	计划接收量				12	8		
22	净需求量					8		
23	发布订单		8					

　　我们确定了桌子的开始组装时间和数量，也就确定了桌面的毛需求量和时间。桌面的毛需求量为6个，时间是在6月14日对应的这一周里，填在第12行。由于桌面的期初存货和已订货的数量为0个，所以桌面的净需求量也为6个，时间是在6月14日对应的这一周里，填在第15行。桌面需要订货，提前期为2周，故在5月31日对应的这一周里需要发布6个桌面的订单，填在第16行。这样在6月14日对应的这一周里将会有6个桌面的计划接收量，填写在第14行。

　　同理，我们确定了桌子的开始组装时间和数量，也就确定了桌腿的毛需求量和时间。

由于1张桌子需要4个桌腿，因此，6个桌子就需要24个桌腿，即桌腿的毛需求量为24个，时间为桌子的开始组装时间6月14日对应的这一周，填在第19行。根据库存记录，在5月24日对应的这周有4个桌腿存货，在6月7日对应的这周计划接收12个桌腿，分别填在第20行和第21行。根据净需求量=毛需求量−当前存货数量−已订货的数量，得到桌腿的净需求量=24−4−12=8（个），时间为6月14日对应的这一周，填在第22行。净需求的8个需要订货，提前期为3周，故需要在5月24日对应的这一周里发布8个桌腿的订单，填在第23行。这样在6月14日对应的这一周里将会有8个桌腿的计划接收量，填在第21行。

到现在为止，我们只看到了两个层面的物料单，如果我们更加深入地分析，就可能会找出更多的层面。我们可以使用一套木材和五金工具来制成桌面，其中的木材包括四块橡木板、两块松木楔子以及四片贴面，而一块橡木板又可能包括两块30厘米×30厘米刨光板材，以此类推。图3-9展示了这样的更加具体的物料单当中的一部分，其中第2层次的物料用于构成第1层次的物料，而第3层次的物料又构成第2层次的物料，以此类推。一套完整的物料单会继续向下延伸，经过各个层次，最终到达商业组织通常从供应商那里购买的物料。此时，物料单上可能已经包括了几百甚至几千种不同的物料。

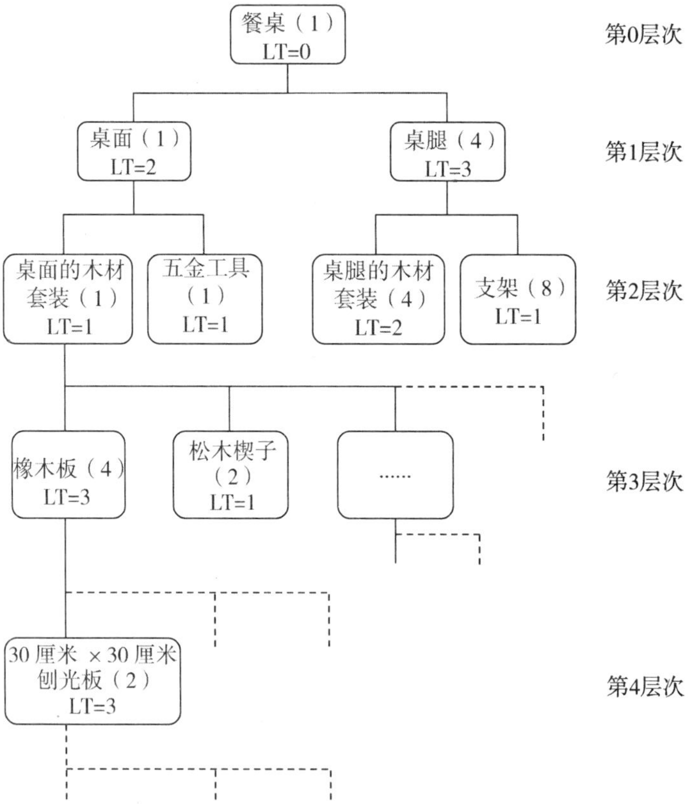

图3-9　一张餐桌的物料单扩展图

我们可以把物料需求计划的总体程序总结为如下步骤：

（1）通过主进度计划找出第0层次的物品的毛需求量。

（2）减去目前的存货以及计划交付的数量，从而得到第0层次的物品的净需求量。然后安排生产，以确保开始生产时对物料的净需求能够得到满足。

（3）如果还有更多层次的物料，就使用物料单把上一层次的装配单或订货单转换成当前层次的毛需求量。假如没有更多的层次，就可以直接跳到第（5）步。

（4）按次序对每种物料减去当前的存货数量以及计划交付的数量以求得净需求量，也就是订货数量；根据订货至交货周期及其他任何相关的信息来推算出这些订单应该发布的时间；回到第（3）步。

（5）加上任何必要的调整之后，最后确定订单和生产的时间表。

物料需求计划方法将物料供应与已知的需求直接对应起来，因此能够保证存货的数量刚好能够满足生产需求。与此相反，另一种独立需求法则采取持有足够高的存货的办法，以应对任何可能出现的需求。重要的一点是上述两种方法会产生完全不同的存货模式。采取物料需求计划时，存货通常情况下处于低水平，但是在送货以后、生产开始以前，存货水平会突然升高。此后，随着生产的进行，存货逐渐消耗，直到降至正常的较低的存货水平。而在采取独立需求法时，存货水平与生产计划无关，因此需要保持较高水平的存货以应对可能出现的需求。随着生产对存货的消耗，存货水平逐渐降低，但是随时都会进行补充。物料需求计划的一个显而易见的好处就是其较低的平均存货水平。

2）配送需求计划

配送需求计划（Distribution Requirement Planning，DRP）是库存管理的一种计划方法，它联系着配送系统和制造规划及控制系统，它阐明现有的存货状况，并且预测配送系统对于制造生产计划和物料规划的需求。这里所讨论的DRP技术有助于企业提高连接市场需求和制造活动的能力，因为一个设计完好的DRP系统可以帮助管理层预测将来的需求，匹配物料的供给与需求，有效地应用存货满足客户的服务需求，并对市场的变幻作出快速的调整。

（1）DRP和MRP

DRP和MRP一样都是需求管理的一部分，不同的是，DRP是由顾客的需求所决定的，企业无法或者很少能加以控制；而MRP是由生产计划所决定的，生产计划是由企业制订和控制的。从库存管理的角度来考虑，制造和装配完成之前的库存管理是由MRP进行的，而一旦制成品到了工厂的仓库，就由DRP来管理存货了。关于DRP和MRP的关系，从图3-10可以直观地看出来。

DRP经常是和MRP系统一起使用的。MRP试图管理入库存货并使其达到最小化，特别是在需要大量物品的地方。需要组合的各项物品以及用于装配产成品的各项物品经常有着不同的提前期。因此，MRP是和主生产计划联系在一起的，主生产计划说明了每一天用于生产的物品和生产它们的顺序。这种计划作为预测实际需要的零部件和何时需要它们的基础。当主生产计划与每一件物品必需的提前期结合在一起时，就能够制订出一项说明每一件物品何时需要订购的计划。通过比较存货状态和满足生产计划所需的物品总数量，就能确定应订购的批量。

主生产计划精确反映需要生产什么来满足市场上的顾客需求，MRP以主生产计划为依据使得存货最小化。如果生产计划与需求不符，公司将会出现一些物品过剩，而另一些物品太少的情况。

DRP的基本原理是更加精确地预测需求，挖掘需求信息以制订生产计划。以这种方式，公司通过一起使用MRP和生产计划能够使入库存货达到最小。出库（产成品）存货通

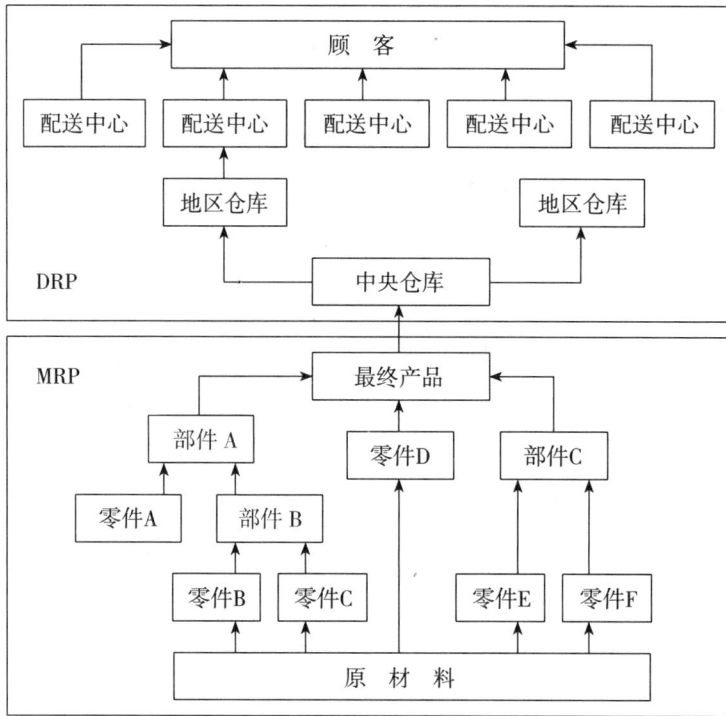

图 3-10　DRP 和 MRP 的关系及比较

过使用 DRP 达到最小。大多数的 DRP 模型比孤立的 MRP 模型更加广泛，它们也能够计划运输活动。

（2）DRP 的应用过程

DRP 最基本的工具是产品的明细表。这些明细表表述了离顾客尽可能近的产品环节的存货情况，是整个产品数据库的一部分，不断更新的关于存货和需求的信息在中央仓库和地区仓库之间周期性地或者即时地传递。这里，我们只考虑单个库存单位在地区仓库的明细表。

表 3-10 是某一个地区仓库的 DRP 明细表，从中可以看出 DRP 明细表的一般结构。第 1 行是需求预测的时间周期，最常见的是以每周为增量，当然可以使用每日或者每年。第 2 行是预测的需求数，它反映了来自顾客或者其他配送单位的需求。第 3 行是该仓库已定时接收货物数，这里，订货周期以及装卸所需的时间已经被考虑在内，该批货物在指定的时间已经可以被使用了。第 4 行是预计的现有存货数，它表明了预测时间周期末的存货数量，表 3-10 中预测开始之前的存货数量为 45。这一行是需要计算得出的，公式为：

预计现有存货数=上一时间周期末的存货数+已定时接收货物数−本周期的预测需求数

最后一行是计划订货数，它是为避免存货数量低于安全储备而向供给源提出的补给需求数；这里必须考虑订货周期的影响因素。实际上，计划订货和已定时接收货物在时间上相差一个订货周期。此外，DRP 明细表还给出了安全储备、订货周期和订货批量，作为 DRP 计划中的参考数据。

所有的地区仓库的 DRP 明细表列出来以后，就可以将其中的计划订货数信息传送到中央仓库，得到中央仓库的 DRP 明细表。下面以一个中央仓库供给两个地区仓库为例，简

表3-10   **某地区仓库1的DRP明细表**

预测时间周期/周		1	2	3	4	5	6	7
预测的需求数/个		20	20	20	10	30	30	20
已定时接收货物数/个			60			60		60
预计现有存货数/个	45	25	65	45	35	65	35	75
计划订货数/个			60		60			

注：安全储备：20个；订货批量：60个；订货周期：2周。

单说明中央仓库DRP明细表的获得。表3-11为地区仓库2的DRP明细表，表3-12为中央仓库的DRP明细表。

表3-11   **某地区仓库2的DRP明细表**

预测时间周期/周		1	2	3	4	5	6	7
预测的需求数/个		15	15	15	20	15	15	15
已定时接收货物数/个			40		40			40
预计现有存货数/个	45	17	42	27	47	32	17	42
计划订货数/个		40		40			40	

注：安全储备：10个；订货批量：40个；订货周期：1周。

表3-12   **中央仓库的DRP明细表**

预测时间周期/周		1	2	3	4	5	6	7
地区仓库1计划订货数/个				60		60		
地区仓库2计划订货数/个		40		40			40	
总需求数/个		40	0	100	0	60	40	0
已定时接收货物数/个				150			150	
预计现有存货数/个	100	60	60	110	110	50	160	160
计划订货数/个			150			150		

注：安全储备：50个；订货批量：150个；订货周期：1周。

由中央仓库的DRP明细表可以得到中央仓库的计划订货数。这些计划订货的数据就能作为制订主生产计划的依据，也就是说，主生产计划必须保证中央仓库的订货得到及时的满足（其中也必须考虑订货周期）。

（3）DRP明细表的调整

在DRP明细表中，每个时间周期的需求数是由以往的经验预测出来的。实际的需求一般会在预测值附近波动，这样经过几个时间周期，原DRP明细表中的内容就需要进行调整，尤其是计划订货的时间。表3-13的例子对此进行了说明，其中实际的需求数第1周为16，第2周为26，而预测的需求数是20。第1周的实际需求比预测的减少，对计划订货时间还没有造成影响；但第2周的实际需求的增长使得原计划中第4周的订货提前到了第3周，同时以后计划订货的预测时间也相应地提前了1周。

表3-13 　　　　　　　　　　　　DRP明细表的调整示例

预测时间周期/周		1	2	3	4	5
预测的需求数/个		20	20	20	20	20
已定时接收货物数/个		40		40		40
预计现有存货数/个	6	26	6	26	6	26
计划订货数			40		40	

第1周的实际需求:16个

预测时间周期/周		2	3	4	5	6
预测的需求数/个		20	20	20	20	20
已定时接收货物数/个			40		40	
预计现有存货数/个	30	10	30	10	30	10
计划订货数		40		40		

第2周的实际需求:26个

预测时间周期/周		3	4	5	6	7
预测的需求数/个		20	20	20	20	20
已定时接收货物数/个		40	40		40	
预计现有存货数/个	4	24	44	24	44	24
计划订货数		40		40		

注：安全储备：5个；订货批量：40个；订货周期：1周。

（4）DRP的优缺点

DRP的主要优点有：

①对存货的有效管理使存货水平得到了降低，同时也减小了仓储的费用；

②对主生产计划的指导协调了产品的制造和物流环节，降低了产品的成本；

③降低了配送过程的运输费用；

④提高了预算能力；

⑤改善了服务水平，保证顾客的需求得到满足；

⑥提高了存货对市场不确定性的反应的机动性。

同时DRP的应用也有很多的局限。其中最大的局限就是DRP需要对需求有相对准确的预测。如上所述，实际需求应该在该预测值的附近波动，并且会导致需要对DRP明细表进行相应的调整，如果该波动范围过大的话，就可能导致存货不能满足实际需求或者低于安全储备。另外，DRP对订货周期的确切性有很大的依赖，而订货周期则受很多不确定因素的影响。

3.2
采购计划的制订

3.2.1
采购计划的概念

采购计划，是指企业管理人员在了解市场供求情况，认识企业生产经营活动过程和掌握物料消耗规律的基础上对计划期内物料采购管理活动所作的预见性安排和部署。它包括两部分内容：一是采购计划的制订；二是采购订单的制订。这两部分内容需要综合平衡，以保证物料的正常供应，并降低库存和成本。

采购计划有广义和狭义之分，广义的采购计划是指为保证供应各项生产经营活动的物料需要量而编制的各种采购计划的总称。狭义的采购计划是指年度采购计划，即对企业计划年度内生产经营活动所需采购的各种物料的数量和时间等所作的安排和部署。采购计划是企业生产计划的一部分，也是企业年度计划与目标的组成部分。

采购计划可以从不同角度进行分类：

（1）按计划期长短，可以把采购计划分为年度物料采购计划、季度物料采购计划、月度物料采购计划等。

（2）按物料使用方向，可以把采购计划分为生产产品用物料采购计划、维修用物料采购计划、基本建设用物料采购计划、技术改造措施用物料采购计划、科研用物料采购计划、企业管理用物料采购计划等。

（3）按物料自然属性，可以把采购计划分为金属物料采购计划、机电产品物料采购计划、非金属物料采购计划等。

3.2.2
制订采购计划的目的

制订采购计划是企业整个采购工作的第一步。采购计划是为维持企业正常的经营活动，在某一特定时期内，确定应在何时购入何种物料的估计作业。采购计划对企业的生产经营活动具有重要作用，具体体现为：一是可以有效规避风险，减少损失。采购计划是面向未来的，企业在编制采购计划时，已对未来因素进行了深入的分析和预测，做到有备无患，既保证企业经营需要的物料，又降低库存水平，减少了风险。二是为企业组织采购提供依据。采购计划具体安排了采购物料的活动，企业管理者按照这个安排组织采购就有了依据。三是有利于合理配置资源，取得最佳经济效益。采购计划选择最优化的采购决策与实施计划，对未来物料供应进行科学筹划，有利于合理利用资金，最大限度地发挥各种资源的作用，以获得最佳效益。

企业的采购计划要发挥上述作用，以达到如下目的：

1）预测物料需用的时间和数量，以保证供应连续进行

在企业的生产活动中，生产所需的物料必须能够在需要的时候可以获得，而且能够满足需要，否则就会因物料供应不上或供应不足导致生产中断。因此，采购计划必须根据企业的生产计划、采购环境等估算物料需用的时间和数量，在恰当的时候进行采购，以保证生产的连续进行。

2）配合企业生产计划与资金调度

制造企业的采购活动与生产活动是紧密关联的，企业的采购活动直接服务于生产活动。因此，采购计划一般要依据生产计划来制订，确保采购适当的物料来满足生产的需要。

3）避免物料储存过多，积压资金

在实际的生产经营过程中，库存是不可避免的，有时还是十分必要的。但库存是一种闲置资源，物料储存过多，不仅不会在生产经营中创造价值，反而还会造成大量资金沉淀，影响企业资金周转，增加企业的成本。正因为如此，准时生产（JIT）和零库存管理已经成为一种先进的生产运作和管理模式。

4）使采购部门事先准备，选择有利时机购入物料

在瞬息万变的市场上，要抓住有利的采购时机并不容易。只有事先制订完善、可行的采购计划，才能使采购人员做好充分的采购准备，在适当的时候购入物料，而不至于临时抱佛脚。

5）确立物料耗用标准，以便管制物料采购数量及成本

通过以往经验和对市场的预测，并经过科学计算，采购计划应该能够较准确地确立所需物料的规格、数量、价格等标准，这样可以对采购成本、采购数量和质量进行控制。

3.2.3
编写采购计划的基础资料

编写采购计划需要有一定的基础资料，这些资料主要包括以下几个方面：

1）销售计划

销售计划是指规定企业在计划期内（年度）销售产品的品种、质量、数量和交货期，以及销售收入、销售利润等。它是以企业与客户签订的供货合同和对市场需求的预测为主要依据编制的。采购计划要为销售计划的实现提供物料供应的保证。因此，制订采购计划要以销售计划为主要的依据。

2）生产计划

生产计划是规定企业在计划期内（年度）所生产产品的品种、质量、数量和生产进度以及生产能力的利用程度。它是以销售计划为主要依据，加上企业管理人员的定量分析和判断编制而成的。生产计划是确定企业在计划期内生产产品的实际数量及其具体的分布情况。生产计划依据销售数量，加上预期的期末存货减去期初存货来拟订，公式为：

预计生产量=预计销售量+预计期末存货量−预计期初存货量

生产计划决定采购计划，采购计划又对生产计划的实现起物料供应保证作用。企业采购部门应积极参与生产计划的制订，提供各种物料的资源情况，以便企业领导和计划部门

制订生产计划时参考。企业制订的生产计划要相对稳定，以免出现物料供应不上或物料超储积压的现象。

3）物料需用清单

生产计划只列出产品的数量，无法直接知道某一产品需要使用哪些物资，以及数量多少，因此必须借助物料需用清单。物料需用清单由研究发展部或产品设计部制成，根据此清单可以精确计算出制造某一产品的物料需求数量，物料需求清单所列的耗用量（即统称的标准用量）与实际用量相互比较作为用料管制的依据。生产数量不一定要等于销售数量。同理，若物料有库存数量，则物料采购数量也不一定要等于根据物料需用清单所计算的物料需用量。因此必须建立物料的存量管制卡，以表明某一物料目前的库存状况；再依据物料需要数量，并考虑采购物料的作业时间和安全存量标准，算出正确的采购数量，然后才开具请购单，进行采购活动。目前，很多企业采用计算机管理库存物料，对物料运用条形码编码，这样能够很快地掌握物料库存的动态，为制订采购认证计划提供物料库存情况。

3.2.4
采购计划的主要环节

制订采购计划需要具有丰富的采购计划经验、采购经验、开发经验、生产经验等的复合知识型人才，并且要和认证单位等部门协作进行。采购计划环节是整个采购运作的第一步，它包含两部分内容：采购认证计划的编制和采购订单计划的制订。

1）认证的环节

采购认证是指企业采购人员对采购环境进行考察并建立采购环境的过程。采购认证根据采购项目大小、期限的长短等采取不同的认证方法。目前认证环节包括的内容主要有以下几个方面：

（1）准备认证计划

这是整个采购认证工作的起点，是采购计划的第一步，也是非常重要的一步，它主要包括以下五个方面的内容：

①熟悉认证的物资项目

采购人员在拟订采购计划，与供应商接触之前，要熟悉认证的物料项目，包括该物料项目涉及的专业知识范围、认证的经验需求以及目前的供应状况。认证项目所涉及的专业知识范围是非常广泛的，包括机械、电子、军用品、工业用品、软件、设备等方面。采购人员在搞清采购项目属于哪个专业范围之后，就应尽快熟悉该领域的专业知识，这样才能做到在进行认证工作时得心应手。同时，了解物料的供应状况也很重要，因为有些物料在国内或者就近就可以找到货源，也有些物料则需要到国外去采购。

②熟悉采购批量需求

采购批量认证需求是启动整个供应程序流动的牵引项，要想制订比较准确的认证计划，首先要做的就是熟悉物料需求计划。物料需求计划确定了采购的规模、范围和时间。同时，还要熟悉采购环境。目前物料采购环境通常有两种情形：一种是在以前或者是目前的采购环境中就能够发掘到的物料供应，例如以前接触的供应商的供应范围比较大，就可以从这些供应商的供应范围中找到企业需要的批量物料需求。另一种情形就是企业需要采购的是新物料，在原来形成的采购环境中不能提供，需要企业的采购部门寻找新物料的供应商。

③掌握余量需求

随着企业生产经营规模的扩大，市场需求也会变得越来越大，旧的采购环境容量不足以支持企业的物料需求；或者是因为采购环境有了下降的趋势从而导致物料的采购环境容量逐渐缩小，这样就无法满足采购的需求。以上这两种情况就会产生余量需求，这就产生了对采购环境进行扩容的要求。企业采购人员要在进行市场调查的基础上选择新的采购环境。采购环境容量的信息一般是由认证人员和订单人员来提供的。

④准备认证环境资料

通常来讲，采购环境的内容包括认证环境和订单环境两个部分。有些供应商的认证容量比较大，但是其订单容量比较小；有些供应商的情况恰恰相反，其认证容量比较小，但是订单容量比较大。产生这种情况的原因来自认证过程本身是对供应商样件的小批量试制过程，这个过程需要强有力的技术力量支持，有时甚至需要与供应商一起开发；但是订单过程是供应商规模化的生产过程，其突出的表现就是自动化机器流水作业及稳定的生产，技术工艺已经固化在生产流程之中，所以订单容量的技术支持难度比起认证容量的技术支持难度要小得多。因此，我们可以看出认证容量和订单容量是两个完全不同的概念。企业对认证环境进行分析的时候一定要分清这两个概念。

⑤制定认证计划说明书

制定认证计划说明书也就是把认证计划所需要的材料准备好，主要内容包括：认证计划说明书（物料项目名称、需求数量、认证周期等），同时附有开发需求计划、余量需求计划、认证环境资料等。下面用图3-11简单说明一下准备认证计划的过程。

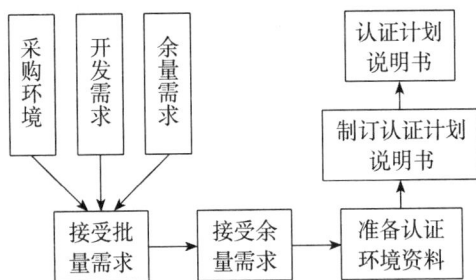

图3-11　准备认证计划的过程

（2）评估认证需求

这是采购计划的第二个步骤，其主要内容包括以下三个方面：

①分析物料开发批量需求

进行物料开发批量需求的分析，需要分析物料数量上的需求和掌握物料的技术特征等信息。开发批量需求的样式是各种各样的，按照需求的环节可以分为研发物料开发认证需求和生产批量物料认证需求；按照采购环境可以分为环境内物料需求和环境外物料需求；按照供应情况可以分为可直接供应物料和需要定做物料；按照国界可分为国内供应物料和国外供应物料等。对于如此复杂的情况，计划人员应该对开发物料需求作详细的分析，有必要时还应该与开发人员、认证人员一起研究开发物料的技术特征，按照已有的采购环境及认证计划经验进行分类。从以上可以看出，认证计划人员需要兼备计划知识、开发知识、认证知识等，具有从战略高度分析问题的能力。

②分析余量需求

在进行分析余量需求时，要对余量需求进行分类。余量需求认证的产生来源主要有：一是市场销售需求的扩大，另一种情况是采购环境订单容量的萎缩。这两种情况都导致了目前采购环境的订单容量难以满足物料采购的需求，因此需要增加采购环境容量。对于因市场份额扩大、销售增加等原因造成的余量，可以通过销售及生产需求计划得到各种物资的需求量及时间；对于因供应商萎缩造成的余量，可以通过分析现实采购环境的总体订单容量与原定容量之间的差别得到。这两种情况的余量相加即可得到总的需求容量。

③确定认证需求

要确定认证需求可以根据开发批量需求及余量需求的分析结果来确定。认证需求是指通过认证手段，获得具有一定订单容量的采购环境。

（3）计算认证容量

这是采购计划的第三个步骤，它主要包括以下四个方面的内容：

①分析项目认证资料

企业需要采购的物料是多种多样的，例如：机械、电子、软件、设备、生活日用品等物料项目，它们的加工过程各种各样，非常复杂。因此，不同的认证项目其过程及周期是千差万别的。作为采购主体的企业，需要认证的物料项目可能是上千种物料中的某几种，熟练分析几种物料的认证资料是可能的，但是对于规模比较大的企业，分析上千种、甚至上万种物料的难度则要大得多。企业的物料采购计划人员要尽可能熟悉物料采购项目的认证资料。

②计算总体认证容量

在企业的采购环境中，供应商订单容量与认证容量是两个不同的概念，有时可以互相借用，但它们是有差别的。一般在认证供应商时，企业可以借助供应商档案了解供应商的情况，同时也可以要求供应商提供一定的资源用于支持认证操作，或者对一些供应商只做认证项目。总之，在供应商认证合同中，应说明认证容量与订单容量的比例，防止供应商只做批量订单，不愿意做样件认证。计算采购环境的总体认证容量的方法是把采购环境中所有供应商的认证容量叠加，对有些供应商的认证容量需要乘以适当的系数。

③掌握供应商承接认证量

供应商的承接认证量对于企业制订采购计划至关重要。供应商的承接认证量等于当前供应商正在履行认证的合同量。供应商认证容量的计算是一个相当复杂的过程，各种各样的物料项目的认证周期也是不一样的，一般是计算要求的某一时间段的承接认证量。最恰当、最及时的处理方法是借助电子信息系统，模拟显示供应商已承接的认证量，以便认证计划的决策使用。

④确定剩余认证容量

某物料的剩余认证容量是所有供应商群体的剩余认证容量的总和，可以用下面的公式简单地计算：

物料剩余认证容量=物料供应商群体总体认证容量-承接认证量

这种计算过程也可以被电子化，一般 MRP 系统不支持这种算法，可以单独创建系统。认证容量是一近似值，仅做参考，认证计划人员对此不可过高估计，但它能指导认证过程的操作。

采购环境中的认证容量不仅是采购环境的指标，而且也是企业不断创新、持续发展的动力源。源源不断的新产品问世是认证容量价值的体现，也由此能生产出各种各样的产品新部件。

（4）制订认证计划

这是采购计划的第四个步骤，它的主要内容包括以下四个方面：

①把需求与容量进行对比

企业所处的采购市场是复杂的。在一般情况下，企业物料认证需求与供应商对应的认证容量之间会存在差异。如果企业物料采购认证需求小于供应商认证容量，则没有必要进行综合平衡，直接按照物料认证需求制订认证计划，组织物料采购就可以了；如果企业物料认证需求量大大超出供应商认证容量，就要进行认证综合平衡。对于剩余认证需求需要制订采购环境之外的认证计划，寻找新的采购环境和新的供应商。

②进行综合平衡，调节余缺

综合平衡就是指从全局出发，全面考虑企业生产经营、认证需求、认证容量、物料生命周期等要素，判断物料认证需求的可行性，通过调节物料认证计划来尽可能地满足认证需求，并计算认证容量不能满足的剩余认证需求，这部分剩余认证需求需要到企业采购环境之外的社会供应群体之中寻找容量。

③确定余量认证计划

确定余量认证计划是指对于采购环境不能满足的剩余认证需求，应提交采购认证人员的分析并提出对策，与其一起确认采购环境之外的供应商认证计划。采购环境之外的社会供应商如没有与企业签订合同，那么制订认证计划时就要特别小心，要调查供应商的各种情况，并由具有丰富经验的认证计划人员和认证人员联合操作。

④制订认证计划

企业经过上述工作后要制订出认证计划，制订认证计划是认证计划的主要目的，是衔接认证计划和订单计划的桥梁。只有制订好认证计划，才能根据该认证计划做好订单计划。

以下是认证物料数量以及开始认证时间的确定方法：

认证物料数量=开发样件需求数量+检验测试需求数量+样品数量+机动数量

开始认证时间=要求认证结束时间–认证周期–缓冲时间

2）采购订单的环节

（1）准备物料采购订单计划

这是订单环节的第一个步骤，它主要有以下四个方面的内容：

①预测企业的市场需求

企业的市场需求是启动生产供应程序的原动力，要想制订比较准确的订单计划，首先必须掌握客户订单和市场需求计划。客户订单和市场需求计划的进一步分解便得到生产需求计划。企业的年度销售计划一般在上一年的年末制订，并报送至各个相关部门，同时下发到销售部门、计划部门、采购部门，以便指导全年的供应链运转；根据年度计划制订季度、月度的市场销售需求计划。

②确定企业的生产需求

企业的生产需求对采购来说可以称之为生产物料需求。生产物料需求的时间是根据生产计划确定的，通常生产物料需求计划是订单计划的主要来源。企业采购计划人员要深入生产实际，学习掌握生产计划以及工艺常识，以利于理解生产物料需求，确定企业生产需求。在MRP系统之中，物料需求计划是主生产计划的细化，它主要来源于主生产计划、独立需求的预测、物资清单文件、库存文件。编制物料需求计划的主要步骤包括：

第一，决定毛需求；

第二，决定净需求；

第三，对订单下达日期及订单数量进行计划。

③准备物料采购订单环境资料

制订物料采购订单计划中一个非常重要的内容是准备物料订单环境资料。物料采购订单环境是在订单物资的认证计划完成之后形成的，订单环境的资料主要包括：

第一，订单物料的供应商消息；

第二，订单比例信息（对多家供应商的物资来说，每一个供应商分摊的下单比例称之为订单比例，该比例由认证人员产生并给予维护）；

第三，最小包装信息；

第四，订单周期（是指从下单到交货的时间间隔，一般是以天为单位的）。

企业一般采用计算机信息系统管理物资采购订单环境和供应商的有关情况。采购订单人员根据生产需求的物料项目，从计算机信息系统中查询了解该物料的采购环境参数及描述。

④制订物料采购订单计划说明书

准备订单计划所需要的资料就是制定物料采购订单计划说明书，其主要内容包括：

第一，订单计划说明书（内容包括：物料名称、需求数量、到货日期等）；

第二，附有市场需求计划、生产需求计划、订单环境资料等。

（2）评估物料采购订单需求

物料采购计划中非常重要的一个环节是评估物料采购订单需求，只有准确地评估物资采购订单需求，才能为计算订单容量提供参考依据，以便制订出好的订单计划。它主要包括以下三个方面的内容：

①分析市场需求

物料采购订单计划不仅仅来源于生产计划，它还需要考虑：

第一，企业的生产需求，企业生产需求的规模大小直接决定了物料采购订单需求的大小，若超出企业生产需求，采购物料就会造成库存积压；

第二，兼顾企业的市场战略以及潜在的市场需求等；

第三，需要分析企业接受订货计划的可信度。

因此，必须仔细分析市场签订合同的数量、还没有签订合同的数量（包括没有及时交货的合同）的一系列数据，同时研究其变化趋势，全面考虑要货计划的规范性和严谨性，再参照相关的历史要货数据，找出问题的所在。只有这样，才能对市场需求有一个全面的了解，才能制订出一个满足企业远期发展与近期实际需求相结合的订单计划。

②分析企业生产需求

分析生产需求是评估订单需求首先要做的工作。分析生产需求，首先就需要研究生产需求的产生过程，其次再分析生产需求量和要货时间。这里仅通过一个企业的简单例子作一下说明。某企业根据生产计划大纲，对零部件的清单进行检查，得到第一级组成部件的毛需求量。在第一周，现有的库存量是90件，毛需求量是60件，那么剩下的现有库存量=90件（现有库存量）–60件（毛需求量）=30件。第三周预计入库110件，毛需求量60件，那么新的现有库存：30件（原有库存）+110件（入库）–60件（毛需求量）=80件。每周都有不同的毛需求量和入库量，这样就产生了不同的生产需求，对企业不同时期产生的不同生产需求进行分析是很有必要的。

③确定订单需求

根据对市场需求、客户订单和对生产需求的分析结果，就可以确定订单需求。通常来讲，订单需求的内容是指通过订单操作手段，在未来指定的时间内，将指定数量的合格物料采购入库。

（3）计算物料采购订单容量

计算物料采购订单容量是采购计划中的重要组成部分。只有准确地计算订单容量，才能对比需求和容量，经过综合平衡，最后制订出正确的订单计划。计算订单容量主要有以下四个方面的内容：

①分析采购项目供应资料

在物料采购过程中，物资和项目都是整个采购工作的操作对象。对于采购工作来讲，在目前的采购环境中，所要采购物料的供应商信息是非常重要的一项信息资料。如果没有供应商供应物料，那么无论是生产需求还是紧急的市场需求，一切都无从谈起。可见，有供应商的物料供应是满足生产需求和满足紧急市场需求的必要条件。从一个简单的例子来看，某企业需设计一个隔音系统，隔音玻璃棉是完成该系统的关键材料，经过项目认证人员的考察，该种材料被垄断在少数供应商的手中。在这种情况下，企业的计划人员应充分利用这些情报，这样在下达订单计划时就会有的放矢了。

②计算总体订单容量

总体订单容量一般包括两方面内容：一是可供给的物料数量，二是可供给物料的交货时间。举一个例子来说明这两方面的结合情况：供应商鸿鹏公司在8月31日之前可供应9万个特种轴承（A型5万个，B型4万个），供应商兴安公司在8月31日之前可供应9万个特种轴承（A型4万个，B型5万个），那么8月31日之前A和B两种轴承的总体订单容量为18万个，其中：A型轴承的订单容量为9万个，B型轴承的订单容量为9万个。

③计算承接订单容量

承接订单是指某供应商在指定的时间内已经签下的订单量。但是，承接订单容量的计算过程较为复杂，下面以一个例子来说明一下：供应商鸿鹏公司在6月28日之前可以供给4万个特种轴承（A型2万个，B型2万个），若是已经承接A型特种轴承2万个，B型轴承1万个，那么对A型轴承和B型轴承已承接的订单量就比较清楚（A型2万个+B型1万个=3万个）。有时供应商的各种物料容量之间可以借用，并且在存在多个供应商的情况下，其计算比较稳定。

④确定剩余订单容量

剩余订单容量是指某物料所有供应商群体的剩余订单容量的总和。用下面的公式表示就是：

物料剩余订单容量=物料供应商群体总体订单容量-已承接订单量

计算过程也可以用计算机信息系统管理。

（4）制订订单计划

制订订单计划是采购计划的最后一个环节，也是最重要的环节。它主要包括以下四个方面的内容：

①对比采购需求与供应容量

这是制订订单计划的首要环节，只有比较物料需求与供应容量的关系才能有针对性地制订订单计划。如果经过对比发现物料需求小于供应容量，即无论需求多大，供应容量总能满足需求，则企业要根据物料需求来制订订单计划；如果供应商的容量小于企业的物料需求，则要求企业根据容量制订合适的物料需求计划，这样就产生了剩余物料需求，需要对剩余物料需求重新制订认证计划。

②综合平衡

综合平衡是指综合考虑市场、生产、订单容量等要素，分析物料订单需求的可行性，必要时调整订单计划，计算容量不能满足的剩余订单需求。

③确定余量认证计划

在对比物料需求与供应容量的时候，如果供应容量小于物料需求，就会产生剩余需求。对于剩余需求，要提交认证计划制订者处理，并确定能否按照物料需求规定的时间及数量交货。为了保证物料及时供应，此时可以简化认证程序，并由具有丰富经验的认证计划人员进行操作。

④制订订单计划

制订订单计划是采购计划的最后一个环节，订单计划做好之后就可以按照计划进行采购工作了。一份订单包含的内容有下单数量和下单时间两个方面。

下单数量=生产需求量-计划入库量-现有库存量+安全库存量

下单时间=要求到货时间-认证周期-订单周期-缓冲时间

一般的采购计划表如表3-14所示。

表3-14   **采购计划表制表**   日期：

料号	品名规格	适用产品	上旬		中旬		下旬		库存量	订购量
			生产单号	用量	生产单号	用量	生产单号	用量		

3.3
采购预算的编制

企业所能获得的可分配的资金在一定程度上是有限的，企业的管理者必须通过科学地分配有限的资源来提高效率，以获得最大的收益。一个良好的企业不仅要赚取合理的利润，还要保证企业有良好的资金流，因此，良好的预算既要注重工作实践，又要强调财务业绩。预算的时间范围要与企业的计划期保持一致，不能过长或过短。长于计划期的预算没有实际意义，会浪费人力、财力和物力，而过短的预算又不能保证计划的顺利执行。

3.3.1
采购预算的概念及编制原则

1）采购预算的概念

采购预算是一种以货币和数量表示的采购计划，它实现了采购计划的具体化，为采购资金的控制提供了明确的标准，有利于采购资金控制活动的开展。

传统采购预算的编制是将本期应购数量（订购数量）乘以该物料的购入单价，或者按照物料需求计划（MRP）的请购数量乘以标准成本，即可获得采购金额（预算）。为了使预算对实际的资金调度具有意义，采购预算应以现金基础编制，也就是说，采购预算应以付款的金额来编制，而不以采购的金额来编制。预算的时间范围要与企业的计划期保持一致，决不能过长或过短。长于计划期的预算没有实际意义，浪费人力、财力和物力，而过短的预算则又不能保证计划的顺利执行。企业所能获得的可分配的资源和资金在一定程度上是有限的，受到客观条件的限制，企业的管理者必须通过有效地分配有限的资源来提高效率以获得最大的收益。一个良好的企业不仅要赚取合理的利润，还要保证企业有良好的资金流，良好的预算既要注重实际，又要强调财务业绩。下面通过举例来说明预算是如何影响资源在组织内部分配的。

某企业的每个部门都提交了它的年度预算，涉及部门一年内所要开展的种种活动和所需资金、人员等情况，高层管理人员和会计部门会根据年度财务计划来核定业务费用，使人员、资金、设备等与预测的需求相匹配。

预算会影响资源的分配，事实上它正是一种在相互竞争的需求中分配资源的工具，因此，它常常使部门的预算失真。

一方面，某些部门为了提高其在企业内的地位，获得更多的资源和人员，会夸大其词，将预算做大，从而掌控更多的人力、财力和物力，而这些在一定程度上也代表了权力和地位；另一方面，由于预算考虑的是不确定的未来，每一个部门主管都很明白那些不在其控制范围之内的外在因素，如环境变化、消费者偏好的改变等常常会影响甚至决定预算的最终成败，而管理者很有可能会根据预算与实际数据的比较来评定部门或者是个人的业绩。在这种情况下，保守或悲观的部门主管很有可能会提交一个保守的、收缩了的预算，而不是一份充满挑战性又切实可行的预算报告，从而使预算做小，最终应该得到相应的人力、物力支持的部门反而没有取得与之相匹配的资源。预算本来就是一个协调和综合的过程，它要求企业各个部门、各个层次的管理者根据自己的专业知识以及以往的实践经验，由下到上、层层叠加，共同制定出一个总预算；如果由于内在竞争或者是心理上的保守而使预算失真，那么层层失真的叠加将会使总预算与真实预算发生明显的偏离，严重影响资源的合理分配，进而影响企业总的业绩。

为了确保预算能够规划出与企业战略目标相一致的可实现的最佳实践，必须寻找一种科学的行为方法来缓和这种竞争和悲观的倾向，管理者应当与部门主管就目标积极展开沟通，调查要求和期望，考虑假设条件和参数的变动，制订劳动力和资金需求计划并要求部门提供反馈。管理者应当引导部门主管将精力放到应付不确定情况的出现上，而不是开展所谓的"战备竞争"。

另一方面，为了使预算更具灵活性和适应性，以应对意料之外的可能发生的不可控事件，企业在预算过程中应当尽量做到：采取合理的预算形式；建立趋势模型；用滚动预算的方法，来减少预算的失误以及由此带来的损失。

2）预算的作用

一般说来，预算主要具有以下作用：

（1）保障战略计划和作业计划的执行，确保组织向良好的方向发展。

（2）协调组织经营资源。

（3）在部门之间合理安排有限资金，保证资金分配的效率。

（4）通过审批和拨款过程以及差异分析控制支出。

（5）将目前的收入和支出与预算的收入和支出相比较，对企业的财务状况进行监控。

3）编制采购预算的原则

（1）实事求是编制采购预算

编制采购预算应本着实事求是的原则，一般以企业所确定的经营目标为前提，不盲目哄抬目标值；先确定销售预算，再确定生产计划，然后再确定采购计划。不要为了贪图低价，盲目扩大采购量，以避免造成库存积压。

（2）积极稳妥、留有余地编制采购预算

积极稳妥是指不要盲目抬高预算指标，也不要消极压低指标。既要保证采购预算指标的先进性，又要保证采购预算指标的可操作性，充分发挥采购预算指标的指导和控制作用。另外，为了适应市场的千变万化，采购预算应留有余地，具有一定的发展空间，以免发生意外时处于被动，影响企业的生产经营。

（3）比质比价编制采购预算

企业在编制采购预算时，应广泛收集采购物料的质量、价格等市场信息，掌握主要采购物料信息的变化，要根据市场信息比质比价来确定采购物料。除仅有唯一供货单位或企业生产经营有特殊要求外，企业主要物料的采购应当选择两个以上的供货单位，从质量、价格、信誉等方面择优安排采购。企业在进行主要物料采购及有特殊要求的物料采购时，应当审查供应商资格；对已确定的供应商，应当及时掌握其质量、价格、信誉的变化情况。企业大宗原（燃）料的采购、基建或技改项目的主要物料以及其他金额较大的物资的采购等，具备招标采购条件的，应尽量安排招标采购。

3.3.2
采购预算的种类

预算的种类不同，所起的作用也不同。根据时间的长短，可以将预算分为长期预算和短期预算。长期预算是时间跨度超过一年的预算，主要涉及固定资产的投资问题，是一种规划性质的资本支出预算。长期预算对企业战略计划的执行有着重要意义，其编制质量的好坏将直接影响到企业的长期目标是否能够实现，影响到企业今后较长时间内的发展。企业的短期预算是企业一年内对经营财务等方面所进行的总体规划的说明。短期预算是一种执行预算，对业务计划的实现影响重大。

根据预算所涉及的范围，可以将预算分为全面预算和分类预算。全面预算又称为总预算，是短期预算的一种，涉及企业的产品或服务的现金收支等各方面的问题。总预算由分类预算综合而成。分预算种类多种多样，有基于具体活动的过程预算，有各分部门的预算（对于分部门来说，这一预算又是总预算，因此分预算与总预算的划分是相对的）。

总预算根据其内容的不同分为财务预算、决策预算和业务预算三类。财务预算是指企业在计划期内有关现金收支、经营成果以及财务状况的预算，主要包括现金预算、预计损益表、预计资产负债表等；专门决策预算是指企业为特定投资决策项目或一次性业务所编制的专门预算，其目的是为了帮助管理者作出决策；业务预算则是指计划期间日常发生的各种经营性活动的预算，包括销售预算、成本预算、管理费用预算等。采购预算是业务预算的一种，它们的编制将直接影响企业的直接材料预算、制造费用预算等。

根据预算方式的不同可分为控制材料成本的预算和控制采购部门成本的预算。前一种预算方式主要包括采购材料预算和工具预算。采购材料预算主要是指每一类型的产品在下一个计划期（通常是一年）内需要的数量以及特定产品的期望价格水平。需求总量是从生产计划中估算出来的，而需支付的价格是根据客户来估算的。最终的估算结果一般要通过同资深的客户或采购部经理进行详细讨论后，才能决定，以保证价格目标确立在一个合理的水平上。然而，价格目标有时是由生产管理来确定的。工具预算主要是指制造商生产某种商品所需要的与特定工具有关的耗费（如铸造模子）。大型公司为了维持某种设备的合法所有权，通常要购买各种特定工具。在一些公司中，客户们必须指明他们需要什么样的工具预算，哪些产品或供应商需要这样的预算；这些预算不能超支。采购部门的预算由于很容易决定，因此经常使用。采购预算表明了与工资报酬、社会保障、自动化系统、旅差、培训有关的是些什么费用，这时差异报告要定时监控。

3.3.3
采购预算的编制步骤及注意事项

对于制造业来讲，通常业务部门的行销计划是年度经营计划的起点，然后才会制订生产计划。生产计划包括采购预算、直接人工预算及制造费用预算。由此可见，采购预算乃是采购部门为配合年度的销售预测或生产数量，对需求的原料、物料、零件等的数量及成本所作的翔实的估计，以利于整个企业目标的达成。换句话说，采购预算如果单独编制，不但缺乏实际的应用价值，也失去了其他部门的配合，因此采购预算必须以企业整体预算制度为依据。

1）编制采购预算的影响因素

（1）物料标准成本的设定

在编制采购预算时，因为将来拟购物料的价格不容易预测，所以多以标准成本替代。若标准成本的设定缺乏过去的采购资料为依据，也无工程人员严密精确地计算其原料、人工及制造费用等组合生产成本，则标准成本的设定就有一定的困难。因此，标准成本与实际购入价格的差额，就会影响采购预算的准确性。

（2）生产效率

生产效率的高低将使预计的物料需求量与实际的耗用量产生误差。产品的生产效率降低，会导致原物料的单位耗用量提高，而使采购预算中的预计数量不够生产所需。过低的产出率导致经常需要进行业务更改，从而使零部件的损耗超出正常水平。所以，当生产效率降低时，采购预算必须将这部分额外的耗用率计算进去，才不会发生原材料预算资金的短缺现象。

（3）预期价格

在编制采购预算时，经常需要对物料价格涨跌幅度、市场景气度、汇率变动情况等加以预测，因为个人主观判断与事实的变化常有差距，常会造成采购预算的偏差（此外，季节性的供应状况、最低订购量等因素，将使采购数量超过正常的需求数量；而且企业财务状况的好坏也将影响采购数量（安全库存量）的多少以及采购预算（付款时间）的准确性）。

由于影响采购预算的因素很多，故采购预算拟订之后，必须与产销部门保持经常的联系，并针对现实的状况作出必要的调整与修订，才能达成维持正常产销活动的目标，并协助财务部门妥善规划资金的来源。

2）采购中涉及的预算

采购部门中涉及的主要预算有：

（1）原材料预算。原材料预算的主要目的是：确定用于生产既定数量的产品或者提供既定水平的服务的原材料的成本。原材料预算的时间通常是一年或更短。预算的依据是生产或销售的预期水平以及未来原材料的估计价格，这就意味着实际费用有可能偏离预算。因此，很多组织采用灵活的预算（灵活的预算要反映条件的变化，比如产品的增加或减少）来调整实际的采购支出。

良好的原材料预算具有如下作用：①确保原料需要时能够得到；②确定随时备用的原材料和零部件的最大价值和最小价值；③确定和评估采购支出的财务需求。

（2）MRO预算。MRO采购包含在经营管理过程中，但它们并没有成为生产运作中的一部分。MRO项目主要有办公用品、润滑油、机器修理用零部件等。MRO项目的数目可能很大，对每一项都作出预算并不可行。MRO预算通常按以往的比例来确定，然后根据库存和一般价格水平的预期变化来进行调整。

（3）资产预算。固定资产的采购通常占支出的较大部分，良好的采购活动和谈判组织能为企业节省很多资金。通过研究资源市场以及与关键供应商建立密切的关系，可以为企业节省出很多资金。固定资产的预算不仅要考虑初始成本，还要考虑包括维护、能源消耗以及辅助零部件等成本的生命周期总费用。由于这些支出的长期性质，通常用净现值算法进行预算和作出决策。

（4）采购费用预算。采购费用预算的内容包括采购业务中发生的各项费用。通常，这项预算是根据预期的业务和行政工作量来制定的。这些花费包括工资、供热费、电费、通信费、差旅费，以及购买办公用品等的费用。采购业务费用预算应该反映组织的总体目标。例如，如果组织的目标是减少间接费用，那么业务预算中的间接费预算就应该反映出这一点。

3）采购预算的编制步骤

采购预算的编制同其他类型预算的编制过程一样，也包含以下几个步骤：

（1）审查企业以及部门的战略目标。采购预算的最终目的是为了保证企业采购目标的实现，企业在编制采购预算前，首先要审视本部门和企业总体的目标，以确保它们之间的相互协调。

（2）制订明确的工作计划。采购管理者必须了解本部门的业务活动，制订出详细的计划表，从而确定部门实施这些活动所需要的资源。

（3）确定所需的资源。有了详细的工作计划表，采购管理者就可以对支出作出切合实际的估计，从而确定为了实现目标所需要的人力、物力和财力资源。

（4）提出准确的预算数字。采购预算应当保证最高准确性。要实现最高准确性，可以通过以往的经验来推断，也可以借助数学工具和统计资料进行科学的分析和计算。

（5）汇总。汇总各分部门、各分单元的预算。最初的预算总是来自每个分单元，经过层层提交、汇总，最后形成总预算。

（6）提交预算。采购预算通常是由采购部门同其他部门共同编制的，采购预算编制后要提交企业财务部门及相关管理部门，为企业资金筹集和管理决策提供支持。

4）编制预算的注意事项

为了确保预算能够规划出与企业战略目标相一致的可实现的结果，必须寻找一种科学的方法来达到这一目标，企业管理者应当与采购部门主管就目标积极开展沟通，调查要求和期望，考虑假设条件和参数的变动，制订劳动力和资金需求计划。

另外，为了使预算更具灵活性和适应性，以应对意料之外的可能发生的事件，减少预算的失误以及由此带来的损失，企业在预算过程中应当尽力做到以下几点：

（1）改变绩效评估方式

为了鼓励采购部门提出更具挑战性的预算报告，企业有必要对采购部门的绩效评估方式进行改善。采购预算是在战略目标框架之内提出的，在从设置目标到提交预算这一连续的动态过程当中，不仅要仔细审查影响预算实现的内部不可控因素，还要详细研究外部不可控因素，并进一步识别出影响预算实现的关键成功因素。对于那些不可控因素，人力资源部门在进行业绩评估时，必须有所考虑，并向管理者提出建议。企业的高层管理者必须解决部门主管对绩效评估的后顾之忧，这就等于解开了束缚他们手脚的绳索，使他们的预算编制更趋于合理。

（2）采取合理的预算形式

现金流对于企业来说是最重要的，它是企业脉管中流淌的鲜血，时时都有新鲜血液的流动才能使组织充满活力。因此，企业内部各部门所采用的预算形式应把重点放在现金流上而不是收入或利润上。当然，最佳的预算形式最终还是取决于组织的具体目标。

（3）建立趋势模型

预算讲述的是未来，所有的代表期望行为的数字都是估计值，采购预算提供的是代表采购支出情况的数字预报。为了确保这些数字有最大价值，应当建立一个趋势模型。模型应以已有的数据资料为基础，具有时间敏感性，能够反映出材料需求、市场行情的变化。

（4）用滚动预算的方法

企业经营是一个连续不断的过程，只是为了使用方便才在时间上对它们进行了划分。

为了能够使预算与实际过程更紧密地结合在一起，预算应尽可能采用滚动的方法，在制定当期预算的时候应根据实际情况同时对下几期的业务进行预算，能够保证企业活动在预算上的连续性。预算活动的滚动性，要求采购部门的管理人员投入大量精力。工作过程可以分两步走：第一步是整体思考，要求管理者从总体战略出发，勾画出预算的框架，制订出必要的行动方案，如果预算结果出现偏差，则要及时修改；第二步进入细化阶段，采购部门管理者制定最终预算的细节。

无论是何种类型的预算，只要满足了上面的要求，就都可以最大限度地发挥其潜能，保障组织计划的顺利实施。

3.3.4
预算编制的方法

编制预算的方法有很多，主要的有概率预算、零基预算、弹性预算和滚动预算等，下面分别对这四种方法进行介绍：

1）概率预算

在编制预算过程中，涉及的变量较多，如业务量、价格、成本等。企业管理者不可能在编制预算时就十分精确地预见到这些因素在将来会发生何种变化，以及变化到何种程度，而只能大体上估计出它们发生变化的可能性（即概率），从而近似地判断出各种因素的变化趋势、范围和结果，然后，对各种变量进行调整，计算其可能值的大小。这种利用概率（即可能性的大小）来编制的预算，即为概率预算。概率预算必须根据不同的情况来编制，大体上可分为以下两种情况：

（1）销售量的变动与成本的变动没有直接联系

这时，只要利用各自的概率分别计算销售收入、变动成本、固定成本的期望值，然后即可直接计算利润的期望值。

（2）销售量的变动与成本的变动有直接联系

这时，需要用计算联合概率的方法来计算利润的期望值。

2）零基预算

零基预算是指在编制预算时，对于所有的预算项目均不考虑以往的情况，一切以零为起点，从实际出发研究、分析未来一定期间生产经营活动的需要和每项业务的轻重缓急，如实确定每项预算是否有支出的必要和支出数额大小的一种预算编制方法。

传统的调整预算编制的方法，是在上期预算执行结果的基础上，根据预算与实际的差异，分析产生差异的各种原因和考虑计划期的实际情况，加以适当调整，确定出计划期内有关项目的预算数。这种预算方法比较简单，但往往使原来不合理的费用开支继续存在下去，造成预算的浪费或是预算的不足。零基预算的编制方法与传统的预算编制方法截然不同。它在确定任何一项预算时，完全不考虑前期的实际水平，只考虑该项目本身在计划期内的轻重缓急，以零为起点确定预算支出的具体数字。零基预算的编制方法，大致上可以分为以下三步：

（1）组织员工拟订预算目标

在编制零基预算时，要动员全体员工投入到拟订预算的工作中去，要求所有员工根据本企业的目标和本部门的具体任务，对可能发生的费用项目逐一考证其支出的必要性和需要额，对各项费用项目编写出方案来。

（2）对每一费用项目进行成本-效益分析

组建由企业的主要负责人、总会计师等人员参加的预算委员会，负责对各部门提出的费用项目进行成本-效益分析。这里所说的成本-效益分析，主要是指对所提出的每一个预算项目所需要的经费和所能获得的收益，进行计算、对比，以其计算对比的结果来衡量和评价各预算项目的经济效益，然后，权衡其轻重缓急，分层次排出其先后顺序。

（3）分配资金，实施预算

将预算期可运用的资金在各费用项目之间进行分配。分配资金应首先满足那些必须支出的费用项目，然后，再将剩余资金在可以增减费用额的费用项目之间按成本效益率进行分配，实施预算方案。

零基预算的特点是不受基期实际数的束缚，一切费用预算额以零为起点，从工作内容需要出发，发挥企业各级管理人员的主观能动性，重新考虑每项预算支出的必要性及规模，并对资源进行有序分配，使预算更符合实际，充分调动企业各级管理人员的积极性和创造性，促进各级管理人员精打细算、量力而行，把有限的资金切实用到最需要的地方，以保证整个企业的良性循环，提高整体的经济效益。但该预算编制方法的一切支出均以零为起点来进行分析、研究，因而工作量太大。而且，一个企业，把许许多多不同性质的业务按照其重要性排出一张次序表来，也绝非易事，其中不可避免地也会带有某些主观随意性。因此，在实际预算工作中，可以隔若干年进行一次零基预算，以后几年内则略作适当调整。这样，既可简化预算编制的工作量，又能适当控制费用的发生。目前，我国大多数企业的费用开支浪费很大，因此，在做预算时，可以考虑使用这种方法。

3）弹性预算

弹性预算是在编制预算时，考虑到计划期间的各种可能变动因素的影响，编制出一套能适应多种业务量的预算。这种预算需要随着业务量的变化而作出相应的调整，具有伸缩性，因此称作弹性预算或变动预算。

弹性预算是以多种业务量水平为基础而编制的一种预算，因此，它比只以一种业务量水平为基础编制的预算（一般称之为固定预算或静态预算）具有更大的适应性和实用性。即使企业在计划期内的实际业务量发生了一定的波动，也能找出与实际业务量相适应的预算数，使预算与实际工作业绩可以进行比较，有助于有效地控制有关费用的支出。

编制弹性预算，首先要确定在计划期内业务量的可能变化范围。在具体编制工作中，对一般企业，其变化范围可以确定在企业正常生产能力的70%~110%，其间隔取为5%或10%，也可取计划期内预计的最低业务量和最高业务量为其下限和上限。

其次，要根据成本性态，将计划期内的费用划分为变动费用和固定费用。在编制弹性预算时，固定费用在相关范围内不随业务量的变动而变动，因而不需要按业务量的变动来进行调整。而对变动费用，则要按不同的业务量水平分别进行计算。

弹性预算一般用于编制弹性成本预算和弹性利润预算。弹性利润预算是对计划期内各种可能的销售收入所能实现的利润所作的预算，它以弹性成本预算为基础，在这里，采购管理者只需要了解一下即可，无须深入。

4）滚动预算

滚动预算又称连续预算，其主要特点是预算期随着时间的推移而自行延伸，始终保持一定的期限（通常为一年）。当年度预算中某一季度（或月份）预算执行完毕后，就根据新的情况进行调整和修改后几个季度（或月份）的预算，如此往复，不断滚动，使年度预算一直含有四个季度（或12个月份）的预算，其基本特征如图3-12所示。

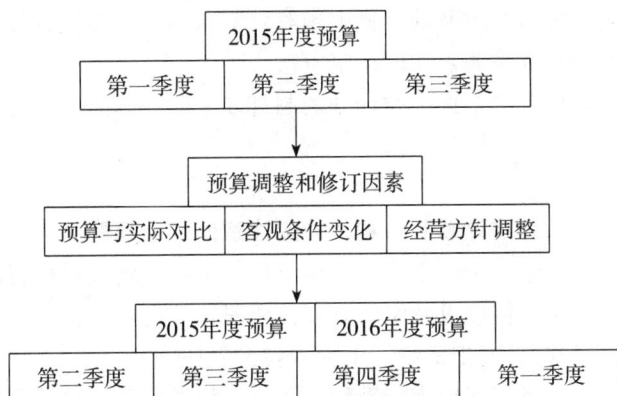

图3-12　滚动预算的基本特征

滚动预算的理论根据是：企业的生产经营活动是延续不断的，因此，预算也应该全面地反映这一延续不断的过程。另外，人们对未来客观事物的认识也是由表及里、由粗到细的过程，预算要适应人们对客观事物的认识。滚动预算的优点是：

（1）能保持预算的完整性和连续性，可从动态预算中把握企业的未来。

（2）预算在执行过程中可以结合客观情况，对预算不断调整与修订，使预算与实际情况能更好地适应，有利于充分发挥预算的指导与控制作用。

（3）预算期始终保持四个季度或12个月，使得企业经营管理人员能经常保持一种整体的、全盘的经营思想，保证企业各项工作有条不紊地进行。

◆ 小结和学习重点与难点

本章首先详细介绍了采购需求的确定方法，其次介绍了采购计划基本概念、采购计划的主要环节，以及采购计划的主要因素和编制采购预算的原则，预算编制的方法和流程。

编制采购计划主要包括采购计划的制订和采购订单的制订两个方面的内容。

采购需求按性质可以分成相关需求和独立需求。独立需求是指某种物资的需求量是由外部市场决定的，与其他物资不存在直接的连带关系。相关需求是指某种物资的需求量与其他物资有直接的配套关系，当其他某种物资的需求量确定后，就可直接推算出来。

物料需求计划（Material Requirement Planning，MRP），是根据企业的主产品生产计划、主产品的物料单和结构文件及库存文件，分别求出主产品的所有零部件的需求时间和需求数量的方法。

配送需求计划（Distribution Requirement Planning，DRP），联系着配送系统和制造规划及控制系统（MPC），它阐明现有的存货状况，并且预测配送系统对于制造生产计划和物料规划的需求。

采购计划，是指企业管理人员在了解市场供求情况、认识企业生产经营活动过程和掌握物料消耗规律的基础上对计划期内物料采购管理活动所作的预见性安排和部署。它包括两部分内容：一是采购计划的制订；二是采购订单的制订。

采购预算是一种以货币和数量表示的采购计划，它实现了采购计划的具体化，为采购资金的控制提供了明确的标准，有利于采购资金控制活动的开展。

编制预算的方法有很多，主要的有概率预算、零基预算、弹性预算和滚动预算。

本章的学习重点是掌握采购需求的确定方法。

本章的学习难点是理解和掌握采购计划的制订和采购预算的编制方法。

◆ 前沿问题

采购计划制订和实施应注意的几个问题

采购计划是指项目中整个采购工作的总体安排。采购计划包括项目或分项采购任务的采购方式、时间安排，相互衔接以及组织管理协调安排等内容。

1）在制订采购计划时，要把货物、工程和咨询服务分开

编制采购计划时应注意的问题有：采购设备、工程或服务的规模和数量，以及具体的技术规范与规格，使用性能要求；采购时分几个阶段或步骤，哪些安排在前面，哪些安排在后面，要有先后顺序，且要对每批货物或工程从准备到交货或竣工需要多长时间作出安排；一般应以重要的控制日期作为里程碑式的横条图或类似图表，如开标、签约日、开工日、交货日、竣工日等，并应定期予以修订；货物和工程采购中的衔接；如何进行分包分段，分几个包/合同段，每个包/合同段中含哪些具体工程或货物品目。对一个规模大、复杂、工期有限的项目，准备阶段一定要慎重研究并将整个项目划分成合理的几个合同段，分别招标和签订合同。在招标时对同时投两个标的标价要求提出一个折减百分比，可以节省筹备费（调遣费、临时工程费），也使同时对这一项目投几个标的公司中标的机会加大，对业主的花费（付出的总标价）较少，双方都有利。

2）及早做好采购准备工作

根据采购周期以及项目周期和招标采购安排的要求，一般来说，在采购计划制订完毕之后，下一步要做的工作就是编制招标文件（包括在此之前的资格预审文件），进入正式采购阶段。通常，最理想的安排是，在项目准备和评估阶段就要开始准备招标文件，同时进行资格预审，到贷款协议生效之前，就完成开标、评标工作，待协议一生效就可以正式签订合同。这样做可以避免因采购前期准备工作不充分，而影响采购工作如期进行。采购进度快慢主要取决于项目前期准备阶段采购计划和合同包的详细程度。同时，尽早编写招标文件，也对采购进度有相当大的促进作用。

3）选择合适的采购代理机构

采购代理机构的选择要根据项目采购的内容、采购方式以及国家的有关规定来确定。通常，属于国际竞争性招标的，要选择国家批准的有国际招标资格的公司承担。对属于询价采购、国内竞争性招标、直接采购的，要视情况而定，可以选择国际招标公司，也可以选择外贸公司作为代理，还可以由项目单位自行组织采购。在世行项目中选择采购代理机构，既是国家有关部门明文规定的，也是我国现行体制决定的，在绝大多数项目中，项目单位往往只是接触自己一个项目，几乎所有的工作都是从头开始，而采购代理机构则介入

了许多项目，对世行各方面的规定和程序都有深刻的了解，可以借此加快项目进度，并避免产生不必要的错误。项目单位在选择和确定采购代理机构时，要认真评比选择那些人员素质高、内部管理严密、服务态度好的，真正能够为项目单位工作和服务的代理机构，要签订明确的代理或委托协议书，规定双方的权利和义务。代理公司的确定最好能够在项目准备阶段确定，最迟也应在评估之前完成，以便能让代理公司尽早参与项目采购准备工作，同时项目单位还可以得到一些必要的帮助，以共同完成采购工作。

（资料来源　佚名. 编制和执行采购计划时注意的问题［EB/OL］. ［2016-07-01］. http：//wenku. baidu.com/view/88e151c7bb4cf7ec4afed0d3.html.）

◆ 案例探讨

某纺织企业采购预算编制规则

1）材料的预算编制

除遵照本企业的预算制度之外，均依照本规则的规定办理。

2）材料的预算分类经典资料

（1）用料预算，包括营业支出用料预算和资本支出用料预算。

（2）购料预算。

3）材料预算按编制的期间分类

（1）年度预算。

（2）分期预算。

4）年度用料预算的编制程序

（1）由用料部门依据营业预算及生产计划编制"年度用料预算表"（特殊用料应预估材料价格），经主管科长核定后送企划科，材料管理部门汇编"年度用料总预算"转工厂会计部。

（2）凡属于委托保全科修缮的工作，一律由保全科按用料部门计划代为编制预算，并通知用料部门。

（3）材料预算经最后审定后，由总务科运输组严格执行。如经核减，应由一级主管召集科长、组长、领班研究拟订分配后核定，由企划部门分别通知各用料部门重新编制预算。

（4）用料部门用料超出核定预算时，由企划部门通知总务部门运输组。用料部门超出数在10%以上时，应由用料部门提出书面理由呈送上一级主管核定后办理。

（5）用料总预算超出10%时，由企划科通知运输组说明超出原因，并办理追加手续。

5）分期用料预算

由用料部门编制，凡属委托修缮的工作，保全科按用料部门计划分别代为编制"用料预算表"，经一级主管核定后送企划科转送运输组。

6）资本支出用料预算

由一级主管根据工程规划，通知企划科按前条的规定办理。

7）购料预算的编制程序

（1）年度购料预算由企划科汇编并送呈审核。

（2）分期购料预算，由运输组根据库存量、已购未到数量及财务状况，编制"购料预算表"，由企划科呈送审核并转企业财务会议审议。

8）经核定的分期购料预算

在当期未动者，不得保留；确有需要者，下期补列。

9）资本支出预算

年度有一部分未动用或全部未动用者，其未动用部分不能保留，根据情况在次年补列。

10）未列预算的紧急用料

由用料部门领用料后，补办追加预算。

11）用料预算

用料预算除由用料部门严格执行外，还由运输及企划科加以配合控制。

思考题：

1.指出该企业采购预算编制规则存在的优缺点。

2.用所学知识补充完善该企业采购预算编制规则。

◆ 课后练习

（一）名词解释

物料需求计划　采购计划　采购预算

（二）填空题

1.采购需求的确定是制订_____的基础和前提。

2.采购需求按性质可以分成相关需求和_____，相关需求关系可以分为_____和_____两种。

3._____是用分段逐点推移的平均方法对时间序列数据进行处理，找出预测对象的历史变动规律，并据此建立预测模型的一种时间序列预测方法。

4.DRP是由_____所决定的，企业无法或者很少能加以控制；而MRP是由_____所决定的，_____是由企业制订和控制的。

5.采购计划，包括两部分内容：一是_____，二是_____。

（三）单项选择题

1.某电冰箱制造厂家在下个月计划生产电冰箱1 000台，其采购部门需采购的1 000个压缩机属于（　　　）的物料。

A.独立需求　　　　B.离散需求　　　　C.相关需求　　　　D.以上都不是

2.关于MRP环境下树立的新的采购观念，下列叙述正确的是（　　　）。

A.从供需双方共同管理变为供需双方各自管理

B.从参与生产和促进生产转变为单纯的保证生产需要

C.采购作业不再强调制度化和程序化

D.采购作业从为补充库存而采购转变成为订单而采购

3.编写采购计划需要有一定的基础资料，这些资料不包括（　　　）。

A.销售计划和物料需用清单　　　　　B.基本建设计划和科研计划

C.采购清单和采购预算　　　　　　　D.设备维修计划和技术改造计划

4.零基预算的优点有（　　　）。

A.能够连续地反映企业的预算状况

B.工作量小

C.充分调动管理人员的积极性和创造性，把有限的资金切实用到真正需要的地方

D.避免了主观能动性

（四）多项选择题

1.采购需求主要预测技术包括（　　　）。

A.定性预测　　　　　　　　　　　B.灰色预测

C.时间序列预测　　　　　　　　　D.因果关系预测

2.在编制采购预算时应遵循的原则有（　　　）。

A.比质比价编制采购预算

B.积极稳妥、留有余地编制采购预算

C.实事求是编制采购预算

D.通过扩大采购量来降低成本

3.MRP的输入文件包括（　　　）。

A.采购计划　　　　B.主生产计划　　　　C.物料清单　　　　D.库存文件

E.生产计划　　　　F.结构文件

4.MRP的输出文件包括（　　　）。

A.采购计划　　　　　　　B.主生产计划　　　　　　C.物料清单

D.库存文件　　　　　　　E.生产计划

（五）简答题

1.采购计划对企业的生产经营活动的重要作用具体体现在哪些方面？

2.简述物料需求计划的计算步骤。

3.简述DRP的优点和缺点。

4.简述预算的作用。

5.采购认证环节的内容主要包括有哪些方面？

6.采购订单的环节内容主要包括有哪些方面？

（六）论述题

1.论述DRP和MRP的关系并对其进行比较。

2.采购计划对企业的生产经营活动具有哪些重要作用？企业的采购计划要发挥这些作用，应达到哪些目的？

（七）计算题

日华有限公司制造的超市手推车包括1个车身和4个轮子，而车身包括1个车身组件和2个扶手组件。组装手推车费时1周，轮子的订货至交货周期为3周，组装车身费时1周，车身组件的订货至交货周期为2周，扶手组件的订货至交货周期为1周。该公司接到了一份订单要求在8周内交付100辆手推车。目前的存货为20辆完工的手推车、10件车身以及100个轮子。车身组件和扶手（必须以每100个一批为单位来订购）。请为手推车的生产设计一个时间表。

第 4 章

库存控制

◆ **学习目标**

通过本章的学习，了解库存的分类、库存过程、库存费用的构成、库存控制原理等知识，全面掌握库存控制模型、定期订货法和定量订货法库存控制方法。

◆ **基本概念**

库存控制　经济订货批量　确定型库存控制模型
随机型库存控制模型

引导案例　　　　　　　　　**微治公司的库存管理**

微治公司是一家专门经营进口医疗器械产品的公司，2015 年该公司经营的产品有 26 个品种，共有 60 个客户购买其产品，年营业额为 6 800 万元人民币。对于微治公司这样的贸易公司而言，因其进口产品交货期较长、库存占用资金大，库存管理显得尤为重要。因此，微治公司决定采用 ABC 分类法进行库存管理。

微治公司按销售额的大小，将其经营的 26 种产品排序，划分为 ABC 类。排序在前 3 位的产品占到总销售额的 97%，因此，把它们归为 A 类产品；第 4、5、6、7 种产品每种产品的销售额在 0.1%~0.5% 之间，把它们归为 B 类；其余的 21 种产品（共占销售额的 1%），将其归为 C 类。其库存物品统计得知：A 类产品只占总库存的 11.5%，而其 A 类产品的销售价值占总销售价值的 97%，B 类产品占总库存的 15.4%，其销售价值占总销售价值的 2% 左右，C 类产品占总库存的 73.1%，销售价值占总销售价值的 1% 左右。

在此基础上，微治公司对 A 类的 3 种产品实行连续性检查策略，即每天检查其库存情况。但由于该公司每月的销售量不稳定，所以每次订货的数量不相同，另外，为了防止预测的不准确及工厂交货的不准确，该公司还设定了一个安全库存量，根据案例资料显示，该类产品的订货提前期为 2 个月，即如果预测在 8 月份销售的产品，应该在 6 月 1 日下订单给供应商，才能保证产品在 8 月 1 日出库。

　　微冶公司对 B 类产品的库存管理采用周期性检查策略。每个月检查库存并订货一次，目标是每月检查时应有以后两个月的销售数量在库里（其中一个月的用量视为安全库存），另外在途还有一个月的预测量。每月订货时，再根据当时剩余的实际库存数量，决定需订货的数量，这样就会使 B 类产品的库存周转率低于 A 类。

　　对 C 类产品，则采用了定量订货的方法。根据历史销售数据，得到产品的半年销售量，为该种产品的最高库存量，并将其两个月的销售量作为最低库存。一旦库存达到最低库存时，就订货，将其补充到最低库存量。这种方法比前两种更省时间，但是库存周转率更低。

　　微冶公司在对产品进行 ABC 分类以后，该公司又对其客户按照购买量进行了分类。发现在 60 个客户中，前 5 位的客户购买量占全部购买量的 75%，将这 5 个客户定为 A 类客户；到第 25 位客户时，总购买量已达到 95%。因此，把第 6 到第 25 位的客户归为 B 类，第 26 到第 60 位客户归为 C 类。对于 A 类客户，实行供应商管理库存，一直保持与他们的密切联系，随时掌握他们的库存状况；对于 B 类客户，基本上可以用历史购买记录，以需求预测作为订货的依据；而对于 C 类客户，有的是新客户，有的一年也只购买一次，因此，只在每次订货数量上多加一些，或者用安全库存进行调节。

　　ABC 分类以后，微冶公司的库存管理效果主要体现在：降低了库存管理成本，减少了库存占用资金，提高了主要产品的库存周转率。避免了缺货损失、过度超储等情况。提高了服务水平，增强了客户的满意程度。树立了良好的企业形象，增强了企业的竞争力。

　　（资料来源　佚名. 库存管理案例分析报告 [EB/OL]. [2011-05-17]. http://www.docin.com/p-203991241.html.）

4.1
库存控制概述

　　所有的企业都是一个进、销（出）、存系统，其根本目的都是为客户提供产品和服务。生产企业是利用生产手段，将采购进来的原材料加工成产品而销售给客户；而流通企业是利用采购手段，把一些供应商手中的产品采购进来，再销售给用户。企业的业务模式，都是将从社会中输入的物资，转换成社会客户所需要的物资，再销售输出给社会中的客户，以满足他们的需要。在企业这个大进、销（出）、存系统中，又有很多小的进、销（出）、存系统。企业内部的采购、生产、销售等环节就是一个个小的进、销（出）、存系统。企业大进、销（出）、存系统是面对社会客户的需求，而小的进、销（出）、存系统是面对企业内部各个环节的需求的。为保证各系统的正常进行，库存（原材料库存、成品库存等）将起到衔接供需、缓冲供需脱节矛盾的重要作用，使企业的生产需求与客户的需求都能得到满足。每个环节周转库存的多少是需要控制的，即库存控制是在保障企业生产需求与客户需求的前提下，使库存物品的数量最少所进行的有效管理的技术经济措施。

4.1.1

库存的分类

按照不同的标准，库存可分为不同的类别。

1）按在生产和配送过程中所处的状态分类

（1）原材料库存：指企业已经购买，但尚未投入生产过程的存货。

（2）在制品库存：指经过部分加工，但尚未完成的半成品存货。

（3）产成品库存：指已经制造完成并正等待装运发出的存货。

不同状态的库存及其位置如图4-1所示。

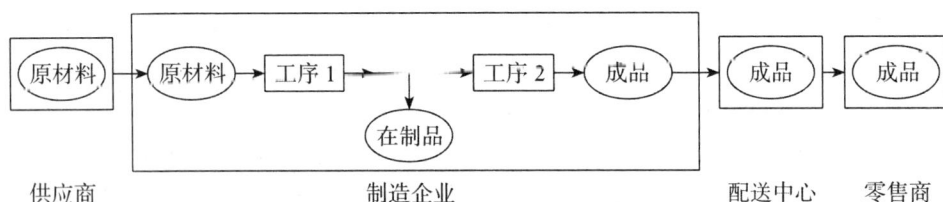

图4-1　不同状态的库存及其位置

2）按库存所处状态分类

（1）在库库存：指存储在企业仓库中的库存，是存货的主要形式。

（2）在途库存：指生产地和储存地之间的库存，这些物资或正在运载工具上，处于运输状态，或在中途临时储存地，暂时处于待运状态。如果运输距离长，运输速度慢，在途库存甚至可能超过在库库存。

3）按存货目的分类

（1）经常库存：也叫周转库存，是为了满足两次进货期间市场的平均需求或生产经营的需要而储存的货物。存货量受市场平均需求、生产批量、运输中的经济批量、资金和仓储空间、订货周期、货物特征等多种因素的影响。

（2）安全库存：指为防止需求波动或订货周期的不确定而储存的货物。安全库存与市场需求特性、订货周期的稳定性密切相关。市场需求波动越小或需求预测准确，订货周期确定，所需的安全库存越少。如果企业能对市场作出完全准确的预测、订货周期固定，就可以不必保有这部分库存。

（3）促销库存：在企业促销活动期间，一般会出现销售量一定幅度的增长，为满足这类预期需求而建立的库存，称为促销库存。

（4）投机性库存：指以投机为目的而储存的物资。对一些原材料，如铜、黄金等，企业购买并储存的目的常常不是为了经营，而是为了作价格投机。

（5）季节性库存：指为满足具有季节性特征的需要而建立的库存，如水果等农产品、空调、冬季取暖用煤、夏季防汛产品。

这些库存的性质互不相同，因此所追求的目标也互不相同。如安全库存是有意识有计划的储备，所以安全库存追求的目标，主要是要争取达到既定的储备数量，保护好物资的使用价值。在经济效益上的考虑，主要靠提高库容利用率、降低保管损耗来降低库存成本、节省费用。

周转库存是在生产或流通作业的各个环节上为保证上下各个作业环节能顺利开展而进行的临时性储备，是生产和流通的前提条件。周转库存追求的目标，是要提高库存周转率、降低库存成本、提高经济效益。而为提高经济效益最重要的一点，就是要进行库存量的控制。周转库存物资的数量不能少，也不能多，要努力追求一个合适的数量。这也是周转库存区别于其他库存的一个显著的特点，周转库存要进行库存量的控制，而其他库存则不需要进行库存量控制。因为周转库存都是为生产或流通环节服务的。为了降低成本、提高经济效益，企业都希望库存保持一个合适的水平。库存不能太小，因为库存太小了，则会产生缺货，影响生产或销售，直接影响企业的经济效益。库存也不能太大，因为太大了，要占用仓库，需要人保管，要承担一定的保管费用；另外，储存的物资，从价值形态上看，是一种资金的积压。而作为资金的积压，一是占用了流动资金，二是这些被占用资金还要付银行利息。这些费用就构成了企业的负担，增加了企业的生产成本或流通成本，降低了经济效益。而且超量库存还存在库存风险，因为库存积压品，在市场需求日新月异的今天，很容易成为过时滞销淘汰产品，变成"死"库存。积压越多，费用越高，浪费越大，风险越高。所以周转库存一定要进行库存量控制，才能使企业利润最大化。

4）按物品需求的重复程度分类

（1）单周期库存：指建储一次（消耗完了不再重新补充）的库存。实际上是指那些发生在比较短的一段时间内、存储时间不可能太长的物料需求。偶尔发生的物料需求，虽然经常发生但生命周期短且需求量不确定的物料需求，都属于单周期库存的范畴。单周期库存实质上涉及的是一次性订货量问题，因此单周期库存控制的关键在于确定一个合理的订货量，以保证既不会因订货量大于市场需求量而造成物料积压损失，又能防止因订货量小于市场需求而失去机会利润。

（2）多周期库存：即每次库存消耗完后需要重新购买补充的库存，属于相当长时间内稳定的、重复性的物料需求。一般而言，多周期库存问题较之单周期库存问题更加普遍。多周期库存控制的基本问题是回答每次订购多少物料和何时订购两方面的问题，前者为物料订货批量决策，后者为订货点决策。

4.1.2
库存过程

一个完整的库存过程，一般包括以下四个过程，我们研究一下，看它的哪些环节可以影响库存量的大小：

1）订货过程

一个库存过程的开始，总是先要采购订货。订货一般有一个时间过程，叫作订货过程。所谓订货过程，是指从决定订货起，到出差订货或发出订货单，然后进行订货谈判，直到订货成交、签订订货合同为止的一段过程。订货过程实现了商品所有权的转移，即将一定批量的物资的所有权由供方转移到自己手中的过程，因此订货过程是一个商流过程。订货过程在账面上成了自己的库存量，这种账面上的库存量又称"名义库存量"。它还不是我们仓库中的实际库存量。

2）进货过程

订货成交以后，就要进货，即把订货成交的货物用运输工具从供方所在地运进自己仓库的过程。进货过程是一个物流过程，即克服空间距离，将产品从供方转移到自己仓库里的过程。进货入库以后，所采购的物资就成为我们仓库中的实际库存量。因此进货过程实际上是增加了库存量。

3）保管过程

物资入库后就进入了仓库的物资保管过程，仓库保管员采用各种各样的保管措施，保持物资的使用价值不变，直到物资销售出去为止，因此保管过程，也是保持库存物资数量不变的过程。保管过程也是一个物流过程。

4）销售过程（或供应过程）

物资保管一段时间以后，就要被销售，或者被领用而出库。出库过程是库存物资数量减少的过程。此过程既是商流过程，又是物流过程。因为这个过程既发生物资所有权的转移，又发生物资空间位置的转移。

4.1.3
库存费用的构成

在库存全过程中，全部经营活动所发生的费用大致可以分为以下几类：

1）订货费

订货费是在订货过程中发生的全部费用，包括差旅费、各种手续费、通信费、招待费以及因为订货而支付给订货人员的有关费用等。订货费与订货次数成正比，而与每次订货量的多少无关。

2）保管费

保管费是在保管过程中所发生的一切费用，如出入库时的装卸、搬运、验收、堆码检验费用，保管用具用料费用，仓库房租水电费，保管人员有关费用，保管过程中因货损货差等支付的费用，还包括被保管物资作为流动资金的积压应支付的银行利息费用等。保管费用的大小与被保管物资数量的多少和保管时间的长短有关。

3）缺货费

当用户来买货时，仓库没有现货供应，就叫缺货。缺货会造成缺货损失，也就是缺货费用。缺货对供应商、客户都会造成不同程度的经济损失。对供应商来说，失去了销售机会，减少了盈利收入；或违背了合同条约，遭受罚款；或加班加点，紧急补救；多次缺货，还会失去信誉，失去客户，从而失去市场竞争能力。对客户来说，增加了采购费用，需到别的地方采购，或停工待料，影响了正常的生产运营，甚至不得不停工改产。这些经济损失都可以折算为缺货费用。在最简单的情况下，可以认为缺货费与缺货量成正比，缺货量越大，缺货费越高。

4）补货费

补货就是指用户来买货，仓库没有现货供应。但是不叫顾客空手而去，而是劝顾客仍然在这里订货，自己承诺马上去采购，待采购回来马上补货给顾客。这种先订货、后补货的做法，是很多经营者常用的做法。补货方式对经营者特别有利，它可以少占用库存、占用资金，因此经营成本特低、效益特高。但是要实现补货，也不那么容易，首先要有一批很信任自己的顾客。这就要求自己在经营时，有很好的客户关系，有很高的信誉。而要做到这一点，是需要花费费用的。例如平时花在顾客上的感情费用、优惠服务费用等，这些就构成了补货费用。免费送货、优惠价格、优越的售后服务等都是补货费用的具体表现形式。

5）进货费与购买费

进货费用是在进货过程中发生的费用。在从供应点将所订的物资运到仓库的途中，要经过包装、装卸、运输、中转等活动，途中还可能有货损货差情况等。这些运杂费之和，就是进货费用。它的特点是与进货的数量成正比。除进货费外，还有物资的购买费，用物资的购买单价来表示。物资的购买成本也与购买物资的数量成正比。

进货费与购买费成本的共同特点，是都只与物资的数量有关。在计划期间订购量一定的情况下，两项总费用都与订购批量无关。因此，把这两项费用合起来称作固定成本。依据这种思想，把物资购买成本放在进货费中一起加以考虑，即进货费包括购买成本。

相应地，由于订货费、保管费、缺货费和补货费都与订货批量有关，批量不同，费用也不同。因此，把它们称为可变成本。因为只有可变成本才与订货批量有关，在考虑计算订货批量时，只考虑可变成本，而不考虑固定成本。由以上分析可知，库存过程的全部费用应当包括订货费、保管费、缺货费、补货费以及进货费和购买费。在制定库存策略时，应综合考虑这些费用。

4.1.4
库存控制原理和方法

1）库存控制原理

从库存控制的四个过程来看，能影响库存量大小的只有订货、进货过程和销售供应过程。订货、进货过程使库存量增加，销售供应过程使库存量减少。要进行库存控制，既可以控制订货、进货过程，也可以控制销售出库过程。

如果通过控制销售过程来控制库存，意味着要对用户的需求进行限制性地供应，这样自然会影响客户需求的满足度。这种情况一般适用于紧缺物资的进销存系统、供不应求物资。这一做法虽然是比较被动的，但是对于紧缺物资却不得不采用这种方法。而通过对订货和进货过程的控制来控制库存，是在保证用户需求的情况下，通过控制订货进货的批量和频次来达到控制库存的目的。由于它保障了用户需要，所以它是可行的、主动的。但是它只适用于供大于求的物资市场情况，即什么时候想订货，就能订到货，想订多少就可以订到多少。本书只讨论通过这种控制订货进货过程来控制库存的方法。

2）采购订货策略

通过控制订货进货过程来控制库存的方法的基本思想，是要制定一个合适的采购订货策略。这种采购订货策略，就是要对采购订货的时间、数量、操作方法等进行规范化控制，从而达到对整个库存水平进行控制的目的。

采购订货策略的基本内容包括三个方面：

（1）什么时候订货？即订货时机。

（2）订多少？即订货量。

（3）如何实施？即订货操作方法。

一个采购订货策略，既是一个采购策略，又是一个库存控制策略。

3）如何制定一个采购订货策略

这种采购订货策略制定的原理，就是要针对各种具体的经营模式，考虑各种具体情况和约束条件，求出使得经营总费用最省的订货参数方案。

制定采购订货策略，主要要考虑三个方面的问题：

（1）需求者的需求分析

需求者的需求分析就是分析需求者的需求类型、性质和发布规律，要弄清：

①它属于什么需求类别，是独立需求，还是相关需求？

②它属于什么需求性质，是确定型，还是随机型？

③它属于什么需求分布，是正态分布，还是其他分布？

其中，需求的性质可以分为确定型和随机型两种。所谓确定型需求，就是单位时间内的需求量均匀稳定、而且是确定不变的需求。所谓随机型需求，是指单位时间内的需求量随机变化、时大时小、没有一个确定的值的需求。仔细分析起来，发现它的取值是在一个范围内变化，在这个范围内取值都以一定的概率出现。也就是说，我们不能知道它的确定的取值，但能知道它大概的取值范围和取值的可能性。我们把这种需求叫作随机型需求。随机型需求的变量叫作随机变量。随机变量必然服从一定的随机分布。在库存控制理论中，可以把它们的分布分成两类：正态分布和其他分布。正态分布的特征，就是需求量的数值分布在以其平均值为中心的一个对称区域内、中间密度大，越往两端密度越小、分布概率密度曲线呈钟形的分布。除正态分布以外的各种分布我们统统归于其他分布，其他分布的特点，是它们总可以用一个分布表来描述，这个表中能够列出所有各个值出现的概率。对于不同的需求分布，应当采用不同的库存控制模型。但是正态分布用得最多。

（2）经营者的经营方式

在库存控制理论中，把经营者的经营方式分成三种：

①不允许缺货：就是用户的所有需求都能由仓库实行现货供应，不能缺货。不允许缺货，就意味着整个物资供应期间，库存量不能等于或小于0，库里总是有现货供应用户。

②可以缺货：允许不保证对用户的现货供应。用户来买货，仓库中有现货，就供应，没有现货就不供应，不会实行欠账供应。缺货，就意味着整个物资供应期间，库存量可以等于0，但不能小于0。

③实行补货：所谓补货，就是当用户来买货时，仓库中没有现货供应，但是却不丧失这次销售，而是实行欠账供应，答应马上进货，待进货后马上予以补货。补货，就意味着整个物资供应期间，库存量能够等于0，也能够小于0，也就是仓库里有现货就供应用户，没有现货也供应，实行欠账供应，并采取赶紧进货的措施，待进货后再补货给用户，消除所欠的账。

这三种经营方式，每一种都还可能采取两种进货方式：①瞬时到货方式，即将一次所订货物一次全部到货，并且订货进货过程不需要花时间（或可忽略），也就是即订即到，一次到货。②持时到货，是指一次所订货物按一定的进货速率逐渐进货，整个订货进货过程需要持续一段时间，最起码要花一个以上单位时间。货物持续到货入库。

（3）合适的库存控制方法

在独立需求物资的订货点技术中，最基本的库存控制方法有两种，即定量订货法和定期订货法。它们都是订货点技术下的采购订货方法，但是各自的运行机制不同。定量订货法是基于物资数量的控制，而定期订货法是基于时间的控制。

4.2
库存控制模型

库存控制模型根据需求的性质，分为确定型库存控制模型与随机型库存控制模型。确定型库存控制模型的基本管理方法就是经济订货批量法（Economic Order Quantity，EOQ），下面先说明经济订货批量法。

4.2.1
经济订货批量法

1）经济订货批量的定义

库存控制方面一个标准的分析方法就是对存货的各种成本进行平衡，从而最终回答"应该订购多少"这个问题。具体的做法是在理想化的存货体系中，计算出在总成本最小化的基础上的订购数量。这个具有优化性质的订货批量被称为经济订货批量。

产品的存货水平随着时间的变化而上下浮动，如图 4-2 所示。在 A 点上，订货到达，存货水平出现上升。随后，为了满足客户的需求，产品被售出，存货水平逐渐下降。在 B 点上，企业实施补货运作，向供应商发布订单，订购的货物在 C 点到达。这种特点颇具普遍性（有时会出现一些短期的变化），将会在存货体系中周而复始。有时由于突如其来的强大需求或者到货延迟的原因而出现库存缺货（如 E 点），我们可以在图上以负值的存货水平来表示。有时又由于始料未及的需求萎缩或者订货在不需要的时候提前到达而使得存货大幅上升（如图中的 C 点和 H 点）。

我们可以对存货水平上下浮动的情况进行分析。由于实际情况太过复杂，我们不妨从简单之处着手，进行一些假设：

①假定市场对产品的需求已知并具有延续性，而且在一段时间内不会发生变化；

②假定成本已知，并且不会变化；

③假定不会出现缺货的情况；

④假定订货至交货周期为零，即在订单下达之际立刻到货。

在这个模型中还隐含着一些其他的假设条件，包括：

①我们只对某一种产品进行分析，因此，我们无法通过以其他产品代替或者把几种产品集并成为一个订单的方式降低成本；

②采购价格和再订货成本不会随着订货数量的大小而变化；

③每次运货均为同一订单；

④补货运作是即时的，因此，同一订单项下的所有货物都是同时到达的，并且可以立即投入使用。

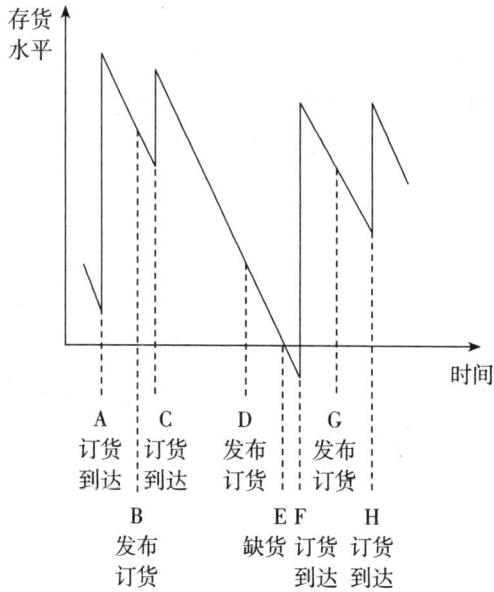

图4-2 时间基础上的存货水平变化图

这些假设条件中最为重要的一条莫过于需求已知，并且具有持久和不变的特点（如图4-3所示）。这些假设条件看上去并不完全符合实际情况，但是，要认识到以下两点：第一，一切模型都是实际情况的简化，设立这些模型的目的是向我们展示一些有用的结果，而不是为了准确地模仿实际的情况。由经济订货批量法被广泛使用这一事实，我们可以得出这样的结论：在许多情况下，这个模型是有用的。虽然从数学的角度看来，这个结果也许并不十分严谨，但是，它是一个很好的估算，最起码也会具有一定的指导作用。第二，这是一个基本的模型，我们可以利用它在许多方面进行拓展。在后面的内容中，我们将把上述的假设条件去掉一部分，衍生出更为复杂的模型来。

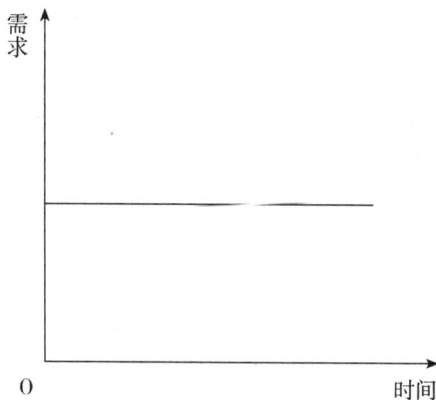

图4-3 需求恒定并且具有延续性

上述假设条件为存货水平的变化营造出了一个理性化的特点。需求具有持续性意味着存货水平是以平稳的方式逐步降低，而不是梯次降低。需求量的不变性意味着存货水平的降低的速度是不变的。订货至交货周期等于零，意味着我们不需要在缺货之前下订单，因为在发布订单的时候，只要还有剩余存货，订货就会在这些存货告罄之前到达。这部分剩余存货永远不会被真正使用，而仅仅产生存货持有成本。缺货的情况不会出现的假设条件意味着存货水平永远不会下降到零以下，因此,也就不会出现丧失销售机会的情况。最后，我们需要确定在成本最小化基础上的订货批量，从而严格按照经济订货批量发布订单。结果如图4-4所示。

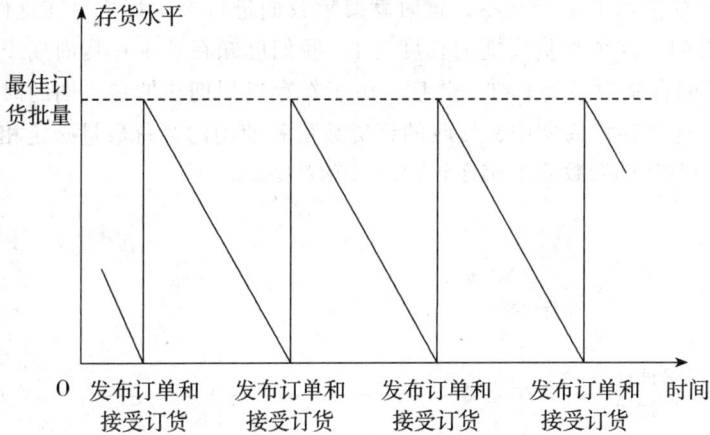

图4-4 固定订货批量下的存货水平

2）经济订货批量分析中所涉及的成本和变量

经济订货批量分析中涉及一系列的成本和变量。

①单位成本。对于供应商来说，单位成本指的是他们所要求的单位产品的价格；而对于实施采购的商业组织来说，单位成本指的是采购一个单位的产品所要支付的全部成本。

②再订货成本指的是在日常情况下发布订单的成本，再订货成本包括制作订单的费用、通信费用、使用设备的费用，以及加急送货、品质检验等相关费用。如果所涉及的产品是企业内部自制的，那么再订货成本就等于生产线的建立成本。

③持有成本指的是在一段时间内在存货中持有某种产品的一个单位所产生的成本。存货成本的计算方式通常是以年为单位的，因此，存货持有成本通常也是以年为单位的。

④缺货成本指的是由于出现缺货，无法满足客户需求而产生的成本。

从图4-4我们可以发现，在这个分析中还有另外的三个变量存在：

①订货批量是指订单的规模。我们分析的目的在于确定最佳订货批量。

②运作周期指的是在两次连续的补货之间的时间。运作周期的长短与订货批量的大小有关系，批量较大的订单往往会导致较长的运作周期。

③需求指的是在一定时间段内存货需要向外供给的产品数量（如每周30个单位的产品）。我们假设需求是持续的和恒定的。

我们可以控制的变量实际上只有一个，那就是订货批量，我们可以给它赋予任意值。一旦我们设定好了订货批量值，实际上也就同时锁定了运作周期。我们假设其他所有的变量都是不变的，并且不在我们的掌控之内，那么我们的目的就是，在这些常量的前提下，确定订货批量和运作周期的最优值。

3）经济订货批量的推导

推导经济订货批量有如下三个步骤：

①确定一个存货周期的总成本；

②把存货周期的总成本除以存货周期，得出单位时间总成本；

③确定单位时间最小化的总成本。

如果我们从图4-4中取出一个存货周期来，我们就可以得到如图4-5所示的特点。在图中的某一点上，我们发布订单，订货批量为Q，该批订货立即到货并且以恒定的速度D投入使用。最终存货水平下降到零，这时就要求我们进行再次订货。在这两次订货之间，就是一个存货周期。这个存货周期的长度为T。我们已知在这个存货周期中，接收的订货数量为Q，使用的存货数量为D×T，并且，由于在存货周期初期和末期的时候存货水平均为零，因此，在这个存货周期中，接收的订货数量和使用的存货数量必定相等，即：

进入这个存货周期的存货数量=出离这个存货周期的存货数量

因此，

$Q = D \times T$

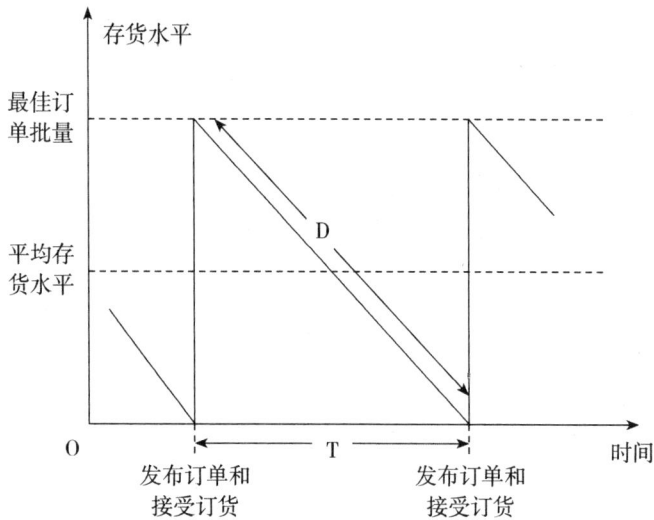

图4-5　存货周期的特点

首先，我们要确定一个存货周期的总成本，而要想确定存货周期的总成本，就要求我们把三个方面的总成本（单位成本、再订货成本和存货持有成本）相加，即：

每一个存货周期的总成本=总体单位成本+总体再订货成本+总体存货持有成本

而这三个方面的成本，可以通过以下方法进行确定：

总体单位成本=单位成本（U）×订货批量（Q）=U×Q

总体再订货成本=再订货成本（K）×发布的订单数量（1）=K

总体存货持有成本=存货持有成本（C）×平均存货水平（Q/2）×存货周期（T）

　　　　　　　　=（C×Q×T）/2

把这三个方面的成本相加，可以得出：

存货周期的总成本=U×Q+K+（C×Q×T）/2

这样，我们就完成了第一步的分析工作。第二步要求我们把存货周期的总成本除以存货周期T，可以得出：

单位时间总成本=TC=（U×Q）/T+K/T+（C×Q）/2

已知Q=D×T或者D=Q/T，代入上述公式，得出：

TC=U×D+（K×D）/Q+（C×Q）/2

需求和所有的成本都是固定的，因此，在等式右侧唯一的变量就是 Q 了。于是，我们发现，单位时间总成本是随着订货批量的变化而变化的，如图 4-6 所示。总体单位成本并不随着订货批量的变化而变化，因此是相对固定的。另外的两个方面的总体成本会随着订货批量的变化而变化，因此，在每一个单位时间内的成本具有可变化的特点，属于可变成本。具体说来，存货持有成本与订货批量呈线性关系，随着订货批量的增大而增大，而再订货成本则正好相反，随着订货批量的增大而减小。把这三个方面的成本相加，就得到单位时间总成本，在图中呈现出一个不规则的 "U" 形，并且在 "U" 字的底部有一个十分明显的最低点（即总成本的最小值）。这个最小值所对应的订货批量就是最佳订货批量，即经济订货批量。通过图 4-6 我们可以看到，如果所采用的订货批量小于这个最佳订货批量，就会由于再订货成本过高而导致整体的总成本上升；如果所采用的订货批量大于这个最佳订货批量，就会由于存货持有成本过高也同样导致整体的总成本上升。

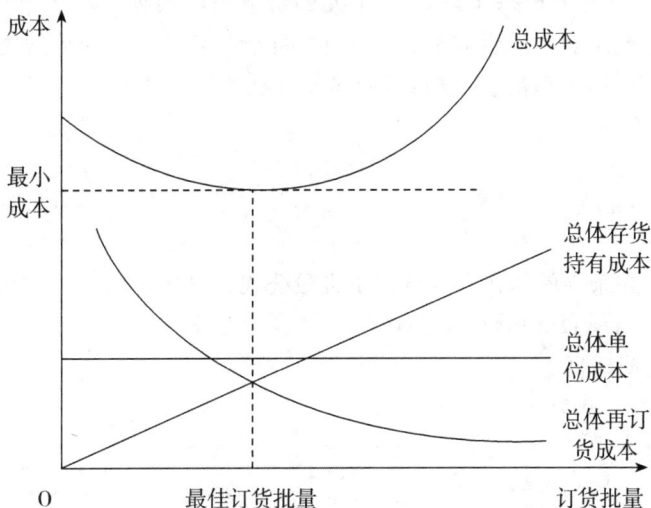

图 4-6 成本与订货批量的变化关系图

第三步，我们要确定单位时间的最小化的总成本。为了求得单位时间的最小化的总成本，我们把总成本对订货批量求一阶导数，并把计算结果设为零：

$$d(TC)/d(Q) = -(K \times D)/Q^2 + C/2 = 0$$

解这个方程，就得出最佳订货批量或者经济订货批量 Q^*：

经济型订单批量 $= Q^* = \sqrt{2 \times K \times D/C}$

这就是我们分析所得出的最重要的结果，它回答了 "我们究竟应该订购多少" 这一问题。得出了这个结果，我们就可以计算最佳的存货周期了。我们已知 $Q = D \times T$，把 Q^* 作为 Q 带入方程式，得出最佳存货周期为：

最佳存货周期 $= T^* = Q^*/D = \sqrt{(2 \times K)/(D \times C)}$

我们还可以代入经济订货批量 Q^* 的值，计算出最小化的单位时间总成本 TC^*。我们已知：

$$TC^* = U \times D + (K \times D)/\sqrt{2 \times K \times D/C} + (C \times \sqrt{2 \times K \times D/C})/2$$

由于总体单位成本是固定的，因此，我们只需要把精力集中在可变成本（VC）方面就可以了。

$$VC=（K×D）/Q+（C×Q）/2$$

代入经济订货批量 Q^*，可以得出最小化的可变成本：

$$VC^*=K×D× \sqrt{C/2×D×K} +C/2× \sqrt{2×K×D/C}$$
$$= \sqrt{K×C×D/2} + \sqrt{K×C×D/2}$$
$$= \sqrt{2×K×C×D}$$

如果我们把这个结果与经济订货批量进行比较，就会发现：

单位时间的最小化的可变成本=VC^*=C×Q*

于是，单位时间的最小化的总成本就是固定成本和可变成本之和，即：

单位时间的最小化的总成本=TC^*=U×D+VC^*

从上面的等式，我们可以发现，在经济订货批量的前提下，再订货成本和存货持有成本是相等的，两者都等于 $\sqrt{K×C×D/2}$ 。

［例4-1］东华贸易公司每年以每个60元的价格采购某种产品9 000个。在整个过程中，处理订单和组织送货要产生125元的费用，每个产品所产生的利息费用和存储成本加起来需要9元。请问这种产品的最佳订货政策是什么？

需求D=9 000个/年

单位成本U=60元/个

再订货成本K=125元/次

存货持有成本C=9元/（个·年）

把上述这些已知条件的值代入经济订货批量公式，可以得出：

$Q^*= \sqrt{2×K×D/C} = \sqrt{2×125×9 000÷9}$ =500（个）

最佳的订单间隔时间为：

T^*=Q^*/D=500÷9 000=0.0556（年）=0.667（月）

相关的可变成本为：

VC^*=C×Q^*=9×500=4 500（元/年）

总成本为：

TC^*=U×D+VC^*=60×9 000+4 500=544 500（元/年）

由此，得出该产品的最佳订货政策为每个月订购500个单位的产品，每年总成本为544 500元。

4.2.2

确定型库存控制模型

所谓确定型库存控制模型，是指需求量、前置期都是确定的条件下的库存控制模型。前置期（Lead Time）是指从发出订单到收到该批新订购货物之间所花费的时间，它与订单完成周期的含义是基本一致的。

确定型库存控制模型又可以分为以下两种模型：

1）不允许缺货、瞬时到货的采购控制模型

假设条件：①需求是连续的、均匀的，设需求速度D为常数；②当货物储存量降为零时，可以立即得到补充（即前置期很短，可以近似看作零）；③每次订货量不变，订货成本不变；④无缺货成本；⑤单位储存成本不变。

如图4-7所示，随着时间的推移，库存量以D的速度逐渐下降，经过时间T后，库存量用完，此时进货Q*，由于是瞬时到货，仓库的库存量立即上升为Q*值。然后开始下一个周期，周而复始，形成多周期库存控制模型。

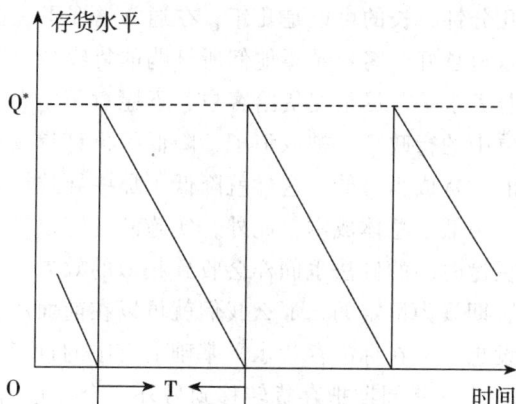

图4-7 不允许缺货、瞬时到货模型

对于这样的库存过程，为使存货总成本最小，订货批量必须适中，批量过大则增大了在库货物的储存成本；批量过小，增加了订货次数，也就增加了订货成本，必须设法找到一个经济订货批量（EOQ），使得总成本最小。

由$TC=U \times D+（K \times D）/Q+（C \times Q）/2$，得：

经济订货批量=$Q^*=\sqrt{2 \times K \times D/C}$

最佳存货周期=$T^*=Q^*/D=\sqrt{(2 \times K)/(D \times C)}$

单位时间最小化的可变成本=$VC^*=C \times Q^*$

单位时间最小化的总成本=$TC^*=U \times D+VC^*$

上面的假设条件在现实中几乎不可能出现，下面进一步讨论第二个和第三个条件发生改变的情况。

①前置期不为零时的再订货水平

上面我们假设了前置期即订货至交货周期为零，也就是只要发布订单，物料马上就会抵达，准备投入生产。然而，在现实条件下，这样的情况几乎不可能出现，并且在订货与交货之间存在着较大的时间延迟。这些延迟形成了前置期，即在发布订单与拿到订货之间所需要的时间。前置期出现的原因有以下几个方面：

第一，进行订单准备工作需要时间。当企业决定采购某些物品的时候，在最终形成订单、发送给客户之前，需要一定的时间。对于一些小批量的订单来说，这个过程所需要的时间不长，所涉及的行政环节也不多，而对于那些较大的订单而言，需要相当的时间对所采购的产品进行设计，履行招投标过程，准备资金等。

第二，把订单准确地传送给供应商的相关部门需要时间。

第三，供应商需要一定的时间。这主要指的是供应商在处理订单和准备所订购货物时所需要的时间。这部分时间长短不一，有时由于所订购的物品由库存供给所需要的时间很短，而有时由于所订购的物品需要进行专门设计和制造所需要的时间会很长。

第四，从供应商处把物料运送到目的地需要时间。对于本地的供应商来说，这可以是几个小时，而对于国际性的供应商来说，这部分时间则可以是几周，如果涉及特殊的和复杂的运输方式的话，甚至可以长达几个月。

第五，对运抵的货物进行处理需要时间。这部分时间指的是从收到货物到把这些货物处理好，准备投入使用所需要的时间，包括清点、检验、记录、编订目录和搬运等。

前置期短的可以是几分钟，长的可以是几年，在通常情况下往往是几天到几周。大家都希望订货至交货周期越短越好，客户希望他们所订购的货物越早到货越好，而供应商则希望始终保持高质量的服务水平，尽早交货给客户，不愿意积压大量的存货。随着电子商务的出现，那些常规订单中的行政环节被取消了，降低了再订货成本，使得来自于供应商的更小批量、更高频率的供货成为可能。这样就降低了那些导致持有大量存货的需求波动和不确定性因素的影响，降低了总体成本。此外，实施满足客户需求的快速灵活性运作以及提高运输效率、缩短在途时间的做法也同样会收到相似的效果。

如果我们可以把前置期设为恒定的，那么我们就可以在前面所进行的分析中加入一个有用的部分。我们可以设想一下在标准存货水平基础上有限的订货至交货周期的影响。在需求恒定的条件下，从一个存货周期把存货转移到另外一个存货周期是没有任何意义的，每一个订单项下的货物都应该在现有存货刚好用完的时候抵达。为了做到这一点，应该在需要对货物进行补充之前的一个订货至交货周期的时间就实施订货（如图4-8所示）。做到这一点的最简单的方法就是设定再订货水平。当存货下降到再订货水平的时候，就需要发布订单了。这样，EOQ就不会受到订货至交货周期的影响而保持不变。

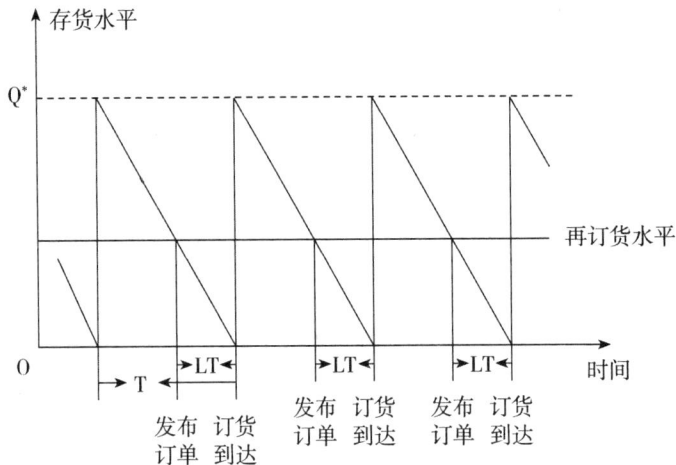

图4-8　前置期以及相应的再订货水平

我们可以通过下面的方法计算出再订货水平。在发布订单的时候，现有的存货必须是在订货抵达之前的这段时间里刚刚能够满足需求。由于需求和订货至交货周期都是恒定的，所以再订货至交货周期内满足需求的那部分存货也是恒定的。这样我们就得出：

再订货水平=前置期内的需求=前置期×单位时间内的需求

ROL=LT×d

其中，d=D/12或=D/50为单位时间内的需求，即每月的需求或每周的需求。D为年需求。这个简单的公式的意思就是，当存货水平下降到LT×d时，实施订货批量为Q^*的订货。

［例4-2］某种产品的需求是稳定的，为每年1 200个，订货成本为160元，每个产品的存货持有成本为每年2.4元，前置期为2个月，请计算得出最佳订货政策。

由题可知：

D=1 200个/年

K=160元

C=2.4元/（个·年）

由上述的已知条件，可以计算出最佳订货批量和相应的运作周期：

$Q^* = \sqrt{2 \times K \times D/C} = \sqrt{2 \times 160 \times 1\,200 \div 2.4} = 400$（个）

$T^* = Q^* \div D = 400 \div 1\,200 = 0.33$（年）（即4个月）

LT=2个月<T^*=4个月

在这种情况下的再订货水平为：

ROL=LT×d=2×1 200÷12=200（个）

每当存货水平下降到200个的时候，我们就需要发布一个订货量为400个的订单。

在存货水平降至前置期间的产品需求水平时，需要再次订货，这种情况比较适用于那些前置期时间（LT）比存货周期时间（T）短的情况。现在的问题在于，如果订货至交货周期的时间大于运作周期的时间，就会出现总是有一个订单没有完成的情况（如图4-9所示）。这样当我们发布订单B的时候，订单B的前面就会有一个订单A尚未完结，并且应该在订单B到货之前抵达。这时，就要求在库存货和尚未交付的订货相加，能够满足在订单B到达之前的这段时间内的需求，因此，这两者的总和必须要等于订单B的前置期内的需求。

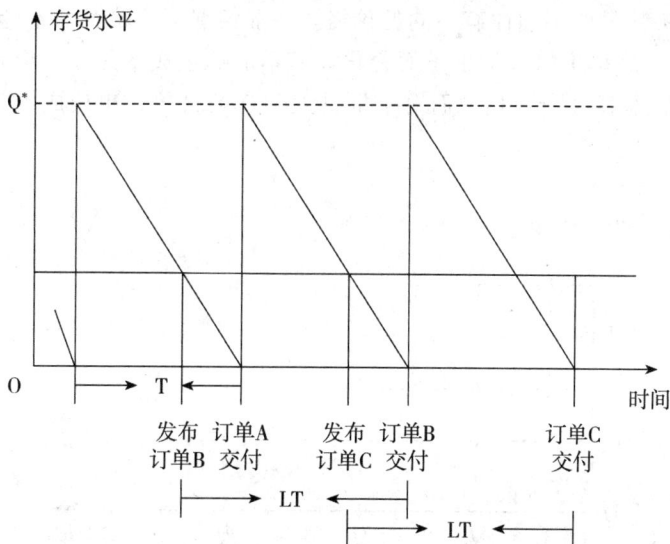

图4-9　在订货至交货周期时间大于运作周期时间情况下的时间安排

在库存货+未交付的订货=LT×d

如果订货至交货周期特别长的话，就会出现随时都有几个订单尚未完结的情况。前置期的时间将在n个与n+1个运作周期之间，这时再订货政策就是：当在库存货降低到订货至交货周期的需求与未送达订单量的差值的时候，也就是在库存货达到再订货水平时，就需要再次发布订单了，这时再订货水平的计算由以下公式来决定：

再订货水平（在库存货）=前置期的需求-未交付的订货量

$ROL = LT \times d - n \times Q^*$

式中：$n = \left[\dfrac{LT}{T} \right]$（即对 $\dfrac{LT}{T}$ 取整数）

〔例4-3〕条件同上例，请计算得出前置期为6个月和11个月时的最佳再订货政策。

由上题可知：

$Q^* = \sqrt{2 \times K \times D/C} = 400$（个）

$T^* = Q^*/D = 4$个月

$LT = 6$个月 $> T^* = 4$个月

$d = D \div 12 = 1\,200 \div 12 = 100$（个/月）

$n = [6/4] = 1$

在这种情况下的再订货水平为：

$ROL = LT \times d - n \times Q^* = 6 \times 100 - 1 \times 400 = 200$（个）

即每当存货水平下降到200个的时候，我们就需要发布一个订货量为400个的订单。

如果订货至交货周期为11个月，则 $n = [11/4] = 2$。

在这种情况下的再订货水平为：

$ROL = 11 \times 100 - 2 \times 400 = 300$（个）

每当存货水平下降到300个的时候，我们就需要发布一个订货量为400个的订单。

②订货量增大、有价格折扣时

以上模型所讨论的货物单价均是常量，得出的订货决策与货物单价无关。然而，在现实生活中，我们经常可以看到一种商品有所谓的零售价、批发价和出厂价，购买同一种商品也有可能因购买数量的不同而有不同的价格。一般情况下，购买数量越多，价格越低。如图4-10所示，产品单价随订货批量而变化。基本的单位成本是 U_1，但是对于批量大于 Q_1 的订单，单位成本就会降到 U_2，而对于批量大于 Q_2 的订单，单位成本就会降到 U_3，以此类推。

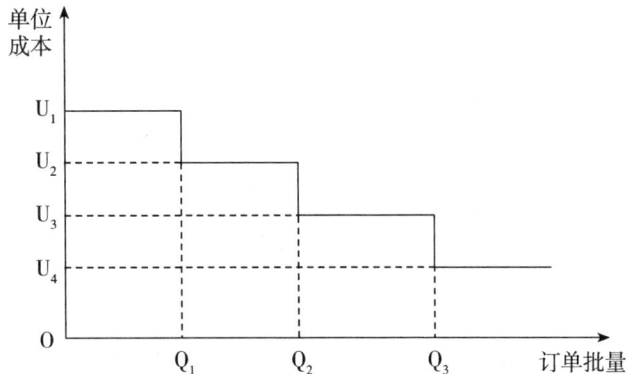

图4-10 订货批量基础上的单位成本的阶梯式变化

对应于每一个单位成本U，我们按照确定经济订货批量的方法，都可以画出一条以单位时间为基础的订货批量的总成本曲线图。各条总成本曲线之间没有交叉，相对独立，每一条曲线都只在相应的区间范围内有意义。U_1 这条总成本曲线只在订货批量值位于O与 Q_1 之间时有意义，即 U_1 的实线部分适用于这个单位成本；批量超出了这个范围，这条曲线就不适用，即曲线的虚线部分不适用。U_2 只在订货批量位于 Q_1 与 Q_2 之间时有意义，它始终要比 U_1 总成本曲线低。在前面两条总成本曲线的下面和订货批量 Q_2 和 Q_3 之间，画出第三条 U_3 总成本曲线。如果我们把这些有意义的部分连接起来，就得到了单位时间内的总成本曲线图，即图4-11中所显示的连续曲线——有效的总成本曲线。在有效的总成本曲线上有两个特点：第一，有效的总成本曲线在最小值的左边总是逐渐升高的。这就意味着最优总成本要么就是有意义的订货批量最小值，要么就在这个值的右侧。第二，最优总成本点仅可能出现在以下两个点：要么就是有意义的订货批量最小值，要么就是成本分界点。成本分界点是指位于有效总成本曲线左侧一端的分界点。

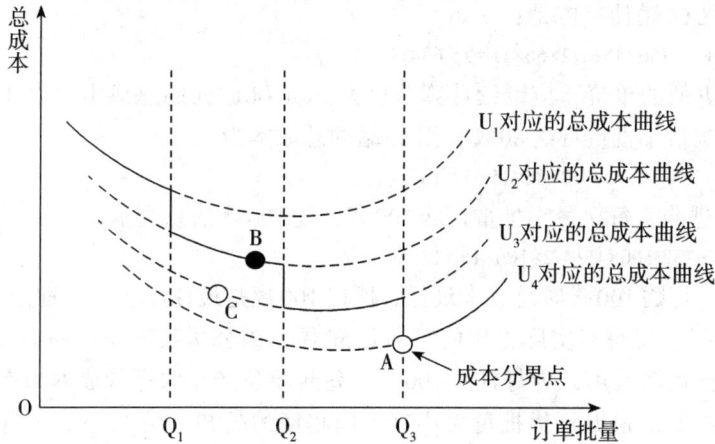

图 4-11　不同单位成本基础上的有效的总成本曲线

我们要确定在单位时间内总成本最小化基础上的订货批量。换言之，我们想要找到在有效总成本曲线上的最小值所对应的最佳订货批量值 Q^*。我们只需要把有意义的订货批量最小值与位于这个最小值右侧的成本分界点进行比较，就可以准确地找出最低总成本点。与这个最低总成本点相对应的就是最佳订货批量值。

确定最低总成本的具体方法是：

第一，寻找有意义的经济订货批量（EOQ）。判断其是否是有意义的经济订货批量主要看计算的经济订货批量是否在有意义的订货批量范围之内，如图 4-11 中的 B 点。无意义的经济订货批量是在有意义的订货批量范围之外，如图 4-11 中的 C 点。

第二，如果这个值没有意义，则计算其右侧采购曲线的成本分界点较低一端的总成本，即以成本分界点较低一端的订购量计算总成本，如图 4-11 中的 A 点、D 点和 E 点。

第三，对有意义的经济订货批量计算的总成本和每个成本分界点较低一端计算的总成本进行比较，从中确定最低总成本以及它所对应的订货批量值。其中总成本最小所对应的订货数量即为最佳订货批量 Q^*。

为说明起见，我们下面举两个具体例子。

［例 4-4］一家小型超市每年销售某种饮料约 732 罐。订货成本是每次 45 元，储存成本为每年每罐 15 元，价格如下：

订货范围（罐）	单价（元/罐）
1~49	22
50~79	20
80~99	18
100 以上	17

试确定最优订货批量。

①计算通常的 EOQ：

$$Q^* = \sqrt{2 \times K \times D/C} = \sqrt{2 \times 45 \times 732 \div 15} \approx 66（罐）$$

②由于 66 落在 50~79 的订货范围内，66 罐应按 20 元的单价进购，则一年进购 732 罐的总成本以每批 66 罐计，应是：

$$TC_{66} = 732 \times 20 + 732/66 \times 45 + 1/2 \times 66 \times 15 \approx 15\ 634（元）$$

由于存在更低的单价，应继续计算单价为 18 元和 17 元的总成本，以作出比较。若以 18 元进购，每次最小批量订购 80 罐，则 80 罐的总成本为：

$$TC_{80} = 732 \times 18 + 732/80 \times 45 + 1/2 \times 80 \times 15 \approx 14\ 188（元）$$

若以 17 元进购，每次最小批量订购 100 罐，则 100 罐的总成本为：

$$TC_{100} = 732 \times 17 + 732/100 \times 45 + 1/2 \times 100 \times 15 \approx 13\ 523（元）$$

由此可得，订购 100 罐时总成本最低，所以 100 罐是最佳经济订货批量。

〔例 4-5〕某公司每年实际工作的时间是 50 周。该公司某种产品的需求是每周 40 个，订货成本（包括运输费用）为每订单 100 元，每年单位产品的存货成本为产品单位成本的 30%。产品单位报价根据订货批量大小有不同程度的折扣，情况如下：当订货批量小于 100 个时，供应商的基本报价是 100 元，即不打折扣；当订货批量为 100 个以上时，折扣为 10%；当订货批量为 200 个以上时，折扣为 15%。请计算这种产品的最佳订货批量是多少。

已知的变量如下：

$D = 40 \times 50 = 2\ 000$（个/年）

$C = 30\%U$ 元

$K = 100$ 元/订单

①当 Q 在 200 个以上时，$U_3 = 100 \times 85\% = 85$（元），$C_3 = 85 \times 30\% = 25.5$（元）。

于是，经济订货批量 $EOQ_3 = \sqrt{2 \times K \times D/C} = 125$（个），$EOQ_3$ 无意义。

成本分界点所对应的订货批量值为 200，其总成本为：

$$TC_{200} = U_3 \times D + （K \times D）/Q + （C_3 \times Q）/2 = 85 \times 2\ 000 + （100 \times 2\ 000）/200 + （25.5 \times 200）/2 = 173\ 550（元）$$

②当 Q 在 100~200 个时，$U_2 = 100 \times 90\% = 90$（元），$C_2 = 90 \times 30\% = 27$（元）。

于是，经济订货批量 $EOQ_2 = \sqrt{2 \times K \times D/C} = 122$（个），$EOQ_2$ 有意义。

$$TC_{122} = U_2 \times D + （K \times D）/Q + （C_2 \times Q）/2 = 90 \times 2\ 000 + （100 \times 2\ 000）/122 + （27 \times 122）/2 = 183\ 286（元）$$

③当 Q 在 0~100 个时，$U_1 = 100$ 元，$C_1 = 100 \times 30\% = 30$（元）。

于是，经济订货批量 $EOQ_1 = \sqrt{2 \times K \times D/C} = 116$（个），$EOQ_1$ 无意义。

成本分界点所对应的订货批量值为 100，其总成本为：

$$TC_{100} = U_1 \times D + （K \times D）/Q + （C_1 \times Q）/2 = 100 \times 2\ 000 + （100 \times 2\ 000）/100 + （30 \times 100）/2 = 203\ 500（元）$$

由此可得，订购 200 个时总成本最低，所以 200 个是最佳订货批量。

实际上，根据图 4-11 可以看出，在算出有意义的经济订货批量之后，其左侧的成本分界点所对应的总成本即使不进行计算，也可以知道一定是高于有意义的经济订货批量的总成本。也就是 TC_{100} 即使不进行计算，也可以知道一定是高于 TC_{122} 的。只需将 TC_{122} 与 TC_{200} 进行比较，就可以确定最佳经济订货批量。这也是为什么先从订货批量大的开始计算经济订货批量的原因。

2）不允许缺货、持续到货的库存控制模型

本模型的假设条件，除进货需持续进行的条件以外，其余皆与前面的模型相同。当采购商进货批量比较大，或是供货商的交货能力比较低时，每次的订货不是一次全部到达，而是在一定时间内依次连续到达。库存量的变化不是由零瞬时增至最大，而是按一定速率逐渐增至最大，该模型的库存曲线图如图 4-12 所示，需求和成本都是已知的和恒定不变的，并且不会出现缺货的现象。供货商的单位时间供货速度为 p，单位时间需求消耗存货的速度为 d，这样存货增长速度就为 p-d，在某个特定的时间点 t_1，停止供货，在这种情况下，由于需求的原因，存货下降的速度变为 d，在经过一段时间 t_2 以后，存货全部用完，就要求供货商重新开始供货了。

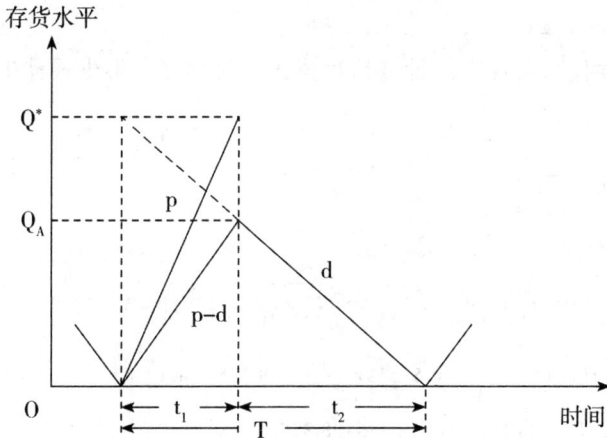

图4-12 不允许缺货、持续到货的库存控制模型

由 $TC = U \times D + (K \times D)/Q + \frac{1}{2}(pt_1 - dt_1)C$

得 $TC = U \times D + (K \times D)/Q + \frac{1}{2}Q \cdot C \cdot \frac{p-d}{p}$

其中：$t_1 = \frac{Q}{p}$ 为供货期。

为求得最小化的总成本，我们把总成本对订货批量求一阶导数，并把计算结果设为零：
d（TC）/d（Q）=0

解这个方程，就得出：

经济订货批量 $= Q^* = \sqrt{\frac{2DK}{C} \cdot \frac{p}{p-d}}$

最佳存货周期 $= T^* = Q^*/D = \sqrt{\frac{2K}{DC} \cdot \frac{p}{p-d}}$

供货期 $t_1 = Q^* \div p$

最大库存量 $Q_A = Q^* \div t_1$

最优可变成本 $= VC^* = (K \times D)/Q^* + \frac{1}{2}Q^* \cdot C \cdot \frac{p-d}{p} = C \cdot Q^* \cdot \frac{p-d}{p}$

最优总成本 $= TC^* = U \times D + VC^*$

式中：p——单位时间供货量；

d——单位时间需求量。

［例4-6］对于某种产品的需求是每日5个。生产这种产品的速度同样也是恒定不变的，为每日生产10个。产品的单价为50元，订货成本（包括运输费用）为每订单650元，存货持有成本为每年存货价值的30%。在这种情况下，最佳的订货决策是怎样的（一年按360天计算）？

已知条件如下：

D=5×360=1 800（个）

d=5个产品单位/日

p=10个产品单位/日

U=50元/个

K=650元/订单

C=0.3×50=15元/（个·年）

把这些已知条件代入最佳生产批量计算公式，我们可以得出最佳生产批量为：

$$Q^* = \sqrt{\frac{2DK}{C} \cdot \frac{p}{p-d}}$$

$$= \sqrt{\frac{2 \times 1\,800 \times 650}{15} \times \frac{10}{10-5}}$$

$$=558.57（个）\approx 559 个$$

最佳存货周期$=T^*=Q^*/D=\sqrt{\frac{2K}{DC} \cdot \frac{p}{p-d}}=\sqrt{\frac{2 \times 650}{15 \times 1\,800} \times \frac{10}{10-5}}=0.31$(年)$=3.72$ 月

最优可变成本$=VC^*=C \cdot Q^* \cdot \frac{p-d}{p}=15 \times 559 \times \frac{10-5}{5}=8\,385$（元）

最优总成本$=TC^*=U \times D+VC^*=50 \times 1\,800+8\,385=98\,385$（元）

通过计算得出，对于该种产品的最佳订货政策是每3.72月订货559个产品，每年的总成本为98 385元。

4.2.3

随机型库存控制模型

所谓随机型库存控制模型，就是指在采购需求量、前置期以及订货完成时间等因素存在不确定性的条件下所采用的库存控制模型。

在一般情况下，管理者在进行采购决策时会面临种种不确定因素：订货完成周期内需求量可能超过或低于预测数，由于生产或运输故障导致前置期加长等。绝对的确定性是不大可能存在的，库存需求量、前置期以及订货完成时间等方面多多少少总会有一些变动，这些变动可以呈现出任何一种分布，如正态分布、泊松分布、Erlang分布等。本书只介绍前置期和需求量呈正态分布的情况。只要变异的程度在一定的范围之内（变异系数小于0.1~0.2），我们就可以将它当作确定型问题来处理。

在随机型采购控制模型中，EOQ的计算是十分复杂的，它是订购成本、储存成本与缺货成本的总期望值最小时的订货批量。而为了计算相关成本的数学期望必须了解需求的概率分布规律，并利用概率密度函数与分布函数进行一系列复杂的运算。相比确定型采购控制模型，随机型采购控制模型要决定的参数是再订货水平（ROL，也就是订货点库存量）和安全库存量。

在随机型库存控制模型中，当库存量低于或等于订货点库存量时就发出订货信号，每次订货量为 ROL。订货点库存量公式如下：

ROL=d·LT+SS

式中：ROL——订货点库存量；

d——单位时间需求量；

LT——前置期；

SS——安全库存量。

订货点库存量 ROL 的确定方法将在下节定量订货法中作详细介绍，下面先介绍其中关键的问题 SS 如何确定。使年缺货成本与安全库存的年储存成本的总期望值最小的安全库存量就是我们要求的最佳 SS 值。安全库存量在需求量和前置期发生变化时才予以考虑，并要控制在最低限度。

有三种情况可能会发生：

- 前置期不变，需求量发生变化；
- 前置期变动，需求量不变；
- 前置期与需求量均发生变化。

通常，在计算随机型采购模型的安全库存量时，设定需求量与前置期均服从正态分布。在此假设前提下，对上述三种情况进行详细讨论，确定安全库存 SS。

1）前置期不变，需求量变化

$$SS=\alpha \cdot \sigma_d \cdot \sqrt{LT}$$

式中：α——库存安全系数；

σ_d——前置期内单位时间需求量的标准差；

LT——前置期天数。

α 的计算可根据既定的服务水平（不缺货率），查正态分布表得出。表4-1列出了一些常用的服务水平所对应的安全系数。

表4-1 安全系数表

服务水平	安全系数	服务水平	安全系数
1.00	3.9	0.92	1.41
0.9990	3.1	0.91	1.34
0.9980	2.88	0.90	1.28
0.99	2.33	0.85	1.03
0.98	2.05	0.80	0.84
0.97	1.88	0.75	0.67
0.96	1.75	0.70	0.52
0.95	1.645	0.60	0.25
0.94	1.545	≤0.50	0
0.93	1.48		

σ_d则根据下列公式计算：

$$\sigma_d = \sqrt{\sum_{i=1}^{n}(d_i - E_d)^2 q_i}$$

式中：d_i——前置期内第i天的实际需求量；

　　　　E_d——日需求量的期望值（均值）；

　　　　q_i——前置期内第i种日需求量出现的概率；

　　　　n——n种日需求量。

$E_d = \sum_{i=1}^{n} d_i \cdot q_i$，$E_d$可以根据统计数据对前置期内i种概率不同的需求量求期望值。

［例4-7］一家饮料配送中心对历史记录进行统计分析，得出某种饮料在前置期（备货期）20天内的日库存需求概率分布如表4-2所示。

表4-2　　　　　　　　**某种饮料在前置期20天内的日库存需求概率分布**

日需求量d（吨）	30	40	60	70	80	90
概率q_i（%）	20	10	15	25	20	10

如果管理者愿意承担的缺货风险不超过3%，那么该配送中心应持有的安全库存量求解如下：

①确定α，根据服务水平=1-缺货风险率=1-3%=97%，由表4-1（或正态分布表）可查得：

$\alpha = 1.88$

②计算σ_d：

$E_d = 30 \times 20\% + 40 \times 10\% + 60 \times 15\% + 70 \times 25\% + 80 \times 20\% + 90 \times 10\% = 61.5$

$$\sigma_d = \sqrt{\sum_{i=1}^{6}(d_i - E_d)^2 q_i} = \sqrt{(30-61.5)^2 \times 20\% + (40-61.5)^2 \times 10\% + \cdots + (90-61.5)^2 \times 10\%} \approx 20.3$$

③计算安全库存SS：

$SS = \alpha \cdot \sigma_d \sqrt{LT} = 1.88 \times 20.3 \times \sqrt{20} \approx 171$（吨）

2）需求量不变，前置期变动

$SS = \alpha \cdot \sigma_t \cdot d$

式中：α——安全系数，计算同前；

　　　　σ_t——前置期的标准差；

　　　　d——日需求量。

［例4-8］某家厂商的原材料库对材料A的日需求量为35件，前置期的变化数据统计如表4-3所示。

表4-3　　　　　　　　　　**前置期的变化数据统计**

前置期（天）	10	11	12	13	14	15
出现的概率（%）	10	20	35	20	10	5

在既定的服务水平98%的情况下，应保有多少安全库存？

①确定α，由表中数据可知，服务水平为98%时，安全系数$\alpha = 2.05$。

②计算σ_t：

E_t=10×10%+11×20%+12×35%+13×20%+14×10%+15×5%=12.15

σ_t=$\sqrt{(10-12.15)^2 \times 10\% + (11-12.15)^2 \times 20\% + \cdots + (15-12.15)^2 \times 5\%}$ ≈1.28

③计算安全库存SS：

SS=2.05×1.28×35=92（件）

3）需求量与前置期均变动

SS=$\alpha \cdot \sigma_c$

式中：α——计算同前；

σ_c=$\sqrt{E_t \cdot \sigma_d^2 + (E_d)^2 \cdot \sigma_t^2}$。

[例4-9]三阳公司销售一种按摩椅，根据历史数据，三阳公司得到前置期内日需求量的相关数据如表4-4所示，在服务水平不低于98%时，应保有多少安全库存？

表4-4 　　　　　　　　　　　　前置期内日需求量的相关数据

日需求量（件）	40	50	60	70	80	90
概率	0.1	0.2	0.2	0.2	0.2	0.1
前置期（天）	5	6	7	8		
概率	0.1	0.3	0.4	0.2		

E_d=40×0.1+（50+60+70+80）×0.2+90×0.1=65（件）

E_t=5×0.1+6×0.3+7×0.4+8×0.2=6.7（天）

σ_d=$\sqrt{(40-65)^2 \times 10\% + (50-65)^2 \times 20\% + \cdots + (90-65)^2 \times 10\%}$ =15

σ_t=$\sqrt{(5-6.7)^2 \times 10\% + (6-6.7)^2 \times 30\% + (7-6.7)^2 \times 40\% + (8-6.7)^2 \times 20\%}$ =0.9

服务水平为98%时，查表得安全系数α=2.05，则安全库存为：

SS=2.05×$\sqrt{6.7 \times 15^2 + 65^2 \times 0.9^2}$ ≈2.05×70≈144（件）

4.3
定量订货法和定期订货法

4.3.1
定量订货法

定量订货法是由戴维斯（Davis）所创，美国物料试验协会（American Society for Testing Materials）加以推荐，因此定量订货法又称为戴维斯法或ASTM法。

定量订货法是指在日常管理中不断地监控库存物料数量，当库存物料数量降低到预先设定的某一基准（订货点）时，发出订货通知并按订货批量（经济订货批量）补充订货的一种库存控制方法。定量控制的采购情况如图4-13所示。

定量订货法需要确定两个参数：订货点库存量和经济订货量Q^*。前者影响服务水平，后者影响整个库存的平均水平。经济订货批量是指使库存持有成本、订货成本和缺货成本三者之和达到最小的采购量，其确定方法上节已经介绍，这里不再重复。订货点库存量的确定存在如下四种情况：

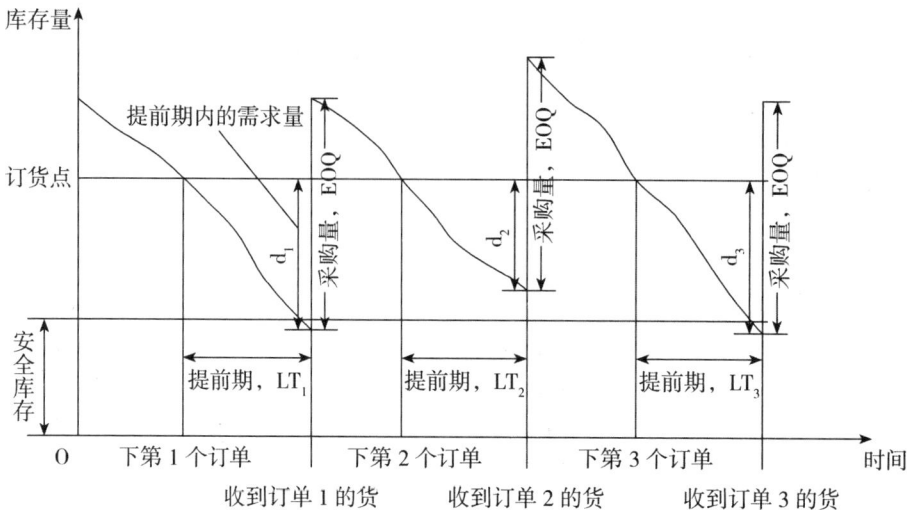

图 4-13 定量控制的采购情况

1）需求确定、前置期确定情况下的订货点库存量确定

我们在上节讨论确定型库存控制模型的时候，介绍了这种情况订货点库存量确定方法，这里也不再重复。

第一种情况是假设需求和前置期不变并且已知，但是，多数情况下需求和前置期并不确定，而是变化的，因此，必须建立安全库存以对缺货作出某种程度的预防。我们在上节讨论随机型库存控制模型的时候，介绍了下面三种情况下安全库存的确定方法，下面要介绍在这三种情况下订货点库存量的确定方法。

2）前置期确定、需求不确定情况下的订货点库存量确定

在前置期确定、需求不确定的定量控制系统中，需要对需求的不确定情况进行具体的分析，假定前置期内每天的需求服从某种分布，例如正态分布。用 ROL 代表以单位产品计的订货点库存量；用 $\bar{d}$ 代表每天的平均需求量；用 LT 表示以天计的订货前置期；用 σ_d 表示前置期中每天需求的标准差。

订货点库存量的计算公式：

$$ROL = LT \cdot \bar{d} + \alpha \cdot \sigma_d \cdot \sqrt{LT}$$

式中：$\alpha \cdot \sigma_d \cdot \sqrt{LT}$ ——安全库存量。

[例 4-10] 某公司某种原材料每天平均消耗量为 40 件，需求变动的标准差为 10，采购前置期为 12 天，如果该公司希望原材料不出现缺货的概率要小于 95%，假设前置期 12 天是确定的，则这种原材料应该将订货点库存量设置在什么水平才能保证不缺货的概率为 95%？

在这个例子中，$\bar{d}$ =40 件，LT=12 天，σ_d=10 件，95% 的服务水平对应的安全系数 α= 1.64，因此：

$$ROL = LT \cdot \bar{d} + \alpha \cdot \sigma_d \cdot \sqrt{LT} = 12 \times 40 + 1.64 \times 10 \times \sqrt{12} = 537 \text{（件）}$$

也就是说，当这种原材料的库存量降到 537 件的时候，该公司应该发出采购指令。

3）需求确定、前置期不确定的订货点库存量确定

实际上，除了需求的随机性外，前置期的随机特性也会导致缺货问题和影响库存系统的服务水平。如果前置期是不确定的，则需要有更多的安全库存来保证服务水平。为了分

析前置期的变动对安全库存的影响，在这里，我们假设需求是确定的，而前置期是变动的且服从正态分布。用 ROL 代表以单位产品计的订货点库存量；用 d 代表每天的需求量；用 $\overline{LT}$ 表示以天计的平均采购前置期；用 σ_t 表示采购前置期的标准差。

订货点库存量的计算公式：

$$ROL = \overline{LT} \cdot d + \alpha \cdot \sigma_t \cdot d$$

式中：$\alpha \cdot \sigma_t \cdot d$——安全库存量。

[例 4-11] 某公司某种原材料每天的需求量较为稳定，d=60 个，但是这种原材料的采购前置期很不稳定，有时需要 5 天，而有时却需要 15 天，通过对供应商的供货前置期进行统计检验得知前置期的分布服从正态分布，平均前置期为 8 天，前置期的标准差为 5 天，该公司希望这种原材料不出现缺货的概率要小于 95%，这种原材料的订货点库存量水平为多少？

在这个例子中，d=60 个，$\overline{LT}$=8 天，σ_t=5 天，95% 的服务水平对应的安全系数 α=1.64，因此：

$$ROL = \overline{LT} \cdot d + \alpha \cdot \sigma_t \cdot d = 60 \times 8 + 1.64 \times 5 \times 60 = 972 \text{（个）}$$

也就是说，当这种原材料的库存量降到 972 个的时候，应该发出采购指令。

4）需求不确定、前置期不确定的订货点库存量确定

实际中，非常普遍的现象是需求和前置期都是不确定的，尤其是一些国外采购的物品，由于是跨国运输，牵涉海关通关以及长距离运输，一些供应商的供货提前期经常是有波动的。在概率分布的意义上来分析两个分布乘积的分布不是很容易，而且在很多情况下其分布是未知的，所以在这里我们给出一个近似的计算公式。

假设需求和前置期是相互独立的，用 ROL 代表以单位产品计的订货点库存量；用 $\overline{d}$ 代表每天的平均需求量；用 $\overline{LT}$ 表示以天计的平均订货前置期；用 σ_t 表示订货前置期的标准差；用 σ_d 表示需求的标准差，则订货点库存量为：

$$ROL = \overline{LT} \cdot \overline{d} + \alpha \cdot \sqrt{\overline{LT} \cdot \sigma_d^2 + (\overline{d})^2 \cdot \sigma_t^2}$$

式中：$\alpha \cdot \sqrt{\overline{LT} \cdot \sigma_d^2 + (\overline{d})^2 \cdot \sigma_t^2}$——安全库存量。

[例 4-12] 某公司某种原材料每天的需求量和前置期都是不确定的，原材料每天平均消耗量为 40 个，需求量变动的标准差为 10 个，平均前置期为 8 天，前置期的标准差为 5 天，需求量和前置期的分布服从正态分布，该公司希望这种原材料不出现缺货的概率要小于 95%，这种原材料的订货点库存量水平为多少？

在这个例子中，$\overline{d}$=40 个，σ_d=10 个，$\overline{LT}$=8 天，σ_t=5 天，95% 的服务水平对应的安全系数 α=1.64，因此：

$$ROL = \overline{LT} \cdot \overline{d} + \alpha \cdot \sqrt{\overline{LT} \cdot \sigma_d^2 + (\overline{d})^2 \cdot \sigma_t^2} = 8 \times 40 + 1.64 \times \sqrt{8 \times 10^2 + 40^2 \times 5^2} \approx 651 \text{（个）}$$

也就是说，当这种原材料的库存量降到 651 个的时候，应该发出采购指令。

4.3.2

定期订货法

定期订货法是采用定期盘点库存的方法，并根据库存情况，结合下一计划期预计的需

求情况确定每次的采购量。如果目前库存储备较少，或者预计需求将增加时，可以适当地增加采购量，反之则可以减少采购量。

在定期控制过程中，每两次采购的时间间隔是固定的，因此，此控制方式也称为固定订货期法。与定量订货法相反，在定期控制过程中，订货批量通常是变化的。这种控制方式的关键是确定订货期。由于定期控制采用固定的订货间隔期，通常按月或季来划分。定期控制系统的采购情况如图4-14所示。

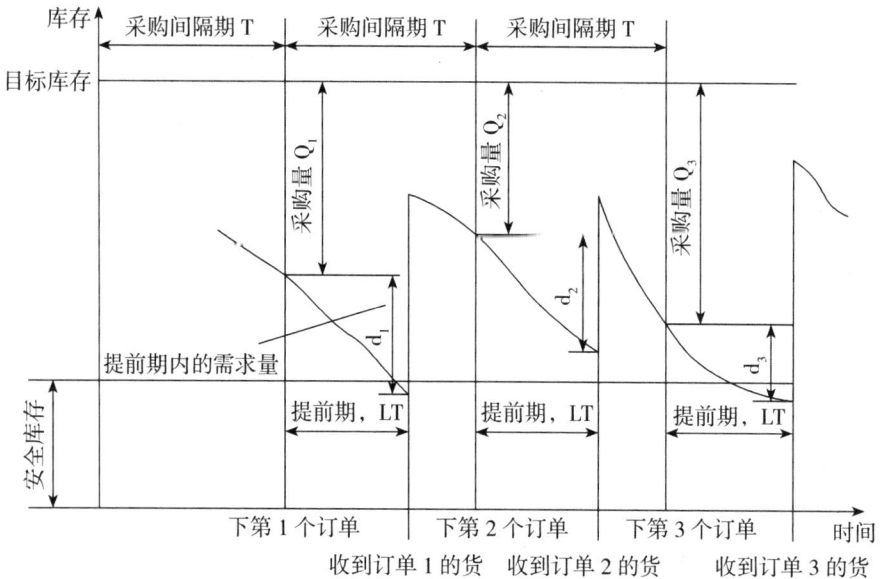

图4-14　定期控制系统的采购情况

在需求确定的情况下，采用连续检查控制方式或定期检查控制方式，其实际的库存控制策略是相同的，但在需求不确定的情况下，采用定期检查控制方式，其库存控制决策的基本机理不同于前面的系统，采用定期控制，每次的订货批量根据现有库存量不同，以及需求变化而变化。在定期控制过程中，库存控制决策需要确定的是采购间隔期（或采购周期）和目标库存水平。

1）采购间隔期的确定

确定订货间隔期通常需要依靠采购与计划人员的经验，并尽可能与计划的周期同步。常见的订货间隔期是月或者季度，以便于定期地进行盘点和物资采购。当然，根据经济订货批量计算出的经济订货次数也可以作为确定订货周期的参考因素。

$$经济订货次数 = \frac{年需求量}{经济订货批量}$$

$$订货周期 = \frac{12}{经济订货次数}（单位为月）$$

2）采购量的确定

由于定期控制系统的库存储备量的变化波动较大，因此，一旦订货周期确定后，日常的库存控制工作主要是确定每次的采购量，控制库存的总体水平。此时的采购量要满足两方面用途，一是满足采购间隔期加上采购前置期内的平均需求量，另一部分用于满足安全库存，即为了预防需求的变化和前置期的波动。具体的计算原则与不确定性定量控制系统的订货点计算原则相似，只在具体的计算处理上有些区别。如计算周期库存量时，不仅要满足采购间隔期的平均需求量，还要加上采购前置期内的平均需求量。

在定期订货系统中，在采购间隔期（T）进行订购，考虑固定前置期的情况，固定前置期为 LT。在这种情况下，需求是随机分布的，且均值为 $\bar{d}$。采购量 Q 为：

$$Q=\bar{d}(T+LT)+\alpha \cdot \sigma_{T+LT}-I$$

式中：σ_{T+LT}——盘点周期与前置期期间需求的标准差；

　　　I——现有库存水平（包括已采购而尚未到达的）。

在该模型中，假定需求服从正态分布，需求量（d）可以采用预测值，如果需要可以在每个盘点周期加以修改。

［例 4-13］某公司某种原材料每天需求量为 10 单位，标准差为 3 单位。采购间隔期为 30 天，前置期为 14 天。管理部门已经制定的需求政策是要满足 98% 的对库存物料的需求。在盘点周期开始时，库存中有 200 单位。求采购量应该是多少？

$$Q=\bar{d}(T+LT)+\alpha \cdot \sigma_{T+LT}-I=10\times(30+14)+\alpha \cdot \sigma_{T+LT}-200$$

在计算这个式子之前，应先求出 σ_{T+LT} 和 α 的值。σ_{T+LT} 的值可以按照前面的方法求得，即一系列独立随机变量的总标准差等于方差之和的平方根，所以 T+LT 期间的需求标准差等于各天需求方差之和的平方根：

$$\sigma_{T+LT}=\sqrt{\sum_{i=1}^{T+LT}\sigma_{di}^{2}}$$

因为每日需求是独立的且 σ_d 是固定的，所以：

$$\sigma_{T+LT}=\sqrt{(T+LT)\sigma_d^2}=\sqrt{(30+14)\times 3^2}=19.90$$

对应 98% 服务水平的安全系数 $\alpha=2.05$

因此，采购量为：

$$Q=\bar{d}(T+LT)+\alpha \cdot \sigma_{T+LT}-I=10\times(30+14)+2.05\times19.90-200=281（单位）$$

所以，要满足 98% 的不出现缺货的概率，应当在该采购期采购 281 单位。

4.3.3
定量订货法和定期订货法的区别

首先，定期订货法和定量订货法的基本区别是驱动力量不同。定量订货模型是"事件驱动"，而定期订货模型是"时间驱动"，也就是说，在定量订货模型中，当到达规定的再订货水平后，才引发订货行为。这一事件有可能随时发生，主要取决于对该物资的需求情况。与之相对的是，定期订货模型只限于在预订时期期末进行订货，模型中唯一的驱动原因是时间的变化。

其次，两种系统要求的盘点方式不同。运用定量订货模型时（当库存量降低到预先设定的再订购点 QR 时），就进行订货，必须连续监控剩余库存量。因此，定量订货模型是一种永续盘存系统，它要求每次从库存里取出货物或者往库存里增添货物时，必须"刷新"记录以确认是否已达到再订购点。而在定期订货模型中，库存盘点只在盘点期发生。

再次，两种系统的其他区别见表 4-5。

表4-5 定期订货法和定量订货法的基本区别

项　目	定量订货模型	定期订货模型
订货量	每次订货量相同（Q固定）	每次订货量不同（Q是变化的）
订单下达时间	库存量降到再订货点时	在订货期（盘点期）到来时
库存记录维护	每次出库或入库都要记录	只在盘点期记录
库存规模	比定期订货模型小	比定量订货模型大
维持系统所需时间	由于持续记录，所以较长	周期性强，持续时间短
物品类型	昂贵、关键或重要的物资	一般物资

（1）定期订货模型平均库存较大，因为要预防在盘点期（T）发生缺货的情况；定量订货模型没有固定盘点期。

（2）由于定量订货模型平均库存量较低，所以有利于贵重物资的库存。

（3）对于重要的物资如关键维修零件，定量订货模型更适用，因为该模型对库存的监控更加密切，这样可以对潜在的缺货更快地作出反应。

（4）由于每一次补充库存或货物出库都要进行记录，维持定量订货模型需要的操作时间更长。

最后，定量订货系统着重于订购数量和再订购点，每次每单位货物出库，都要进行记录，并且立即将剩余的库存量与再订购点进行比较。如果库存已降低到再订购点，则要进行批量为Q的订购；如果仍位于再订购点之上，则系统保持闲置状态直到出现下一次的出库需求。在定期控制过程中，库存控制决策需要确定的是采购间隔期（或采购周期）和目标库存水平。订货批量通常是变化的。

4.4
ABC分类管理法和CVA库存管理法

ABC分类管理法是一种比较简单、实用的库存物资分类管理方法。它将库存物资按重要程度分为特别重要的库存（A类）、一般重要的库存（B类）和不重要的库存（C类）三个等级，然后针对不同等级分别进行管理和控制。ABC分类管理法是实施储存合理化的基础，可以解决各类库存的结构关系、储存量、重点管理和技术措施等合理化问题。

1）ABC分类管理法的原理

ABC分类管理法的基本原理是：由于各种库存品的需求量和单价各不相同，其年耗用金额也各不相同。那些年耗用金额大的库存品，由于其占用组织的资金较大，对组织经营的影响也较大，因此需要加以特别的重视和管理。ABC分类管理法就是根据库存品的年耗用金额的大小，把库存品划分为A、B、C三类。A类库存品的年耗用金额占总库存金额的75%～80%，品种数却只占总库存品种数的15%～20%；B类库存品的年耗用金额占总库存金额的10%～15%，其品种数占总库存品种数的20%～25%；C类库存品的年耗用金额占总库存金额的5%～10%，其品种数却占总库存品种数的60%～65%，如图4-15所示。

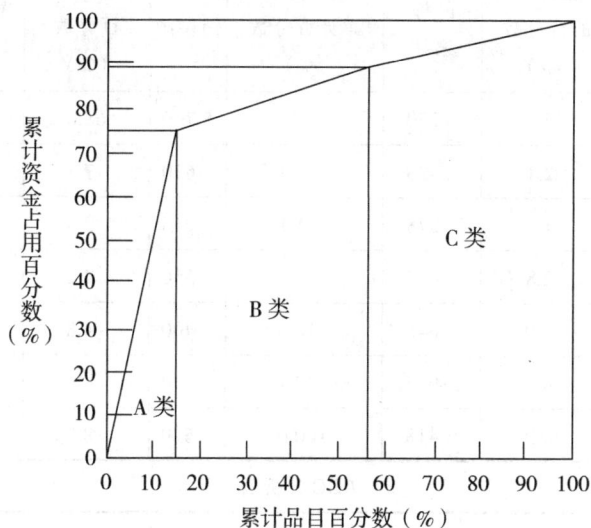

图4-15　ABC分类管理图

2）ABC分类管理法的应用

ABC分类管理法可分为数据收集、统计汇总、制作ABC分析表、绘制ABC分类管理图和确定管理方法等几个步骤。

下面举例阐述ABC分类管理法在企业库存管理中如何应用。

［例4-14］某企业全部库存商品共计3 418种，按每一品种年度销售额从大到小排成如表4-6所列的7档，统计出每档的品种数和销售金额。用ABC分类管理法确定分类，并给出各类库存商品的管理方法。

表4-6　　　　　　　　　　　　　　产品销售明细表

每种商品年销售额X	品种数	销售额
X>6	250	5 600
5<X≤6	70	530
4<X≤5	58	240
3<X≤4	95	350
2<X≤3	172	400
1<X≤2	350	410
X≤1	2 423	670

（1）数据收集，引用该例给定数据。

（2）统计汇总，根据该例给定数据，制作汇总表，见表4-7。

（3）根据ABC分类标准，制作ABC分析表，见表4-8。

（4）绘制企业ABC分类管理图，如图4-16所示。

表4-7 　　　　　　　　　　　　　　ABC分析汇总表

每种商品年销售额X	品种数	占全部品种的百分数（%）	品种累计	占全部品种的累计百分数（%）	销售额	占销售总额百分数（%）	销售额累计	占销售总额的累计百分数（%）
X>6	250	7.3	250	7.3	5 700	68.0	5 700	68.0
5<X≤6	70	2.1	320	9.4	610	7.3	6 310	75.3
4<X≤5	58	1.7	378	11.1	240	2.8	6 550	78.1
3<X≤4	95	2.8	473	13.9	350	4.2	6 900	82.3
2<X≤3	172	5.0	645	18.9	400	4.8	7 300	87.1
1<X≤2	350	10.2	995	29.1	410	4.9	7 710	92.0
X≤1	2 423	70.9	3 418	100.0	670	8.0	8 380	100.0

表4-8 　　　　　　　　　　　　　　ABC分析表

分类	品种数	占全部品种的百分数（%）	品种累计百分数（%）	销售额	占销售总额的百分数（%）	销售额累计百分数（%）
A	320	9.4	9.4	6 310	75.3	75.3
B	675	19.7	29.1	1 420	16.7	92.0
C	2 423	70.9	100.0	670	8.0	100.0

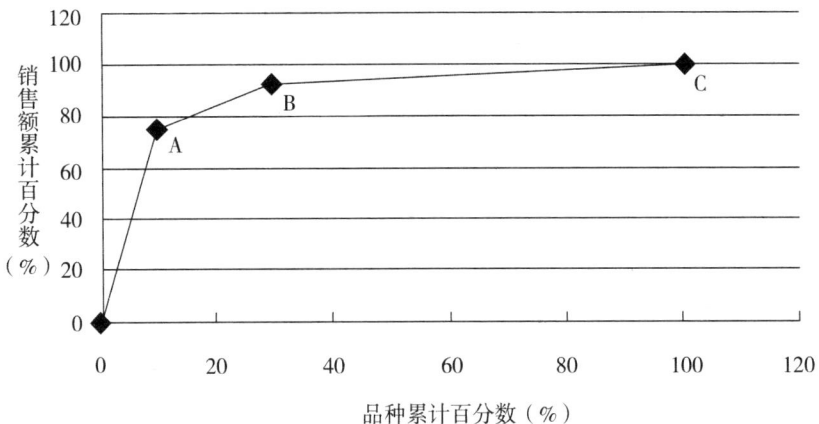

图4-16 　企业ABC分类管理图

（5）确定管理方法。

①对于A类商品的管理方法是：每件商品皆加以编号；尽可能正确地预测需求量；少量采购，尽可能在不影响需求下减少库存量；请供货单位配合，力求出货量平稳化，以降低需求变动，减少库存量；与供应商协调，尽可能缩短前置时间；采用定期订货的方式，对其存货必须作定期检查；必须严格执行盘点，每天或每周盘点一次，以提高库存精确度；对交货期限加强控制，在制品及发货也须从严控制；货品放置于易于出入库的位置；实施货品包装外形标准化，增加出入库单位；A类商品的采购需经高层主管审核。

②对于 B 类商品的管理方法是：采用定量订货方式，但对前置时间较长，或需求量有季节性变动趋势的货品宜采用定期订货方式；每 2～3 周盘点一次；中量采购；采购需经中级主管核准。

③对于 C 类产品的管理方法是：采用复合制或定量订货方式以求简化手续；大量采购，以便在价格上获得优惠；简化库存管理手段；安全库存须较大，以免发生库存短缺；可交现场保管使用；每月盘点一次；采购仅需基层主管核准。

CVA 库存管理法又称关键因素分析法，主要由于 ABC 分类法中 C 类物品得不到足够的重视，往往因此而导致生产停工，因此引进 CVA 库存管理法来对 ABC 分类管理法进行有益的补充，它将物品分为最高优先级、较高优先级、中等优先级、较低优先级四个等级，对不同等级的物品，允许缺货的程度是不同的，如表 4-9 所示。

表 4-9　　　　　　　　CVA 库存管理法库存品种及其管理策略

库存类型	特　点	管理措施
最高优先级	关键物品或者 A 类重点物品	不允许缺货
较高优先级	基础性物品或者 B 类存货	允许偶尔缺货
中等优先级	比较重要的物品或 C 类存货	允许合理范围内缺货
较低优先级	需要但可替代物品	允许缺货

CVA 库存管理法比起 ABC 分类管理法有着更强的目的性。在使用中要注意，人们往往倾向于制定高的优先级，结果高优先级的物品种类很多，最终哪种物品也得不到应有的重视。

CVA 库存管理法和 ABC 分类管理法结合使用，可以达到分清主次、抓住关键环节的目的。在对成千上万种物品进行优先级分类时，也不得不借用 ABC 分类管理法进行归类。

◆ 小结和学习重点与难点

本章比较全面地介绍了库存控制的基本原理与方法。

库存控制模型根据其主要参数的确定与否，分为确定型库存控制模型与随机型库存控制模型。确定型库存控制模型的基本管理方法就是经济订货批量法。在理想化的存货体系中，计算出在总成本最小化的基础上的订购数量。这个具有优化性质的订货批量被称为经济订货批量。所谓确定型库存控制模型，是指需求量、前置期都是确定的条件下的采购控制模型。前置期（Lead Time）是指从发出订单到收到该批新订购货物之间所花费的时间，它与订单完成周期的含义是基本一致的。所谓随机型库存控制模型，就是指在采购需求量、前置期以及订货完成时间等因素存在不确定性的条件下所采用的采购控制模型。

定量订货法是指在日常管理中不断地监控库存物料数量，当库存物料数量降低到预先设定的某一基准（订货点）时，发出订货通知并按订货批量（经济订货批量）补充订货的一种库存控制方法。

定期订货法是采用定期盘点库存的方法，并根据库存情况，结合下一计划期预计的需求情况确定每次的采购量。

　　ABC分类管理法是一种比较简单、实用的库存物资分类管理方法。它将库存物资按重要程度分为特别重要的库存（A类）、一般重要的库存（B类）和不重要的库存（C类）三个等级，然后针对不同等级分别进行管理和控制。

　　CVA库存管理法又称关键因素分析法，它将物品分为最高优先级、较高优先级、中等优先级和较低优先级四个等级，对不同等级的物品，允许缺货的程度是不同的。

　　本章的学习重点是掌握确定型库存控制模型与随机型库存控制模型。

　　本章的学习难点是理解和掌握定量订货法、定期订货法、ABC分类管理法。

◆ 前沿问题

十大常见库存管理误区

　　每一家尝试减少库存和库存相关成本的公司都具备其独一无二的优势，同样也面临其特有的问题。通过管理实现库存优化是公司的关键目标，你需要密切关注库存，并每天付诸行动才能维持来之不易的优势。因为这样做能够改善客户体验、增加销售、降低成本并最终提高盈利能力，因此值得企业为之付出。

　　在过去的几十年时间里，需求解决方案帮助数以千计的客户实现了库存管理水平的优化。在此期间，笔者接触到大量因为遵循过时的实践、目光短浅或缺乏经验而导致的库存规划误区，因此整理出了十大最常见者，并一一罗列出其"症状"，以便让企业能更容易地进行错误诊断。随后还给出了实用解决方案，以帮助企业解决这些问题，从而着手降低库存相关成本，并减少这些问题对绩效造成的损害。

　　误区之一：绩效考核面过窄

　　过于偏重预测：在试图提高供应链绩效的时候，公司通常会从调整预测管理流程入手。但在不了解你的需求以及预测误差的根源时，这是不明智的做法。如果过分强调预测的准确性，则即使预测准确性提高，补给率和库存周转率都不会获得改善。

　　对客户服务或库存周转率缺乏评估：只有持续给客户提供令其满意的服务，公司才能实现长期可持续发展。不过，管理库存的人通常并不了解客户需求是否得到了很好的满足。同样，如果不了解库存在"价值创造和传递"的过程中周转的速度，公司也无法管理库存水平。

　　日常规划常常是基于订单缺货量统计：这完全是一种被动行为模式。快速变化的今日市场要求企业积极进行库存规划，以满足当前需求。如果客户的需求总是无法在其指定的时段内满足，他们就会投入竞争对手的怀抱。

　　解决方案：

　　追踪所有产品线的补给率和库存周转率：产品经理应当始终掌握这些指标。补给率应当每天进行量度，库存周转率的量度则应根据销售和产品周期而调整。重要的是，经理必须追踪这些指标并加以改善。

　　制定符合实际的预测误差指标：在不出现库存单位（Stock Keeping Unit，SKU）缺货的前提下，你需要就你所能接受的预测误差制定切实可行的指标。通常各公司预测的结果误差为±10%，相当于两天左右的库存。考虑到公司常常有数周或数月的库存，这是个很小的数字。有效的预测管理和库存规划需要准确的数据，因此精确的预测误差指标是必不可少的。

误区之二：让资质不足的员工管理库存

一种"我们公司不一样，因为……"的情绪：每家公司都面临库存规划方面的挑战（如需求浮动）。不能从战略库存管理中受益的公司是不存在的。

分散库存管理：如果让未受过专门的仓库管理培训的仓库管理者、办公室职员和其他员工来做库存管理方面的决策，那么可以肯定，库存浪费将充斥整个流程。采用这种模式的公司通常没有明确的库存规划目标或战略。

缺乏正式的培训项目或与专业同行的互动：库存管理是一项专业技能，需要从业人员事先接受相应培训，并在实际操作中不断进行学习。

强调"购买"过于规划：买家进行采购，但规划者进行战略决策以实现目标。纯粹从"购买"角度来考虑库存规划意味着每天都可能会丧失改进的机会和财务上的收益。

解决方案：

认识到库存管理需要专业技能，并进行相应的招聘和培训：正如财务报表上有着相当可观数量流动资金的公司会聘请专业投资顾问一样，有着相当可观数量库存资产的公司也应当拥有专业的库存经理。

为库存管理理清责任：公司常常无法回答这样一个问题："谁负责使库存水平支持战略目标的实现？"如果没人承担这一职责，那么这些库存规划目标将永远无法实现。

尽可能集中进行库存规划：这能提高流程标准化程度，并让库存更透明，便于进行一致的管理。

误区之三：预测管理缺乏规范的流程

没人对预测管理流程负责，但每个人都对预测诸多诟病：说到库存管理，如果没有人对预测的准确度负责，组织将永远无法获得准确的预测。

太多的无效预测和/或不准确的预测：这通常反映出预测管理流程中缺乏协作以及（来自内外部的）反馈。如果无法获得准确的信息反馈，就不会有准确的预测。

通过调整预测来管理库存：库存过多时人们的自然反应通常是调低预测，从而让系统消耗掉多余库存。与其他问题相比，这一做法将使得库存规划与客户需求脱节，存在完不成订单的风险，有可能影响客户满意度。

解决方案：

将预测管理设为全职岗位：如果不希望指定某个人来做，那就把这项工作指派给一两个知道预测需要借助协作来完成的员工。

在销售和运营规划会议之前举行每月预测协作会议：在这一会议中，公司高管应当审核、调整（如需要）和批准每月销售预测，最好是以产品系列为单位。

除非你知道一些信息是规划人员所不知道的，你才能推翻预测结果。各公司推翻预测的理由经常都是错误的，例如，"直觉"或"让数字显得更合理"。这是无视客户实际需求进行的规划。

实施确保预测准确性的措施：让维持预测准确性的员工或部门担起责任，这也是持续不断地改进预测管理和库存规划的前提之一。

误区之四：不在内部进行沟通

诸如促销和新品上市这样的突然性事件没有传达到所有相关部门：为了让所有职能部门支持战略库存管理目标，这些部门的经理必须掌握关于预测管理和库存规划的最新信息。如果做不到这一点，那么公司内部可能没有销售和运营流程或该流程效率不高。

"一劳永逸"式销售预测：公司有时会错误地给予其预测管理软件系统完全的信任，以为他们不需要检查数据或进行调整。你要小心这种想法。需求是会改变的，因此预测也应该进行调整。

没有整合信息/存在多套不同的数字：这种情况的出现往往是由于公司各部门各自为政，部门经理并未一起做规划。举例来说，负责库存补货的部门与销售部门使用的预测数字不一样。与此同时，财务部门使用的预测数字又是另一套。

解决方案：

使用"真正的"销售和运营规划流程：召集会议，以就当月规划达成共识，包括需求端（销售和运营）和供应端（生产和采购）。

在公司的业务方案中明确责任：确保这些方案中的所有措施都符合公司的整体战略目标。

误区之五：不与客户对话

为大客户服务时手忙脚乱：我们常在服务于大宗采购商的公司里看到这种现象。每个人都等着这类大宗订单来了之后才开始规划。讽刺的是，整体的客户满意度却因为这种随意性的规划而受到影响。

"要命"的意外采购订单：这说的是那些无法预见、让整个系统压力大增的订单。频繁临时调度资源（如加班、加急）会降低这些意外订单的利润空间。

订单周期不规律：尽管需求变动是必然的，但作为最佳客户是不应该出现这种情况的。同样，供应商应当了解其最佳客户的促销日程安排，并根据其峰值进行规划。

解决方案：

定期与客户交流和拜访客户：供应商库存规划人员应当定期拜访客户，以了解驱使客户补货的因素，然后创建内部流程以配合其补货节奏。

与关键客户共同开展协作预测和/或制订补货计划：例如，消费品行业的协作规划/预测/补货（CPFR）就是基于合并库存或预测的补货技巧。另一个常见项目即为供应商管理库存（VMI），让供应商负责管理客户库存。

误区之六：强推预算

公司上下以"预算"为当务之急：投入大量资源（时间和精力）做规划和更新年度预算，然后由预算推动决策。这种思想一般是由高层自上而下灌输的。

不愿从事SKU层面琐碎的预测工作：这一现象通常会伴随公司对预算的极度重视出现。公司让预算凌驾于各产品系列的销售预测之上，却自认为是进行了合理规划。这种"假销售和运营规划"流程往往会导致极端不准确的库存规划。

解决方案：

衡量预算与滚动销售预测之间的差异：差异的存在是不可避免的。最有利的做法是通过库存管理技巧处理这一差异，而非强制通过预算来决定SKU层面的预测。如果差异太大，改变预算，而不是改变预测。与预算相比，预测可能更接近真实情况。

误区之七：使用再订货点管理库存

使用Spreadsheet软件系统管理库存和/或使用经济订货点/经济订货批量（EOP/EOQ）：这些方法不能让你了解客户需求，而客户需求是做预测需要的关键信息。这种对客户需求的不了解必然会导致过剩库存和对客户需求响应不及时。

制造和配送部门使用不同的数字：这反映出配送库存并未与生产日程安排相关联。

未向供应商提供信息：这意味着你再一次错过了利用战略库存规划来降低成本、提高绩效的机会。一般来说，供应商和客户均能从协作库存管理中受益。

解决方案：

采用阶段性库存规划：使用来自规划和配送信息系统的信息开始进行长期规划。公司不仅应当知道今天的库存需求，还要提前知道数周以后的需求。有了这些信息，就可以管理送货时间、整车载货量和其他变量，以最低的成本获得最佳的客户响应度。

采用阶段性产品生产日程规划：这是同一个概念，但这种前瞻性的信息将提供给供应商。

误区之八：分散于各处的SKU过多

急于完成C类（小批量）产品的订单，或不再适用二八定律：SKU泛滥的情况通常会随着时间推移而逐渐显现，企业需要对之进行精简。SKU泛滥已造成严重问题的关键标志，就是完成较低批量产品的订单总是会造成混乱，并且/或者不再由20%的产品产生80%的销售业绩。

无库存政策：如果有库存政策，企业就要根据流程控制原则来决定是否在某个特定的配送中心储备某种产品。

采购与理性规划对立：如果重视采购甚于规划，就没有人会追踪SKU水平。理性规划库存意味着当你决定储备某个产品时必须提供理由。

大量的SLOB（转运缓慢的废弃库存）和压缩库存活动：两者均显示库存过剩。

解决方案：

使用ABC分析法：这种分析法将按照产品的数量区分库存。根据数量进行分类储存会提高效率。

根据物品流动速度制订库存计划：这种做法使库存决策只和库存规划挂钩，杜绝了随意储备库存。

SKU合理化方案：使用这些方案定期精简SKU，包括SKU的数量和库存地点的数量。

尽量将C类产品集中于同一个配送中心：将这类库存合并于同一个地点使得企业可以按照数量分类管理库存，从而提升客户服务的效果和响应速度。

误区之九：用单一方式管理所有产品

C类产品与A类产品的缺货同样糟糕：这种理由会导致C类库存过剩或A类库存不足，因为区别处理不同类别的库存产品才能满足效率上的要求。

所有产品的库存目标都相同：这种做法是假设所有库存产品的消耗量和消耗速度都相同，这当然是不对的。制定这种目标的公司将耗费大量的时间消化C类库存。

安全库存量固定不变：同样，这种做法也是假设所有库存产品的消耗量和消耗速度都相同，从而导致低效的库存规划。

解决方案：

使用ABC分析法，并将A类与B类和C类产品区分开来进行管理：如上文所述，只有这样才能让库存决策与真正的消费需求挂上钩。

应用安全时间而非安全库存：安全时间会根据预测需求自动增加安全库存，而安全库存只是固定不变的数值，必须人为进行设置，且不会考虑需求变化。

误区之十：从未尝试新事物

仍然试图使用EDI（电子数据交换系统）：新兴科技让我们能够更好地在预测管理和库存规划领域进行持续不断的协作改进。

没有采取新举措，与消费者或供应商实现电子联结：这种协作元素已经成为企业保持竞争力的必备要素。客户也要求这么做。

没有人参加专业团体会议，极少关注培训：缺乏提升自我的动力，员工就不会愿意接受改变。

解决方案：

培养不断改进的心态，尝试新事物：重视持续的改进，而不是太在意新的、不一样的想法所带来的投资回报。允许试行低成本、低风险的做法，这会让员工明白你重视他们提出的意见和想法，不会在"试错"阶段因为失败而惩罚他们。

与主要客户协作：与前些年相比，新技术让客户更容易地参与销售预测。这改善了预测管理和库存规划的准确度。

与主要供应商共享采购时间表：公司不信任其供应商的日子已经一去不复返了。真正的协作需要大家保持畅通的交流。

尽管这十大误区是最常见的，但最大的错误是不愿从战略高度全面开展库存规划。如果你公司在满足客户需求方面每天忙于"救火"，那么你就在丢失客户，并错过新的销售机会。如今的业务都是实时进行的，这一事实意味着你要想有生意，就必须具备灵活性和响应速度，而库存水平实现优化后最明显的收益就是这两方面（还有降低成本）。

（资料来源　佚名．十大常见库存管理误区［EB/OL］．［2015-11-10］．http://www.56products.com/News/2015-11-10/KI12K2HG5110E563322.html.）。

◆ 案例探讨

S电厂煤炭库存规模的确定

1）S电厂经济订货批量及订货周期的确定

（1）模型假设

①假定需求连续均匀，需求率为一常数D；

②假定进货的补充速率是均匀连续的，补充速率为p；

③不允许出现缺货现象。

（2）模型参数的确定

①需求率

根据S电厂煤炭库存运作特点的分析，确定了高峰用电季节的时间段，查电厂600MV、1 000MV发电机组的设计参数，得到设计单机日额定耗煤，根据电厂一期、二期发电机组台数，可以得到总的日额定耗煤量，同时电厂高峰时期发电机组的日平均负荷率按95%计算，最终，可以确定在高峰时期煤炭的需求率，约为5.11万吨/天。

②库存补充率

电厂船舶卸煤设备卸煤能力按3 000吨/小时设计，是按每台额定出力1 500吨/小时，两台抓斗桥式卸船机同时作业的设计，一般在高峰用电季节两台卸船机不考虑检修，但不可能在任何时候都满负荷作业，在二期投产后，共有 4 台卸船机，卸货效率为 5 600 万吨/小时。每天工作 12 小时。

③订购成本

由于煤炭每年的订购总量、船型可确定，每次进厂进行采样、制备和化验的费用都是一定的，所以年内订购成本基本上也是确定的。其主要构成是每次全国煤炭订货会签订合同前所做工作的费用，以及每次订货周期下订单费用，入场煤炭计量和质量检验的费用。一般订货会签订合同费用不超过 10 万元按 10 万元计，可以确定订货周期后分摊到每一次订货费用，综合考虑合同签订费用，每次订货周期下订单费用和入场煤炭计量和质量检验的费用，电厂煤炭的订购成本 2.5 万元/次。

④库存持有成本

电厂煤炭保管的直接费用主要体现在煤炭的搬运和储存的人工机具的使用维护费用上，以及煤炭露天存放所造成的煤炭燃烧质量下降和煤炭存储数量减少上，保管的间接费用发生在库存周转的占用资金上。库存周转占用资金造成的保管间接费用在不确定因素较多的情况下较难估算。为便于研究和计算，这里只考虑易于计算的保管所发生的直接费用。

根据煤炭保管的特点，由于储煤场是露天的，受天气刮风和下雨的影响，电厂煤场储煤存在一定的损失量，一般按缺少 0.5% 考虑，电厂储煤的发热量也会下降，一般考虑按照下降年平均发热量的 2.0%。电厂煤炭的保管费用主要包括煤数量和质量下降所造成的费用，另外还有一些人工和机械费用，通过计算可以得出煤炭数量缺少费用为 1.98 元/吨（0.5% 与购煤单价 396 元/吨相乘），质量下降费用为 7.92 元/吨（2.0% 与购煤单价 396 元/吨相乘），每年人工和机械费用为 0.25 元/吨，所以电厂煤炭的年保管费用为 10.15 元/吨。这样的保管费用和库存总量有关，又和保管库存的时间有关，所以考虑时间因素的情况下，电厂煤炭库存的单位保管费用为 0.02781 元/天。

（3）经济订货批量及订货周期的计算

根据不允许缺货、持续到货的库存控制模型的经济订货批量公式，将上面确定的各个参数值代入公式，可以得出电厂在高峰时期的经济订货批量 Q^*：

已知条件如下：

D=51 100×365=18 651 500（吨/年）

d=51 100 吨/天

p=5 600×12 =67 200（吨/天）

C=10.15 元/吨·年

K=25 000 元/次

把这些已知条件代入最佳生产批量计算公式，我们可以得出最佳生产批量为：

$$Q^* = \sqrt{\frac{2DK}{C} \cdot \frac{p}{p-d}} = \sqrt{\frac{2 \times 18\,651\,500 \times 25\,000}{10.15} \times \frac{67\,200}{67\,200 - 51\,100}} = 619\,251\,（吨）$$

按每艘船舶载重量 6 万吨计算，每个周期需要 10.1 艘船舶，对其进行调整选择 10 艘船舶，则订货批量为 60 万吨。

在求出经济订货批量以后，计算最佳存货周期 T^*：

最佳存货周期=T^*= Q^*/D=600 000÷51 100=11.7（天）

为保障电煤供应，在此选择订货周期为 11.7 天。

同样在求出经济订货批量以后，可以根据最大库存时间点，计算送货期t_1：

$t_1=Q^*/p=600\ 000÷67\ 200=8.9$（天）

取$t_1=9$天

在不考虑安全库存的情况下，订货周期中最大库存可以由下式计算得出：

$Q_A=t_1×（p-d）=144\ 900$（吨）

2）S电厂安全库存的确定

安全库存是指对未来物资供应的不确定性、意外中断或延迟等起到缓冲作用而保持的库存。为了保障电力机组的安全运行，燃料煤的供应不允许出现缺货，因此应按电厂在峰值发电时的煤炭需求来计算安全库存。煤炭的安全库存主要受到需求以及前置期偏差的影响。电厂每天的需求可以视为固定的，按满负荷计算，此时前置期是不确定的。因为在电煤供应过程中，由于受到运输各个环节不确定因素的影响，使得船舶到港的均衡性较差，靠泊的时间间隔的偏差也较大，即订货前置期的变化率较大。电厂港口抵港船舶靠泊时间间隔服从Erlang分布，即前置期服从Erlang分布。安全库存SS计算公式如下：

$SS=α×d×σ_t=α×d×\ [E\ (T)\ ×CV]\ =α×d×（DW÷d）×CV=α×DW×CV$

式中：$α$——Erlang分布下的安全系数；

$σ_t$——前置期的标准差；

d——单位时间需求量；

DW——船舶载重量；

CV——Erlang分布下的偏离系数。

取船舶载重量$DW=6$万吨，Erlang分布下偏离系数$CV=0.477$。S电厂燃料煤库存在高峰时期，不同的服务水平下应该持有的安全库存量如表4-10所示。

表4-10 不同的服务水平下的安全库存量

服务水平（%）	安全系数	安全库存（万吨）	服务水平（%）	安全系数	安全库存（万吨）
80	6.72	19.23	98	10.58	30.28
85	7.27	20.8	99	11.60	33.2
90	7.99	22.87	99.9	14.79	42.33
95	9.15	26.19	99.99	17.78	50.89

3）库存规模的确定

我们可以得到在有安全库存的情况下，电厂煤炭接卸港在高峰时期应该持有的最大库存量，也就是其库存的最大规模。

考虑安全库存下的最大库存量为：

$Q^*=Q_A+SS$

式中：$Q_A=t_1×（p-d）=144\ 900$（吨）$=14.49$万吨

因此，在高峰时期对应不同服务水平下应该设置的最大库存，即S电厂的库存规模大小，如表4-11所示。

表4-11 不同服务水平下的库存规模

服务水平 (%)	安全库存 (万吨)	库存规模 (万吨)	服务水平 (%)	安全库存 (万吨)	库存规模 (万吨)
80	19.23	33.72	98	30.28	44.77
85	20.8	35.29	99	33.2	47.69
90	22.87	37.36	99.9	42.33	56.82
95	26.19	40.68	99.99	50.89	65.38

从表4-11可以清楚地看出，随着服务水平的提高，库存量呈现上升的趋势，但是当服务水平大于99%时，其幅度陡然增加，因此要想维持较高的服务水平，就要维持较高的库存量。在综合考虑供应保障能力，即服务水平以及经济因素后，需要选择合理的服务水平，进而确定合理的库存规模。

思考题：

1.S电厂经济订货批量的确定属于确定性库存控制模型中的哪一种？

2.S电厂库存规模的确定属于随机库存控制模型中的哪一种？

◆ 课后练习

（一）名词解释

经济订货批量 再订货水平

（二）填空题

1.每一个存货周期的总成本等于总体_____成本、总体_____成本与总体_____成本的和。

2.一个完整的库存过程，可以包括_____、_____、_____、_____四个过程。

3.库存控制模型根据其主要参数的确定与否，可以分为_____库存控制模型以及_____库存控制模型。

（三）单项选择题

1.预先确定一个订货点和一个订货批量，然后随时检查库存，当库存下降到订货点时，就发出订货通知，订货批量的大小每次都相同。这种采购模式称为（　　　）。

A.定期订货法采购　　　　　　　　B.定量订货法采购

C.MRP采购模式　　　　　　　　　D.JIT采购模式

2.预先确定一个订货周期和一个最高库存水准，然后以规定的订货周期为周期，周期性地检查库存，发出订货通知，订货批量的大小每次都不一定相同，订货量的大小都等于当时的实际库存量与规定的最高库存水准的差额。这种采购模式称为（　　　）。

A.定期订货法采购　　　　　　　　B.定量订货法采购

C.MRP采购模式　　　　　　　　　D.JIT采购模式

（四）多项选择题

1.库存按在生产和配送过程中所处的状态可分为（　　　）。

A.原材料库存　　　B.在制品库存　　　C.产成品库存　　　D.在库库存

2.在库存全过程中，全部经营活动所发生的费用大致可以分为（　　　）。

A.订货费　　　B.保管费　　　C.缺货费　　　D.补货费

E.进货费　　　F.购买费

（五）简答题

为什么周转库存要进行库存量的控制？

（六）论述题

定量订货法与定期订货法的区别。

（七）计算题

1.某种产品的需求是每年2 000个产品单位，每一个订单的成本是100元，每年的存货持有成本是产品单位成本的40%，单位成本根据订货批量变化的规律如表4-12所示，在这种情况下，最佳的订货批量是多少？

表4-12　　　　　　　　　　　单位成本根据订货批量变化的规律

订货范围（罐）	单价（元/罐）
1~499	10
500~999	8
1 000以上	6

2.某零售商声称对于所经营的产品保证95%的服务水平。该零售商的存货是由供应商供给的，订货至交货周期是固定的，为4周。如果市场针对某一种产品的需求是呈正态分布的，平均需求量为每周100个，标准偏差为10个，那么这个零售商应该如何设定再订货水平？如果服务水平上调至98%，再订货水平将如何变化？

3.某公司发现，针对某种产品的需求呈正态分布，需求的平均值为每年2 000个，标准偏差为400个。产品的单位成本为100元，再订货成本为200元，存货持有成本为存货价值的20%，订货至交货周期为3周。请制定出在服务水平为95%的情况下的再订货策略，并计算出安全存货的成本是多少。

4.针对某种产品的订货至交货周期是呈正态分布的，其平均值为8周，标准偏差为2周。如果需求量是每周100个，请问如何设定订货策略，才能保证95%的存货周期服务水平？

5.针对某种产品的需求是呈正态分布的，需求的平均值为每个月400个，其标准偏差为每个月30个产品单位。此外，针对该种产品的订货至交货周期同样也是呈正态分布的，平均值为2个月，其标准偏差为半个月。请问，要想保证95%的服务水平，需要设定什么样的订购策略？如果再订货成本为400英镑，并且存货持有成本为每个产品单位每个月10英镑，那么最佳的再订货批量是多少？

第 5 章

供应商选择和管理

◆ **学习目标**

通过本章的学习，了解企业供应商的选择、审核、
评估和供应商关系管理等知识，全面掌握供应商管理的
基本知识和工作要点。

◆ **基本概念**

供应商选择　供应商审核　供应商绩效评估

引导案例　　　　　　　**小米供应链管理模式下的采购**

小米公司正式成立于2010年4月，是中国一家著名的专注于智能手机自主研发的移动
互联网公司，定位于高性能发烧手机。小米手机、MIUI、米聊是小米公司旗下三大核心
业务。小米公司首创了用互联网模式开发手机操作系统、发烧友参与开发改进的模式。
"为发烧而生"是小米的产品理念。小米向用户提供参与感，使用户参与到小米产品的完
善和品牌的树立中来，共同成就一个前所未有的软件、硬件、互联网"铁人三项"公司。
这是以互联网思维进行的互联网众包模式，如图5-1所示。

小米商业模式的两项核心要素是：单机型长寿命大量出货和配件增值服务。

1）营销模式

小米科技的营销模式：清晰的时间表、产品人格化、在线预订、个人品牌植入。

（1）清晰的时间表

小米上市销售的时间每次都会在小米发布会结束后及时公布，并且预订结束之后，小
米按预订号给出详细的时间表，给顾客稳定的等待预期。

（2）产品人格化

产品人格化是指将小米手机打造成与发烧友密切交流的人性化设备，从而与目标消费
者建立密切的联系。

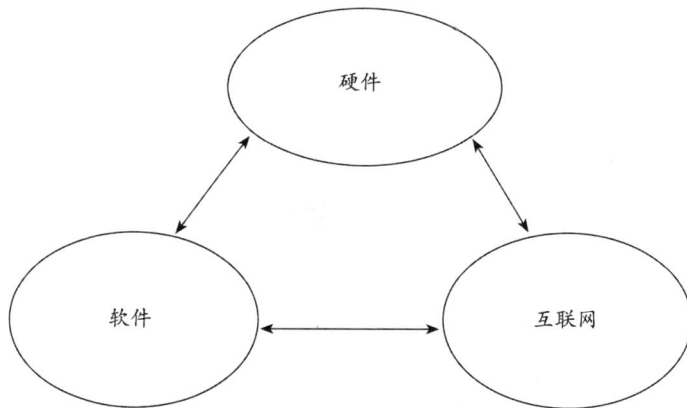

图5-1 互联网众包模式

（3）在线预订

小米科技通过预订为生产计划获得了重要的信息参考，从而在元器件采购、生产和供货上赢得了更多主动权。

（4）个人品牌植入

雷军是小米手机的产品代言人。雷军的经历、身份，以及作为成功的互联网人士、天使投资人的形象，对年轻人具有感召的力量，将这些形象化的价值直接转移到小米手机上。

2）小米的产业链状况

（1）采购

原材料的来源单一和不成熟导致小米在销售的过程中出现问题。小米公司供应链中的MOS管和来电显示彩灯是由泰国供应商提供的，零件的组装是由韩国LG公司承担的，这就造成了供应链的疲软。小米公司对供应商可能出现的问题缺乏前瞻性和预测性，问题出现之后也缺乏妥善的处理，最终导致小米手机的订购和供应都存在一定的问题。

（2）生产

小米手机的生产模式可称为"类PC生产"，这是一种"按需定制"的生产模式。小米手机用户通过网络下单，小米由此获得市场需求，然后通过供应链采购零部件，比如向夏普采购屏幕、向高通采购芯片、向索尼采购摄像头，再向其他厂商采购非关键零部件。目前由于小米手机市场供不应求，处于"饥渴"状态，供需尚不需要完全对接。在供需相对平衡的情况下，如能打通供、需两端，就能实现真正的"按需定制"。

（3）库存管理模式

对制造业企业而言，降低物料的储存和采购成本很重要。借鉴戴尔的成功经验，小米实现了零库存采购。首先，小米手机用户通过网络下单，形成确定的市场需求量，然后小米根据这个确定的需求量采购零部件。由于是按需采购，零部件等物料的储存和采购成本实现了最小化。

3）小米供应链管理模式下的采购优化

小米科技就是通过价值链分析和成本动因分析，将大部分具有成本风险的业务环节，如仓储、生产、营销等外包或者代之以创新的方式，而自身专注于市场需求引导、产品设计这两个领域。

（1）对采购的零部件进行分类管理

小米可以按照以下因素将所采购的零部件加以分类：①零部件对企业的重要程度；②零部件获得的难易程度和可靠程度；③供应市场的风险程度；④企业与供应商的相对优劣势。根据这些因素，企业可以考虑用不同的管理模式同这些零部件的供应商发展关系。

（2）选择合适的供应商

摆脱供应商的束缚，就不能过度依赖一个供应商，要与其他手机零部件的供应商建立合作伙伴的关系，降低风险。在供应链模式下，小米与小米供应商具有共同的目标和利益，结成共担风险、全面配合的战略联盟关系。从系统协调角度分析，整条供应链的功能和效应的发挥有赖于供应链的运营环境、运营目标以及供应链各节点企业的互相联系和互相作用，如果各节点企业不能通过协商来妥善处理各种冲突，供应链的整体功能将由于结构失稳而无效，甚至产生负效应。因而，小米在选择供应商时，不仅需要评价供应商的服务质量、供应价格，更重要的是要评价其拥有的信息、技术、人才、获得资源的能力、企业的战略目标、企业文化、企业信誉等能影响长期经济利益和协调机制的综合能力。企业必须成立一个跨部门的联合小组，组员来自采购、质检、研发、生产及信息技术等与供应链合作关系密切的部门。小组应首先制定合作伙伴的评价标准，建立供应链管理环境下合作伙伴关系的综合评价指标体系，评价合作伙伴关系的一个主要工作是调查收集有关供应商的生产运作、成本控制、技术开发等全方位的信息。在收集合作伙伴关系信息的基础上，可以利用一定的工具和技术方法对合作伙伴进行评价。企业一旦初步选定合作伙伴后，应该与选定的目标企业取得联系，以确认它们是否愿意与企业建立长期的合作关系、是否有获得更高业绩水平的愿望等。

（3）对代工企业实施严格监督管理

小米手机将生产的业务外包给了英华达（南京）科技有限公司，这种生产模式属于外包的形式，但是小米要对代工企业从生产到物流进行严格的监管。不对生产过程进行严格的把关，就可能会出现一些质量问题，甚至影响到企业的品牌形象。因此，小米公司应对代工企业实施严格的监督管理。

（资料来源 刘继昌.供应链管理模式下的采购策略——以小米科技为例 ［J］.中国商贸，2014（13）.）

5.1
供应商选择

5.1.1
供应商调查

供应商管理的首要工作，就是要了解供应商，了解资源市场。要了解供应商的情况，就是要进行供应商调查。

供应商调查，在不同的阶段有不同的要求。供应商调查可以分成三种：第一种是初步供应商调查；第二种是资源市场调查；第三种是深入供应商调查。

1）初步供应商调查

初步供应商调查，就是对供应商的基本情况的调查，主要是了解供应商的名称、地址、生产能力，能提供什么产品、能提供多少、价格如何、质量如何、市场份额有多大、运输进货条件如何。

（1）初步供应商调查的目的

初步供应商调查的目的，是为了了解供应商的一般情况。而了解供应商的一般情况的目的，一是为选择最佳供应商作准备，二是为了了解、掌握整个资源市场的情况，因为许多供应商基本情况的汇总就是整个资源市场的基本情况。

（2）初步供应商调查的特点

初步供应商调查的特点，一是调查内容浅，只要了解一些简单的、基本的情况；二是调查面广，最好能够对资源市场中所有各个供应商都有所调查、有所了解，从而能够掌握资源市场的基本状况。

（3）初步供应商调查的方法

初步供应商调查的基本方法，一般可以采用访问调查法，通过访问有关人员而获得信息。例如，可以访问供应商单位市场部的有关人员，或者访问有关用户，或有关市场的主管人员，或者其他的知情人士。通过访问建立起供应商卡片，也可以制作调查表，由供应商填写相关内容，来对供应商进行初步调查。

供应商卡片是一个好东西，由供应商填写是采购管理的基础工作。我们在采购工作中，可以利用供应商卡片来对供应商进行选择。当然，供应商卡片也要根据情况的变化，经常进行维护、修改和更新。

企业在实行了计算机信息管理后，应将供应商管理纳入计算机管理之中。把供应商卡片的内容输入到计算机中去，利用数据库进行操作、维护和利用。计算机管理有很多优越性，它不但可以很方便地储存、增添、修改、查询和删除，而且可以很方便地统计汇总和分析，可以实现不同子系统之间的数据共享。计算机有处理速度快、计算量大、储存量大、数据传递快等优点，利用计算机进行供应商管理具有很多的优越性。

在初步供应商调查的基础上，要利用调查所得的资料进行供应商分析。初步供应商分析的主要目的，是比较各个供应商的优势和劣势，选择符合企业需要的供应商。

（4）供应商分析的主要内容

①产品的品种、规格和质量水平是否符合企业需要？价格水平如何？只有产品的品种、规格、质量水平都适合于企业，才算得上企业的可能供应商，才有必要进行下面的分析。

②企业的实力、规模如何？产品的生产能力如何？技术水平如何？管理水平如何？企业的信用度如何？

企业的信用度，是指企业对客户、对银行等的诚信程度，表现为供应商对自己的承诺和义务认真履行的程度，特别是在产品质量保证、按时交货、往来账目处理等方面能够以诚相待、一丝不苟地履行自己的责任和义务。

对信用度的调查，在初步调查阶段，可以采用访问制，从大众中得出一个大概的、定性的结论。在详细调查阶段，可以通过大量的业务往来，来统计分析供应商的信用程度，这是可以得到的定量的结果。

③产品是竞争性商品还是垄断性商品？如果是竞争性商品，则供应商的竞争态势如何？产品的销售情况如何？市场份额如何？产品的价格水平是否合适？

④供应商相对于本企业的地理交通情况如何？进行运输方式分析、运输时间分析、运输费用分析，看运成本是否合适。

在进行以上分析的基础上，为选定供应商提供决策支持。

2）资源市场调查

（1）资源市场调查的内容

初步供应商调查是资源市场调查的内容之一，但资源市场调查不仅只是供应商调查，资源市场调查还应包括以下一些基本内容：

①资源市场的规模、容量、性质。例如资源市场究竟有多大范围？有多少资源量？多少需求量？是卖方市场还是买方市场？是完全竞争市场、垄断竞争市场，还是垄断市场？是一个新兴的成长的市场，还是一个陈旧的没落的市场？

②资源市场的环境如何？例如市场的管理制度、法制建设、市场的规范化程度、市场的经济环境、政治环境等外部条件如何？市场的发展前景如何？

③资源市场中各个供应商的情况如何，即我们前面进行的初步供应商调查所得到的情况如何？对众多的供应商的调查资料进行分析，就可以得出资源市场自身的基本情况，例如资源市场的生产能力、技术水平、管理水平、可供资源量、质量水平、价格水平、需求状况以及竞争性质等。

资源市场的调查目的，就是要进行资源市场分析。资源市场分析，对于企业制定采购策略以及产品策略、生产策略等都有很重要的指导意义。

（2）资源市场分析的内容

①要确定资源市场是紧缺性市场还是富余性市场，是垄断性市场还是竞争性市场。对于垄断性市场，我们将来应当采用垄断性采购策略；对于竞争性市场，我们应当采用竞争性采购策略，如采用投标招标制等。

②要确定资源市场是成长性市场还是没落性市场。如果是没落性市场，则我们要趁早准备替换产品，不要等到产品被淘汰了再去开发新产品。

③要确定资源市场总的水平，并根据整个市场水平来选择合适的供应商。通常我们要选择在资源市场中处于先进水平的供应商，选择产品质量优而价格低的供应商。

3）深入供应商调查

深入供应商调查，是指对经过初步调查后，准备发展为自己的供应商的企业进行的更加深入仔细的考察活动。这种考察，是深入到供应商企业的生产线、各个生产工艺、质量检验环节，甚至管理部门，对现有的设备工艺、生产技术、管理技术等进行考察，看看所采购的产品能不能满足本企业所应具备的生产工艺条件、质量保证体系和管理规范要求。有的甚至要根据所采购的产品的生产要求，进行资源重组并进行样品试制，试制成以后，才算考察合格。只有通过这样深入的供应商调查，才能发现可靠的供应商，建立起比较稳定的物资采购供需关系。

进行深入的供应商调查，需要花费较多的时间和精力，调查的成本较高，只在以下情况下才需要。

（1）准备发展成紧密关系的供应商

例如在进行准时化采购时，供应商的产品准时、免检、直接送上生产线进行装配。这时，供应商已经成了我们企业的一个生产车间。如果我们开始要选择这样紧密关系的供应商，就必须进行深入的供应商调查。

（2）寻找关键零部件产品的供应商

如果我们所采购的是一种关键零部件，特别是精密度高、加工难度大、质量要求高、在我们的产品中起核心功能作用的零部件产品，我们在选择供应商时，就需要特别小心，要进行反复认真的深入考察、审核。只有经过深入调查证明确实能够达到要求时，才确定发展它为我们的供应商。除以上两种情况以外，对于一般关系的供应商，或者是非关键产品的供应商，一般可以不必进行深入的调查，只要进行简单初步的调查就可以了。

5.1.2
供应商的选择标准

1）供应商选择的短期标准

选择供应商的短期标准一般是商品质量合适、采购成本低、交付及时、整体服务水平好、履行合同的能力高。采购单位可以通过市场调查获得有关供应单位的资料，并从这几个方面进行比较，依据比较结论作出正确决策。

（1）商品质量合适

采购物品的质量合乎采购单位的要求是企业生产经营活动正常进行的必要条件，是采购单位进行商品采购时首要考虑的因素。质量次、价格偏低的商品，虽然采购成本低，但实际上会导致企业的总成本的增加，因为质量不合格的产品在企业投入使用的过程中，往往会影响生产的连续性和产成品的质量，这些最终都将会反映到企业的总成本中去。另一方面，质量过高并不意味着采购物品适合企业生产所用，因为质量过高，远远超过了生产要求的质量，对于企业而言就是一种浪费。因此，采购中对于质量的要求是符合企业生产所需，要求过高或过低都是错误的。评价供应商产品的质量，不仅要从商品检验入手，而且要从供应商企业内部去考察，如企业内部的质量检测系统是否完善，是否已经通过了ISO 9000论证等。

（2）成本低

对供应商的报价单进行成本分析，是有效甄选供应商的方式之一。成本不仅仅包括采购价格，而且包括原料或零部件使用过程中或生命周期结束前所发生的一切支出。采购价格低对于降低企业生产经营成本，提高竞争力和增加利润，有着明显的作用，因而它是选择供应商的一个重要条件。但是价格最低的供应商不一定就是最合适的，因为如果在产品质量、交货时间上达不到要求，或者由于地理位置过远而使运输费用增加，都会使总成本增加，所以总成本最低才是选择供应商时考虑的主要因素。

（3）交货及时

供应商能否按约定的交货期限和交货条件组织供货，直接影响企业生产和供应活动的连续性，因此交货时间也是选择供应商所要考虑的因素之一。企业在考虑交货时间时，一方面要降低原料的库存数量，另一方面又要降低断料停工的风险。影响供应商交货时间的因素主要有：①供应商从取得原料、加工到包装所需的生产周期；②供应商生产计划的规划与弹性；③供应商的库存准备；④所采购的原料或零部件在生产过程中所需要的供应商数目；⑤运输条件及能力。供应商交货的及时性一般用合同完成率或委托任务完成率来表示。

（4）整体服务水平好

供应商的整体服务水平是指供应商内部各作业环节能够配合购买者的能力与态度，如各种技术服务项目、方便订购的措施、为订购者节约费用的措施等。评价供应整体服务水平的主要指标有以下几个方面：

①安装服务。如空调的免费安装、电脑的装机调试等都属于供应商提供的安装服务。对于采购者来讲，安装服务是一大便利。通过安装服务，采购商可以缩短设备的投产时间或投入运行所需要的时间。

②培训服务。对于采购者来讲，会不会使用所采购的物品决定着该采购过程是否结束。如果采购者对如何使用所采购的物品不甚了解，供应商就有责任向采购者传授所卖产品的使用知识。每一个新产品的问世都应该有相应的辅助活动（如培训或讲座）推出。供应商对产品卖前与卖后的培训工作情况，也会大大影响采购方对供应商的选择。

③维修服务。供应商对所售产品一般都会作出免费保修一段时间的保证。例如我们到电子市场买一台电脑，我们通常会问卖方提供多长时间的保修。免费维修是对买方利益的保护，同时也对供应商提供的产品提出了更高的质量要求。这样，供应商就会想方设法提高产品质量，避免或减少免费维修情况的出现。

④升级服务。这也是一种非常常见的售后服务形式，现代信息时代的产品更需要升级服务的支持。信息时代的产品更新换代非常快，各种新产品层出不穷，功能越来越强大，价格越来越低廉，供应商提供免费或者有偿的升级服务对采购者有很大的吸引力，这也是供应商竞争力的体现。例如，各种各样的杀毒软件一般都要提供升级服务，只要购买了公司产品就可以随时在网上得到免费升级的服务。

⑤技术支持服务。这是供应商寻求广泛合作的一种手段。采购者有时非常想了解在其产品系统中究竟什么样参数的器件最合适，有时浪费大量的时间和费用也不一定能够找到合适的解决办法。这时，如果供应商向采购者提供相应的技术支持，就可以在替采购者解决难题的同时销售自己的产品。这种双赢的合作方式是现代采购工作中经常采用的。

（5）履行合同的承诺与能力

确定供应商有无履行合同的承诺与能力时要考虑以下几点：

①要先确认供应商对采购的项目、订单金额及数量是否感兴趣。订单数量大，供应商可能生产能力不足，而订单数量少，供应商可能缺乏兴趣。

②供应商处理订单的时间。

③供应商在需要采购的项目上是否具有核心能力。

④供应商是否具有自行研发产品的能力。

⑤供应商目前的闲置设备状况，了解其接单情况和生产设备的利用率。

2）供应商选择的长期标准

选择供应商的长期标准主要在于评估供应商是否能保证长期而稳定的供应，其生产能力是否能配合公司的成长而相对提高，是否具有健全的企业体制、与公司相近的经营理念，其产品未来的发展方向能否符合公司的需求，以及是否具有长期合作的意愿等。供应商的长期生产能力主要体现在以下几个方面：

（1）供应商的财务状况是否稳定

供应商的财务状况直接影响到其交货和履约的绩效，如果供应商的财务出现问题，周转不灵，就会影响供货进而影响企业生产，甚至出现停工的严重危机。虽然判断一家供应商的财务状况并不容易，但是可以利用资产负债表来考核供应商一段时期营运的成果，观察其所拥有的资产和负债情况；通过损益表，考察供应商一段时期内的销售业绩与成本费用情况。如果供应商是上市公司还可以利用公司的年度报表中的信息来计算各种财务比率，以观察其现金流动情况、应收应付账款的状况、库存周转率和获利能力等。

（2）供应商内部组织与管理是否良好

供应商内部组织与管理关系到日后供应商供货效率和服务质量。如果供应商组织机构设置混乱，采购的效率与质量就会因此下降，甚至会由于供应商部门之间的互相扯皮而导致供应活动不能及时、高质量地完成。另外，供应商的高层主管是否将采购单位视为主要客户也是影响供应质量的一个因素。如果供应商的高层没有将买主视为主要客户，在面临一些突发状况时，便无法取得优先处理的机会。

除此之外，还可以从供应商机器设备的新旧程度及保养状况看出管理者对生产工具、产品质量的重视程度以及内部管理的好坏。另外，可以参考供应商同业之间的评价及在所属产业的地位。对客户满意程度的认知、对工厂的管理、对原材料来源的掌握、对生产流程的控制，也是评估供应商内部管理水平的指标。

（3）供应商员工的状况是否稳定

供应商员工的状况也是反映企业管理中是否存在问题的一个重要指标。例如，员工平均年龄偏高，表明供应商员工的流动率较低，或供应商无法吸收新员工，从而缺乏新观念、新技术的引进。另外，供应商员工的工作态度及受培训的水平会直接影响到产出的效率，这些都是可以在现场参观时观察到的。

5.1.3
供应商选择的方法

选择合乎要求的供应商，需要采用一些科学和严格的方法。选择供应商，要根据具体的情况采用合适的方法。常用的方法主要有直观判断、考核选择、招标选择和协商选择。

1）直观判断

直观判断法是指通过调查、征询意见、综合分析和判断来选择供应商的一种方法，是一种主观性较强的判断方法，主要是倾听和采纳有经验的采购人员的意见，或者直接由采购人员凭经验作出判断。这种方法的质量取决于供应商资料是否正确、齐全和决策者的分析判断能力与经验。这种方法运作方式简单、快速、方便，但是缺乏科学性，受掌握信息详尽程度的限制，常用于选择企业非主要原材料的供应商。

2）考核选择

所谓考核选择，就是在对供应商充分调查了解的基础上，再经过认真考核、分析比较后选择供应商的方法。

考核选择的方法是根据供应商选择的短期和长期标准进行综合评估。综合评估就是把各个选择标准的得分进行加权平均计算而得到一个综合成绩。可以用下式计算：

$$S_K = \sum_{i=1}^{n} W_{si}P_{si} + \sum_{j=1}^{m} W_{lj}P_{lj}$$

式中：S_K——K供应商的综合成绩；

P_{si}——第i个短期选择标准的得分；

P_{lj}——第j个长期选择标准的得分；

W_{si}——第i个短期选择标准的权数；

W_{lj}——第j个长期选择标准的权数。

权数由企业根据各个选择标准的相对重要性主观设定。S作为备选供应商表现的综合描述，这个值越高的供应商表现越好。具体选择方法是：

（1）初步选取若干个备选供应商；

（2）分别给予各选择标准的重要程度权数，各权数的总和应为1；

（3）通过调查，对备选供应商分别予以评价，评分按100记；

（4）据评分结果，对备选供应商的综合能力或综合服务质量进行计算；

（5）将备选供应商的计算结果进行比较，从而选取积分最多的供应商作为选择对象。

例如，假定有A、B、C、D、E五家备选供应商，对五家供应商进行比较，数据见表5-1。

表5-1　　　　　　　　　　　　**五家备选供应商数据**

	备选供应商	A	B	C	D	E	权重
短期选择标准	商品质量	100	100	90	80	90	0.5
	采购成本	100	80	70	60	80	0.2
	交付及时	90	90	100	100	90	0.1
	整体服务水平	100	100	90	80	70	0.1
	履行合同的承诺与能力	90	90	100	60	100	0.1
长期选择标准	供应商财务状况	90	90	100	90	90	0.5
	供应商内部组织与管理	90	80	90	80	70	0.3
	供应商员工的状况	90	90	90	60	90	0.2

根据表5-1，可计算出消费者对每一家航空公司的评价，具体计算如下：

A=100×0.5+100×0.2+90×0.1+100×0.1+90×0.1+90×0.5+90×0.3+90×0.2=188

B=100×0.5+80×0.2+90×0.1+100×0.1+90×0.1+90×0.5+80×0.3+90×0.2 =181

C=90×0.5+70×0.2+100×0.1+90×0.1+100×0.1+100×0.5+90×0.3+90×0.2=183

D=80×0.5+60×0.2+100×0.1+80×0.1+60×0.1+90×0.5+80×0.3+60×0.2=157

E=90×0.5+80×0.2+90×0.1+70×0.1+100×0.1+90×0.5+70×0.3+90×0.2 =171

计算结果，A供应商的综合评分高，应为首选对象。

在得出各个供应商的综合评估成绩后，基本上就可以确定哪些供应商可以入选，哪些供应商被淘汰，哪些应列入候补名单。候补名单中的成员可以根据情况处理，可以入选，也可以落选。现在一些企业为了形成供应商之间的竞争机制，创造了一些做法，就是故意选2个或3个供应商，称作AB角或ABC角。A角作为主供应商，分配较大的供应量；B角（或再加上C角）作为副供应商，分配较小的供应量。综合成绩为优的中选供应商担任A

角，候补供应商担任 B 角。在运行一段时间以后，如果 A 角的表现有所退步而 B 角的表现有所进步的话，则可以把 B 角提升为 A 角，而把原来的 A 角降为 B 角。这样无形中就造成了 A 角和 B 角之间的竞争，促使他们竞相改进产品和服务，使得采购企业获得更大的好处。

从以上可以看出，考核选择供应商是一个时间较长的深入细致的工作。这个工作需要采购管理部门牵头负责，全厂各个部门共同协调才能完成。当供应商选定之后，应当终止试运行期，签订正式的供应关系合同。进入正式运行期后，就开始了比较稳定正常的供需关系运作。

3）招标选择

当采购物资数量大、供应市场竞争激烈时，可以采用招标方法来选择供应商。

4）协商选择

在潜在供应商较多、采购者难以抉择时，也可以采用协商选择方法，即由采购单位选出供应条件较为有利的几个供应商，同它们分别进行协商，再确定合适的供应商。和招标方法比较，协商选择方法因双方能充分协商，在商品质量、交货日期和售后服务等方面较有保证，但由于选择范围有限，不一定能得到最便宜、供应条件最有利的供应商。当采购时间紧迫、投标单位少、供应商竞争不激烈、订购物资规格和技术条件比较复杂时，协商选择方法比招标方法更为合适。

5）建立准入制度

企业在采购过程中必须对众多的供应商进行选择。设立供应商准入制度，目的是从一开始就筛选和淘汰掉不合格的供应商，节约谈判时间。供应商准入制度一般由采购业务部制定、商品采购小组审核、总经理签发后实施。

供应商准入制度的核心是对供应商资格的要求，包括供应商的产品质量、产品价格、资金实力、服务水平、技术条件、资信状况、生产能力等。这些条件是确保供应商供货能力的基础，也是将来履行供货合同的前提保证。这些基本的背景资料要求供应商提供，并可通过银行、咨询公司等中介机构加以核实。

在通过对供应商的考核并认定供应商资格达到基本要求后，采购人员应将企业对具体供货要求的要点向供应商提出，初步询问供应商是否能够接受。若对方能够接受，方可准入，并且将这些要点作为双方进一步谈判的基础。这些要点主要包括：商品的质量和包装要求，商品的配货、送货和退货要求，商品的付款要求等。

5.1.4
选择供应商时应注意的问题

1）自制与"外包"采购

一般情况下，外包的比率越高，则选择供应商的机会越大，并以能够分工合作的专业厂商为主要对象。通过外包，企业可以将精力集中于核心产品的生产上，避免了精力的分散。

2）单一供应商与多家供应商

单一供应商是指某种物品集中向一家供应商订购。这种购买方式的优点是供需双方的关系密切，购进物品的质量稳定，采购费用低；缺点是无法与其他供应商相比较，容易失去质量、价格更为有利的供应商，采购的机动性小，如果供应商出现问题则会影响本企业的生产经营活动。多家供应商是指向多家订购所需的物品，其优缺点正好与单一供应商的情况相反。

3）国内采购与国际采购

选择国内的供应商，价格可能比较低，由于地理位置近，可以实现准时生产或者零库存策略；选择国际供应商，则可能采购到国内企业技术无法达到的物品，提升自身的技术含量，扩大供应来源。

4）直接采购与间接采购

若是大量采购或者所需物品对企业生产经营影响重大，则宜采用直接采购，从而避免中间商加价，以降低成本；如果采购数量小或者采购物品对生产经营活动影响不大，则可通过间接采购，节省企业的采购精力与费用。

5.2
供应商审核及资质认证

供应商审核是供应商管理中的必要环节。供应商审核是了解供应商的优缺点、控制供应过程、促进供应商改进的有效手段，也是降低经营风险、保障持续供应的重要保障。

供应商审核是在完成供应市场调研分析、对潜在的供应商已作初步筛选的基础上对可能发展的供应商进行的。供应商质量体系审核则是供应商审核的一个重要方面。由于质量管理在企业管理中占据着特殊的重要地位，因而一般的公司往往将供应商质量体系审核单独列出，当然也可视情况将它当成是供应商审核的一部分与供应商审核一起进行。

5.2.1
供应商审核

供应商审核是在供应商认证前进行的，目的是确认、筛选出最好的供应商，优化供应商结构，提高竞争优势。

1）供应商审核的层次

就采购供应的控制层次来说，供应商审核可局限在产品层次、工艺过程层次，也可深入到质量保证体系层次甚至供应商的公司整体经营管理体系层次。

（1）产品层次的审核主要是确认、改进供应商的产品质量。实施办法有正式供应前的产品或样品认可检验，以及供货过程中的来料质量检查。

（2）工艺过程层次的审核主要针对那些质量对生产工艺有很强依赖性的产品。要保证供货质量的可靠性，往往必须深入到供应商的生产现场了解其工艺过程，确认其工艺水平、质量控制体系及相应的设备设施能够满足产品的质量要求。这一层次的审核包括供应商审核时工艺过程的评审，也包括供应过程中因质量不稳定而进行的供应商现场工艺确认与调整。

（3）质量保证体系层次的审核是就供应商的整个质量体系和过程，参照 ISO 9000 标准或其他质量体系标准而进行的审核。

（4）公司层次的评审是对供应商进行评审的最高层次，它不仅要考察供应商的质量体系，还要评审供应商经营管理水平、财务与成本控制、计划制造系统、信息系统和设计工程能力等各主要企业管理过程。

在实际情况中，对于那些普通型供应商，采购商一般只局限于产品层次和工艺过程层次的评审。但是如果采购商要挑选合作伙伴，情况就不一样了，特别是那些管理严格、技术先进的国际大公司，它们通常会大量采用质量保证体系和公司层次的评审来控制供应链体系。

2）供应商审核的方法

供应商审核的主要方法可以分为主观判断法和客观判断法。所谓主观判断法是指依据个人的印象和经验对供应商进行判断，这种评判缺乏科学标准，评判的依据十分笼统、模糊；客观判断法是指依据事先制定的标准或准则对供应商进行量化的考核和审定，包括调查法、现场打分评比法、供应商绩效考评、供应商综合评审、总体成本法等方法。

（1）调查法。调查法是指事先准备一些标准格式的调查表格发给不同的供应商填写，收回后进行比较的方法。这种方法常用于招标、询价及供应情况的初步搜集等。

（2）现场打分评比法。现场打分评比法是预先准备一些问题并格式化，然后组织不同部门的专业人员到供应商的现场进行检查确认的方法。

（3）供应商绩效考评。供应商绩效考评是指对已经供货的现有供应商在供货、质量、价格等方面的表现进行跟踪、考核和评比。

（4）供应商综合评审。供应商综合评审是针对供应商公司层次而组织的包括质量、工程、企划、采购等专业人员参与的全面评审，它通常将问卷调查和现场评审结合起来。

（5）总体成本法。总体成本法是一种以降低供应商的总体成本，从而降低采购价格为目的一种方法。它需要供应商的通力合作，由采购商组织强有力的综合专家团队对供应商的财务及成本进行全面、细致的分析，找出降低成本的方法，并要求供应商付诸实施与改进，改进的效果则由双方共享。

3）供应商审核的程序

（1）市场调研，搜集供应商信息

供应商审核是在对供应市场进行调研分析的基础上进行的。对供应市场调研，搜集供应商的信息、资料是评审的前提。只有掌握了供应商翔实的资料，才能对供应商作出客观、公正的评审。在市场调研阶段，主要应该从供应商的市场分布，采购物品的质量、价格，供应商的生产规模等方面搜集供应商的情况。

（2）确定供应商审核的主要指标

对于不同的供应商，审核的指标也不同，因此应该针对供应商的实际情况和本单位所采购物品的特性，对所要评审的供应商制定具体的评审指标。

（3）成立供应商审核小组

对于供应商，应视不同的采购物品成立相应的评审小组。对于一些标准品以及金额比较低的物品，可以用采购人员自行决定的方式，由采购人员组成评审小组。这种方式最简单,也最为快速、方便。对于非标准品、价值金额较大的物品,则可以成立跨功能小组或商品小组来执行评审的任务。所谓跨功能小组是指依据采购物品的性质,由采购部门、物料管理部门、工程及研发部门、主管或财务部门的人员共同组成的临时性的供应商审核组织。

（4）综合评分

供应商审核的最后一个环节是对供应商进行综合评分。针对每个评审项目,权衡彼此的重要性,分别给予不同的权数,评审小组决定了供应的评审内容及权重后,可根据供应商反馈的调查表及实地调查的资料,编制出供应商的资格评分表。

4）供应商审核的内容

由于供应商自身条件各有优劣,所以必须有客观的评分项目作为选拔合格供应商的依据。因此,供应商审核应该制定详细的评审内容,通常包括下列各项：

（1）供应商的经营状况：供应商经营的历史、负责人的资历、注册资本金额、员工人数、完工记录及绩效、主要的客户和财务状况。

（2）供应商的生产能力：供应商的生产设备是否先进,生产能力是否已充分利用,厂房的空间距离如何,以及生产作业的人力是否充足。

（3）技术能力：供应商的技术是自行开发还是从外引进,有无与国际知名技术开发机构的合作,现有产品或试制样品的技术评估如何,产品的开发周期如何,技术人员的数量及受教育程度如何等。

（4）管理制度：生产流程是否顺畅合理,产出效率如何,物料控制是否自动化,生产计划是否经常改变,采购作业是否为成本计算提供良好的基础。

（5）质量管理：质量管理方针、政策如何,质量管理制度的执行及落实情况如何,有无质量管理制度手册,有无质量保证的作业方案,有无年度质量检验的目标,有无政府机构的评鉴等级,是否通过 ISO 9000 认证。

5.2.2
供应商资质认证

1）供应商认证流程

供应商认证是供应商管理的一项重要内容。在供应商认证之前,供应商至少要满足 3 个方面的条件：供应商提交的文件已经通过认证,价格及其他商务条款符合要求,供应商审核必须合格。

新供应商认证往往需要企业高层管理者批准、财务部门调查,客户指定的需出具确认函件、供应商调查等文件。作为供应商而言,需要提供的信息包括工商文件（工商营业执照、税务登记证、资信等级证明、注册资本、经营范围）、行业资质和资格证书、产品质量文件、资源说明书（工厂分布、运输、技术支持、服务等级）、客户名单、公司 SWOT 分析等。企业在必要时可由资信调查公司对供应商进行财务状况、信用等级调查,也可以安排专门项目调查小组进行市场调查。

企业供应商认证流程主要由供应商自我评价、成立跨部门的评价小组、评价供应商几个环节构成。

具体来说，供应商的认证流程如下：

（1）供应商自我认证。对供应商进行认证之前应要求供应商先进行自我评价。一般是先发信给供应商，让供应商先对自己作出自我评价，然后再组织有关人员进行认证。

（2）成立供应商认证小组。收到供应商自我认证的资料后，应着手成立供应商认证小组。供应商认证小组应包括不同部门成员，主要有质量管理、工程、生产等部门。认证小组成立后应确认对供应商认证采取的形式和认证的指标体系。

（3）针对认证的内容，确定相应的指标评分体系。对于供应商的认证要针对不同的供应商采取不同的评分体系。但一般情况下供应商认证的评分体系包括领导班子和风格、信息系统及分析、战略计划、人力资源、过程控制、商务运作、客户满意程度、供应管理、销售管理、时间管理、环境管理等子系统。

（4）会同质量、工程、生产等部门进行现场调查。对供应商的现场调查中，要了解供应商的管理机构设置情况，各个部门之间的分工及汇报流程；考察供应商质量控制与管理体系、生产工艺、顾客服务、环境体系等内容。在现场考察的同时应根据预先设置的评分体系，进行子系统的评价，并给出相应的分值。

（5）各部门汇总评分。进行现场考察后，各个部门应通过现场观察情况，结合供应商的相关文件、先前的市场调查情况、与供应商的客户和供应商的会谈情况，进行综合评分，得出供应商最终认证的总成绩。各部门进行汇总评分后，组织现场调查的部门应写出考察报告，呈报上级领导，并且将考察的资料进行备案并存档。

（6）将认证情况反馈给供应商。对供应商进行认证的最终结果应反馈给供应商，让供应商明确自己的不足之处，以便进行改进与提高。

（7）供应商认证跟踪。对供应商进行认证后，要进行跟踪。供应商的认证不仅是审查和评估的过程，还是一个反馈与跟踪的过程，要随时监测供应商的执行情况，不断督促供应商进行改进。总之，供应商的认证是一个长期的、动态的过程，是通过评估来确认和培养供应商的过程。

2）供应商认证的主要内容

（1）供应商的基本情况

供应商认证的基本情况的主要内容有以下几个方面：

①企业的经营环境：主要包括企业所在国家的政治、经济和法律环境的稳定性，进出口是否有限制，货币的可兑换性，近几年来的通货膨胀情况，基础设施情况，有无地理限制等内容。

②企业近几年的财务状况：主要包括各种会计报表、银行报表和企业经营报告等。

③企业在同行业中的信誉及地位：主要包括同行对企业产品质量、交货可靠性、交货周期及灵活性、客户服务及支持、成本等各项的评价。

④企业近几年的销售情况：包括销售量及趋势、人均销售量、本公司产品产量占行业总产量的比例。

⑤企业现有的紧密的、伙伴型的合作关系：包括与本公司的竞争对手、其他客户或供应商之间的关系。

⑥地理位置：主要包括与本公司的距离和海关通关的难易程度。

⑦企业的员工情况：主要有员工的教育程度、出勤率、流失率、工作时间、平均工资

水平、生产工人与员工总数的比例等。

（2）供应商的企业管理情况

对供应商企业管理情况的认证要考虑以下的因素：

①企业管理的组织框架，各组织之间的功能分配，以及组织之间的协调情况。

②企业的经营战略及目标、企业的产品质量改进措施、技术革新的情况、生产率及降低成本的主要举措、员工的培训及发展情况、质量体系及通过 ISO 9000 认证的情况、对供应商的管理战略及情况等。

（3）供应商的质量体系及保证情况

供应商质量体系及保证的主要内容有：

①质量管理机构的设置情况及功能。

②供应商的质量体系是否完整，主要包括质量保证文件的完整性与正确性，有无质量管理的目标与计划，质量的审核情况，与质量管理相关的培训工作如何等。

③企业产品的质量水平，主要包括产品质量、过程质量、供应商质量及顾客质量投诉情况。

④质量改进情况，主要包括与顾客的质量协议，与供应商的质量协议，是否参与顾客的质量改进，是否参与供应商的质量改进，质量成本控制情况，是否接受顾客其质量的审核等。

（4）供应商的设计、工程与工艺情况

这部分主要包括：

①相关机构的设立与相应职责。

②工程技术人员的能力，主要包括工程技术人员受教育的情况、工作经验、在本公司产品开发方面的水平、在公司产品生产方面的工艺水平及流失情况。

③开发与设计情况，主要有开发设计的试验、试验情况、与顾客共同开发的情况、与供应商共同开发的情况、产品开发的周期及工艺开发程序、对顾客资料的保密情况等。

（5）供应商的生产情况

供应商生产情况认证的主要内容包括生产机构、生产工艺过程及生产人员的情况。具体包括：

①生产机构的设置情况及职能。

②生产工艺过程情况，主要有工艺布置、设备（工艺）的可靠性、生产工艺的改进情况、设备利用率、工艺的灵活性、作业指导的情况、生产能力等。

③生产人员的情况，主要有职工参与生产管理的程度、生产的现场管理情况、生产报表及信息的控制情况、外协加工控制情况、生产现场环境与清洁情况等。

（6）供应商的企划与物流管理情况

①相关机构的设立情况。

②物流管理系统的情况，主要包括物流管理、物料的可追溯性、仓储条件与管理、仓储量、MRP 系统等。

③发货交单情况，主要包括发货交单的可靠性、灵活性，即时供应能力，包装及运输情况，交货的准确程度。

④供应商管理情况，主要有供应商的选择、审核情况，供应商考评的情况，供应商的

分类管理情况，供应商的改进与优化情况等。

（7）供应商的环境管理情况

①环境管理机构的设置及其管理职能。

②环境管理体系，主要有环境管理的文件体系、环境管理的方针与计划等。

③环境控制的情况，主要有环境控制的运作情况、沟通与培训情况、应急措施、环境监测情况、环境管理体系的审核情况。

（8）供应商对市场及顾客服务支持的情况

①相关机构的设置情况。

②交货周期及条件，主要有正常交货的周期、紧急交货的周期、交货与付款的条件、保险与承诺。

③价格与沟通情况，主要包括合同的评审、降低价格与成本的态度、电子邮件与联系手段、收单与发货沟通的情况。

④顾客投诉与服务情况，主要包括顾客投诉的处理程序、顾客投诉处理的情况与反应时间、顾客的满意程度、售后服务机构、顾客数量等。

5.2.3
供应商质量体系审核

供应商质量体系审核通常是依据ISO 9000标准制定相应的审核检查表，由采购员和品质工程师共同实施。参与质量体系审核的人员应当了解ISO 9000标准的要求并具有内审资格。

供应商质量体系审核也可以用于供应商年审，一般由采购部门会同品质部门根据实际情况每年制订一份供应商质量体系审核计划并知会供应商认可后付诸实施。审核作为供应商整体改进计划的一部分，应针对那些需要提高改进质量体系的供应商，每年不宜超过十家。

审核原则上必须在供应商生产现场进行，审核范围应集中在供应商工厂与本公司产品相关的行政及生产区域，审核结果按不同的目的可作为供应商认可的评审依据或提交反馈给供应商，要求供应商限期改进。

质量体系审核的主要内容包括：

（1）管理职责：总则、顾客需求、法规要求、质量方针、质量目标与计划、质量管理体系、管理评审。

（2）资源管理：总则、人力资源、其他资源（信息、基础设施、工作环境）。

（3）过程管理：总则、与顾客相关的过程、设计与开发、采购、生产与服务运作、不合格品（项）的控制、售后服务。

（4）监测、分析与改进：总则、监测、数据分析、改进。

小资料

ISO 9000族标准简介

1）ISO 9000族标准

ISO 9000族标准是ISO/TC176/SC2制定的关于质量方面的国际标准。ISO 9000族标准主要是为了促进国际贸易而发布的，是买卖双方对质量的一种认可，是贸易活动中建立相互信任关系的基石。对产品提出性能、指标要求的产品标准包括很多企业标准和国家标准，但这些标准还不能完全解决客户的要求和需要。客户希望拿到的产品不仅要求当时检验是合格的，而且在产品的全部生产和使用过程中，对人、设备、方法和文件等一系列工作都提出了明确的要求，通过工作质量来保证产品实物质量，最大限度地降低它隐含的缺陷。现在许多国家把ISO 9000族标准转化为自己国家的标准，鼓励、支持企业按照这个标准来组织生产，进行销售。而作为买卖双方，特别是作为产品的需方，希望产品的质量交货时是好的，在整个使用过程中，它的故障率也能降到最低程度；即使有了缺陷，也能得到及时的服务。在这些方面，ISO 9000族标准都有规定要求。符合ISO 9000族标准已经成为在国际贸易上需方对卖方的一种最低限度的要求。就是说要做什么买卖，首先看你的质量保证能力，也就是你的水平是否达到了国际公认的ISO 9000质量保证体系的水平，然后才继续进行谈判。通过ISO 9000认证已经成为企业证明自己产品质量、工作质量的一种护照。

国际标准化组织于2000年12月15日正式发布实施2000版ISO 9000。ISO规定：自正式发布之日起3年内，1994版标准和2000版标准将同步执行，2000版标准正式发布3年期满后，1994版标准立即废止。我国国家质量技术监督局于2000年12月28日发布了GB/T19000-2000标准，2001年6月1日开始实施。我国认证机构从2000年4月16日开始按2000版标准进行审核。

ISO/9000：2000族标准的核心标准有四个，他们是：ISO/9000：2000基本原理和术语、ISO/9001：2000质量管理体系要求、ISO/9004：2000质量管理体系业绩改进指南和ISO/19011质量和环境管理审核指南。ISO/9001：2000标准要求形成的程序文件有六个，分别是：文件控制程序、质量记录的控制程序、内部审核程序、不合格品控制程序、纠正措施控制程序和预防措施控制程序。

2）认证的一般程序

（1）信息交换。通过信函、电话、传真、相互访问等各种形式进行接触，相互了解。

（2）报价。有意向的单位填写调查表，认证机构收到调查表后作出书面的报价。需要时，可以访问现场，了解工作场所与环境。

（3）签订合同。申请单位接受报价后正式填写申请表。认证机构收到申请表后签订提供认证服务的合同，随后指定项目负责人（审核组长）并通知客户。

（4）文件审查。客户将正式发布的质量手册送交认证机构，由审核组长进行文件审查，并将审查结果书面告知客户。如有不符再送交认证机构，直到符合标准要求。

（5）现场初访。了解客户管理基础状况，确定是否可以进行现场审核，商定现场审核计划。必要时可抽取一些要素作预审，以加深了解。如客户要求对所有要素作一次全面的预审，则不在一般程序包含内容范围内，需另签预审服务合同。但此类预审只作评价，不提建议。

（6）现场审核。认证机构派出审核组按计划进行现场审核，审核要求覆盖申请认证的全部范围及所要求标准的全部要素，用抽样方式进行。现场审核将对发现的不合格项开出不合格报告，并要求实施纠正。现场审核结束后将给予书面的审核报告，现场审核结束会议上将口头报告审核结果，告知是否推荐认证通过，然后将全面审核报告送受审方及认证机构项目主管。

（7）纠正措施。对审核中提出的不合格项，都必须实施纠正措施。对推荐通过的客户，可以不到现场跟踪纠正措施的实施，也可以在实施后到现场跟踪查核一次。对不推荐通过的单位，要求整改完成后进行复查。根据问题涉及面的大小，复查可能针对几个要素，也可能是全部要素。复查工作按实际工作另行收费。

（8）核准发证。认证机构项目主管负责审查由审核组长送交的审核报告。认证机构主任负责批准认证通过。认证机构项目管理部门负责发送由审核组长及认证机构主任签署的认证证书，证书有效期为3年。

（9）证后监督。第一次证书有效期内每年检查2次，3年期满换证后每年检查1次。获证单位的法人代表、组织结构、生产方式或经营产品范围等如有变化，应及时通知认证机构。必要时，认证机构将派员复查或增加检查次数。

（10）持证要求。证书的持有者可以在证书有效期内通过广告、宣传资料介绍所获的证书及认证机构标志，但不得直接用于产品，也不得以任何可能误导产品合格的方式使用。如经检查证书的持有者达不到原定标准，又不实施纠正措施，或不能按规定交纳费用，或违反其认证合同规定要求的，经核实可以暂停直至撤销证书。如证书的持有者有效期前未提出重新申请，或在有效期内提出注销的，可以注销其证书。凡暂停、撤销或注销证书，由认证机构在原公告范围内重新公告，并收回其有效证书。

5.3
供应商绩效考评

供应商绩效考评是对现有供应商的日常表现进行定期监控和考核。传统上，虽然我们一直也在进行供应商的考核工作，但是一般都只是对重要供应商的来货质量进行定期检查，而没有一整套的规范和程式。随着采购管理在企业中的地位越来越重要，供应商的管理水平也在不断上升，原有的考核方法已不再适应企业管理的需要。

5.3.1
供应商绩效考核的目的、原则、范围及准备工作

1）供应商绩效考核的目的

供应商绩效管理的主要目的是确保供应商供应的质量，同时在供应商之间进行比较，以便继续同优秀的供应商进行合作，淘汰绩效差的供应商。在对供应商进行绩效管理的同时也可以了解供应存在的不足之处，并将其反馈给供应商，促进供应商改善其业绩，为日后更好地完成供应活动打下良好的基础。

2）供应商绩效考核的基本原则

（1）供应商绩效管理必须持续进行，要定期地检查目标达到的程度。当供应商知道会被定期评估时，自然就会致力于改善自身的绩效，从而提高供应质量。

（2）要从供应商和企业自身各自的整体运作方面来进行评估，以确立整体的目标。

（3）供应商的绩效总会受到各种外来因素的影响，因此对供应商的绩效进行评估时，

要考虑到外在因素带来的影响，不能仅仅衡量绩效。

3）供应商绩效考核的范围

针对供应商表现的考核要求不同，相应的考核指标也不一样。最简单的做法是仅衡量供应商的交货质量；成熟一些的除考核交货质量外，也跟踪供应商的交货表现；较先进的系统则进一步扩展到供应商的支持与服务、供应商参与本公司产品开发等表现，也就是由考核订单履行过程延伸到产品开发过程。

4）供应商绩效考核的准备工作

要实施供应商考核，就必须制定一个供应商考核办法或工作程序，作为有关部门或人员实施考核的依据。实施过程中要对供应商的表现如质量、交货、服务等进行监测记录，为考核提供量化依据。考核前还要选定被考核的供应商，将考核做法、标准及要求同相应的供应商进行充分沟通，并在本公司内与参与考核的部门或人员做好沟通协调。供应商考核工作常由采购人员牵头组织，品质、企划等人员共同参与。

5.3.2
供应商绩效考核的指标体系

为了科学、客观地反映供应商供应活动的运作情况，应该建立与之相适应的供应商绩效考核指标体系。在制定考核指标体系时，应该突出重点，对关键指标进行重点分析，尽可能地采用实时分析与考核的方法，要把绩效度量范围扩大到能反映供应活动的信息上去，因为这要比做事后分析有价值得多。评估供应商绩效的指标主要有质量指标，供应指标，经济指标，支持、配合与服务指标等。

1）质量指标

供应商质量指标是供应商考评的最基本指标，包括来料批次合格率、来料抽检缺陷率、来料在线报废率、供应商来料免检率等，其中，来料批次合格率是最为常用的质量考核指标之一。这些指标的计算方法如下：

来料批次合格率＝（合格来料批次÷来料总批次）×100%

来料抽检缺陷率＝（抽检缺陷总数÷抽检样品总数）×100%

来料在线报废率＝（来料总报废数÷来料总数）×100%

其中，来料总报废数包括在线生产时发现的废品。

来料免检率＝（来料免检的种类数÷该供应商供应的产品总种类数）×100%

此外，还有的公司将供应商体系、质量信息等也纳入考核，比如供应商是否通过了ISO 9000认证或供应商的质量体系审核是否达到一定的水平。还有些公司要求供应商在提供产品的同时，要提供相应的质量文件如过程质量检验报告、出货质量检验报告、产品成分性能测试报告等。

2）供应指标

供应指标又称为企业指标，是同供应商的交货表现以及供应商企划管理水平相关的考核因素，其中最主要的是准时交货率、交货周期、订单变化接受率等。

准时交货率＝（按时按量交货的实际批次÷订单确认的交货总批次）×100%

交货周期指自订单开出之日到收货之日的时间长度，常以天为单位。

订单变化接受率是衡量供应商对订单变化灵活性反应的一个指标，是指在双方确认的交货周期中可接受的订单增加或减少的比率。

订单变化接受率=（订单增加或减少的交货数量÷订单原定的交货数量）×100%

值得一提的是，供应商能够接受的订单增加接受率与订单减少接受率往往不同，前者取决于供应商生产能力的弹性、生产计划安排与反应快慢以及库存大小与状态（原材料、半成品或成品），后者主要取决于供应商的反应、库存（包括原材料与在制品）大小以及对减单可能造成损失的承受力。

3）经济指标

供应商考核的经济指标总是与采购价格、成本相联系。质量与供应考核通常每月进行一次，而经济指标则相对稳定，多数企业是每季度考核一次。此外，经济指标往往都是定性的，难以量化。经济指标的具体考核点有：

（1）价格水平：往往将本公司所掌握的市场行情与供应价格进行比较或根据供应商的实际成本结构及利润率进行判断。

（2）报价是否及时，报价单是否客观、具体、透明（分解成原材料费用、加工费用、包装费用、运输费用、税金、利润等，说明相对应的交货与付款条件）。

（3）降低成本的态度及行动：是否真诚地配合本公司或主动地开展降低成本的活动，是否制订改进计划、实施改进行动，是否定期与本公司检讨价格。

（4）分享降价成果：是否将降低成本的好处也让利给本公司。

（5）付款：是否积极配合响应本公司提出的付款条件要求与办法，开出的发票是否准确、及时、符合有关财税要求。

有些单位还将供应商的财务管理水平与手段、财务状况以及对整体成本的认识也纳入考核。

4）支持、配合与服务指标

同经济类指标一样，考核供应商在支持、配合与服务方面的表现通常也是定性考核，每季度一次。相关的指标有反应与沟通、合作态度、参与本公司的改进与开发项目、售后服务等。

（1）反应表现：对订单、交货、质量投诉等反应是否及时、迅速，答复是否完整，对退货、挑选等是否及时处理。

（2）沟通手段：是否有合适的人员与本公司沟通，沟通手段是否符合本公司的要求（电话、传真、电子邮件以及文字处理所用软件与本公司的匹配程度等）。

（3）合作态度：是否将本公司看成是重要客户，供应商高层领导或关键人物是否重视本公司的要求，供应商内部沟通协作（如市场、生产、计划、工程、质量等部门）是否能整体理解并满足本公司的要求。

（4）共同改进：是否积极参与或主动参与本公司相关的质量、供应、成本等改进项目或活动，或推行新的管理做法等，是否积极组织参与本公司共同召开的供应商改进会议、配合本公司开展的质量体系审核等。

（5）售后服务：是否主动征询本公司的意见、主动访问本公司、主动解决或预防问题。

（6）参与开发：是否参与本公司的各种相关开发项目，如何参与本公司的产品或业务开发过程。

（7）其他支持：是否积极接纳本公司提出的有关参观、访问事宜，是否积极提供本公司要求的新产品报价与送样，是否妥善保存与本公司相关的文件等并不予泄露，是否保证不与影响到本公司切身利益的相关公司或单位进行合作等。

5.4
供应商关系管理

5.4.1
供应商的关系

1）供需之间"竞争模式"

传统的企业与供应商的关系是一种短期的、松散的、竞争对手的关系。在这样一种基本关系之下，采购方和供应商的交易如同"0-1"对策，一方所赢则是另一方所失，与长期互惠相比，短期内的优势更受重视。采购方总是试图将价格压到最低，而供应商总是以特殊的质量要求、特殊服务和订货量的变化等为理由尽量提高价格，哪一方能取胜主要取决于哪一方在交易中占上风。例如，采购方的购买量占供应商销售额总量的百分比很大，采购方可方便地从其他供应商那里得到所需物品，改换供应商不需要花费多少转换成本等情况下，采购方均会占上风；反之，则有可能是供应商占上风。

2）供需之间"合作模式"

另一种与供应商的关系模式，即合作模式，在当今受到了越来越多企业的重视，这种模式在日本企业中取得了很大成功并广为流传。在这种模式之下，采购方和供应商互相视对方为"伙伴"，双方保持一种长期互惠的关系。

3）两种模式的特点

竞争模式的主要特征：

（1）采购方以权势压人来讨价还价。采购方以招标的方式挑选供应商，报价最低的供应商被选中；而供应商为能中标，会报出低于成本的价格。

（2）供应商名义上的最低报价并不能带来真正的低采购成本。供应商一旦被选中，就会以各种借口要求采购方企业调整价格，因此，最初的低报价往往是暂时的。

（3）技术、管理资源相互保密。由于采购方和供应商之间是受市场支配的竞争关系，所以双方的技术、成本等信息都小心加以保护，不利于新技术、新管理方式的传播。

（4）双方的高库存、高成本。由于关系松散，双方都会用较高的库存来缓解出现需求波动或其他意外情况时的影响，而这种成本的增加，实际上最后都转嫁到了消费者身上。

（5）不完善的质量保证体系。以次品率来进行质量考核，并采取事后检查的方式，导致查到问题时产品已投入市场，仍要不断地解决问题。

（6）采购方的供应商数目很多。每一种物料都有若干个供应商，供应商之间的竞争使采购方从中获利。

竞争模式的缺陷：

由于采购方和供应商之间的讨价还价，双方缺乏信息交流，成本难以下降，质量也不能很好地满足要求，难以适应快速响应市场的要求。

合作模式的主要特征：

（1）供应商的分层管理。采购方将供应商分层，尽可能地将完整部件的生产甚至设计交给第一层供应商，这样采购方企业的零件设计总量大大减少，有利于缩短新产品的开发周期。这样还使采购方可以只与数目较少的第一层供应商发生关系，从而降低了采购管理费用。

（2）双方共同降低成本。采购方与供应商在一种确定的目标价格下，共同分析成本，共享利润。采购方充分利用自己在技术、管理、专业人员等方面的优势，帮助供应商降低成本。由于通过降低成本供应商也能获利，所以调动了供应商不断改进生产过程的积极性，从而有可能使价格不断下降，在市场上的竞争力不断提高。

（3）共同保证和提高质量。由于买卖双方认识到不良产品会给双方都带来损失，所以能够共同致力于提高质量。一旦出现质量问题，采购方就会与供应商一起通过"5W"等方法来分析原因，解决问题。由于双方建立起了一种信任关系，互相沟通产品质量情况，所以采购方甚至可以不对供应物料进行检查就直接使用。

（4）信息共享。采购方积极主动地向供应商提供自己的技术、管理等方面的信息和经验，供应商的成本控制信息也不再对采购方保密。除此之外，供应商还可以随时了解采购方的生产计划、未来的长期发展计划以及供货计划。

（5）JIT式的交货。也就是说，只在需要的时候按需要的量供应所需的物品。由于买卖双方建立起了一种长期信任的关系，不必为每次采购谈判和讨价还价，不必对每批物料进行质量检查，而且双方都互相了解对方的生产计划，这样就有可能做到JIT式的交货，而这种做法使双方的库存都大为降低，从而得益。

（6）采购方只持有较少数目的供应商。一般一种物料只有1~2个供应商，这样可以使供应商获得规模优势。当来自采购方的订货量很大，又是长期合同时，供应商甚至可以考虑扩大设施和设备能力，并考虑将新设备建在采购方附近，这样几乎就等于采购方的一种"延伸"组织。

合作模式的缺陷：

（1）如果一种材料只有1~2个供应商，那么供应中断的风险就会增加。

（2）保持长期合同关系的供应商缺乏竞争压力，从而有可能缺乏不断创新的动力。

（3）JIT式的交货方式有中断生产的风险。

5.4.2

供应商细分

供应商细分是指在供应市场上，采购者依据采购物品的金额、采购商品的重要性以及供应商对采购方的重视程度和信赖性等因素，将供应商划分成若干个群体。供应商细分是供应商关系管理的先行环节，只有在供应商细分的基础上，采购方才有可能根据细分供应商的不同情况实行不同的供应商关系策略。

根据不同的方法，可以对供应商进行如下细分：

1）公开竞价型、网络型、供应链管理型

公开竞价型是指采购商将所采购的物品向若干供应商公开地提出采购计划，各个供应商根据自身的情况进行竞价，采购商依据供应商竞价的情况，选择其中价格低、质量好的供应商作为该项采购计划的供应商，这类供应商就称为公开竞价型供应商。在供大于求的市场中，采购商处于有利地位，采用公开竞价选择供应商，对产品质量和价格有较大的选择余地，是企业降低成本的途径之一。

网络型供应商是指采购商在与供应商长期的选择与交易中，将在价格、质量、售后服务、综合实力等方面比较优秀的供应商组成供应商网络，企业的某些物品的采购只在供应商网络中进行。供应商网络的实质就是采购商的资源市场，采购商可以针对不同的物资组建不同的供应商网络。供应商网络的特点是采购商与供应商之间的交易是一种长期性的合作关系，但在这个网络中应采取优胜劣汰的机制，以便长期共存、定期评估、筛选，适当淘汰，同时吸收更为优秀的供应商进入。

供应链管理型是指在供应链管理中，采购商与供应商之间的关系更为密切，采购商与供应商之间通过信息共享，适时传递自己的需求信息，而供应商根据实时的信息，将采购商所需的物资按时、按质、按量地送交采购商。

2）重点供应商和普通供应商

根据采购的80/20规则可以将供应商细分为重点供应商和普通供应商，其基本思想是针对不同的采购物品应采取不同的策略，同时采购工作精力分配也应各有侧重，相应的，对于不同物品的供应商也应采取不同的策略。根据80/20规则，可以将采购物品分为重点采购品（占采购价值80%、采购数量占20%的采购物品）和普通采购品（占采购价值20%、采购数量占80%的采购物品）。相应的，可以将供应商依据80/20规则分类，划分为重点供应商和普通供应商，即占80%价值的20%的供应商为重点供应商，而其余只占20%采购金额的80%的供应商为普通供应商。对于重点供应商，应投入80%的时间和精力进行管理与改进，这些供应商提供的物品为企业的战略物品或需集中采购的物品，如汽车厂需要采购的发动机和变速器、电视机厂需要采购的彩色显像管以及一些价值高但供应保障不力的物品。而对于普通供应商则只需要投入20%的时间和精力，因为这类供应商所提供的物品的运作对企业的成本、质量和生产的影响较小，如办公用品、维修备件、标准件等物品。

在按80/20规则进行供应商细分时，应注意几个问题：

（1）80/20规则细分的供应商并不是一成不变的，随着企业生产结构和产品线调整，需要重新进行细分。

（2）对重点供应商和普通供应商应采取不同的策略。

3）短期目标型、长期目标型、渗透型、联盟型、纵向集成型

短期目标型是指采购商与供应商之间的关系是交易关系，即一般的买卖关系。双方的交易仅停留在短期的交易合同上，各自所关注的是如何谈判、如何提高自己的谈判技巧使自己不吃亏，而不是如何改善自己的工作，使双方都获利。当交易完成后，双方关系也就终止了。双方只有供销人员有联系。

长期目标型是指采购商与供应商保持长期的关系，双方有可能为了共同利益对改进各自的工作感兴趣，并在此基础上建立起超越买卖关系的合作。长期目标型的特征是建立一

种合作伙伴关系，双方工作重点是从长远利益出发，相互配合，不断改进产品质量与服务质量，共同降低成本，提高共同的竞争力。合作的范围遍及公司内部的多个部门。例如，由于是长期合作，采购商对供应商提出新的技术要求，而供应商目前还没有能力，在这种情况下，可以对供应商提供技术资金等方面的支持。

渗透型供应商关系是在长期目标型基础上发展起来的。其指导思想是把对方公司看成是自己的一部分，因此对对方的关心程度又大大提高了。为了能够参与对方活动，有时会在产权关系上采取适当措施，如互相投资、参股等，以保证双方利益的共享与一致性。同时，在组织上也采取相应的措施，保证双方派员加入对方的有关业务活动。这样做的优点是可以更好地了解对方的情况，供应商可以了解自己的产品是如何起作用的，容易发现改进方向，而购方可以知道供应方是如何制造的，也可以提出改进的要求。

联盟型供应商关系是从供应链角度提出的，其特点是更长的纵向链条上管理成员之间的关系，双方维持关系的难度提高了，要求也更高。成员的增加，往往需要一个处于供应链上核心地位的企业出面协调成员之间的关系，这个企业称为供应链核心企业。

纵向集成型供应商关系是最复杂的关系类型，即把供应链上的成员整合起来，像一个企业一样，但各成员是完全独立的企业，决策权属于自己。在这种关系中，要求每个企业在充分了解供应链的目标、要求，以及充分掌握信息的条件下，能自觉作出有利于供应链整体利益的决策。有关这方面的知识，更多的是停留在学术的讨论上，而实践中的案例很少。

4）商业型、重点商业型、优先型、伙伴型

根据供应商分类模块法可以将供应商分为商业型、重点商业型、优先型、伙伴型四种。供应商分类的模块法是依据供应商对本单位的重要性和本单位对供应商的重要性进行矩阵分析，并据此对供应商进行分类的一种方法。这种方法可以由矩阵图表示，如图5-2所示。

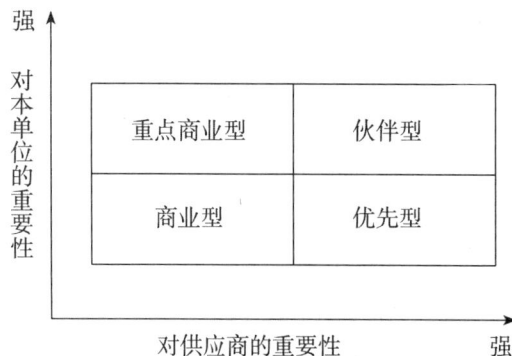

图5-2 供应商分类模块法

在供应商分类的模块中，如果供应商认为本单位的采购业务对于他们来说非常重要，供应商自身又有很强的产品开发能力等，同时该采购业务对本公司也很重要，那么这些采购业务对应的供应商就是"伙伴型"；如果供应商认为本单位的采购业务对于他们来说非常重要，但该项业务对于本单位并不是十分重要，这样的供应关系无疑有利于本单位，是本单位的"优先型"；如果供应商认为本单位的采购业务对他们来说无关紧要，但该采购业务对本单位是十分重要的，这样的供应商就是需要注意改进提高的"重点商业型"；对于那些对于供应商和本单位来说均不是很重要的采购业务，相应的供应商可以很方便地选择更换，那么这些采购业务对应的供应商就是普通的"商业型"。表5-2概括了不同供应商关系的特征及具体发展要求。

表 5-2　　　　　　　　　　　　　供应商关系的特点与发展要求

供应商类型	商业型或优先型供应商	重点商业型供应商	伙伴型供应商	
			供应伙伴	设计伙伴
关系特征	运作联系	运作联系	战术考虑	战略考虑
时间跨度	1年以下	1年左右	1~3年	1~5年
质量	顾客要求	• 顾客要求 • 顾客与供应商共同控制质量	• 供应商保证 • 顾客审核	• 供应商保证 • 供应商早期介入设计及产品质量标准 • 顾客审核
供应	订单订货	年度协议+交货订单	顾客定期向供应商提供物料需求计划	电子数据交换系统
合约	按订单变化	年度协议	• 年度协议（1年） • 质量协议	• 设计合同 • 质量协议等
成本价格	市场价格	价格+折扣	价格+降价目标	• 公开价格与成本构成 • 不断改进，降低成本

5）供应商关系谱

供应商关系谱是将供应商分为不可接受的供应商、可接受的潜在供应商以及5级不同层次的已配套的供应商，如表5-3所示。

表 5-3　　　　　　　　　　　　　供应商关系谱

	层次	类型	特征	适合范围
供应商关系	5	自我发展型的伙伴供应商	优化协作	态度、表现好的供应商
	4	共担风险的供应商	强化合作	
	3	运作相互联系的供应商	公开、信赖	
	2	需持续接触的供应商	竞争游戏	表现好的供应商
	1	已认可的供应商	现货买进关系	方便、合理的供应商
		可考虑的供应商		潜在供应商
		不可接受的供应商		不合适

第一层次的供应商为"触手可及"的关系，因采购价值低，它们对本单位显得不很重要，因而无须与供应商或供应市场靠得太紧密，只要供应商能提供合理的交易即可。处理这类供应商的关系可采取现货买进方式。

第二层次的供应商要求企业对供应市场要有一定的把握，如了解价格发展趋势等，采购的主要着力点是同供应市场保持持续接触，在市场竞争中买到价格最低的商品。

第三层次的供应关系必须做到双方在运作中相互联系，其特征是公开、互相信赖。一旦这类供应商选定，双方就以坦诚的态度在合作过程中改进供应、降低成本。通常这类供应商提供的零部件对本单位来说属于战略品，但供应商并不是唯一的，本单位有替代的供应商可选择。对这类供应商可以考虑长期合作。

第四个层次的供应商关系是一种共担风险的长期合作关系，其重要的特征是双方都力求强化合作，通过合同等方式将长期关系固定下来。

第五个层次是互相配合形成的自我发展型供应商关系。这种关系意味着双方有着共同的目标，必须协同作战，其特征是为了长期的合作，双方要不断地优化协作，最具代表性的活动就是供应商主动参与到本单位的产品开发业务中来，而本单位也依赖供应商在其产品领域内的优势来提高自己产品开发的竞争力。

6）按供应商的规模和经营品种分类

按供应商的规模和经营品种进行供应商细分的方法也可用矩阵图来表示，如图 5-3 所示。

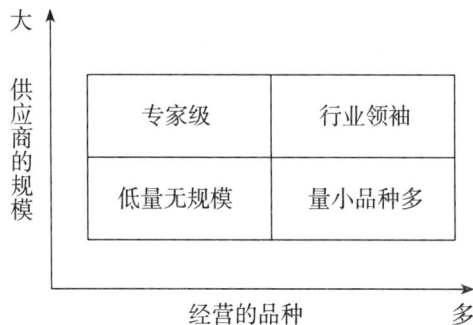

图 5-3　按供应商的规模和经营品种分类

在这种分类方法中，"专家级"供应商是指那些生产规模大、经验丰富、技术成熟，但经营品种相对少的供应商，这类供应商的目标是通过竞争来占领市场。"低量无规模"的供应商是指那些经营规模小、经营品种少的供应商。这类供应商生产经营比较灵活，但增长潜力有限，其目标仅定位于本地市场。"行业领袖"供应商是指那些生产规模大、经营品种也多的供应商，这类供应商财务状况比较好，其目标为立足本地市场，并且积极拓展国际市场。"量小品种多"的供应商虽然生产规模小，但是其经营品种较多，这类供应商的财务状况一般不是很好，但是它有潜力，可培养。

7）按与供应商的采购业务关系重要程度分

按与供应商的采购业务关系重要程度可分为战略供应商（Strategic Suppliers）、优先供应商（Preferred Suppliers）、考察供应商（Provisional Suppliers）、消极淘汰（Exit Passive）、积极淘汰（Exit Active）和身份未定供应商（Undetermined）。当然，不同公司的分法和定义可能略有不同。

（1）战略供应商是指那些对公司有战略意义的供应商。例如他们提供技术复杂、生产周期长的产品，他们可能是唯一供应商。他们的存在对公司的存在至关重要。更换供应商的成本非常高，有些甚至不可能。对这类供应商应该着眼长远，培养长期关系。

（2）优先供应商是基于供应商的总体绩效，如价格、质量、交货、技术、服务、资产管理、流程管理和人员管理等方面，公司倾向于使用优先供应商。优先供应商提供的产品或服务可在别的供应商处得到，这是与战略供应商的根本区别。优先供应商待遇是挣来的，如机械加工件，有很多供应商都能做，但公司优先选择供应商 A，把新生意给这个供应商，就是基于A的总体表现。

（3）考察供应商一般是第一次提供产品或服务给公司，公司对其表现还不够了解，于是给一年的期限来考察。考察完成，要么升级为优先供应商，要么降为淘汰供应商。当然，对于优先供应商，如果其绩效在某段时间下降，也可调为考察供应商，"留校察看"，给他们机会提高，然后要么升级，要么降级。

（4）消极淘汰供应商不应该再得到新的产品。但公司也不积极把现有生意移走。随着主产品完成生命周期，这样的供应商就自然而然淘汰出局。对这种供应商要理智对待。如果绩效还可以的话，不要破坏平衡。从采购方来说，重新选择供应商可能成本太高。这样，双方都认识到维持现状最好。当然，有些情况下，产品有可能成为"鸡肋"，供应商不怎么盈利（或不愿意继续供货），采购方也不愿重新资格化新供应商。那么，供应商的力量就相对更大，给你的产品的重视度不足，绩效可能不够理想。这对采购方绝对是个挑战。维持相对良好的关系就更重要。

（5）积极淘汰供应商不但得不到新生意，连现有生意都得移走。这是供应商管理中最极端的例子。对这类供应商一定要防止"鱼死网破"的情况。因为一旦供应商知道自己现有的生意要被移走，有可能采取极端措施，要么抬价，要么中止供货，要么绩效变得很差。所以，在扣动扳机之前，一定要确保你的另一个供货渠道已经开通。

（6）身份未定供应商的身份未定。在分析评价之后，要么升级为考察供应商，要么定义为消极淘汰或积极淘汰供应商。

小资料

西门子对供应商的分类

西门子在世界范围内拥有分属于大约2 500名采购职员的120 000家供应商，并且在256个采购部门中拥有1 500名一线的采购人员。其中的20 000家供应商被指定为第一选择，他们的数据被存储到西门子内部的电子信息系统中。为了确定采购活动的中心，西门子依据以下两个方面对这些供应商进行了分类：

1）供应风险

这是按照供应商的部件的技术复杂性和实用性来衡量西门子对该供应商的依赖程度的标准。它要求询问："如果这家供应商不能够达到性能标准，那么对西门子意味着什么？"对一个特定的供应商的供应风险的衡量标准包括：

供应部有多大程度的非标准性；

如果我们更换供应商，需要花费哪些成本；

如果我们自行生产该部件，困难程度有多大；

该部件的供应源的缺乏程度有多大。

2）获利能力影响或是采购价值

影响西门子的供应商关系的底线的衡量标准是与该项目相关的采购支出的多少。

根据供应风险和获利能力影响的标准可以建立一个带有四种可能的供应商分类的评估矩阵：

（1）高科技含量的高价值产品，如电力供应、中央处理器的冷却器、定制的用户门阵列；

（2）用量大的标准化产品，如印刷电路板、集成电路存储器、稀有金属、镀锌的锡片；

（3）高技术含量的低价值产品，如需要加工的零件、继电器、变压器；

（4）低价值的标准化产品，如金属、化学制品、塑料制品、电阻器、电容器。

西门子与供应商关系的性质和密切性程度由这四种分类来决定。

第一类——高科技含量的高价值产品，采购策略是技术合作型，其特点是：

- 与供应商保持紧密关系，包括技术支持和共同负担研发经费；
- 设立长期合同；
- 共同努力以实现标准化和技术诀窍的转让；
- 集中于制造过程和质量保证程序，如内部检验；
- 通过电子数据交换（EDI）和电子邮件实现通信最优化的信息交流；
- 在处理获取基础材料的瓶颈方面给予可能的支持。

第二类——用量很大的标准化产品，采购策略是储蓄潜能的最优化，其特点是：

- 全球寻找供应源；
- 开发一个采购的国际信息系统；
- 在全世界寻求相应的合格供应商；
- 列入第二位的资源政策；
- 安排接受过国际化培训的最有经验并且最称职的采购人员。

第三类——高技术含量的低价值产品，采购策略是保证有效率，其特点是：

- 质量审查和专用的仓储设施；
- 保有存货和编制建有预警系统的安全库存计划；
- 战略性存货（保险存货）；
- 在供应商处寄售存货；
- 特别强调与供应商保持良好的关系。

第四类——低价值的标准化产品，采购策略是有效地加工处理，特点是：

- 通过电子系统减少采购加工成本；
- 向那些负责部分物流工作，如仓储、编制需求计划等工作的经销商或供应商外购产品；
- 增加对数据处理和自动订单设置系统的运用；
- 即时制生产，采购物料运送到仓库或生产线；
- 努力减少供应商和条款的数目。

在第四种分类中，西门子把首选供应商的地位授予了80家经销商中的3家。这一安排规定了经销商将负责提供仓库、预测和保管存货、向西门子报告存货和用货量。

显然，任何一个有望成为西门子供应商的公司都必须认真地考虑客户会如何对其产品进行归类。正如上面所描述的，对于一个供应商而言，西门子公告的采购政策在维持双方关系的可能性方面具有相当大的暗示。任何一个将西门子列为核心客户而其产品却被划入第2类或第4类的供应商的管理人员都很难与西门子结成特殊关系；发展协作伙伴关系取决于客户与供应商双方。因而必须以某种方式通过差别化使客户对产品的感知得到提高，进而促使西门子与其形成首选供应商的关系。

除了完成采购职能的一般任务之外，西门子还有一个专设的团队进行采购营销。他们的一项主要职能就是使西门子成为潜在供应商的一个更有吸引力的客户。他们会以这种身份涉足市场研究，找出新的供应商并进行评估，还会与现有的供应商研究新的合作领域，这样做对双方的利益都有好处，例如，依照最节省成本的生产批量对订单要求的数量加以排列将会使双方获益。另外，供应商可能会应邀对西门子的产品设计和生产方法进行技术考察，目的是减少特殊部件的数量，同时增加标准部件的数量，因为标准部件更易于仓储和生产。通过这种方式，供应商提高了效率并且将通过提高效率带来的这部分利益传递给西门子，使它能够在自己的市场上进行有利的竞争。

（资料来源 佚名.西门子公司的采购供应商管理策略方法［EB/OL］.［2015-08-19］.http：//doc.mbalib.com/view/a115fb97e54f5c55fe2263dfc6e1b3e2.html.）

5.4.3
供应商关系管理的内容

1）加强与供应商的信息沟通

为加强与供应商的信息交流与沟通，应与供应商建立完善的信息交流与共享机制。

（1）与供应商之间经常进行有关成本、作业计划、质量控制信息的交流与沟通，保持信息的一致性和准确性。

（2）让供应商参与有关产品开发设计以及经营业务等活动。例如，企业在产品设计阶段让供应商参与进来，这样供应商可以在原材料和零部件的性能和功能方面提供有关信息，为实施质量功能配置（QFO）的产品开发方法创造条件，把用户的价值需求及时地转化为供应商的原材料和零部件的质量与功能要求。

（3）建立任务小组解决共同关心的问题。与供应商建立一种团队型的工作小组，双方的有关人员共同解决供应过程中遇到的各种问题。

（4）双方经常进行互访。双方高层特别是有关部门进行经常性的互访，及时发现和解决各自在合作活动过程中出现的问题和困难，建立良好的合作气氛。

（5）利用电子数据交换和因特网技术，进行快速的数据传输，增加双方业务的透明度和信息交流的有效性。

2）对供应商实施有效的激励机制

要保持长期的供需双赢的合作伙伴关系，对供应商的激励是非常重要的，没有有效的激励机制，就不可能维持良好的供应关系。在激励机制的设计上，要体现公平、一致的原则。给予供应商价格折扣和柔性合同，以及赠送股权等，使供应商和企业共同分享成功，同时也使供应商从合作中体会到供需合作双赢机制的好处。

（1）价格激励。价格对企业的激励是显然的。高的价格能增强企业的积极性，不合理的低价会挫伤企业的积极性。供应链利润的合理分配有利于供应链企业间合作的稳定和运行的顺畅。

（2）订单激励。供应商获得更多的订单是一种极大的激励，在供应链内的企业也需要更多的订单激励。一般来说，一个制造商拥有多个供应商。多个供应商的竞争来自于制造商的订单，多的订单对供应商来说是一种激励。

（3）商誉激励。商誉是一个企业的无形资产，对于企业极其重要。商誉来自于供应链内其他企业的评价和其在公众中的声誉，它反映了企业的社会地位。

（4）信息激励。在信息时代里，信息对企业而言意味着生存。企业获得更多的信息意味着企业拥有更多的机会、更多的资源，从而获得激励。如果能够快捷地获得合作企业的需求信息，企业就能够主动采取措施提供优质服务，必然使合作方的满意度大为提高。这对与合作方建立起信任关系有着非常重要的作用。信息激励机制的提出，也在某种程度上克服了由于信息不对称而使供需双方企业相互猜忌的弊端，消除由此带来的风险。

（5）淘汰激励。淘汰激励是一种负激励。为了使供应链的整体竞争力保持在一个较高的水平，供应链必须建立对成员企业的淘汰机制，同时供应链自身也面临淘汰。淘汰弱者是市场规律之一，保持淘汰对企业或供应链都是一种激励。对于优秀企业或供应链来讲，淘汰弱者使其获得更优秀的业绩；对于业绩较差者，为避免淘汰的危险，它更需要上进。

在供应链系统内形成一种危机激励机制，让所有合作企业都有一种危机感。这样一来，企业为了能在供应链管理体系获得群体优势的同时自己也获得发展，就必须承担一定的责任和义务，对自己承担的供货任务，在成本、质量、交货期等方面负有全方位的责任。这对防范短期行为和"一锤子买卖"给供应链群体带来的风险起到了一定的作用。危机感可以从另一个角度激励企业发展。

（6）新产品/新技术的共同开发。新产品/新技术的共同开发和投资也是一种激励机制，它可以让供应商全面掌握新产品的开发信息，有利于新技术在供应链企业中的推广和供应商市场的开拓。将供应商、经销商甚至用户结合到产品的研究开发工作中来，按照团队的工作方式展开全面合作。在这种环境下，合作企业也成为整个产品开发中的一分子，其成败不仅影响制造商，而且也影响供应商及经销商。因此每个人都会关心产品的开发工作，这就形成了一种激励机制，对供应链上的企业起到激励作用。

（7）组织激励。在一个较好的供应链环境下，企业之间合作愉快，供应链的运作也通畅，少有争执。也就是说，一个良好组织的供应链对供应链内的企业都是一种激励。减少供应商的数量，并与主要的供应商保持长期稳定的合作关系，是企业使用组织激励的主要措施。

◆ 小结和学习重点与难点

本章全面地介绍了供应商管理体系，表现了供应商管理在采购管理中的重要地位。主要介绍了供应商选择、供应商审核及资质认证、供应商绩效考评、供应商关系管理等概念，分别详细阐述了供应商调查与分析的内容与方法，选择供应商的标准和方法，供应商绩效考核指标体系，以及供应商细分等内容。

供应商调查可以分成三种：第一种是初步供应商调查；第二种是资源市场调查；第三种是深入供应商调查。

选择供应商的短期标准一般是商品质量合适、采购成本低、交付及时、整体服务水平好、履行合同的能力高。选择供应商的长期标准主要在于评估供应商是否能保证长期而稳定的供应，其生产能力是否能配合公司的成长而相对提高，是否具有健全的企业体制、与公司相近的经营理念，其产品未来的发展方向能否符合公司的需求，以及是否具有长期合作的意愿等。

供应商审核是在完成供应市场调研分析、对潜在的供应商已作初步筛选的基础上对可能发展的供应商进行的，其目的是确认、筛选出最好的供应商，优化供应商结构，提高竞争优势。

企业供应商认证流程主要由供应商的自我评价、成立跨部门的评价小组、评价供应商几个环节构成。

供应商质量体系审核通常是依据 ISO 9000 标准制定相应的审核检查表，由采购员和品质工程师共同实施。

评估供应商绩效的指标主要有质量指标，供应指标，经济指标，支持、配合与服务指标等。

供应商细分是指在供应市场上，采购者依据采购物品的金额、采购商品的重要性以及供应商对采购方的重视程度和信赖度等因素，将供应商划分成若干个群体。

本章的学习重点是掌握供应商选择方法。

本章的学习难点是理解和掌握供应商绩效考评。

◆ 前沿问题

供应商关系的转变

在新的采购环境下，供应商管理关系发生了根本性变化，供应商正在从单纯的货物/服务的提供者转变为买方的战略性商业伙伴。买方更多地从双赢的目的出发帮助供应商改进流程，降低营运成本。同时买方通过减少供应商数目，一方面控制自身供应商管理成本，另一方面增加单个供应商采购量，以提高供应商依赖度。

新的战略供应商关系已成为趋势。在更紧密的共同利益联系下，游戏规则从单赢变成了双赢，供应链的双方有了共同目标。供应商成本的各项组成都成为买方的供应商管理的内容。例如，针对供应商的生产成本进行产品规格改进，针对供应商的销售成本和运输成本进行共同流程改进，针对供应商库存成本和管理费用重新设定服务水平等。

此外，供应商关系还反映出不同的行业特点。对于产品周期长的行业，如美国的汽车业，供应商关系的重点是缩短产品发展周期，降低成本；对于高物流成本企业，如日本企业，供应商关系的重点是提供物流合作，如跟随重点客户建厂，提合理建议等；对于高库存成本的企业，如维修业和电子元器件业，供应商则通过积极参与库存管理计划等方式降低库存成本。

◆ 案例探讨 1

格力电器的供应商管理

国外大公司由于外部采购环境的完善和规范，以及供货方的生产技术先进、制造质量稳定、价格的变化符合市场规律，使整个外部采购较好控制。而国内由于整个市场大环境还不够规范，供应商的供货质量水平参差不齐，供应企业生产能力有限，造成外部采购难以执行国外的采购模式。格力电器根据国内的实际情况，结合空调产品制造情况摸索出自己的控制模式。格力电器以降低成本、保证质量和满足生产三个需求作为外部采购必须考虑的因素，形成自有的独特采购策略。

1) 严格的供应商管理

（1）供应商的评估与选择

为合理地评估和选择满足格力要求的供应商，格力电器制定了一套严谨的评估运作程序，对于某种零部件的供应商的开发应考虑如下条件：

①同等或高于现有供应商的水平。供应商所供零部件的产品质量原则上必须高于现有供应商的供货质量；供应商所供产品的技术含量和技术水平必须同等或高于现有的供应商水平；供应商的生产工艺水平和生产规模必须同等或高于现有的供应商水平。

②价格优势。供应商供货价格是否具有优势，能否在保证现有产品质量的同时，把供货价格降低一个合理的幅度，以实现采购成本的降低。

③供应商的合理布局。由于目前国内空调制造厂家所执行的是库存销售，并不是订单销售，因此整个生产计划经常随着市场的变化而进行调整。因此，对供应商供货的及时性必须加以考虑。这样，供应商的分布在同等质量、价格情况下，应以厂址靠近珠海市为优先选择条件。

④同行供货情况。作为新供应商是否曾给同行厂家供货，而且供货的质量状况以及信誉度如何等作为一个必备考虑的条件。

在以上四个基本条件满足之后，公司通过一个评审小组（包括供应部、技术部、质量部门人员）对厂家进行全面评估和筛选，以确保最优、最好的供应商给格力电器供货。同时，可以杜绝一些人为因素的操作，体现公平、公正、优胜劣汰的原则。

（2）供应商的组合

选择稳定、良好的供应商是制造厂家追求的目标，单一供货厂家更利于企业的管理。但是，在目前国内市场不规范、供应厂家水平参差不齐的情况下，单一供应商往往对制造企业不利，具体表现在：

①价格无竞争性。

②质量无法稳步提高。

③供货及时性受到影响。

因此，格力电器所采购的每种物料的供应商限定在2～3家，并考虑供货区域的分布，以确保出现产品质量问题时，仍能保证生产的正常，同时促进供货厂家之间的良性竞争。

（3）供应商的供货分配率

为促使供应商不断提高产品质量水平和供货服务水平，格力电器对供应商实行季度评级和年度评级。评级的依据是供应商所供物料在入厂检验、生产使用、售后反馈等过程的质量数据。评级分为A、B、C、D 4个级别，A级占供货量的60%～70%，B级占30%～40%，C级作为补充。由于实行供货分配率与质量挂钩，供应商的供货质量水平稳步提高。

（4）供货价格的确定

为了降低采购成本，同时保证供货的质量，对供应商价格的确定是非常重要的。为此，格力电器采取如下几个原则：

①优质优价原则。供货价格与产品质量挂钩，质量水平稳定、可靠性好、性能参数优的供应商，相对在价格上获得一定优惠。

②竞标制。对几个候选供应商在质量同等水平的情况下考虑实行竞标制，鼓励供应商让利给格力电器，以获取较大供货配额。

③价格成本结构分析与谈判。为了杜绝供应商获取暴利，对供应商的价格成本结构进行分析，既考虑到供应商的基本利益，又兼顾降低采购成本的需要，允许供应商获取相对的利润，但坚决杜绝不合理的暴利行为。

（5）供应商的淘汰机制

有竞争企业才有进步。同样，格力电器在供应商确定方面引入优胜劣汰的竞争机制，以确保供应商整体水平的稳步提高。

①季度评级。每季度对供应商的产品质量实行评级，获得 A、B 级可继续供货，而 D 级的企业则暂停供货一个季度并限期整改。

②年度评级。每年对供应商的产品质量实行评级。被评上 A 级的企业可获得奖牌、证书以及相应的奖励资金，而奖励金额是直接颁发给供应商厂长或经理。对被评上 D 级的企业则取消供货资格，淘汰出局。

③严重质量问题的处罚。对供应商的供货质量实行全面跟踪，一旦发现在生产过程或者在用户使用过程中出现严重的质量问题，则根据质量的严重性分别给予处罚及暂停供货资格，或者是处罚并取消供货资格。

淘汰及竞争机制促使供应商不断提高自身的管理水平和质量水平。这几年，给格力电器供货配套的企业随着格力电器的发展也获得了很大的发展，大大提升了竞争能力。

2）新供应商的确定

供应商的确定直接影响到企业的整个采购控制的实施。因此，格力电器对新供应商的确定实行严格审核程序，以确保把优秀的供应商吸纳进格力电器供货范围。对于新供应商的评估，格力电器采取一套严格的运作程序，杜绝各种人为操作因素。

在整个新供应商确定审核过程中，严格执行各负其责的管理职能，禁止越权和杜绝人为因素，是保证优秀供应商被吸纳进来的基础。同时，对供应商的送样评审和小批量试用只允许三次机会，一旦超出三次送样或试用不合格，则取消其新供应商的候选资格。由于实行以上严格的审核制度，目前格力电器的供应商的水平在稳步上升。

3）供应商的质量监控

供应商的供货质量稳定性直接影响到企业的整体质量水平。因此，对供应商产品质量的有效监控，是保证产品质量和生产正常进行的有效措施。

（1）入厂检验把关

格力电器独树一帜地成立了一个近 200 人的筛选分厂，引进先进的检测设备、试验设备，采取抽检、全检或型式试验等多种检验检测方式，对外协外购件入厂进行筛选，以确保入厂零部件符合质量要求。

（2）不定期地对厂家进行实地审查

对厂家进行实地质量体系审核，可以确保供应商保持较高的质量水平，同时也是格力电器为保证产品质量所实施的前期预防工作。格力电器对关键和重要零部件的供应商每年审查不少于两次，并且还根据质量状况和生产情况加大审查密度。

（3）签订质量保证协议

为使供应商对其所供物料的质量作出承诺，格力电器根据供货商的供货质量以及整机产品质量要求，确定相关的质量指标，由供需双方一同签订《质量保证协议》。如供应商所供物料达不到签订的质量要求，则予以相应的处罚。

（4）质量问题的整改

格力电器对供应商的供货质量状况，主要是入厂检验、生产过程、售后情况的质量数据，每周均汇总提供给供应商，对突出的质量问题限期厂家整改，并及时跟进厂家的改进情况，如整改不及时，则依据《质量保证协议》予以处罚。厂家由于及时得到格力电器所提供的质量数据，前期预防和整改工作就能及时进行，有效地提高供货质量水平。

4）与供应商建立良好的合作关系

要实现良好的外部采购控制，供需双方必须建立一种长期良好的战略合作伙伴关系。因此，格力电器对供应商采取一种双赢原则，使供需双方本着一种"共存共荣、互惠互利、共同发展、精诚合作"的精神，共同承担起相应的责任和义务。格力电器一方面对供应商的选择实行严格的审核制度；另一方面又对供应商给予相应的扶持，支持供应商紧随格力电器的发展步伐而不断发展壮大，使供应商真正能与格力电器一起同呼吸、共命运，共同向前发展。

（资料来源　佚名.格力电器的采购控制［EB/OL］.［2000-10-31］.http：//www1.chinaccm.com/09/0909/090901/news/20001031/155502.asp.）

思考题：

格力电器是如何对供应商进行管理的？

◆ 案例探讨 2

深圳××实业股份有限公司供应商评估和准入制度

1）供方分类

（1）试用供方：指经资质审查合格，具备向公司/子、孙公司提供产品或服务的资格，尚未合作或首次合作存在问题但不严重，有意再次试用的供方。

（2）合格供方：指与公司/项目公司合作过，经评审为合格的供方。

（3）战略合作伙伴：行业知名企业或已经评定为公司/项目公司的合格供方，经长期及多次合作，批准确定为战略合作伙伴的单位。

（4）不合格供方：经资质审查或评审为不合格的供方。

（5）黑名单供方：在采购或合同履约过程中存在违法、违规、严重违约等行为的供方。

2）工作流程

供方推荐→推荐供方汇总→推荐供方分类转发业务部门→供方考察→合格供方审批→招标确定供方→与供方合作→合作完毕供方评价→评价结果进入招标小组供方资料库。

其中：

（1）供方考察：业务部门根据招标小组转发的供方名单，对其进行资格预审，符合采购要求者，确定为初选投标入围单位，不符合采购要求者要注明原因，以便向推荐人解释。采购金额在60万元（含）以上的采购项目（含项目公司发起的采购），由集团业务部门负责组织对供方进行考察。业务部门发起《供方考察审批流程》，《供方考察评分表》作为附件一同报批，经分管领导审核，报总经理审批。

参加考察人员应根据采购要求，并结合考察内容，各自填报《供方考察评分表》。考察组织部门根据《供方考察评分表》，按照平均计算的原则，计算出被考察供方的综合得分，确定其平均得分为该供方最终得分。考察评分采用百分制，考察评分等级划分如下：

A.综合评分在70分以下视为考察不合格，无资格参与本次业务投标；

B.综合评分在70（含）~80分为C级投标单位，可参加本次投标；

C.综合评分在80（含）~90分为B级投标单位，可参加本次投标；

D.综合评分在90（含）~100分为A级投标单位，可参加本次投标。

（2）合格供方审批：业务部门根据《供方考察审批流程》的结果，连同无须考察的供方单位一起，负责发起《合格供方审批流程》，经公司相关部门会签，业务分管领导审核，报总经理审批，确定最终竞标单位名单。

①淘汰供方的处理：合格供方经公司审批同意后，对于被淘汰或剔除的推荐供方，由业务部门负责向相关推荐人作出解释。如公司员工或业务部门发现自己推荐的单位符合公司招标要求，却被剔除在合格供方之外，且业务部门也没有合理解释，员工可直接向审计部反映，由审计部对供方的确定过程进行审计调查。

②合格供方筛选原则：如符合招标要求的供方单位数量较多，而只需选择其中的几家作为竞标单位时，按由高到低的原则筛选。对于公司关系方推荐的供方，在符合公司招标要求的前提下，可不受以上原则限制，直接进入合格供方报公司审批，但要详细说明有关情况。

（3）供方评价：业务经办部门负责组织对供方进行综合评定，采购金额在60万元（含）以上的采购项目，需进行供方评价。与供方合作完毕后，由业务经办部门发起《供方评价审批流程》，《供方评价评分表》作为附件一同报批，经分管领导审核，报总经理审批。

评价评分：业务部门负责将《供方评价评分表》发给参与评价的人员或部门。相关部门或人员应就评审的内容在2个工作日内作出明确的评价意见并阐明事实和理由，并将评审结果反馈给业务经办部门。业务部门根据《供方评价评分表》，按照平均计算的原则，计算出被评价供方的综合得分，确定其平均得分为该供方最终评价得分。评价评分采用百分制，评价评分等级划分如下：

A.综合评分在70分以下视为不合格供方；

B.综合评分在70分（含）以上视为合格供方；

C.连续三次综合评分在90分（含）以上的视为战略合作伙伴；

D.黑名单供方。

3）供方违规处理

（1）黑名单供方：在采购或合同履约过程中，供方有下列行为之一的，应将其列入黑名单供方，并永不采用：

①提供虚假材料、隐瞒真实情况，骗取供应商入围资格或谋取中标的；

②中标后无正当理由不签订合同的；

③擅自变更或终止合同的；

④围标、串标；

⑤提供伪劣不合格产品或服务质量恶劣的；

⑥向采购人员、招标人员、评委等行贿或提供其他不正当利益的。

（2）不合格供方在未来两年内不能参加公司业务投标，两年后如参加公司业务投标，需重新考察评审。

（资料来源　佚名.供应商评估和准入制度［EB/OL］.［2012-08-30］.http://www.doc88.com/p-325242005561.html.）

思考题：

深圳××实业股份有限公司是如何对供应商进行评估的？

◆ 课后练习

（一）名词解释

ISO 9000族标准　供应商细分

（二）填空题

1.选择供应商的短期标准一般是商品质量合适、_____、交付及时、_____、履行合同的能力高。

2.企业供应商认证流程主要由_____、_____、评价供应商几个环节构成。

3.供应商管理最主要的两个内容是_____和_____。

（三）单项选择题

以下不属于供应商选择的长期标准的是（　　　）。

A.供应商的财务状况是否稳定

B.供应商内部组织与管理是否良好

C.供应商在需要采购的项目上是否具有核心能力

D.供应商员工的状况是否稳定

（四）多项选择题

1.依据供应商对本单位的重要性和本单位对供应商的重要性分析，供应商可以分成（　　　）。

A.伙伴型供应商　　　　　B.行业领袖型供应商　　　　C.优先型供应商

D.重点商业型供应商　　　E.商业型供应商

2.按80/20规则分类，供应商可以分成（　　　）。

A.重点供应商　　　　　　B.专家级供应商　　　　　　C.普通供应商

D.行业领袖供应商　　　　E.量小品种多供应商

3.按供应商的规模和经营品种分类，供应商可以分成（　　　）。

A.重点供应商　　　　　　B.专家级供应商　　　　　　C.普通供应商

D.行业领袖供应商　　　　E.量小品种多供应商　　　　F.低量无规模供应商

（五）简答题

1.企业的供应商应如何分类管理？

2.同一种材料的供应商到底应该有几个？为什么？

3.评价供应商应该用哪些指标？请建立指标体系并进行分解。

4.试举例说明应如何保持与供应商的良好关系。

5.进行供应商分析的主要内容有哪些？

（六）论述题

1.通过本章的学习，总结先进的企业在处理供应商的关系方面有哪些共同的值得借鉴的经验。

2.概括地讲，企业与供应商间的关系有两种：一是竞争型交易关系；二是伙伴型交易关系。你认为在中国的现实条件下，企业应该重点发展竞争型的供应关系还是伙伴型的供应关系？为什么？

第 6 章

采购价格与成本管理

◆ **学习目标**

通过本章的学习，使读者正确理解采购价格的概念，熟悉影响采购价格的主要因素，熟悉市场经济条件下定价应考虑的因素，掌握供应商的定价方法；掌握采购成本的分析、控制方法。

◆ **基本概念**

采购价格　采购成本　学习曲线

引导案例　　　　　IBM公司的采购成本是怎样降低的

全球IT业巨擘IBM公司过去也是用"土办法"采购：员工填单子、领导审批、投入采购收集箱、采购部定期取单子。企业的管理层惊讶地发现，这是一个巨大的漏洞——烦琐的环节、不确定的流程，质量和速度无法衡量、无法提高，非业务前线的采购环节已经完全失控了，甚至要降低成本都不知如何下手！

在深入挖掘出采购存在的问题后，IBM公司随即开始了变革行动，目标是电子采购。从后来IBM公司总结的经验看，组织结构、流程和数据这三个要素是改革成功的根本。

第一是变革组织结构。IBM公司成立了全球采购部，其内部结构按照国家和地区划分，设立了CPO（Chief Procurement Officer，全球首席采购官）的职位。组织结构的确立，意味着权力的确认。全球采购部集中了全球范围内生产和非生产性的采购权力，掌管全球统一的采购流程的制定，是订单的唯一出口，并负责统一订单形式。

经过全球采购部专家的仔细研究，把IBM公司全部采购物资按照不同的性质分类，生产性的分为17个大类，非生产性的分为12个大类。每一类成立一个专家小组，由工程师组成。他们熟悉该类物资的情况，了解该类物资的最新产品、价格波动、相应的供应商资信和服务。在具体运作中，全球采购部统一全球的需求，形成大订单，寻找最优的供应商，谈判、压价并形成统一的合同条款。以后的采购只需按照合同照章办事就可以了。

第二是工程师、律师、财务总监审定流程。貌似简单的采购流程，前期准备工作异常复杂。IBM公司采购变革不在于订单的介质从纸张变为电子数据、人工传输变为网络传输，而在于采购流程的梳理。

第三是实施电子采购系统。IBM公司电子采购主要由几大系统构成，即采购订单申请系统、订单中心系统、订单传送系统（与供应商网上沟通）和询价系统（OFQ），以及一个相对完善的"中央采购系统"。

当"中央采购系统"随风潜入IBM公司内部，并平稳运转后，效果立竿见影。基于电子采购，IBM公司降低了采购的复杂程度，采购订单的处理时间已经减少到1天，合同的平均长度减少到6页，内部员工的满意度提升了45%，"独立采购"也减少到2%。

简化业务流程方案实施后，在5年的时间里，总共节约的资金超过了90亿美元，其中40多亿美元得益于采购流程方案的重新设计。现在IBM公司全球的采购都集中在"中央采购系统"之中，而该部门只有300人。IBM公司采购部人员总体成本降低了，员工出现了分流：负责供应商管理、合同谈判的高级员工逐渐增多，而采购的具体执行工作逐渐电子化、集中化。新的采购需求不断出现，改革也将持续下去。

（资料来源 佚名.IBM公司几亿的采购成本是怎样降低的案例［EB/OL］.［2012-06-12］.http：//www.doc88.com/p-231796861339.html.）

确定最优的采购价格是采购管理的一项重要工作，采购价格的高低直接关系到企业最终产品或服务价格的高低。因此，在确保满足其他条件的情况下力争最低的采购价格是采购人员最重要的工作。那么采购者应如何去考察采购价格是否合理呢？

6.1
采购价格分析

6.1.1
采购价格影响因素

采购材料和服务的价格是内部因素和外部因素共同作用的结果。图6-1描述了这些因素之间的关系。

在产成品进入市场之前，内部因素会使材料发生一些变动，这些因素在性质上可能是物流的、技术的或者管理的，例如在交货时间、产品技术要求、产品质量要求、产品规格上的改变。

外部因素是一些能改变一种产品在一个给定的市场上的可用性的因素，它们可分为经济因素、社会政治因素以及技术发展因素，例如总的经济形势的改变，供应市场结构、立法、产品技术的改变等。外部因素通常会影响内部因素，但是相反的情况很少发生。一种产品的价格能被外部因素以两种方式影响：一种是因为一种特定的产品的成本结构的直接变动而引起价格的变动；另一种是间接的方式，因为市场结构的变动和供需关系的转变而引起价格的变动。采购价格的变动是成本因素引起的变动和市场因素引起的变动的总和。

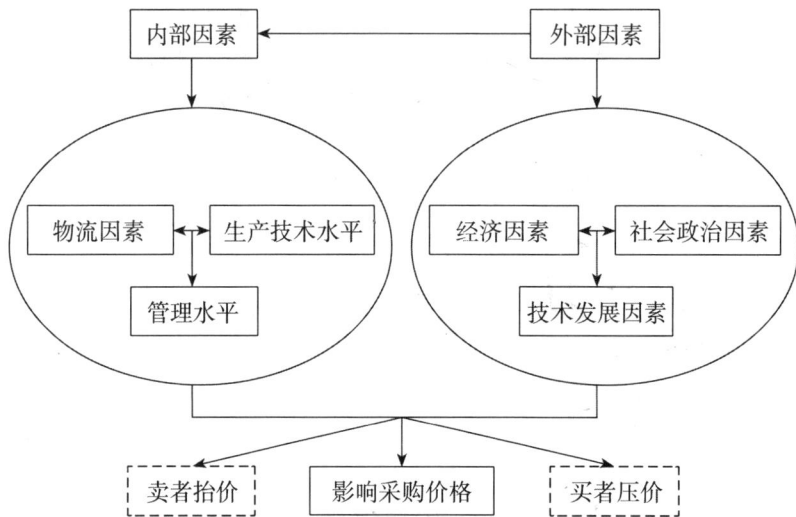

图 6-1　内部因素和外部因素对采购价格的影响

成本因素的变动可能起源于：人工成本的变动、材料成本的变动、能源成本的变动、劳动生产率以及其他因素的变动。市场结构的变动可能起源于：需求的变动、供应的变动、供应方存货的变动、供应方生产能力利用率的变动以及其他因素的变动。

一些产品的价格变动几乎完全取决于成本因素的变动，而另外一些产品的价格变动则几乎完全取决于市场因素的变动，还有一些产品则取决于这两者。对于完全取决于市场因素的产品，单个供应商处于完全竞争的市场，对产品价格的影响无能为力。表 6-1 给出了不同种类产品的供应价格影响因素的构成。

表 6-1　　　　　　　　　　不同产品的供应价格影响因素的构成

产品类别	成本结构为主	侧重于成本结构	50%成本结构、50%市场结构	侧重于市场结构	市场结构为主
原材料				√	√
工业半成品			√	√	
标准零部件		√	√	√	
非标准零部件	√	√	√		
产成品	√	√	√		
MRO产品		√	√	√	
服务	√	√	√		√

6.1.2

供应商的定价方法

供应商定价不外乎有三大类方法，即成本导向定价法（Cost-based Pricing）、需求导向定价法（又称为市场导向定价法，Market-based Pricing）和竞争导向定价法（Competitive Bidding）。成本导向定价法是以产品成本（包括销售成本）为基础确定供应价格；市场导向定价法则是随行就市的方法，即以市场价格作为自己的产品价格；而竞争导向定价法则是结合市场因素及成本因素一起考虑来确定自己的产品价格，是最常见的方法。供应商在确定其产品价格时，通常会考虑到供应市场的供应关系，再结合自己的成本结构。每一类定价方法还可以进一步细分为成本加成定价法、目标成本定价法、价值定价法、投标定价法等。

1）成本导向定价法

着重考虑成本的供应商倾向于采用成本导向定价法，其基本特点是：关心对成本的充分补偿和盈利的可能性；以成本作为价格的最低界限，要求价格只能在成本之上；把外界对价格的影响通过对成本类型和盈利率的选择反映出来，例如完全成本定价法、变动成本定价法等。

（1）成本加成定价法

这是供应商最常用的定价法，它以成本为依据，在产品的单位成本的基础上加上一定比例的利润。该方法的特点是成本与价格直接挂钩，但它忽视市场竞争的影响，也不考虑采购商（或客户）的需要。由于其简单、直接，又能保证供应商获取一定比例的利润，因而许多供应商都倾向于使用这种定价方法。实际上，由于市场竞争日趋激烈，这种方法只有在卖方市场或供不应求的情况下才真正行得通。这种方法的基本计算公式是：

价格=平均单位成本+平均利润

或 价格=（总成本+目标利润）÷总产量

目标利润或平均利润相对于成本，可以是固定的，也可以是变动的。当把目标利润作为与成本同比例增长的部分，或作为销售额中固定比率的部分时，价格计算公式需要作出修改。

①目标利润作为与成本同比例增长的部分

这里以成本作为计算的基数，按照利润随成本变动的比例，首先确定成本加成率（或称为成本利润率），然后计算价格。其公式是：

价格=平均成本×（1+成本加成率）

［例6-1］假设某企业生产单一产品。2015年生产了60 000个，每个变动成本为8元，全年企业固定成本为420 000元。不难计算该产品平均成本，即：

总成本=8×60 000+420 000=900 000（元）

平均成本=900 000÷60 000=15（元）

假定成本加成率为30%，因而价格为：

价格=15×（1+30%）=19.5（元）

②目标利润作为销售额中固定比率的部分

这时价格的计算公式略有不同。因为目标利润作为销售额中固定比率（这个比率通常称为销售利润率）的部分，意味着价格作折扣后才是平均成本，即：

价格×（1-销售利润率）=平均成本

因此：

价格=平均成本÷（1-销售利润率）

［例6-2］假设上例中企业按销售利润率25%来计算价格。因每个产品平均成本为15元，所以：

价格=15÷（1-25%）=20（元）

成本加成定价法不仅谋求补偿成本，而且可取得一定量的利润。只要市场上缺乏竞争压力，产品销路很好，或者现处于卖方市场，企业就可以采用这种方法来制定价格决策。如建筑工程公司进行工程投标，就是在估算成本再加上标准加成率的基础上来报价的。

成本加成定价法忽视当前顾客需求特点，忽视市场供求关系和竞争状况，显然是不合理的，不仅在逻辑上不合理，在计算结果上也不能获得最佳价格，例如，它与按需求曲线制定的价格总是存在一定的差距，与市场通行价格相比也会不同。这些缺陷既可能降低企业销售收入和利润，也可能削弱企业竞争优势。

如果企业生产多种产品，就需要把全部固定成本在各种产品上进行分摊，以便准确计算每种产品成本。在实践中，固定成本分摊可以有多种方式，如按产量的比例平均分摊、按变动成本总额的比例分摊、按制造产品所用时间的比例分摊等，不同方式分摊结果不同，有时差异可达到35%左右。这些差异说明，成本计算并不是那么简单易行的，如果简单地对待，就会使成本计算不准确，从而使成本加成定价法失去价值。

（2）目标成本定价法

有些产品价格的制定是在缺乏历史成本资料，或者已有的成本资料不能真实反映所销售产品的劳动消耗等条件下进行的。例如，按订货合同组织单件性特种产品生产的场合，价格制定是在订货合同达成时或之前进行的。单件生产特种产品的生产特征决定了历史成本资料的缺乏性或不适用性。另外，一个大量生产的企业在向市场推出新产品时，即使实行成本导向定价法，也不能以新产品推向市场初期的成本为计算依据。在这些场合，企业可采用目标成本定价法。所谓目标成本定价法是以企业期望可达到的成本目标作为制定价格的基础的定价方法。目标成本不同于制定价格时期的实际成本，它是为实现定价目标、谋求长远利益和整体利益而测定的一种"影子成本"。通常情况下，"影子成本"所反映的是在企业技术设备日臻完善，内部管理严格有序，整个经营过程处于正常状态下的生产成本。对于新产品来说，"影子成本"着重反映的是从小批量生产转向大批量生产过程中具有边际递减特征的阶段性成本。计算目标成本，消除了生产中不正常因素的影响，也排除了成本波动因素，因而比较合理。以目标成本为基础来制定的价格，既可容易地为消费者所接受，达到可销的水平，又能实现企业的目标利润。其计算公式是：

价格=目标成本+目标利润+税金

价格=总目标成本×（1+成本加成率）÷总产量

［例6-3］海尔公司向市场推出一种全自动滚筒式洗衣机，由于新颖，缺乏充分、准确的成本资料。因此，该公司采用目标成本定价法来测定价格。在分析了固定成本、变动成本因素之后，公司主管部门认为该洗衣机在推出期的目标成本是4 600元。公司认为，该产品具有明显新颖性和适用性，顾客购买力会较大，因而成本加成率可定在30%水平上。于是不难计算该洗衣机的可销价格：

价格=4 600×（1+30%）=5 980（元）

应当注意，目标成本的科学（合理）性对价格的合理性具有明显影响。换句话说，如果目标成本不合理，目标成本定价法就没有什么意义。制定合理的目标成本，必须明确"正常、有效的生产条件"的内涵，认真分析成本变化规律以及其他企业的成本水平，提出切实可行的控制成本的措施。这样，目标成本就具有科学依据，并具有可实现性和可接受性。按照这样的成本来定价，消费者乐于接受，企业也可实现长足的发展。

（3）盈亏平衡定价法

盈亏平衡定价法亦称为保本定价法，顾名思义，这种方法"放弃"了对利润的追求，只要求保本，主要适合于市场销售状况欠佳、谋求市场份额和保证一定销售量的目标占主要地位的场合。例如，在向市场推出新产品时，为使大多数消费者愿意购买，在消费中了解新产品，价格不能太高，但企业又不愿意在亏损状态下经营时，可采用盈亏平衡定价法。在市场普遍不景气，企业的产品以高价销售存在明显困难时，为保证企业安全度过不景气时期，也必须考虑采用盈亏平衡定价法。

在盈亏平衡定价法下，产品价格等于平均成本与单位产品税金之和。通常，首先应当按照保守原则或最大可能原则，估算产品销售量。这一销售量被称为保本销售量。其次要认真搜集分析各类成本资料，成本资料是否全面准确对于销售价格是否有保本功能具有直接影响。由于

总成本=固定成本+单位变动成本×销售量

因此，保本定价法下的价格按下式计算：

价格=固定成本÷保本销售量+单位变动成本+单位产品税金

［例6-4］一家企业推出某种新产品，由于消费者还不是很了解，该企业预计明年产品销售量只有30 000台。为生产该产品，必须支付的固定成本为1 500 000元，单位变动成本为1 000元，该产品欲实现保本经营，价格应为多高呢？

按照上述计算公式，不难计算出保本价格：

价格=1 500 000÷30 000+1 000=1 050（元）

很多情况下，盈亏平衡定价法计算公式被用于计算在一定价格水平下的保本销售量。因为上述计算得到的价格实际上有可能背离市场可行价格。如果价格高于市场可行价格，会使商品销售量锐减，降低销售收入，使入不敷出；如果价格过多地低于市场可行价格，事实上会使企业失去取得一定利润的机会。企业主管通常根据市场可行价格，反向推算保本销售量，作为企业销售目标。

计算保本销售量的公式如下：

保本销售量=固定成本÷（市场可行价格–单位变动成本）

盈亏平衡定价法与前述成本加成定价法的区别仅仅在于利润有无这一点上。

（4）变动成本定价法

在竞争日益激烈、市场份额对于企业日益重要的经营条件下，按照补偿全部成本的原则来制定价格的做法通常会使企业失去竞争优势，尤其是在资本密集型、技术密集型产业，固定资产投资越来越高，技术开发与经营管理领域的固定成本开支越来越大，这样使企业形成很高的固定成本。但是，在市场竞争中，一个企业的商品销售量有很大伸缩性，价格是影响销量的一个重要因素。如何使价格相对低一些，借以扩大商品销售量，通过大规模生产降低商品成本来使企业盈利呢？在成本导向定价法中，最为有效的办法就是暂时撇开固定成本因素，采用变动成本定价法。

变动成本定价法是指以单位变动成本为最低界限，尽量使价格高于单位变动成本的定价方法。价格形成公式是：

价格=单位变动成本+单位贡献

单位贡献亦称为边际贡献，其经济学含义是边际收益超出边际成本的部分。当企业按

照边际收益等于边际成本原则定价时，边际贡献=0，利润最大，但这只是一种理想中的状态。由于市场销售量的不确定性，边际收益=边际成本的状态很难控制，因此企业必须考虑在边际收益高于边际成本的状态下经营。

必须考虑的问题是，企业可以容易地计算出平均变动成本，而很难得到准确的成本曲线。这实际上是说，用平均收益与平均变动成本来定价具有很强的实用性。不论边际收益是否等于边际成本，平均收益必须大于平均变动成本。这显然是一条适用的定价规则。

为什么不能让价格等于单位变动成本呢？这涉及固定成本补偿问题。固定成本如果得不到充分补偿，企业就会在亏损条件下运行。这对于企业继续生存是不利的，更谈不上求发展了。作为一种定价的规则，不能容许单位贡献等于零。其意义就是把补偿固定成本的任务交给单位贡献。只要单位贡献大于零，且商品销售量足够大，则补偿固定成本就不是不可能的。

2）需求导向定价法

在价格制定工作中显然不能忽视消费者对价格的接受能力和可能在购买行为上作出的反应。侧重于使价格为消费者能够接受并且能产生良好的反应的定价方法，就是需求导向定价法。实施需求导向定价法的基本前提是，充分了解消费者的购买能力和购买欲望，并且能够预计消费者对某种价格水平的反应。换句话说，要弄清楚企业面临的需求曲线。

常见的需求导向定价法有三种形式，即直觉价值定价法、差别定价法和增量分析定价法。

（1）直觉价值定价法

这种方法以市场的承受力以及采购商对产品价值的理解程度作为定价的基本依据，常用于消费品尤其是名牌产品，有时也适用于工业产品如设备的备件等。越来越多的企业正把价格的制定转向建立在购买者对产品的"感觉价值"（Perceived Value）基础上。它们发现，定价的关键是购买者的接受性，而不是企业的成本。购买者的接受性表现为消费者对产品价值的主观判断，当消费者觉得产品价值与价格一致或价格较低时，会认为购买是合算的，因而购买动机会强烈；否则，当消费者觉得产品价值低于价格，会有一种"上当""吃亏"的逆反心理产生，因而购买动机会大大削弱。根据这个道理，企业经理们设法借助各种非价格的营销因素来影响消费者，或通过市场定位在消费者心目中建立较高大的产品形象，让消费者产生产品价值很高的概念，由此途径来接受企业制定的产品价格。

直觉价值定价法与产品定位策略是一脉相承的。为一定目标市场服务的企业通常需要利用质量与价格两个"坐标"来建立其产品形象。可能有9种不同的选择，如表6-2所示，每种选择实际上是有关质量水平、价格水平及其比例关系的决策或策略。主对角线上的策略1、5、9在同一个市场上能够相辅相成；但在同一个市场上，每一行上或每一列上的策略是不能同时存在的。例如，策略1、2、3不能在同一市场上同时出现，因为三种策略下的产品没有差别，仅仅只是价格不同。只要消费者充分了解这种关系，消费者就不会执意偏爱策略1或2中的产品，不会随意多"送"钱给实施策略1或2的企业，因为他们有最佳选择，即购买策略3下的产品。对于其他每行的策略及每列的策略也可以同样作出分析。这就是说，在同一市场上，商品价格最好与商品的"感觉价值"或质量水平相适应；在有竞争产品存在的情况下，还要考虑顾客"感觉价值"的变化。

表 6-2 　　　　　　　　　　　　　　　　　产品质量价格表

价格		高	中	低
质量	高	1.优质优价策略	2.高价值策略	3.超价值策略
	中	4.撇脂定价策略	5.公平价值策略	6.适度让价策略
	低	7.暴利定价策略	8."华而不实"策略	9.经济节约策略

　　杜邦公司一直都在采用直觉价值定价法。它开发了地毯用的新合成纤维后，就极力宣传新纤维的优点，向地毯织造厂证明每磅新纤维付 1.40 美元是很合理的。杜邦公司称这种做法是"使用价值"定价法。据说，杜邦公司对某些化学品将采用平均水平的和优越水平的两种价格，当然后者意味着将提供附加价值。例如，某种商品两种价格依据表 6-3 来制定。希望获得"优越"满足水平的顾客可以付 105 美元来达到自己的目的。杜邦公司测算了每项附加好处的"感觉价值"，它们加起来正好是相对于平均水平价格，顾客多付出的费用 5 美元。这种做法有时也被称为项目价值累计定价法。当然，顾客也可以不要求提供全部项目的附加价值而只是其中的一部分。项目价值累计定价法可以让顾客按其需要和愿付的价格来作出选择。

表 6-3 　　　　　　　　　　　　　　　　　商品的两种价格

特征	平均水平	优越水平	附加价值（美元）
品质	杂质含量低于百万分之十	杂质含量低于百万分之一	1.40
送货	两周内	一周内	0.15
商品成套性	仅供化学品	供应化学品包装全套物品	0.80
技术创新	不提供 R&D 服务	高水平的 R&D 服务	2.00
培训	只有初级培训	按对方要求培训	0.40
服务	限于提货时服务	跟踪服务	0.25
价格	100 美元/磅	105 美元/磅	5.00

　　直觉价值定价法的关键是对每一项商品特征的市场"感觉价值"的精确计量问题。自以为是的销售者通常高估其产品的价值而过高定价；保守的销售者容易低估其产品的价值而过低定价。因此，为指导企业合理定价，进行一些市场研究，建立市场"感觉价值"评价体系，是必要的和有意义的。

　　测算顾客对商品的"感觉价值"可以有三种方式：

　　①主观评估法，即由企业内部有关人员参考市场上同类商品，比质比价，综合考虑市场供求趋势，对商品的市场销售价值进行评估确定。

　　②客观评估法，即由企业外部有关部门的人员及消费者代表，对商品的性能、效用、寿命等进行评议、鉴定和估价。

　　③实销评估法，即以一种或几种不同价格，在几个实验市场上进行实地销售，并征得消费者对产品价格的评估，然后通过对试销价格的顾客态度或反应进行分析，确定适销价格。

　　直觉价值定价法是以产品的最终用户或消费者的"感觉价值"为基础来定价的，不适用于流通领域中间环节定价。许多企业把"感觉价值"价格制定下来后，会反过来推算流通领域中间环节的价格以及企业出厂价，这时，直觉价值定价法又被称为"反向定价法"或"倒剥皮定价法"。

（2）差别定价法

差别定价法就是将同种产品以不同的价格销售给同一市场上的不同顾客。一般来说，这里的价格差异不是由于商品成本因素所引起的，也不是附加价值不同所引起的，而是销售者根据顾客的需求特征实行差别定价引起的，因此又被称为歧视性定价法。

①差别定价法的类型

根据消费者需求特征类型，差别定价有四种类型：

A.以顾客本身特征为基础的差别定价。例如，影剧院对大人与小孩规定不同的票价；歌舞厅对男士与女士规定不同的收费标准；航空公司对国内乘客与国外乘客制定不同的机票价格等。通常来说，这种类型的差别定价着重考虑顾客的支付能力与需求弹性的差异。

B.以产品用途为基础的差别定价。如电力、自来水与煤气等公司对企事业单位用户和居民家庭用户制定不同的收费标准；商店对礼品性的与顾客自用性的同种商品制定不同价格；具有收藏价值的邮票与普通邮票两者在价格上通常有很大差别。

C.以消费或购买地点为基础的差别定价。如同样的罐装"健力宝"饮料，在卡拉OK娱乐厅的售价要高于街头杂货店的售价，在装修豪华的饮食店的售价也较高；宾馆客房因南北朝向不同，或因楼层不同而收费不同。

D.以消费或购买时间为基础的差别定价。例如，同一批制造的衣服，在消费旺季与消费淡季的售价是不同的；电视广告在黄金时间的收费特别高；挂历、贺年卡在元旦后销售价格普遍下降。

②实行差别定价法的条件

实行差别定价法必须具备一定的条件，以控制顾客的购买。这些条件包括：

A.价格不同的细分市场之间能够被完全隔离，不可能出现高价细分市场的顾客向低价细分市场流动的问题，也不可能出现低价细分市场的顾客把商品再转手卖给高价细分市场的顾客问题。

B.每个细分市场都具有独特的需求性质，细分市场之间需求弹性不同。换句话说，高价细分市场的顾客不会因为价格高而大量减少其需求。只要高价细分市场能够维持存在并且盈利，差别定价法就有意义。

一般来说，高价细分市场是否能够独立存在，并且能够与低价细分市场相隔离，不是企业主观意志能决定的。许多资料表明，企业自动创造某种条件造成高价细分市场与低价细分市场隔离的做法，往往要么很难成功，要么得不偿失。关键原因在于，细分市场是动态可变的，是企业不可控制的，任何"臆造"市场都是短命的。企业要实行差别定价法，须进行市场调研，论证其可行性，并且要因时、因地、因势制宜。

［例6-5］假定某企业在某一市场上出售某种产品，该市场可被分割为细分市场A和细分市场B。

已知细分市场A的需求曲线为：

$Q_1=1\ 000-2P_1$

已知细分市场B的需求曲线为：

$Q_2=1\ 200-3P_2$

已知总成本函数为：

C（Q_1+Q_2）=350+2（Q_1+Q_2）+0.5（Q_1+Q_2）^{2}

首先考虑忽视顾客需求差异策略下的统一价格制定问题。按照利润最大化原则，统一价格 P=P_1=P_2 的制定规则是边际收益等于边际成本，或者边际利润等于 0。

企业的利润 π=PQ_1+PQ_2-C（Q_1+Q_2）

令 $\dfrac{d\pi}{dp}$=0，即：

13 210-35P^*=0

得利润最大时：

P^*=13 210÷35=377（元）

于是可以算出：

细分市场 A 的销售量 Q_1=1 000-2×377=246

细分市场 B 的销售量 Q_2=1 200-3×377=69

企业的利润 π=PQ_1+PQ_2-C（Q_1+Q_2）=68 162.5（元）

其次考虑重视顾客需求差异的策略，即实行差别定价法。

因为：

P_1=500-Q_1/2

P_2=400-Q_2/3

企业的利润由下式计算：

π=（500-Q_1/2）Q_1+（400-Q_2/3）Q_2-［350+2（Q_1+Q_2）+0.5（Q_1+Q_2）^{2}］

最大利润存在的条件是：

$\dfrac{\partial \pi}{\partial Q_1}$=498-2$Q_1$-$Q_2$=0

$\dfrac{\partial \pi}{\partial Q_2}$=398-$Q_1-5Q_2$/3=0

联立解出 Q_1 和 Q_2，分别为：

细分市场 A 的最优销售量 Q_1^*=185

细分市场 B 的最优销售量 Q_2^*=128

继而可得出：

P_1^*=500-185÷2=408（元）

P_2^*=400-128÷3=357（元）

企业的利润 π=71 215.5 元

71 215.5 元>68 162.5 元，说明采用差别定价法比统一价格法更合理，能使企业获得更多利润。

（3）增量分析定价法

根据顾客的需求弹性或需求曲线来定价，是许多企业常用的定价方法。这种方法以实现最大销售收入或最大利润为目标，分析价格变动与需求变动的相互关系以及它们对利润的影响。由于对价格与需求的变动按增量逐步计算，所以称之为增量分析定价法。

［例6-6］设某企业产品的价格与需求量关系如表6-4所示。

表6-4 　　　　　　　　　　　　　　**价格与需求量的关系**

价格（元）	8	6	4	3
需求量（件）	100	300	400	500

固定成本为800元，平均变动成本为一常数2元。增量分析定价法可以有两种做法。

第一种做法：分析收入增量与成本增量之间的关系，确定最优定价方法。

当价格从8元降至6元时，收入增量与成本增量分别为：

收入增量 $\Delta R = 6 \times 300 - 8 \times 100 = 1\ 000$（元）

成本增量 $\Delta C = 2 \times (300 - 100) = 400$（元）

此时利润增量 $\Delta \pi = 1\ 000 - 400 = 600$（元）

说明价格从8元降至6元是值得的。继续分析如下：

当价格从6元降至4元时，收入增量与成本增量分别为：

收入增量 $\Delta R = 4 \times 400 - 6 \times 300 = -200$（元）

成本增量 $\Delta C = 2 \times (400 - 300) = 200$（元）

此时利润增量 $\Delta \pi = -200 - 200 = -400$（元）

同理计算，当价格从4元降至3元时，$\Delta \pi = -300$元。

由于价格从6元降至4元或从4元降至3元时 $\Delta \pi$ 都为负数，说明价格从6元起继续下降对企业来说是不利的，有利润的损失，因此，企业应将价格定为6元。

第二种做法：直接比较每一价格下的利润，择优定价。可以用表6-5直观说明。

表6-5 比较每一价格的利润 单位：元

价格	需求量（件）	销售收入	变动成本	固定成本	总成本	利润
8	100	800	200	800	1 000	−200
6	300	1 800	600	800	1 400	400
4	400	1 600	800	800	1 600	0
3	500	1 500	1 000	800	1 800	−300

表6-5说明，价格分别为8元、4元和3元时，企业都是无利可图或有亏损的，只有定价6元时，企业可盈利400元。此时，对应于定价6元，需求量为300件，企业盈利最大，因此，企业应将价格定为6元。

3）竞争导向定价法

竞争导向定价法是以本企业的主要竞争对手的价格为定价基础，忽视企业的产品成本或需求的变化，只要竞争对手的价格不动，本企业的价格也不动。竞争导向定价法通常有两种形式，即流行水平定价法和竞争投标定价法。

（1）流行水平定价法

流行水平定价法，又称为随行就市定价法，简单地说，别人定多高的价格，本企业也定多高的价格。企业要分析当前同一市场上主要竞争对手的价格，可以使本企业的价格等于、略为高于或低于主要竞争对手的价格，但处于最接近或等于市场平均价格水平的位置。这种方法特别适用于竞争较激烈、产品差异性不大的行业，如完全竞争行业。在寡头垄断市场上，各企业的产品价格通常是一致的，如在钢铁、石油、纸张或化肥行业。一些小企业跟随市场领袖定价，也是流行水平定价法的一种形式。企业采用流行水平定价法的原因主要是：

①难以估算产品的准确成本。在这种情况下，人们把流行价格视为本行业中能够获得合理利润的价格。

②报复性竞争压力最小。因为按流行水平定价对竞争对手的攻击性最小，对行业内部

的价格协调机制破坏作用也最小。

③认为用户和竞争者对价格差异化的反应是不确定的，或者相信，他们对任何价格差异化的反应对本企业是不利的。

（2）竞争招标定价法

竞争招标定价法最常用于拍卖行、政府采购，也用于工业企业，如建筑承包、大型设备制造，以及非生产用原材料（如办公用品、服务等）的大宗采购，一般由采购商公开招标，参与投标的企业事先根据招标公告的内容密封报价、参与竞争。密封报价是由各供应商根据竞争对手可能提出的价格以及自身所期望的利润而定。在多家企业参与竞争投标时，竞争优势高的企业才有可能中标，取得合同并赢得经营收入。影响投标竞争优势的因素有企业的相对技术实力、知名度和声誉，以及标价。在承包合同质量、工期、服务大致相当的条件下，招标方谋求降低合同价格，因而标价低的投标书较容易中标。

6.1.3

价格折扣

折扣是企业产品销售常用的一种促销方式。了解折扣有助于采购商在谈判过程中降低采购价格。概括起来大体有以下几类折扣：

1）付款折扣

在付款条件上，供应商一般都规定有现金折扣、期限折扣，以刺激采购方能提前用现金付款。现金付款比月结付款的采购价格通常要低；以坚挺货币付款比其他货币付款具有价格优势。

2）数量折扣

数量小的订单其单位产品成本较高，因为小数量订单所需的订单处理、生产准备等时间与大数量订单并无根本区别，此外有些行业生产本身具有最小批量要求，如印刷、电子元件的生产等，以印刷为例，当印刷品的数量增加一倍，其单位产品的印刷成本可降低多达50%。如果采购数量大，采购企业就会享受供应商的数量折扣，从而降低采购的价格。因此，大批量、集中采购是降低采购价格的有效途径。

3）地理折扣

跨国生产的供应商在销售时实行不同地区不同价格的地区差价，对于地理位置有利的客户给予折扣优惠。此外，如果供应商的生产场地或销售点接近客户时，客户往往也可以因交货运输费用低等原因获得较优惠的价格。

4）季节折扣

当企业处于生产的旺季时，对原材料需求紧急，因此不得不承受更高的价格。避免这种情况的最好办法是提前做好生产计划，并根据生产计划制订出相应的采购计划，为生产旺季的到来提前做好准备。在消费淡季时将订单下给供应商往往能拿到较低的价格。

5）推广折扣

许多供应商为了推销产品、刺激消费、扩大市场份额或推广新产品、降低市场进入障碍，往往采取各种推广手段在一定的时期内降价促销。有策略地利用推广折扣是降低采购成本的一种手法。

6.1.4
如何确定采购价格

尽管价格是采购中一个非常重要的因素,应予以重视,但也不能因此过分重视,而忽略其他采购因素。影响采购总成本的因素,不止价格一个,对于这一点,采购人员必须了解,因此在决定采购的各项原则中,价格应被看作最后一项考虑因素。如不能确保适当的品质、数量与可靠供应,价格高低也就无意义可言。在采购作业阶段,企业应当注意要使所需采购物资在适当的品质、数量、交货时间及其他有关条件下,价格最低。

确定适当采购价格的目标,主要在于确保所购物资的成本,以期能确立有利的竞争地位,并在维持买卖双方利益的良好关系下,使原料供应稳定持续,这是采购人员的主要责任。

1)采购价格调查

一个企业所需使用的原材料,少的有八九十种,多的达万种以上,按其价格划分,可分为"高价物品""中价物品""低价物品"三类。由于采购物资种类繁多、规范复杂,有关采购价格资料的搜集、调查、登记、分析十分困难。采购材料规格有差异,价格就可能相差悬殊,而且世界各地商业环境变化莫测,要做好国际商业环境调查是很困难的。

(1)调查的主要范围

在大型企业里,原材料种类不下万种,由于客观条件的限制,要做好采购价格调查并不容易。因此,企业要了解帕累托定理里所说的"重要少数":通常数量上仅占20%的原材料,而其价值却占总体价值的70%~80%。假如企业能掌握住这"重要少数",那么,就可以达到控制采购成本的真正目的,这就是重点管理法。根据一些企业的实际操作经验,可以把下列6大项目列为主要的采购价格调查范围:

①主要原材料,其价值占总体价值的70%~80%。

②常用材料、器材属于大量采购项目的。

③性能比较特殊的材料、器材(包括主要零配件),一旦供应脱节,可能导致生产中断的。

④突发事件紧急采购。

⑤波动性物资、器材采购。

⑥计划外资本支出、设备器材的采购,数量巨大,影响经济效益深远的。

上面所列6大项目,虽然种类不多,但却是所占总体价值比例很大,或影响经济效益甚广的。其中①②⑤三项,应将其每日行情的变动,记入记录卡(见表6-6),并于每周或每月作一个"周期性"的行情变动趋势分析。由于项目不多,而其金额又占全部采购成本的一半以上,因此必须作详细细目调查的记录。至于③④⑥三项,则属于特殊性或例外性采购范围,价格差距极大,也应列为专业调查的重点。

表6-6   调查记录卡

原材料名称	近日价格	昨日价格	增减幅度(%)	上周价格	上月价格

制表人: 日期:

在一个企业中，为了便于了解占总采购价值80%的"重要少数"的原材料价格的变动行情，就应当随时记录，真正做到了如指掌，久而久之，对于相关的项目，它的主要原材料一旦涨价，就可以预测到成品价格的上涨情况。

（2）信息搜集方式

根据统计，采购人员约有27%的时间从事信息搜集。信息搜集的方法可分为以下三类：

①上游法，即了解拟采购的产品是由哪些零部件或材料组成的，换言之，查询制造成本及产量资料。

②下游法，即了解采购的产品用在哪些地方，换言之，查询需求量及售价资料。

③水平法，即了解采购的产品有哪些类似产品，换言之，查询替代品或新供应商资料。

（3）信息的搜集渠道

信息搜集常用的渠道有：杂志、报纸等媒体；信息网络或产业调查服务业；供应商、顾客及同业；参观展览会或参加研讨会；加入协会或公会。

由于商情范围广阔，来源复杂，加之市场环境变化迅速，因此必须筛选正确有用的信息以供决策。最近几年，对国外采购信息的需求越来越迫切，除依赖公司派人亲赴国外搜集，也可利用外贸协会信息处资料搜集组的书刊（名录、电话簿、统计资料、市调、报告等）、期刊（报纸、杂志）、非图书资料（录音带、录像带、磁盘、统计微缩片等）及其他（小册子、宣传品、新书通告等）搜集信息。

（4）调查所得资料的处理方式

企业可将采购市场调查所得资料，加以整理、分析与讨论，在此基础上提出报告及建议，即根据调查结果，编制材料调查报告及商业环境分析报告，对本企业提出有关改进建议（如提供采购方针的参考，以求降低成本、增加利润），并根据科学调查结果，研究更好的采购方法。

2）采购价格确定方式

（1）询价采购方式

所谓询价采购，即采购方根据需采购物品向供应商发出询价或征购函，请其正式报价（Quotation）的一种采购方法。通常供应商寄发报价单，内容包括交易条件及报价有效期等，有时自动提出信用调查对象，必要时另寄"样品"及"说明书"。询价经采购方完全同意接受，买卖契约才算成立。

（2）招标确定价格

招标是采购企业确定价格的重要方式，其优点在于公平合理。因此，大批量的采购一般采用招标的方式。采用招标方式的基本条件是：所采购的商品的规格要求必须能表述清楚、明确、易于理解；必须有两个以上的供应商参加投标。

（3）谈判确定价格

谈判是确定价格的常用方式，也是最复杂、成本最高的方式。谈判方式适合各种类型的采购。

6.2
采购成本分析

6.2.1
学习曲线

　　学习曲线（The Learning Curve）是分析采购成本、实现采购降价的一个重要工具和手段。学习曲线最早由美国航空工业提出，其基本概念是随着产品的累计产量增加，单位产品的成本会以一定的比例下降，如图6-2所示。这种单位产品成本的降低与规模效益并无任何关系，它是一种学习效益。这种学习效益是指某产品在投产的初期由于经验不足，产品的质量保证、生产维护等需要较多的精力投入以致带来较高的成本，随着累计产量的增加，管理渐趋成熟，所需的人、财、物力逐渐减少，工人越来越熟练，质量越来越稳定，前期生产学习期间的各种改进逐步见效，因而成本不断降低，主要表现为：

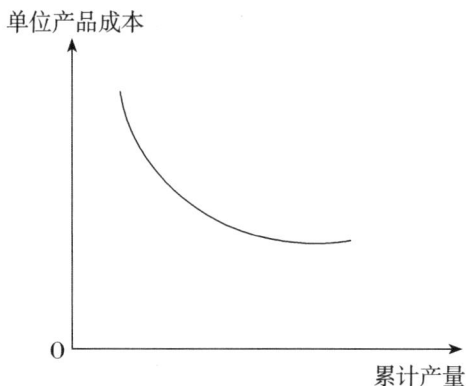

图6-2　学习曲线

　　（1）随着某产品逐步进入成长、成熟期，其生产经验不断丰富，所需的监管、培训及生产维护费用不断减少。

　　（2）随着累计产量增加，工人越趋熟练，生产效率不断提高。

　　（3）生产过程中的报废率、返工率以及产品的缺陷率不断降低。

　　（4）生产批次不断优化，设备的设定、模具的更换时间不断缩短。

　　（5）随着累计产量的增加，原材料的采购成本可不断降低。

　　（6）经过前期生产学习，设备的效率及利用率等方面不断得到改进。

　　（7）通过前期生产学习，物流不断畅通，原材料及半成品等库存控制日趋合理。

　　（8）通过改进过程控制，突发事件及故障不断减少。

　　（9）随着生产的进行，工程、工艺技术调整与变更越来越少。

　　学习曲线说明了当一个特定产品的累计生产量翻倍时，生产该产品所要求的平均时间会比前期所要求的时间少。如一条曲率为80%的学习曲线意味着如果生产的产品的累计量翻倍时，生产一个单位的产品所要求的时间只需要前期时间的80%。举例如表6-7所示。

表6-7 **某产品80%学习曲线效益**

累计产量	单位产品所要求的时间
500	10
1 000	8
2 000	6.4
4 000	5.12
8 000	4.1

这种知识对于采购者来说是相当重要的。通过预计供应商的学习曲线，采购者能用此知识来与供应商协商未来的价格降低问题。学习曲线在以下情况中特别适用：

（1）一个供应商按照客户的特殊要求进行专业的零部件生产时。

（2）需大量投资或新添设备设施的产品生产。

（3）需要开发专用的磨具、夹具、检具或检测设施，无法同时向多家供应商采购。

（4）直接人工成本占产品成本比例较大时。

6.2.2
采购价格与采购成本

在采购过程中，原材料或零部件的采购价格固然是很重要的财务指标，但作为采购人员，不能只看到采购价格本身，还要将采购价格与交货、运输、包装、服务、付款等相关因素结合起来考虑，衡量采购的实际成本。如某单位采购电脑液晶显示器，由表6-8中数据可知，采购单价为780元，而实际采购单位成本则为887.32元，采购价格仅占采购成本的87.9%。

表6-8 **某单位电脑液晶显示器采购成本分析**

项　　目	单价或单位费用（元）	该项目占总采购成本的比例（%）
显示器采购价（发票价格）	780	87.9
运输费	48	5.4
保险费	16	1.8
运输代理费	2.4	0.27
进口关税	17	1.9
流通过程费用	3.3	0.37
库存利息	7.8	0.88
仓储费用	7.5	0.85
不合格品内部处理费用	0.72	0.08
不合格品退货费用	3.5	0.39
付款利息损失	1.1	0.12
合计	887.32	100

对于非生产用原材料（如设备、服务）等的采购，除以上因素外，影响采购成本的还有维修与保修、备件与附件、安装、调试、图样、文件与说明书、安全证明、使用许可证书、培训、专用及备用工具等。

6.2.3
整体采购成本的内容

整体采购成本又称为战略采购成本，是除采购成本之外考虑到原材料或零部件在本企业产品的全部寿命周期过程中所发生的成本，它包括采购在市场调研、自制或采购决策、产品预开发与开发中供应商的参与、供应商交货、库存、生产、出货测试、售后服务等整体供应链中各环节所产生的费用对成本的影响，概括起来是指在本公司产品的市场研究、开发、生产与售后服务各阶段，因供应商的参与或提供的产品（或服务）所导致的成本，它包括供应商的参与或提供的产品（或服务）没有达到最好水平而造成的二次成本或损失。作为采购人员，其最终目的是降低整体采购成本。

按功能来划分，整体采购成本发生在以下过程中：开发过程、采购过程、生产过程、质量过程、售后服务过程。

1）开发过程中因供应商介入或选择可能发生的成本

（1）原材料或零部件影响产品的规格与技术水平而增加的成本。

（2）对供应商技术水平的审核产生的费用。

（3）原材料或零部件的认可过程产生的费用。

（4）原材料或零部件的开发周期影响本公司产品的开发周期而带来的损失或费用。

（5）原材料或零部件及其工装（如模具）等不合格影响本公司产品开发而带来的损失或费用。

2）采购过程中可能发生的成本

（1）原材料或零部件采购费用或单价。

（2）市场调研与供应商考察、审核费用。

（3）下单、跟单等行政费用。

（4）文件处理费用。

（5）付款条件所导致的汇率、利息等费用。

（6）原材料运输、保险等费用。

3）生产过程中可能因采购而发生的成本

（1）收货、发货（至生产使用点）费用。

（2）安全库存仓储费、库存利息。

（3）交货不及时对仓管等工作的影响造成的损失。

（4）生产过程中的原材料或零部件库存费用。

4）质量过程中可能发生的采购成本

（1）检验成本。

（2）处理不合格来料的费用等。

（3）因原材料或零部件不合格而对本公司的生产、交货方面造成的损失。

（4）不合格品本身的返工或退货成本。

（5）不合格品导致本公司产品不合格而导致的损失。

5）售后服务过程中因原材料或零部件而发生的成本

（1）零部件失效产生的维修成本。

（2）零部件服务维修点不及时造成的损失。

（3）因零部件问题严重而影响本公司的产品销售造成的损失。

（4）因零部件问题导致本公司的产品理赔等产生的费用。

在实际采购过程中，整体采购成本分析通常要依据采购物品的分类模块，按 80/20 规则选择主要的零部件进行，而不必运用到全部的物料采购中。

6.2.4

降低采购成本的方法

现今，企业的竞争日趋激烈，企业经营已到了毫厘必争的时代，为了能降低经营成本，让利于顾客，企业必须下大力气控制其采购成本。采购成本的控制不仅是采购管理，也是企业经营管理的重点所在。降低采购成本是采购部门的一项基本职责。

美国密歇根州立大学（Michigan State University）一项全球范围内的采购与供应链研究结果表明：在所有的降低采购成本的方式当中，供应商参与产品开发最具潜力，成本降低可达 42%，利用供应商的技术与工艺则可降低成本 40%，利用供应商开展即时生产可降低成本 20%，供应商改进质量可降低成本 14%，而通过改进采购过程以及价格谈判等仅可达到 11%。欧洲某专业机构的另一项调查也得出类似结果：在采购过程中通过价格谈判降低成本的幅度一般在 3%~5%，通过采购市场调研比较优化供应商平均可降低成本 3%~10%，通过发展伙伴型供应商并对供应商进行综合改进可降低成本 10%~25%，而供应商早期参与产品开发成本降低可达到 10%~50%。由此可见，在整体采购成本中，采购人员更应该关注"上游"采购，即在产品的开发过程中充分有效地利用供应商。

下面简要叙述几种降低采购成本的方法：

1）集中采购法

集中采购（Centralized Purchasing）是指将各部门的需求集中起来，采购单位便可以较大的采购筹码得到比较好的数量价格折扣。商品标准化后，可取得供应商标准品的优惠价格，库存量也可以相对降低，还可以借助统一采购作业而减少行政费用的支出。也可以由使用量最多的单位来整合所有采购数量，负责主导采购议价。这除了可以拥有与集中采购相同的采购筹码外，还能让采购单位更靠近使用单位，更了解使用单位的需求状况。其他类似的方法，如由各相关部门代表组成的产品委员会、联合采购、长期合约以及总体采购合约等，也能起到降低采购成本的作用。

2）价值分析法

价值分析（Value Analysis）指通过各相关领域的协作，对所研究对象（如产品）的功能与费用进行系统分析，力求以最低的总成本可靠地实现用户所需功能的一种组织活动和管理方法。通过价值分析降低采购成本的途径有：将产品设计简化以便于使用替代性材料或制造程序；采用提供较佳付款条件的供应商；采购二手机器设备而非全新设备；运用不同的议价技巧；选择费用较低的货运承揽业者，或考虑改变运输模式（如将空运改为海运），亦可同样达到成本降低的目的。当然，前置时间是否足够，是否会影响到其他工作，必须先行确认，并作周密的评估。

小资料

某公司运用VA/VE降低采购成本的实践

某公司是一家电动机专业制造厂，引进了VA/VE改善活动。首先，由采购部门召集研发、生产、财务各部门及协作厂商共同组成项目改善小组，副总经理担任项目改善小组召集人，厂长担任副召集人，采购经理担任总干事，各部门主管担任项目改善小组干事。然后，在企业内召开成立大会，举行宣誓仪式，正式开展活动。

公司选定的对象是2AP电动机，目标设定为降低20%的零件成本。展开步骤如下：

（1）选定对象情报的搜集、分析。

①将2AP电动机的所有情况装订成册，分送项目改善小组每位成员人手一册，并让其反复仔细审视，找出可以改善之处。

②准备2AP电动机材料表，列出全部的料号、名称、规格、数量，并将1台电动机的实际材料放置于改善活动地点，以备研究之用。

③将VA/VE改善手法及程序摘要制成大字报张贴于活动地点的四周墙壁，以便让项目改善小组成员随时能看见，增加记忆。

④运用材料表，将其材料的品名、料号、材质、单位、单价、每台用量、每台价格及占总成本比例等予以展开，找出适合以VA/VE降低成本的材料。

（2）制作成本比重饼图，结果筛选出硅钢片（占35%）、漆包线（占25%）及轴承（10%）合计共占全部成本70%的三项，作为主要改善重点。

（3）列出同业竞争者比较表，并拆检竞争者同机种马达，以了解其用料与用量，希望能知己知彼，取长补短。

（4）提出改善方案，并准备实物和磅秤，确认其功能与重量及效果。实施3个月，共降低2AP电动机零件成本达24件，占电动机总零件45件的53.3%，并在往后的3个月内又降低了7件，累计共降低31件零件成本，占电动机总零件的68.9%，其成本降低6.3%，年节省零件采购成本达1亿元左右。

3）作业成本法

作业成本法（Activity Based Costing）即基于作业的成本计算法，是指以作业为间接费用归集对象，通过资源动因的确认、计量，归集资源费用到作业上，再通过作业动因的确认计量，归集作业成本到产品或顾客上去的间接费用分配方法。它不再局限于传统成本计算所采用的单一数量分配基准，而是采用多元分配基准。由于提高了与产品实际消耗资源的相关性，从而使作业成本会计提供相对准确的产品成本信息，也相应地提高了企业决策和控制的准确性。作业成本法运用到采购管理中，即将采购间接成本按不同的材料、不同的使用部门等进行分配，从而科学地评价每种材料、每个部门等实际分摊的采购间接费用。它可以让管理层更清楚地了解间接采购成本分配的状况，抓住关键的采购成本。

4）目标成本法

目标成本法是由日本丰田汽车公司于20世纪60年代首创，80年代末期以后被美国人引进并通过英文专业杂志和教科书介绍到全世界。该方法目前在我国应用最广泛，它是由于市场竞争开始加剧，企业为了主动控制成本，以市场为出发点，在确保企业获得一定的目标利润的前提下，通过市场定价经过倒扣确定目标成本。目标成本是指企业在新产品开发设计过程中，为了实现目标利润而必须达到的成本目标值。目标成本法的核心工作就是制定目标成本，并且通过各种方法不断地改进产品与工序设计，以最终使得产品的设计成本小于或等于其目标成本。这一工作需要由包括营销、开发与设计、采购、工程、财务与会计，甚至供应商与顾客在内的设计小组或工作团队来进行。

产品的目标成本确定后，可与公司目前的相关产品成本相比较，确定成本差距，而这一差距就是设计小组的成本降低目标，也是其所面临的成本压力。设计小组可把这一差距从不同的角度进行分解，如可分解为各成本要素（原材料和辅助设备的采购成本、人工成本等）或各部分功能的成本差距；也可按上述设计小组内的各部分（包括零部件供应商）来分解，以使成本压力得以分配和传递，并为实现成本降低目标指明具体途径。采购部门则要根据每种材料的目标成本去进行采购，以保证最终产品的成本能达到目标成本的要求。

5）学习曲线分析法

在实际操作中，采购者通过预计供应商的学习曲线，预测供应商未来的价格降低情况，可以在谈判过程中取得合理的价格。控制、降低采购成本的一个基本手段是要求供应商提供尽量详细的报价单，即将供应商提供的产品按固定费用及可变费用明细项展开计算，逐项核定其准确合理性。

6）改善供应商状况

（1）优化整体供应商结构及供应配套体系。这包括通过供应商市场调研等寻找更好的新供应商、通过市场竞争招标采购、与其他单位合作实行集中采购、减少现有原材料及零部件的规格品种并进行大量采购、与供应商建立伙伴型合作关系取得优惠价格等。

（2）通过对现有供应商的改进来降低采购成本。如促使供应商实施即时供应、改进供应商的产品质量以降低质量成本、组织供应商参与本企业的产品开发及工艺开发降低产品与工艺成本、与供应商实行专项共同改进项目以节省费用（如采用周转包装材料降低包装费用、采用专用运输工器具缩短装卸运输时间和成本、采用电子邮件传递文件减少行政费用）并提高工作效率等。

小资料

采购经理人指数

采购经理人指数（Purchasing Manager's Index，PMI）是一个综合指数，按照国际上通用的做法，由五个扩散指数即新订单指数（简称订单）、生产指数（简称生产）、从业人员指数（简称雇员）、供应商配送时间指数（简称配送）、主要原材料库存指数（简称存货）加权而成。

PMI 指数计算公式如下：

PMI＝订单×30%＋生产×25%＋雇员×20%＋配送×15%＋存货×10%

采购经理人指数是以百分比来表示的，常以50%作为经济强弱的分界点，即当指数高于50%时，被解释为经济扩张的信号；当指数低于50%，尤其是非常接近40%时，则有经济萧条的忧虑。它是领先指标中一项非常重要的附属指标。除了需要对整体指数加以关注外，采购经理人指数中的支付物价指数及收取物价指数也被视为物价指标的一种，而其中的就业指数更常被用来预测失业率及非农业就业人口的表现。

采购经理人指数已成为世界经济运行活动的重要评价指标和世界经济变化的晴雨表。采购经理人指数，作为国际通行的经济监测指标体系，许多国家通常将其与国内生产总值（GDP）、就业指数、生产者物价指数（PPI）、新屋开工/营建指标（与国内固定资产投资指标类似）、汇率、股指等并行，用来分析经济走势、帮助进行各种投资决策、进行阶段性研究预测等，已成为政府、企业、各类金融机构以及财经媒体广为应用的重要信息之一。

采购经理人指数是通过对采购经理的月度调查统计汇总、编制而成的指数，反映了经济的变化趋势，是经济监测的先行指标。根据美国专家的分析，PMI指数与GDP具有高度相关性，且其转折点往往领先于GDP几个月。PMI调查来源于企业采购经理对于本月生产和财务情况的分析判断，是市场变化的第一手资料。中国制造业CFLP-PMI调查指数以及数据报告于每月第一个工作日发布，时间上大大超前于政府其他部门公布的综合统计数据。

2007—2016年中国采购经理人指数走势如图6-3所示。

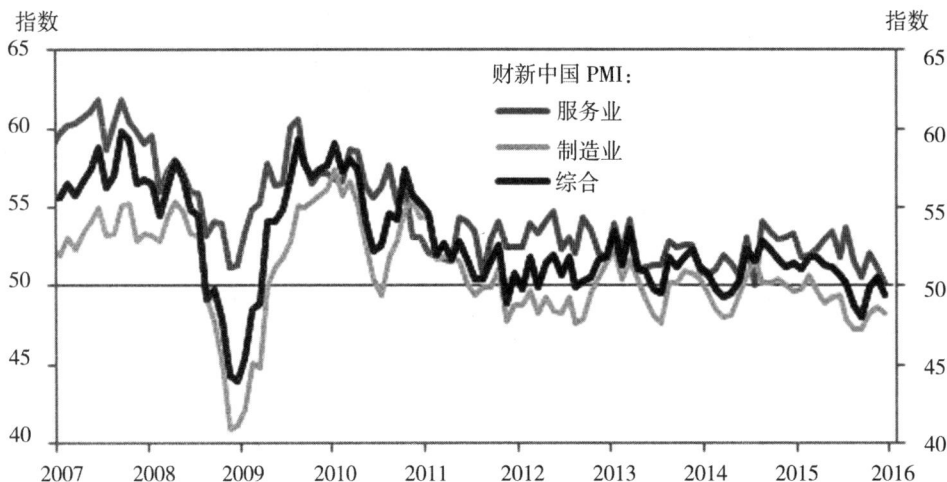

图6-3　2007—2016年中国采购经理人指数

◆ 小结和学习重点与难点

本章简要介绍了采购价格的基本知识，分析了供应商定价应考虑的因素，详细阐述了供应商定价方法及其计算；重点进行了采购成本分析，包括采购成本的构成等；介绍了成本控制的基本方法。

采购材料和服务的价格是内部因素和外部因素共同作用的结果。

供应商定价不外乎有三大类方法，即成本导向定价法、需求导向定价法和竞争导向定价法。成本导向定价法是以产品成本（包括销售成本）为基础确定供应价格；市场导向定价法则是随行就市的方法，即以市场价格作为自己的产品价格；而竞争导向定价法则是结合市场因素及成本因素一起考虑来确定自己的产品价格。

学习曲线是分析采购成本、实现采购降价的重要工具和手段，其基本概念是随着产品的累计产量增加，单位产品的成本会以一定的比例下降。学习效益是指某产品在投产的初期由于经验不足，产品的质量保证、生产维护等需要较多的精力投入以致带来较高的成本，随着累计产量的增加，管理渐趋成熟，所需的人、财、物力逐渐减少，工人越来越熟练，质量越来越稳定，前期生产学习期间的各种改进逐步见效，因而成本不断降低。

整体采购成本又称为战略采购成本，是除采购成本之外考虑到原材料或零部件在本企业产品的全部寿命周期过程中所发生的成本，它包括采购在市场调研、自制或采购决策、产品预开发与开发中供应商的参与、供应商交货、库存、生产、出货测试、售后服务等整体供应链中各环节所产生的费用对成本的影响。

按功能来划分，整体采购成本发生在以下的过程中：开发过程、采购过程、生产过程、质量过程、售后服务过程。

本章的学习重点是供应商定价的方法和整体采购成本的内容。

本章的学习难点是学习曲线。

◆ 前沿问题

转变采购理念，提升采购水平

2008年爆发的全球性经济危机，造成了世界经济停滞和大幅度的衰退。在此种情况下，如何使企业走出困境、获得新生，成为摆在管理者和企业家面前的一道难题。众多的企管高层和企业经营者们尝试过多种途径与方法：从降低成本到经营模式创新，从全球范围整合资源到信息技术外包，如此种种。我们仅以生产制造企业为例，阐述如何通过转变采购理念、建立新型采购模式来实现企业总成本的降低、销售利润的提升，以及杠杆效应的极大发挥。在面对瞬息万变的商业环境、应对日益激烈的市场竞争时，企业需要加强自身的生存能力、盈利能力。在这一前提下，很多生产制造企业首先想到的是如何降低成本。通过对生产制造企业的成本分析，采购成本是生产制造企业成本的主要来源，所占比例达到60%～70%。尤其对于从单体经营向集团化转换的企业来讲，有效的采购管控模式在成本控制与提高经济效益方面扮演的角色越来越重要。

首先，让我们回顾一下全球范围内生产制造企业的采购管理所经历的发展历程，主要分为四个发展阶段：文书行政工作；交易采购：关注采购价格；战术采购：关注采购策略；战略采购：关注总成本的降低。通过实际应用，战略采购被公认为效率最高、总成本最低的采购模式。

战略采购所关注的总成本区别于传统意义上的采购价格。总成本具有更广义的涵盖范围，除了采购价格这一显性成本之外，更多的是包括交易成本、运营成本、财务成本和风险成本在内的多项隐性成本。通过对这些成本全面的管理和控制，可以发挥对企业利润的杠杆效应，实现战略采购的总体价值。在战略采购模式下，根据集团公司整体业务相关度以及集团公司对业务的干预程度的大小，采购管控一般可以分为三种模式，分别是计划管理型、策略管理型和操作管理型。三种管控模式决定着不同程度的集分权和集团总部的定位。

为确保传统采购向战略采购的顺利转型，必须树立战略采购理念，要赋予采购职能新的定位：在战略采购模式下，采购部门已不再是一个成本部门，而是利润部门。

一是要树立总成本理念。不能仅局限于采购价格和运输成本，而要涵盖前期的研发设计、交易成本和产品使用全周期之内所产生的全部使用成本和费用。

二是要树立跨职能理念。要认识到不同的业务职能都能够对采购总成本产生影响。实践经验证明：产品的研发设计方案对最终总成本造成了50%～60%的影响，而生产计划的制订也会挤占采购总成本20%左右的空间，所以采购已由单纯的购买职能延伸到了集团公司整条主价值链，每一个环节都将成为战略采购的重要组成部分。

三是要树立专业化理念。每位员工都需要清楚自己在价值链中的位置以及所需发挥的作用，从而制定自己的专业化发展目标。作为采购部门，需要根据采购的流程进行专业化的分工，如合同、情报、内控、招标、供应商管理、物流供应等，不同的工作内容之间相对独立，要求从业人员具备操作师或专家级的知识水准和实践能力，通过自身专业化水平的不断提升，最终实现总体采购水准的提升。

四是要树立差异化理念。以专业化的知识体系和职能分工为基础，对采购内容进行差异化分析，详细描述采购物资的共性与个性。对采购物资的个性分析与描述将成为差异化采购方式的理论基础。其核心思想就是实现有限的资源所创造的价值最大化。

其次，基于以上战略采购四种全新理念的树立，构建战略采购的方法与策略。

一是要进行组织设计。一方面，根据员工现有能力，结合职业发展规划中的能力提升，进行组织专业化分工，设立不同的职能部门，每个部门的职能做到完善且独立，没有职能的缺失和重叠，确保组织运行的高效准确；另一方面，需要构建组织内控系统，需要不断地发现、完善和纠正组织运行中存在的不足与偏差，减少内耗成本。

二是要选择战略采购策略。这里主要介绍差异化采购策略及采购技术。差异化采购就是对不同类别的采购内容实行不同的采购策略。差异化采购要求对采购物资进行分类，目前，采购物资主要分为：战略类物资，这类物资的采购价值高，采购风险大，对企业的长期发展具有战略意义，需要我们对外和供应商建立战略合作伙伴关系，对内依靠价值分析和价值工程来降低缺货风险；杠杆类物资，巨大的采购量，使得这类物资的采购成本占据了总成本的绝对比重，需要我们实施标准化、同质化的策略，压缩采购种类，提高标准化的程度，在保证采购质量和技术要求的前提下，最大限度地降低采购成本，对集团公司的利润作出较大贡献，充分发挥1：N的杠杆效应。所谓1：N的杠杆效应，就是通过对采购物资进行标准化分类，合并采购种类从而缩小采购范围，增大同类物资的采购数量，以可观的采购量来增加议价能力和谈判的话语权，有效地降低采购成本，同时几倍或几十倍地增加销售利润，实现杠杆效应的最大化；瓶颈类物资，需要我们减少紧急采购和增加替代品采购，以降低缺货风险和溢价风险；常规类物资，以低值易耗品为主，可以通过建立集团采购目录，以有效的库存管理来解决。针对四种采购物资的分类，应用新型的战略采购技术是实现战略采购目标的重要手段。战略采购技术主要有价值工程、杠杆工程、谈判技术、供应链采购、电子采购、拍购技术等。

三是通过采购管控方式的确定，在集团公司内部形成采购职能集分权的合理分配。其主要受到以下五种因素的制约：采购杠杆效应、物流成本占比、供应资源集中度、价格波动、采购缺货风险。

四是在构建采购管控职能的时候需要遵循三项基本原则。首先是能力原则，通过跨职能团队的形式，构建采购管理职能中的策划和供应操作体系。其次是效率原则，针对采购价值链，在母子公司之间适度分配权限，在控制采购成本的前提下提高管理效率。而权力分配主要有三种方式：集权管理，由集团公司统一进行；半集权管理，集团公司和分子公司分权负责采购和供应职能；部分集权管理，集团公司和分子公司分权负责不同物资的采购和供应。最后是内控原则，通过事前、事中、事后的内部监控，降低采购管理风险，其中，事前控制是内控的重点，包括以下几个方面：

请购控制：以信息为导向的请购价值链管理，决定采购数量和质量是否符合要求。其中包括：信息汇总：全面、准确地汇总原材料、资财备件、技术设备信息，形成初步采购清单。信息评估：分类汇总大宗、小额采购需求信息，整合压缩采购品种，形成初步采购成本分析。信息整合：根据已有的采购信息成立采购小组，培训相关的知识技能，形成初步采购指导价格。

供应商管理：供应商的资质是否符合企业要求；构建供应商管理及供应商开发两大体系，以供应商管理手册为纽带，建立动态供应商管理制度。一方面要对现有的供应商进行管理、维护、评估和筛选淘汰；另一方面要对目标供应商进行资质的认证、能力的开发，最终建立合作关系。基于以上两点不断更新供应商管理手册，合理划分与供应商的合作关系，制定差异化管理策略：战略合作关系，以巩固合作关系为主要目标，必要时向后整合资源；信任的合作关系，巩固目前的合作关系，努力发展成为战略合作关系；谈判式合作关系，持续扩大谈判优势，了解供应商的成本利润构成；传统合作关系，不过分关注长期合作关系，扩大信息来源及价格选择空间。

采购决策：重点把握采购需求分析，事先控制采购风险，合理开展方案评估并加强采购合同管理，有效判断采购价格是否合理，是否能满足企业需求，同时，积极引进电子采购技术降低费用成本、提高采购效率。

事后控制主要是通过供应操作中的订单跟催、到货验收、仓储管理来提高供应效率，严格控制供应质量，通过多渠道沟通机制持续优化库存管理。对于订单跟催，需要根据采购合同制定出供货时间表，实时跟踪进行关键时点确认，同时针对出现的问题点提出解决方案。与品质部门协作，进行到货的品质和数量检验。基于对日常的盘点、物资损耗的信息汇总，按时制订库存补充计划。

采购是企业的重要战略职能，要用战略的思维看采购，要从战略高度定位采购，要从战略全局管理采购。

（资料来源　佚名.转变采购理念，提升采购水平［EB/OL］.［2012-03-06］.http://blog.ceconlinebbs.com/BLOG_ARTICLE_111138.HTM.）

◆ 案例探讨

宜家通过低价采购取得竞争优势

除中国内地宜家的价格表现略为偏高外，在全球其他市场，宜家一直以优质低价的形象出现，这得益于宜家的采购策略。

1）以规模采购获得低成本

宜家在为产品选择供货商时，从整体上考虑总体成本最低。宜家以产品运抵各中央仓库的成本作为基准，再根据每个销售区域的潜在销售量来选择供货商，同时参考质量、生产能力等其他因素。由于宜家绝大部分的销售额来自欧洲和美国，因此一般只参考产品运抵欧洲和美国中央仓库的成本。

　　宜家在全球拥有近 2 000 家供货商（其中包括宜家自有的工厂），供货商将各种材料由世界各地运抵宜家全球的中央仓库，然后从中央仓库运往各个商场进行销售。这种全球大批量集体采购方式可以取得较低的价格，挤压竞争者的生存空间。

　　同宜家的大批量相比，拷贝者无法以相同的低价获得原材料，产品要定位低于宜家的价格，只有偷工减料或者是降低生产费用，然而降低生产费用的空间不会太大，因为宜家供货厂家由于订单的数量大，其单位生产费用、管理费用已经相当低了，且宜家在价格上所加的销售费用、管理费用也不会太高。如果没有足够的利润空间，拷贝也就没有了原动力，偷工减料的产品也无法长期同宜家竞争。

　　2）因地制宜改变采购通路，保持竞争优势

　　宜家亚太地区的中央仓库设在马来西亚，所有前往中国商场的产品必须先运往马来西亚。这种采购方式使宜家总体的成本降低。但是对于中国来说，成本较高。特别是对于家具这类体积较大的商品来说，运费在整个成本中会达到30%，直接影响到最终的定价。

　　随着亚洲市场特别是中国市场所占的比重不断扩大，宜家正在把越来越多的产品或者是产品的部分量放在亚洲地区生产，这将大大降低运费对成本的影响。目前，宜家正在实施零售选择计划，即由中国商场选择几个品种，然后由中国的供货商进行生产，然后直接运往商店的计划。例如，尼克折叠椅原先由泰国生产，运往马来西亚后再转运中国。采购价相当于人民币34元一把，但运抵中国后成本已达到66元一把。再加上商场的运营成本，最后定价为99元一把。年销售额仅为每年 1 万多把。实施这项计划后，中国的采购价为人民币30元一把，运抵商店后成本增至34元一把，商场的零售价定为59元一把，比以前低了40元，年销售量猛增至12万把。

　　随着中国房地产热潮的高温不退，家居用品市场的竞争也日趋激烈，宜家在产品设计、营销方法以及品牌上已经和其他竞争对手形成了足够的差异，但是这种壁垒能否足以抵挡其他家居用品商的猛烈进攻，价格仍然是主要因素。降低采购成本后，宜家显然正在针对目标消费群体，加大本土采购力度，继续降低成本价格，把宜家在全球的价格优势发挥出来，再加上其特有的体验营销、服务营销等多种营销手法的综合运用，有助于其与众多竞争对手区别开来，从而取得竞争优势。

　　（资料来源　佚名.宜家通过低价采购取得竞争优势［EB/OL］.［2015-04-30］.http：//www.wangxiao.cn/wl/78667866440.html.）

思考题：

1.企业采购中，控制和降低采购成本的途径有哪些？

2.宜家降低采购成本的方法中有哪些是值得我国企业学习借鉴的？

◆ 课后练习

（一）名词解释

学习曲线　整体采购成本

（二）填空题

1.外部因素是一些能改变一种产品在一个给定的市场上的可用性的因素，它们可分为_____、_____、_____。

2.供应商定价不外乎有三大类方法，即_____、_____、_____。

3.按功能来划分，整体采购成本发生在以下过程中：＿＿＿＿＿＿、＿＿＿＿＿＿、＿＿＿＿＿＿、＿＿＿＿＿＿、＿＿＿＿＿＿。

（三）单项选择题

下列哪种情况下不适用学习曲线（　　　）。

A.一个供应商按照客户的特殊要求进行专业的零部件生产时

B.需大量投资或新添设备设施的产品生产

C.需要开发专用的磨具、夹具、检具或检测设施，无法同时从多家供应商采购

D.直接人工成本占产品成本比例较小时

（四）多项选择题

下列哪些成本是采购过程中可能发生的成本（　　　）。

A.原材料或零部件采购费用或单价

B.原材料或零部件影响产品的规格与技术水平而增加的成本

C.市场调研与供应商考察、审核费用

D.检验成本

（五）简答题

1.降低采购成本的方法有哪些？

2.采购人员的信息搜集方法主要有哪几类？并分别简述每一类的具体做法。

3.生产过程中可能因采购而发生的成本有哪些？

4.简述成本加成法的原理和优缺点。

5.简要回答采购成本控制的方法。

（六）论述题

1.你是如何理解学习曲线的？

2.如果你是一家公司的采购部门经理，在确定采购价格之前，会做哪些工作？

第 7 章

采购谈判与合同管理

◆ **学习目标**

通过本章的学习，使读者初步掌握从事采购业务谈判和合同签订的基础知识。

◆ **基本概念**

采购谈判　采购合同　合同跟踪　争议　索赔

引导案例　　　　中国某进出口公司与日本某株式会社的谈判

日本某株式会社生产的农业加工机械正是中国急需的关键性设备。几年前，为了进口这些设备，中国某进出口公司的代表与日本方面在上海进行了一场艰苦的谈判。按照惯例，由日本方面先报价，他们狮子大开口，开价1 000万美元。中方谈判代表事先做了精心的准备，充分掌握了与谈判标的有关的种种情报，知道日方的报价大大超出了产品的实际价格，便拒绝说："根据我们对同类产品的了解，贵公司的报价只能是一种参考，很难作为谈判的基础。"

日方代表没有料到中方会马上判断出价格过高，有点措手不及，便答非所问地介绍其产品的性能与质量。中方代表故意用提问法巧妙地拒绝道："不知贵国生产此类产品的公司一共有几家，贵公司的产品价格高于贵国××牌的依据是什么？不知国际上生产此类产品的公司一共有几家，贵公司的产品价格高于××牌的依据又是什么？"

中方代表的提问使日方代表非常吃惊，日方主谈笑着打圆场，做了一番解释，同意削减100万美元。中方主谈根据掌握的交易信息，并且以对方不经请示，就可以决定降价10%的让步信息作为还价的依据，提出750万美元的还价，但马上遭到了日方的拒绝，谈判陷入了僵局。

为了打开谈判的局面，说服日方接受中方的要求，中方代表郑重地指出："这次引进，我们从几个国家的十几家公司中选中了贵公司，这已经说明了我们对成交的诚意。"

接着，中方代表以掌握的详细情报为依据，开始摆事实讲道理："你们说价格太低，其实不然。此价虽然比贵公司销往澳大利亚的价格稍低一点，但由于运费很低，所以，总的利润并没有减少。"

中方代表侃侃而谈，面对中方的准确情报，日方代表哑口无言，不知说什么才好。为了帮助日方代表下决心，中方代表拿出了杀手锏──制造竞争："更为重要的是，××国、××国出售同类产品的几家公司，还正等待我方的邀请，迫切希望同我方签订销售协议。"说完，中方主谈随手将其他外商的电传递给了日方代表。

在中方代表的强大攻势面前，日方代表不得不败下阵来，他们被中方所掌握的详细情报和坦诚的态度所折服，感到中方的还价有理有据，无可挑剔，只好握手成交。

在这场激烈的交锋中，中方代表之所以能够获得极大的成功，关键就在于他们掌握了大量而详细的"与谈判标的有关的情报"，并巧妙地用这些情报为谈判服务。

（资料来源　佚名．采购谈判与合同订立〔EB/OL〕．〔2016-04-14〕.http：//www.docin.com/p-560351104.html.）

采购人员如果不清楚自己的谈判目标，那么他的谈判地位将会受影响。这种情形经常发生，常言道："买的没有卖的精。"从总体而言，销售人员比采购人员有着更扎实的技能培训，而采购人员常常不可能为所有的谈判都做好充足的准备。因此，在谈判的主题明确的情况下，采购人员肯定要被有着详细信息的销售人员占上风。那么，采购人员在每次正式谈判之前应该清楚什么问题呢？

7.1
采购谈判

7.1.1
采购谈判的含义及适用条件

1）采购谈判的含义

采购谈判是谈判中的一种。采购谈判是指企业为采购商品，作为买方，与卖方厂商对购销业务有关事项，如商品的品种、规格、技术标准、质量保证、订购数量、包装要求、售后服务、价格、交货日期与地点、运输方式、付款条件等进行反复磋商，谋求达成协议，建立双方都满意的购销关系。

2）采购谈判的适用条件

采购谈判主要适用于下列几种情况：

（1）结构复杂、技术要求严格的成套机器设备的采购，在设计制造、安装、试验、成本价格等方面需要通过谈判，进行详细的商讨和比较。

（2）多家供货厂商互相竞争时，通过采购谈判，使愿意成交的个别供货厂商在价格方面作出较大的让步。

（3）采购的商品供货厂商不多，但企业可以自制或向国外采购，或可用其他替代商品，通过谈判，可帮助作出有利的选择。

（4）需用的商品经公开招标，但开标结果在规格、价格、交货日期、付款条件等方面无一供货厂商能满足要求时，可通过谈判再作决定，但在公开招标时，应预先声明开标结果达不到招标要求时，须经谈判决定取舍。

（5）需用的商品，原采购合同期满、市场行情有变化并且采购金额较大时，应通过谈判提高采购质量。

7.1.2
采购谈判的影响因素

采购谈判是一种既"合作"又"冲突"的行为和过程，为了在谈判中取得优势，处于主动地位，取得较多的经济利益，企业必须加强谈判实力。

采购谈判是一种"双赢"和"互利"的行为和过程，谈判各方当事人之间的关系不是"敌人"而是"合作的伙伴""共事的战友"。但是，"双赢""互利"并不意味着双方利益上的平均，而是利益上的平衡，所以这又使谈判各方必须努力为自己争取较多的利益。于是，形成了谈判双方的竞争和冲突，这种既合作又冲突的特点构成了采购谈判的二重性。二重性决定了采购谈判成功的基础是谈判实力。所谓谈判实力指的是"影响双方在谈判过程中的相互关系、地位和谈判最终结果的各种因素总和以及这些因素对各方的有利程度"。一般来讲，影响谈判实力强弱的因素有七个方面。

1）交易内容对双方的重要性

虽然采购交易成功对于各方都有益，但并不是交易本身对各方的重要性都是一样的，如果交易对某方更重要，则该方在谈判中的实力就弱。比如说酷暑即将过去，大量囤货的空调商要急于把商品卖出去，否则既占用了资金，又要支付大量的仓储费用。所以，在买卖双方的谈判中，卖方就处于不利的地位，谈判实力相对较弱。

2）各方对交易内容和交易条件的满足程度

交易中的某一方交易内容和交易条件的满足程度越高，那么在谈判中的实力就越强。比如，在货物买卖谈判中，如果卖方对买方在货物质量、数量、交货时间等方面的要求都能充分予以保证和满足，则卖方的谈判实力强；反之，则谈判实力弱。

3）竞争状态

在采购交易中，如果出现多个买者的态势，则有利于卖方，可以增强卖方的谈判实力；反之，如果出现多个卖方的态势，则有利于买方，会增强买方的实力。从微观经济学的角度讲，就是完全垄断的市场有利于卖方，卖者往往拥有"只此一家，别无分店"的优势；相反，在一个完全竞争的市场，则有利于买方，买方可以挑选卖方的产品和服务。

4）对于商业行情的了解程度

商业信息是无形的资源，它可以转化为财富，谈判双方谁掌握的商业行情多，了解的情况详细，谁就在谈判中占主动、有利地位，谈判实力就强，所谓"知己知彼，百战百胜"就是这个道理。

5）企业的信誉和实力

企业的信誉和实力不等于谈判实力，但它是形成谈判实力的基础。企业的商业信誉越好，社会知名度越高，企业实力就强，支持和影响谈判的因素就多，谈判实力就强。

6）对谈判时间因素的反应

在谈判过程中，哪一方时间紧迫，拖不起，希望早日结束谈判，达成交易，则时间的局限会削弱其谈判实力；反之，最有耐心的一方，能够旷日持久地谈判，谈判实力就强。

7）谈判的艺术和技巧

谈判人员如果能充分调动有利于自己的各种因素，避免不利因素，就能加强谈判实力，所以谈判人员必须外塑形象，内强素质。素质高，谈判技巧娴熟，就能增强谈判的实力；反之，则会影响谈判实力的发挥。

7.1.3
采购谈判的基本原则、特点和内容

1）采购谈判的基本原则

（1）合作原则

美国哲学家格赖斯于 1967 年在哈佛大学的演讲中提出，为了保证谈判的顺利进行，谈判双方必须共同遵守一些基本原则，特别是所谓的"合作原则"（Cooperative Principle）。概括而言，合作原则就是要求谈判双方以最精练的语言表达最充分、真实、相关的信息。合作原则包括四个准则（Maxim）。

①量的准则（Quantity Maxim）。量的准则要求所说的话包括交谈所需要的信息，不应包含无关的信息。

②质的准则（Quality Maxim）。质的准则要求不要说自知是虚假的话，不要说缺乏足够证据的话。

③关系准则（Relevant Maxim）。关系准则要求所说的话内容要关联并切题，不要漫无边际地胡说。

④方式准则（Manner Maxim）。方式准则要求清楚明白，避免晦涩、歧义，要简练、井井有条。

在这个金钱就是效率的社会，供需双方在谈判时，总是希望双方话语能相互理解、共同配合，早日完成谈判，达到各自的目的，因此，他们都会遵守合作原则，以求实现这个愿望。当然，同样是遵守合作原则的谈判，不同说话人在不同场合会对不同的准则有所侧重。比如在谈判中，当双方讨论到买卖商品的品质、规格等时，双方都会把"质"的准则放在首位，力求所说的话真实、有根据，同时也会顾及其他准则，如"方式"准则强调所说的话清楚、完整，避免引起歧义。

（2）礼貌原则

人们在谈判过程中，为了实现各自的目的，保持良好的关系，一般都会遵循合作原则，当然还会遵守礼貌原则。

礼貌原则（Politeness Principle）包括六个准则：

①得体准则（Tact Maxim）：是指减少表达有损于他人的观点；

②慷慨准则（Generosity Maxim）：是指减少表达利己的观点；

③赞誉准则（Approbation Maxim）：是指减少表达对他人的贬损；

④谦逊准则（Modesty Maxim）：是指减少对自己的表扬；

⑤一致准则（Agreement Maxim）：是指减少自己与别人在观点上的不一致；

⑥同情准则（Sympathy Maxim）：是指减少自己与他人在感情上的对立。

礼貌原则与合作原则互为补充。谈判中经常会出现这样的现象：一方对另一方的观点并不赞同，但是在表达不同意见之前，往往会先部分或笼统地赞成对方的观点，这里该谈判者遵守礼貌原则的一致准则和赞誉准则，放弃了合作原则中的"质"的准则。在上述情况下，另一方的谈判者就不能只从字面上去理解对方的回答了，他必须透过对方的话语表面意义去设法领会对方话语中的深层意义，寻求对方在什么地方体现着合作原则，进而体会对手言语之外的意思。

在采购谈判中，谈判双方虽然站在各自的立场，处于对立的状态，但他们的最终的目的都是希望谈判能获得成功，为此，他们都尽量遵守合作原则，以显示自己的诚意，确保谈判的顺利进行。但由于种种原因，如谈判策略的需要、各自的立场不同等，他们又是经常性地违反某些原则，这时，其对手就需揣度其弦外之音，以决定自己的应对之策，这不仅是智慧的较量，也是语言运用和理解能力的较量。

2）采购谈判的特点

（1）合作性与冲突性

由于采购谈判是建立在双方利益既有共同点，又有分歧点这样的基础上的，因此，从其特点来说，就是合作性和冲突性并存。

合作性表明双方的利益有共同的一面，冲突性表明双方利益又有分歧的一面，作为谈判人员要尽可能地加强双方的合作性，减少双方的冲突性。但是，合作性和冲突性是可以相互转化的，如果合作性的比例加大，冲突性的比例将会减少，那么谈判的可能性就大；反之，如果冲突的一面通过洽谈没有能够得到解决或减少，那么谈判就有可能失败。采购人员可以在事前将双方意见的共同点和分歧点分别列出，并按照其在谈判中的重要性分别给予不同的权重和分数，根据共同点方面的分数和分歧点方面的分数比较来预测谈判成功的概率，并决定如何消除彼此的分歧。

（2）原则性和可调整性

原则性指谈判双方在谈判中最后退让的界限，即谈判的底线。通常谈判双方在弥合分歧方面彼此都会作出一些让步，但是，让步不是无休止的和任意的，而是有原则的，超过了原则性所要求的基本条件，让步就会给企业带来难以承受的损失，因而，谈判双方对重大原则问题通常是不会轻易让步的，退让也是有一定限度的。

可调整性是指谈判双方在坚持彼此基本原则的基础上可以向对方作出一定让步和妥协的方面。作为采购谈判，如果双方在所有的谈判条件上都坚持彼此的立场，不肯作出任何的让步，那么谈判是难以成功的。因此，在采购谈判中，原则性和调整性是同时并存的。作为谈判人员，要从谈判中分析双方的原则性的差距大小，并分析是否可以通过谈判，调整双方的这种差距，使谈判成功。在原则性方面的差距越大，谈判的任务越艰巨，因为原则的调整和改变是非常困难的，所以，在原则性方面的差距较大的情况下，谈判人员要有充分的心理准备，既要艰苦努力，采取种种手段来消除或缩小这种差距，也要做好谈判失败的应变措施。

（3）经济利益中心性

采购谈判是商务谈判的一种类型，在采购谈判中双方主要围绕着各自的经济利益作为谈判中心。作为供应商，则希望以较高的价格出售，使己方得到较多的利润；而作为采购方，则希望以较低的价格购买，使己方降低成本。因此，谈判的中心是各自的经济利益，而价格在谈判中作为调节和分配经济利益的主要杠杆就成为谈判的焦点。

经济利益中心性是所有商务谈判的共性，它不同于政治谈判、外交谈判等，在这些谈判中，需要考虑许多方面的问题，要在许多利益中进行平衡和作出选择，因而使谈判更为艰难。当然，谈判中经济利益中心性并不是意味着不考虑其他利益，而是说相对于其他利益来说，经济利益是首要的，是起支配作用的。

3）采购谈判的内容

（1）货物的数量条件

货物的数量是采购合同不可缺少的主要条件之一，也是交易双方交接货物的依据，必须根据供方和需方的实际情况磋商确定。

（2）货物的质量条件

只有明确了货物的质量条件，谈判双方才有谈判的基础，也就是说谈判双方首先应当明确双方希望交易的是什么货物。在规定货物质量时，可以用规格、等级、标准、产地、型号、商标、货物说明书和图样等方式来表达，也可以用一方向另一方提供货物实样的方式来表明己方对交易货物的品质要求。

（3）货物的价格条件

在国内货物买卖中，谈判双方在货物的价格问题上主要就价格的高低进行磋商。而在国际货物买卖中，货物的价格表示方式除了要明确货币种类、计价单位以外，还应明确以何种交易术语成交。

（4）货物的交货条件

交货条件是指谈判双方就货物的运输方式、交货时间和地点等进行的磋商。而货运的保险条件的确定则需要买卖双方明确由谁向保险公司投保、投保何种险别、保险金额如何确定，以及依据何种条款办理保险等。

（5）货款的支付条件

货款的支付条件主要涉及支付货币和支付方式的选择。在国际货物买卖中，使用的支付方式主要有汇付、托收、信用证等。不同的支付方式，买卖双方可能面临的风险大小不同，在进行谈判时，应根据情况慎重选择。

（6）检验、索赔、不可抗力和仲裁条件

检验、索赔、不可抗力和仲裁条件有利于买卖双方解决争议，保证合同的顺利履行，维护双方的权利，是国际货物买卖谈判中必然要商议的交易条件。

7.1.4

采购谈判的程序

采购谈判可分为计划和准备阶段、开局阶段、正式洽谈阶段和成交阶段。

1）计划和准备阶段

一般在正式谈判之前，就要着手为此做好计划和准备。在起始阶段，重要的一件事就是研究对方将在这次谈判中采取怎样的立场。确切地说，就是他们希望取得怎样的成果，在什么例外情况下，供应商根本就不会销售产品。要把这种讨论进行下去，有时还要搜集其他关于物品使用方式的改变及竞争对手的信息，考虑怎样的利益关系对方可能接受，并预料潜在的冲突。尽可能地去理解对方是很重要的一件事情。如果要面对一个新的供应商，事先研究其年报和银行方面的参考资料是必需的。如果是一个已打过交道的供应商，分析其过去的交货情况则是明智的。该供应商过去在这方面是否惹过麻烦事，例如较慢的交货速度，存在质量缺陷，没有预料到的价格提升等。把这些问题的严重性设法进行扩大也是无害的。此外，还需要了解谁将成为供应商谈判的权威代表，他们能作出决定的程度怎样，他们有权力达成最后协议吗？这些似乎是很琐碎的事情，但是，采购人员必须考虑到对方也会这么做，而且做了更充分的准备。

计划和准备阶段的主要工作内容为：

（1）明确谈判的内容

明确谈判内容，需要搜集与谈判内容有关的各项采购业务资料，如供货厂商的产销能力和供货服务水平、采购市场供求和价格动态等。

（2）确定谈判的目标

①谈判目标。确切地说，就是与供应商的这次谈判，你想达到什么目标，你希望他能做什么，反过来，你又希望自己能做什么。在你想取得的短期利益和你可以预期的长期利益之间划出界线。有时，为了谋求长期利益牺牲一点短期利益是必不可少的。就拿相关设备的制造商来说，他常常愿意降低一些销售价格，然后在今后的售后服务上，即零件的供应方面得到一些补偿。具体明确的谈判目标有助于谈判的成功；盲目、含糊不清的目标将导致谈判的失败。谈判目标是指在采购目标确定之后，准备在谈判中实现的目标。采购目标要根据采购性质而定，数量、价格、质量、技术性能等都要有明确要求。

谈判目标分三个层次：A.理想目标：谈判者期望通过谈判所要达到的上限目标。B.现实目标：谈判者期待通过谈判所要达到的下限目标。C.立意目标：介于理想目标和现实目标之间的目标。

②对目标的可行性研究。谈判目标的确定，是主观上的认识，与现实目标有一定距离，如何缩短这个距离促使目标实现，就要对企业内部实力与外部环境作比较分析，寻找可行的途径以达到目标要求，这就需要掌握以下几方面的信息：A.市场信息：市场可供资源量、产品质量、市场价格、产品流通渠道、供销网点分布等。B.科技信息：新产品、替代品、新技术的应用、产品质量、检验方法等。C.环境信息：影响企业采购活动的外部因素，如国家经济政策的制定、进出口政策方针的制定、价格体系的改革等。D.企业内部需求信息：企业所需原材料、零配件用量计划，企业计划任务的变更，企业资金状况等。E.谈判对手的信息：供货厂商生产能力、技术水平、信誉等。通过对各种信息的综合、分析、讨论，最后确定恰当的目标，容易取得谈判的成功。

（3）制定谈判策略

制定谈判策略，就是制订谈判的整体计划，从而在宏观上把握谈判的整体进程。

制定谈判策略的基本步骤如下：

①为谈判搜集具有重大影响的事实。如果某位供应商来谈论有关售价要提高的事，你设法找出相对其他竞争对手而言，这个价位增长幅度太大的证据是有意义的。经过权衡，供应商考虑到未来一段时间更大的生意，他会更改较高的报价。这些都是被称为能影响谈

判的客观事实的例子。当然，常常还有能影响谈判过程的消极事实。

②考虑共同利益点。在许多谈判中，大部分时间常常花在另一方不能同意的问题的争论方面。如果这些是引起注意的唯一问题，那么达成一个最后协议常常是很困难的。因而，事先建立一些共同论点显得很重要，并且把注意力集中到这方面，将会形成友好的气氛，"怎样解决我们的冲突"的问题将变成"怎样找到我们的共同利益点，并将其转换成双方都能同意的最大程度利益"。另外，还要分析各自的优势和劣势所在。例如，供应商的供应能力、订单积压状况和盈利能力如何？与该供应商签订合同的可能性有多大？是否存在时间上的紧迫性？分析实力的过程可以帮助谈判者确立谈判要点，避免产生不切实际的愿望，并且为制定策略出谋划策。

③提出一系列问题。系统方法在谈判中是重要的。在对方提出详细且较新的信息时，常常要抵制立即作出反应的诱惑。如果这些信息表达了一些完全不同的问题，那么最好终止谈判，且继续去做准备工作。因此，事先草拟好一系列问题并且坚持到底很重要。

④制定谈判策略。首先安排谈判进程：先讨论什么问题？后讨论什么问题？在哪些方面采购者愿意妥协？在哪些方面应立场坚定？谈判团队（通常由管理、质量控制人员和采购部门领导组成）由哪些人组成？团队成员的组成情况是由谈判的主题决定的。这些主题包括：谁是这次谈判的最佳人选？谁代表公司发言？谁做记录？谁察看对方的反应？为每一个目标确立谈判范围和指标，从而制定谈判者认为能够实现的合理目标。策略的制定应该建立在对形势和谈判策略的正确理解的基础上。如果谈判的目的是达成交易，那么谈判的方法和技巧就十分重要，因为它能够影响所表达的意图。采取的策略要使另一方感觉谈判者或者合同的结果是积极的，那么他们就会致力于协议的达成，并争取解决签订合同期间所产生的任何问题。

⑤界定谈判的任务。在谈判过程中，双方常常会作出一些让步，但完全接受对方的要求是不现实的（并且这也不适合我们所界定的谈判内容）。你可以事先计划好你将作出哪些让步，而要做到这一点，重要的是你必须确定最好的结果是什么（并且考虑到客观现实，你所认为的那些可行的最好结果对方是否会接受），哪些是最可能的结果（现实地说，你认为是可行的，但反过来你能接受吗），哪些是最坏的结果（如果没有其他的可能性，你能接受的最坏结果）。

（4）制定谈判的日程

整理和计划在谈判中需要提出和解决的问题，按问题的逻辑顺序，制定谈判的日程，并在正式开始谈判前，征求对方的意见，取得其同意。

2）开局阶段

谈判开局对全局及走向有深刻的影响，因此，必须精心安排，创造一个和谐的谈判气氛，为实质性谈判取得成功奠定良好基础。谈判开局是谈判双方首次正式接触，是准备工作的继续，正式谈判的开始，起着承前启后的作用。

认真创造一种适合谈判的环境是开局的目标。什么样的环境是适合谈判的环境呢？谈判场所应当温暖、舒适，气氛应该友好、和谐，东道主应该热情、好客，这种气氛对任何一方都是迫切需要的。因此，双方刚一接触时就应相互打招呼，多谈一些中性语言，避开一些实质性问题，就双方共同关心的议题以坦诚、友好的态度先行交换意见。时间长短视双方情绪高低而定，只要是渲染、烘托了热烈气氛，就为谈判的顺利进行创造了一个良好的条件。

开局阶段需要做的几项工作包括：

（1）进一步加深彼此的了解和沟通。这是指在准备阶段间接了解的基础上，就谈判的有关问题作进一步的询问或介绍。通过直接的询问，对产品的质量、性能、使用情况及一些需要专门了解的问题获得满意的答复。厂商亦可通过图像展示或产品使用情况的演示来宣传产品，从而避免广告或说明书的一些不适之词给人们带来的错觉，提高产品的可信度。

（2）洞察对方，调整策略。这是指观察谈判对方的经验和风格以便采取相应的策略。如对方在初始接触中表现瞻前顾后、优柔寡断，显然其经验不足；反之，若对方表现从容自若，侃侃而谈，又能巧用中性语言避实就虚，则肯定是行家。同时，要注意随时调整策略，若发现双方主谈人在权力、地位、资历等方面相差悬殊，应及时调整以适应人们的等级观念。

（3）刺激对方的兴趣。

（4）开局的另一项任务是共同设计谈判程序，包括议题范围和日程。当然，谁安排谈判的议事日程谁就有主控权。若能双方共同协商一致并相互尊重，谈判一定会有节奏地顺利进行。

3）正式洽谈阶段

这一阶段可细分为开始洽谈阶段和业务洽谈阶段。

（1）开始洽谈阶段

这个阶段，所有参加谈判的人员的精力都很充沛，注意力非常集中，双方开始进入最初的洽谈议题。这个阶段要阐述为什么要谈判，谈判的内容是什么，预计谈多长时间等。双方各自表明自己的立场，进一步巩固已经建立起来的轻松、诚挚的工作气氛。

这个阶段虽然很短，但却建立了洽谈的格局，双方都从对方的言行判断对方的特点，以确定自己的行动方式。该阶段需要注意观察如下几点：

①观察供应商的神态、表情，从而判断他们的心理状态。

②识别出他们的领导者——谁能够真正作出让步的决定。

③如果他们讨论一个问题时犹犹豫豫，那么这就是他们的弱点。

④如果供应商没有关键问题的任何信息，这也是他们的弱点。

⑤保持紧张，注意力集中，倾听对方的发言。

（2）业务洽谈阶段

此阶段具体包括摸底和磋商两个阶段。

①摸底阶段。在合作性洽谈中，这一阶段双方分别独自阐述对会谈内容的理解，希望得到哪些利益，首要利益是什么，可以采取何种方式为双方共同获得利益作出贡献，以及双方的合作前景。这种陈述要简明扼要，将谈判的内容横向展开。

这个阶段，不要受对方陈述的影响，应将注意力放在阐明自己的利益上。同时，要试图猜测对方的意图，准确理解对方的关键问题。

陈述之后，双方提出各种可供选择的设想和解决问题的方案。然后，双方需要判断哪些设想、方案更现实、更可行。任何一方都不能为自己的建议辩护。

②磋商阶段。所有要讨论的议题内容都横向铺开，以合作的方式，反复磋商，逐步推

进谈判内容。通过对所采购商品的质量、价格、交货方式、付款条件等各项议题的反复讨论，互作让步，寻找双方都有利的最佳方案。

这一阶段，要注意双方共同寻找解决问题的最佳办法。当在某一个具体问题上谈判陷入僵局时，应征求对方同意，暂时绕过难题，转换到另一个问题进行磋商，以便通过这一问题的解决打开前一问题谈判的僵局。

这一阶段，要做好谈判记录，把双方已经同意解决的问题在适当时机归纳小结，请对方确认。如果通过反复的磋商，所有议题得到圆满解决，谈判进入成交阶段。

4）成交阶段

这一阶段要草拟经磋商所达成的协议初稿，经双方进一步修改认可，签订正式协议书，据以签订正式合同，整个谈判过程至此全部结束。

7.1.5
谈判成功的关键因素及一些常用的谈判技巧

1）谈判成功的关键因素

（1）要具备必胜的信念，敢于面对任何困难和挑战

只有具备必胜的信念，才能使谈判者的才能得到充分发挥，使人成为谈判活动的主宰。谈判者必须具备必胜的信念，不仅仅是指求胜心理，而且有着更广泛的内涵和更深的层次。信念决定谈判者在谈判活动中所坚持的谈判原则、方针，运用的谈判策略与方法。例如，谈判的一方为达到目的不择手段，甚至采取欺诈、威胁的伎俩迫使对方就范，有时，这些做法也是受求胜心理支配，但是企业不能提倡这种必胜信念，这是不道德的。实践也证明，这样做的后果是十分消极的。不择手段的做法使企业获得了合同，也获得了利益，但它使企业失去了信誉，失去了朋友，失去了比生意更加宝贵的东西。必胜的信念应该符合职业道德，具有高度理性的信心、自信心。这是每一个谈判人员要想取胜的心理基础。只有满怀信心，才能有勇有谋、百折不挠，达到既定目标，才能虚怀若谷，赢得对方信任，取得成功的合作。

（2）谈判者要有耐心，要很好地控制自己的情绪

耐心是在心理上战胜谈判对手的一种战术与谋略，也是成功谈判的心理基础。在谈判中，耐心表现为不急于取得谈判结果，能够很好地控制自己的情绪，掌握谈判的主动权。耐心可以使人们更多地倾听对方，了解掌握更多的信息。有关统计资料表明：人们说话的速度是每分钟 120~180 个字，而大脑思维的速度却是它的 4~5 倍。这就是为什么常常对方还没讲完，人们却早已理解的原因。但如果这种情况表现在谈判中却会直接影响谈判者倾听，会使思想溜号的一方错过极有价值的信息，甚至失去谈判的主动权，所以保持耐心是十分重要的。

（3）谈判者要有诚意

受诚意支配的谈判心理是保证实现谈判目标的必要条件。诚意是谈判的心理准备，只有双方致力于合作，才会全心全意考虑合作的可能性和必要性，才会合乎情理地提出自己的要求和认真考虑对方的要求。所以说，诚意是双方合作的基础。

诚意也是谈判的动力。希望通过洽谈来实现双方合作的谈判人员会进行大量细致、周

密的准备工作，拟订具体的谈判计划，收集大量的信息，全面分析谈判对手的个性特点，认真考虑谈判中可能出现的各种突发情况。诚意不仅能够保证谈判人员有良好的心理准备，而且也使谈判人员心理活动始终处于最佳状态，在诚意的前提下，双方求大同、存小异，相互理解、互相让步，以求达到最佳的合作。

（4）善于树立第一印象

在知觉认识中，一个最常见的现象就是第一印象决定人们对某人某事的看法。在许多情况下，人们对某人的看法、见解往往来自于第一印象。如果第一印象良好，很可能就会形成对对方的肯定态度；否则，很可能就此形成否定态度。

正是由于第一印象的决定作用，比较优秀的谈判者都十分注意双方的初次接触，力求给对方留下深刻印象，赢得对方的信任与好感，增加谈判的筹码。第一印象的形成主要取决于人的外表、着装、举止和言谈。通常情况下，仪表端正、着装得体、举止大方稳重，较容易获得人们的好感。但心理学家研究发现，如果一个人很善于沟通感染别人，那么他给人的第一印象也比较好。

（5）营造和睦的谈判氛围

和睦的谈判氛围是谈判双方良好沟通的基础，能够加快谈判目标的达成。拥有和睦的谈判气氛，谈判的双方就有了"共同语言"，并能够促进双方相互理解。

营造和睦的谈判气氛，最有效的手段有两种：第一是尽量使自己的声调和语调与对方和谐。如果按照对方的说话速度和频率来改变自己的说话速度和频率，就会发现可以引导对方的说话速度和频率按照自己的说话速度和频率"走"，这样在交谈方面不知不觉地就会建立起和谐的气氛。第二是采用与对方相协调的身体姿势。在谈判中，如果采取与对方相似的举动，自然而然就会形成和谐关系。但是在这个过程中，要避免给对方造成模仿的感觉。

（6）表述准确、有效

无论在什么谈判中，正式谈判的第一项内容都是陈述自己的条件，说明希望达到什么样的目标以及如何实现这个目标。作为建立良好谈判的基础之一，正确、完整、有效地表述是非常重要的。说话语调保持平稳，说话时吐字清晰，可以保持较慢的说话速度，但一定要自始至终保持一样的声调，这样会显得权威和自信，同时，在说话的时候切不可埋头，要用温和的眼光看着对方。

（7）采用稳健的谈判方式

稳健的谈判方式要求谈判者坚持自己的权利，同时尽可能地顾及他人的权利。因此，在谈判中，要考虑他人的要求和意见，开诚布公地陈述自己的要求和意见（并不是说直接将自己的底牌亮给对方）。进攻意味着将双方的关系对立起来，而稳健的方式却是为了找到共同的解决方法而一起努力工作，从而创造双赢的谈判气氛。

（8）拒绝方式要正确

谈判者在处理对方提出的棘手问题时，需要诚心诚意和开诚布公地说"不"，但是在说"不"的时候，需要讲究方式和方法。一般来说，成功的谈判者在说"不"的时候，一般将拒绝的原因放在前面，而后才提出拒绝。错误的拒绝方式如："我不同意，因为这个价格超过了我们的进货价格。"正确的拒绝方式如："你的这项价格要求超过了我们进货的价格，所以我们不能接受。"

（9）正确使用臆测

臆测是指在某一客观条件下人的主观猜想、揣测。在谈判中，臆测的作用是重要的，它一方面帮助谈判者预测未来可能发生的事情，但应注意不要被头脑中想当然的思想所左右，克服的最好办法就是谈判的双方都参与发现事实、分析论证、寻找真实情况。经过双方确定的事实是解决问题的基本要素，只要有充裕的时间分析和发现事实，就能找出双方的分歧，同时又能发现有价值的事实。谈判时所坚持的或不可改变的一切就不会那样不可动摇，一切都可以商议。

2）一些常用的谈判技巧

（1）买方占优势时的谈判技巧

在买方占优势的情况下，供应商之间竞争激烈，买方可以"因势利导"，运用压迫式谈判技巧，具体如下：

①借刀杀人

通常询价之后，可能有 3~7 个厂商报价，经过报价分析与审查，然后按报价高低的次序排列。接着，采购人员需要考虑，谈判究竟先从报价最高者着手还是从最低者开始；是否只找报价最低者来谈判；是否要与报价的每一厂商分别谈判。

采购人员若逐一与报价厂商谈判，在时间上就很不经济，且谈判的厂商越多，通常将来决定的时候困扰就越多。所谓"借刀杀人"，即从非报价最低者开始。若时间有限，先找比价结果排行第三低者来谈判，探知其可能降低的限度后，再找第二低者来谈判，经过这两次谈判，"底价"就可浮现出来。若此"底价"比原来报价最低者还低，表示第三、第二低者合作意愿相当高，则可再找原来报价最低者来谈判。以前述第三、第二低者降价后的"底价"，要求最低者降至"底价"以下来合作，达到"借刀杀人"的目的。如果原来报价最低者不愿降价，则可交予第二或第三低者按谈判后的最低价格成交。如果原来报价最低者刚好降至第二或第三低者的最低价格，则以交给原来报价最低者为原则。运用"借刀杀人"的方法达到合理的降价目的时，应见好就收。

②化整为零

采购人员获得最合理的价格，必须深入了解供应商的"底价"究竟是多少。若是仅获得供应商笼统的报价，据此与其谈判，吃亏上当的可能性相当大。若能要求供应商提供详细的成本分析表，则"杀价"才不致发生错误。因为真正的成本或底价，只有供应商心里明白，任凭采购人员乱砍乱杀，最后恐怕还是占不了便宜。因此，特别是拟购的物品是由几个不同的零件组合或装配而成时，即可要求供应商"化整为零"，列示各项零件并逐一报价，同时询问专业制造这些零件的厂商的报价，借此寻求最低的单项报价或总价，作为谈判的依据。

③压迫降价

在买方占优势的情况下，可以胁迫的方式要求供应商降低价格，并不征询供应商的意见。这通常是在买方处于产品销路欠佳，或竞争十分激烈，导致发生亏损或利润微薄的情况下，为改善其获利能力而使出的杀手锏。由于市场不景气，故供应商亦有存货积压，急于出手换取周转金。这时候采购人员通常遵照公司的紧急措施，要求供应商自特定日期起降价若干；如果原供应商缺乏配合意愿，即行更换来源。当然，采用此种激烈的降价手段，供需关系难以维持持久，适用于短期的购买行为。

（2）买方处于劣势时的谈判技巧

在卖方占优势的情况下，特别是单一来源或独家代理，买方寻求突破谈判困境的技巧如下：

①迂回战术

由于卖方占优势，正面杀价通常效果不好，采取迂回战术才能奏效。举例说明如下：某厂家自本地的总代理购入某项化学品，发现价格竟比 X 公司的同类产品贵，因此要求总代理说明原委，并比照给予同样的价格。未料总代理未能解释个中道理，也不愿意降价。因此，采购人员就委托原厂国的某贸易商，先行在该国购入该项化学品，再运至内地。因为总代理的利润偏高，此种转运安排虽然费用增加，但总成本还是比通过总代理购入的价格便宜。

②借口预算不足

在买方居于劣势时，应以"哀兵"姿态争取卖方的同情与支持。由于买方没有能力与卖方谈判，有时会以预算不足作借口，请求卖方同意在其有限的费用下，勉为其难地将货品卖给他。一方面买方必须施展"动之以情"的谈判功夫，另一方面则口头承诺将来"感恩图报"，换取卖方"来日方长"的打算。此时，若卖方并非血本无归，只是削减原本过高的利润，则双方可能成交。

③釜底抽薪

为了避免卖方处于优势下攫取暴利，采购人员只好同意卖方有"合理"利润，否则胡乱杀价，仍然给予卖方以可乘之机。因此，通常由买方要求卖方提供所有成本资料。以国外采购为例，可以请总代理提供一切进口单据，借以查核真实的成本，然后加计合理的利润作为采购的价格。

7.2
采购合同

7.2.1
采购合同的含义、特征

1）采购合同的含义

合同是双方或多方确立、变更和终止相互权利和义务关系的协议。合同的种类很多，但人们生活中最常见的合同是经济合同，它是法人之间为实现一定的经济目的，明确双方权利义务关系的协议。它的基本特征在于：经济合同的主体限于法人；经济合同的内容限于法人之间为进行经济行为的各种事项。

采购合同是经济合同的一种，是供需双方为执行供销任务，明确双方权利和义务而签订的具有法律效力的书面协议。随着商品流通的发展，采购合同正成为维护商品流通秩序和促进商品市场发展完善的手段。

2）采购合同的特征

采购合同具有以下主要特征：

（1）它是转移标的物所有权或经营权的合同

采购合同的基本内容是出卖人向买受人转移合同标的物的所有权或经营权，买受人向出卖人支付相应货款，因此它必然导致标的物所有权或经营权的转移。

（2）采购合同的主体比较广泛

从国家对流通市场的管理和采购的实践来看，除生产企业外，流通企业、其他社会组织和具有法律资格的自然人也是采购合同的主体。

（3）采购合同与流通过程密切联系

流通是社会再生产的重要环节之一，对国民经济和社会发展有着重大影响，重要的工业品生产资料的采购关系始终是国家调控的重要方面。采购合同是采购关系的一种法律形式，它以采购这一客观经济关系作为设立的基础，直接反映采购的具体内容，与流通过程密切相连。

7.2.2
采购合同的组成

合同、合约、协议等作为正式契约，应该条款具体、内容详细完整。一份买卖合同主要由首部、正文与尾部三部分组成。

1）首部

合同的首部主要包括以下内容：

（1）名称，如生产用原材料采购合同、品质协议书、设备采购合同、知识产权协议、加工合同。

（2）编号，如2016年第1号。

（3）签订日期。

（4）签订地点。

（5）买卖双方的名称。

（6）合同序言。

2）正文

（1）主要内容

合同的正文主要包括以下内容：

①商品名称。商品名称是指所要采购物品的名称。

②品质规格。品质规格是指商品所具有的内在质量与外观形态的结合，包括各种性能指标和外观造型。该条款的主要内容有：技术规范、质量标准、规格和品牌。

③数量。这是指用一定的度量制度来确定买卖商品的重量、个数、长度、面积、容积等。该条款的主要内容有交货数量、单位、计量方式等。必要时还应该清楚地说明误差范围以及交付数量超出或不足的处理。

④单价与总价。单价是指交易物品每一计量单位的货币数值。例如，一台计算机3 600元。该条款的主要内容包括计量单位的价格金额、货币类型、国际贸易术语（如FOB、CIF、CPT等）、物品的定价方式（固定价格、浮动价格）。

⑤包装。包装是为了有效地保护商品在运输存放过程中的质量和数量，并有利于分拣

和环保而把货物装进适当容器的操作。该条款的主要内容有：包装标识、包装方法、包装材料要求、包装容量、质量要求、环保要求、规格、成本、分拣运输成本等。

⑥装运。装运是把货物装上运输工具并运送到交货地点。该条款的主要内容有：运输方式、装运时间、装运地与目的地、装运方式（分批、转运）和装运通知等。在 FOB、CIF 和 CFR 合同中，卖方只要按合同规定把货物装上船或者其他运输工具，并取得提单，就算履行了合同中的交货义务。提单签发的时间和地点即为交货时间和地点。

⑦到货期限。到货期限是指约定的最晚到货时间。到货期限要以不延误企业生产为标准。

⑧到货地点。到货地点是货物到达的目的地。到货地点的确定并不一定总是以企业的生产所在地为标准。有时为了节约运输费用，在不影响企业生产的前提下，也可以选择交通便利的港口交货。

⑨付款方式。国际贸易中的支付是指采用一定的手段，在指定的时间、地点、使用确定的方式方法支付货款。付款条款的主要内容有：支付手段、付款方式、支付时间、支付地点。

⑩保险。保险是企业向保险公司投保并交纳保险费的行为，也指货物在运输过程受到损失时，保险公司向企业提供的经济补偿。该条款的主要内容包括：确定保险类别及其保险金额，指明投保人并支付保险费。根据国际惯例，凡是按照 CIF 和 CIP 条件成交的出口物资，一般由供应商投保；按照 FOB、CFR 条件成交的进口物资由采购方办理保险。

⑪商品检验。商品检验是指商品到达后按照事先约定的质量条款进行检验。对于不符合要求的产品要及时处理。

⑫纷争与仲裁。仲裁条款以仲裁协议为具体体现，表示买卖双方自愿将其争议事项提交第三方进行裁决。仲裁协议的主要内容有仲裁机构、适用的仲裁程序、仲裁地点、裁决效力等。

⑬不可抗力。不可抗力是指在合同执行过程中发生的、不能预见的、人力难以控制的意外事故，如战争、洪水、台风、地震等，致使合同执行被迫中断。遭遇不可抗力的一方可因此免除合同责任。不可抗力条款的主要内容包括：不可抗力的含义、适用范围、法律后果、双方的权利义务等。

（2）选择性内容

合同正文的选择性内容包括：

①保值条款。

②价格调整条款。

③误差范围条款。

④法律适用条款。买卖双方在合同中明确说明合同适用何国、何地法律的条款被称作法律适用条款。

对大批量、大金额、重要设备及项目的采购合同，要求全面详细地描述每一条款；对于金额不大、批量较多，而且买卖双方已签有供货、分销、代理等长期协议（认证环节完成）的，则每次采购交易使用简单订单合同，索赔、仲裁和不可抗力等条款已经包含在长期认证合同中。

对于企业因频繁批量采购而与供应商签订的合同可以分为两个部分：认证合同、订单合同。认证合同的内容是在买卖双方之间长期需要遵守的协议条款，由认证人员在认证环节完成，是对企业采购环境的确定。订单合同就每次物料采购的需求数量、交货日期、其他特殊要求等条款进行表述。

3）尾部

合同的尾部包括：

（1）合同的份数。

（2）使用语言及效力。

（3）附件。

（4）合同的生效日期。

（5）双方的签字盖章。

7.2.3
采购合同的订立

采购合同的订立，是采购方和供应方双方当事人在平等自愿的基础上，就合同的主要条款经过协商取得一致意见，最终建立起物品采购合同关系的法律行为。

1）采购合同订立前的准备工作

合同依法订立后，双方必须严格执行。因此，采购人员在签订采购合同前，必须审查卖方当事人的合同资格、资信及履约能力，按合同法的要求，逐条订立采购合同的各项必备条款。

（1）审查卖方当事人的合同资格

为了避免和减少采购合同执行过程中的纠纷，在正式签订合同之前，采购人员首先应审查卖方当事人作为合同主体的资格。所谓合同资格，是指订立合同的当事人及其经办人必须具有法定的订立经济合同的权利。审查卖方当事人的合同资格，目的在于确定对方是否具有合法签约的能力，这一点直接关系到所签合同是否具有法律效力。

①法人资格审查。认真审查卖方当事人是否属于经国家规定的审批程序成立的法人组织。法人是指拥有独立的必要财产、有一定的经营场所、依法成立并能独立承担民事责任的组织机构。判断一个组织是否具有法人资格，主要看其是否持有工商行政管理部门颁发的营业执照。经工商登记的国有企业、集体企业、私营企业、各种经济联合体以及实行独立核算的国家机关、事业单位和社会团体等，都可以具有法人资格，成为合法的签约对象。

在审查卖方法人资格时应注意：没有取得法人资格的社会组织、已被取消法人资格的企业或组织，无权签订采购合同。要特别警惕一些根本没有依法办理工商登记手续或未经批准的所谓的"公司"，它们或私刻公章，冒充法人，或假借他人名义订立合同，旨在骗取买方的贷款或定金。同时，要注意识别那些没有设备、技术、资金和组织机构的"四无"企业，它们往往在申请营业执照时弄虚作假，以假验资（如有验资要求）、假机构骗取营业执照，虽签订供货合同并收取贷款或定金，但根本不具备供货能力。

②法人能力审查。审查卖方的经营活动是否超出营业执照批准的范围。超越业务范围以外的经济合同属无效合同。

法人能力审查还包括对签约的具体经办人的审查。采购合同必须由法人的代表人或法定代表人授权证明的承办人签订。法人的法定代表人就是法人的主要负责人，如厂长、经理等，他们代表法人签订合同。法人代表也可授权业务人员如推销员、采购员作为承办人，以法人的名义订立采购合同。承办人必须有正式授权证明书，方可对外签订采购合同。法人的代表人在签订采购合同时，应出示身份证明、营业执照或其副本；法人委托的经办人在签订采购合同时，应出示本人的身份证明、法人的委托书、营业执照或其副本。

（2）审查卖方当事人的资信和履约能力

资信，即资金和信用。审查卖方当事人的资信情况，了解当事人对采购合同的履行能力，对于在采购合同中确定权利义务条款具有非常重要的作用。

①资信审查。具有固定的生产经营场所、生产设备和与生产经营规模相适应的资金，特别是拥有一定比例的自有资金，是一个法人对外签订采购合同起码的物质基础。准备签订采购合同时，采购人员在向卖方当事人提供自己的资信情况说明的同时，要认真审查卖方的资信情况，从而建立起相互依赖的关系。

②履约能力审查。履约能力是指当事人除资信以外的技术和生产能力、原材料与能源供应、工艺流程、加工能力、产品质量、信誉高低等方面的综合情况。总之，就是要了解对方有没有履行采购合同所必需的人力、物力、财力和信誉保证。

如果经审查发现卖方资金短缺、技术落后、加工能力不足，无履约供货能力，或信誉不佳，都不能与其签订采购合同。只有在对卖方的履约能力充分了解的基础上签订采购合同，才能有可靠的供货保障。

审查卖方的资信和履约能力的主要方法有：通过卖方的开户银行，了解其债权债务情况和资金情况；通过卖方的主管部门，了解其生产经营情况、资产情况、技术装备情况、产品质量情况；通过卖方的其他用户，可以直接了解其产品质量、供货情况、维修情况；通过卖方所在地的工商行政管理部门，了解其是否具有法人资格和注册资本、经营范围、核算形式；通过有关的消费者协会和法院、仲裁机构，了解卖方的产品是否经常遭到消费者投诉，是否曾经牵涉到诉讼。对于大批量的性能复杂、质量要求高的产品或巨额的机器设备的采购，在上述审查的基础上，还可以由采购人员、技术人员、财务人员组成考察小组，到卖方的经营加工场所实地考察，以确知卖方的资信和履约能力。采购人员在日常工作中，应当注意搜集有关企业的履约情况和有关的商情，作为以后签订合同的参考依据。

2）采购合同订立的原则

（1）平等原则。《中华人民共和国合同法》（以下简称《合同法》）第三条规定：合同当事人的法律地位平等，一方不得将自己的意志强加给另一方。

（2）自愿原则。《合同法》第四条规定：当事人依法享有自愿订立合同的权利，任何单位和个人不得非法干预。

（3）公平原则。《合同法》第五条规定：当事人应当遵循公平原则确定各方的权利和义务。

（4）诚实信用原则。《合同法》第六条规定：当事人行使权利、履行义务应当遵循诚实信用原则。

（5）遵守法律、行政法规，尊重社会公德的原则。《合同法》第七条规定：当事人订立、履行合同，应当遵守法律、行政法规，尊重社会公德，不得扰乱社会经济秩序，损害社会公共利益。

3）采购合同签订的程序

签订采购合同的程序根据不同的采购方式而有所不同，这里我们主要谈谈采购合同订立的一般程序。普遍运用的采购合同签订程序要经过要约和承诺两个阶段。

（1）要约阶段

这是指当事人一方向他方提出订立经济合同的建议。提出建议的一方叫要约人。要约是订立采购合同的第一步，要约应具有如下特征：

①要约是要约人单方的意思表示，它可向特定的对象发出，也可向非特定的对象发出。当向某一特定的对象发出要约，要约人在要约期限内，不得再向第三人提出同样的要约，不得与第三人订立同样的采购合同。

②要约内容必须明确、真实、具体、肯定，不能含糊其辞，模棱两可。

③要约是要约人向对方作出的允诺，因此要约人要对要约承担责任，并且要受要约的约束。如果对方在要约一方规定的期限内作出承诺，要约人就有接受承诺并与对方订立采购合同的义务。

④要约人可以在得到对方接受要约表示前撤回自己的要约，但撤回要约的通知必须不迟于要约到达。对已撤回的要约或超过承诺期限的要约，要约人不再承担法律责任。

（2）承诺阶段

承诺表示当事人另一方完全接受要约人的订约建议，同意订立采购合同的意思表示。接受要约的一方叫承诺人，承诺是订立合同的第二步。它具有如下特征：

①承诺由接受要约的一方向要约人作出。

②承诺必须是完全接受要约人的要约条款，不能附带任何其他条件，即承诺内容与要约内容必须完全一致，这时协议即成立。如果对要约提出本质性意见或附加条款，则是拒绝原要约，提出新要约。这时要约人与承诺人之间的地位发生了互换。在实践中，很少有对要约人提出的条款一次性完全接受的，往往经过反复的业务洽谈，经过协商，取得一致的意见后，最后达成协议。

供需双方经过反复磋商，经过要约与承诺的反复，形成文字的草拟合约，再经过签订合同和合同签证两个环节，一份具有法律效力的采购合同便正式形成了。签订合同是在草拟合约确认的基础上，由双方法定代表签署，确定合同的有效日期。合同签证是合同管理机关根据供需双方当事人的申请，依法证明其真实性与合法性的一项制度。在订立采购合同时，特别是在签订金额数目较大及大宗商品的采购合同时，必须经过工商行政管理部门或立约双方的主管部门签证。

4）采购合同签订的形式

（1）口头合同形式

口头合同指合同双方当事人只是通过语言进行意思表示，而不是用文字等书面表达合同内容来订立合同的形式。采用口头形式订立物品采购合同的优点是：当事人建立合同关系简便、迅速，缔约成本低。但这类合同发生纠纷时，当事人举证困难，不易分清责任。

《合同法》在合同形式的规定方面，放松了对当事人的要求，承认多种合同形式的合法性，将选择合同形式的权利交给当事人，对当事人自愿选择口头形式订立物品采购合同的行为予以保护，体现了合同形式自由的原则，这与旧《合同法》的规定有很大不同，但是《合同法》同时规定："法律、行政法规规定采用书面形式的，应当采用书面形式。"这是法律从交易安全和易于举证的角度考虑，对一些重要合同要求当事人必须签订书面合同。

（2）书面合同形式

《合同法》第十一条明确规定："书面形式是指合同书、信件和数据电文（包括电报、电传、传真、电子数据交换和电子邮件）等可以有形地表现所载内容的形式。"简单地说，书面形式是以文字为表现形式的合同形式。书面合同的优点在于：有据可查，权利义务记载清楚，便于履行，发生纠纷时容易举证和分清责任。在我国目前市场经济制度尚未完善之际，当事人订立物品采购合同，适宜采用书面合同形式。

书面合同是采购实践中采用最广泛的一种合同形式。《合同法》第十条第二款规定：法律、行政法规规定采用书面形式的，应当采用书面形式。当事人约定采用书面形式的，应当采用书面形式。可见，书面形式是一种十分重要的合同形式，书面合同形式具体分为以下四类：

①合同书。合同书是记载合同内容的文书。它是书面合同的一种，也是物品采购合同中最常见的一种。当事人采用合同书形式订立采购合同的，自双方当事人签字或者盖章时成立。

②信件。信件是当事人就合同的内容相互往来的普通信函。信件的内容一般记载于纸张上，因而也是书面形式的一种。它与通过电脑及其网络手段而产生的信件不同，后者被称为电子邮件。在采购合同中，经常是当事人在签订合同书的基础上，又围绕合同条款发生一系列信件往来，这些信件构成书面合同的一部分。

③数据电文。这是与现代通信技术相联系的书面形式，包括电报、电传、传真、电子数据交换和电子邮件。其中，电报、电传和传真是通过电子方式来传递信息，它们的最终传递结果，都被设计成纸张的书面材料；而电子数据交换和电子邮件则不同，它们虽然也是通过电子方式传递信息，但它们的传递结果可以产生以纸张为载体的书面资料，也可以被储存在磁带、磁盘、激光盘或其他接收者选择的非纸张的中介物上。这些由中介载体载明的信息记录，构成了明确、可靠的书面资料，能够充分证明合同的存在。这完全符合书面合同的概念和要求，因此，电子数据交换和电子邮件也是书面合同形式的一种。这种合同形式在订立涉外物品采购合同时比较多见。随着电子计算机和互联网技术的发展和普及，这种书面合同形式会越来越多。

④确认书。确认书是通过信件和数据电文的方式订立物品采购合同时，在承诺方承诺生效之前，当事人以书面形式对合同内容予以确认的文件。它实质上是一种合同书的形式。《合同法》第三十三条规定："当事人采用信件、数据电文等形式订立合同的，可以在合同成立之前要求签订确认书。签订确认书时合同成立。"

确认书的适用条件有：A.当事人采用信件或数据电文形式订立合同；B.有一方当事人要求签订确认书；C.确认书一般是在合同成立前签订，因为确认书是对合同内容的最终确认，如果合同已经成立，再签订确认书就没有意义了。确认书属于承诺的一种意思表示。

（3）其他合同形式

这是指除了口头合同与书面合同以外的其他形式的合同，主要包括默示形式和推定形式。

7.2.4

采购业务结算

采购业务结算的基本程序如下：

1）查询物料入库信息

对国内供应商的结算，一般在物料检验通过并且完成入库操作之后进行，所以订单人员（或者专职付款人员）要查询物料入库信息，对已经入库的物料办理付款手续。对于国外供应商，一般是"一手交钱，一手交货"，所以对国外采购项目，物料一到岸或者指定的交货地点，付款操作必须完成付款手续至开具付款票据（汇票、信用证等），在验收之后再对供应商进行付款。对于长期采购的供应商，可以通过谈判达成一定的付款周期，如供应商到货一周内付款。

2）准备付款申请单

对国内供应商付款，拟制付款申请单，并且附合同、物料检验单据、物料入库单据、发票等。作为付款人员要注意：五份单据（付款申请单、合同、物料检验单据、物料入库单据、发票）中的合同编号、物料名称、数量、单价、总价、供应商必须一致。对国外供应商的付款手续比较复杂，在此我们就不介绍了，读者可以查阅国际贸易的相关书籍。

3）付款审批

付款审批由管理办公室或者财务部专职人员进行，审核内容包括以下三个方面内容：

（1）单据的匹配性。审核以上五份单据在六个方面（合同编号、物料名称、数量、单价、总价、供应商）的一致性及正确性。

（2）单据的规范性。对单据，特别是发票，其次是付款申请单，要求格式标准、统一、描述清楚。

（3）单据的真实性。这包括发票的真假鉴别，检验、入库单等单据的真假鉴别等。

4）资金平衡

如果企业拥有足够的资金，那么本环节可以省略。但是在大多数情况下，企业需要合理利用资金，特别是在资金紧缺的情况下，要综合考虑物料的重要性、供应商的付款周期等因素，以确定首先向谁付款。对于不能及时付款的物料，要充分与供应商进行事先沟通，征得供应商的谅解和同意。

5）向供应商付款

企业财务部门接到付款申请单及通知后，即可向供应商付款，并提醒供应商注意收款。

6）供应商收款

企业之间的交易付款活动一般通过银行进行，有时因为付款账号疏漏，可能导致供应商收不到货款。对于大额的付款活动，企业有必要在付款活动之后向供应商作出收款提醒。

7.2.5
采购合同管理

合同管理涉及从合同签订到合同终止期间内，供应商或者采购商的关于合同的所有活动。合同管理的目标是解决合同期间出现的任何问题，确保供应商履行合同规定的义务。

1）争议与索赔的处理

在采购过程中，买卖双方往往会因彼此之间的责任和权利问题引起争议，并由此引发索赔、理赔、仲裁以及诉讼等。为了减少争议的产生，并在争议发生后能获得妥善的处理和解决，买卖双方通常都在签订合同时对违约后的索赔、免责事项等内容事先作出明确规定。这些内容反映在合同中就是违约责任条款。

在采购业务中，处理好争议和索赔是一项重要工作。索赔一般有三种情况：买卖双方间的贸易索赔；向承运人的运输索赔；向保险人的保险索赔。

（1）违反合同的责任区分

当采购合同履行过程中，采购商品未能按合同要求送达买方时，首先应分清是供方责任还是运输方责任，认清索赔对象。

①违反采购合同的责任

A.违反采购合同时，供方的责任主要有以下两个方面的内容：a.商品的品种、规格、数量、质量和包装等不符合合同的规定，或未按合同规定日期交货，应偿付违约金、赔偿金。b.商品错发到货地点或接货单位（人），除按合同规定负责运到规定的到货地点或接货单位（人）外，并承担因此而多支付的运杂费；如果造成逾期交货，应偿付逾期交货违约金。

B.需方的责任有以下三个方面：a.中途退货应偿付违约金、赔偿金；b.未按合同规定日期付款或提货，应偿付违约金；c.错填或临时变更到货地点，承担由此多支出的费用。

②违反货物运输合同的责任

当商品需要从供方所在地托运到需方收货地点时，如果未能按采购合同要求到货，应分清是货物承运方还是托运方责任。

A.承运方的责任有以下五个方面的内容：a.不按运输合同规定的时间和要求发运的，偿付托运方违约金。b.商品错运到货地点或接货人，应无偿运至合同规定的到货地点或接货人。如果货物运到逾期，偿付逾期交货的违约金。c.运输过程中商品的灭失、短少、变质、污染、损坏，按其实际损失（包括包装费、运杂费）赔偿。d.联运的商品发生灭失、短少、变质、污染、损坏，应由承运方承担赔偿责任的，由终点阶段的承运方按照规定赔偿，再由终点阶段的承运方向负有责任的其他承运方追偿。e.在符合法律和合同规定条件下的运输，由于下列原因造成商品灭失、短少、变质、污染、损坏的，承运方不承担违约责任：不可抗力如地震、洪水、风暴等自然灾害；商品本身的自然性质；商品的合理损耗；托运方或收货方本身的过错。

B.托运方的责任有以下三个方面的内容：a.未按运输合同规定的时间和要求提供运输，偿付承运方违约金。b.由于在普通商品中夹带、匿报危险商品，错报笨重货物重量等导致商品摔损、爆炸、腐蚀等事故，承担赔偿责任。c.罐车发运的商品，因未随车附带规格质量证明或化验报告，造成收货方无法卸货时，托运方需偿付承运方卸车等费用及违约金。

③已投财产保险时，保险方的责任

对于保险事故造成的损失和费用，保险方在保险金额的范围内承担赔偿责任。被保险方为了避免或减少保险责任范围内的损失而进行的施救、保护、整理、诉讼等所支出的合理费用，依据保险合同规定偿付。

（2）索赔和理赔应注意的问题

发生合同争议后，首先分清责任属供方、需方还是运输方。如需方在采购活动中因供方或运输方责任蒙受了经济损失，就可以通过与其协商交涉，进行索赔。

索赔和理赔既是一项维护当事人权益和信誉的重要工作，又是一项涉及面广、业务技术性强的细致工作。因此，提出索赔和处理理赔时，必须注意下列问题：

①索赔的期限。索赔的期限是指争取索赔一方向违约一方提出索赔要求的期限。关于索赔期限，《合同法》有规定的必须依法执行，没有规定的，应根据不同商品的具体情况作出不同的规定。如果逾期提出索赔，对方可以不予理赔。通常情况下，农产品、食品等索赔期限短一些，对于一般商品，索赔期限长一些，机器设备的索赔期限则更长。

②索赔的依据。提出索赔时，必须出具因对方违约而造成己方损失的证据（保险索赔另外规定），当争议条款为商品的质量条款或数量条款时，该证据要与合同中检验条款相一致，同时出示检验的出证机构。如果提赔时证据不全、不足或不清，以及出证机构不符合规定，都可能遭到对方的拒赔。

③索赔额及赔偿办法。关于处理索赔的办法和索赔的金额，除了个别情况外，通常在合同中只作一般笼统的规定，而不作具体规定。因为违约的情况较为复杂，当事人在订立合同时往往难以预计。有关当事人双方应根据合同规定和违约事实，本着平等互利和实事求是的精神，合理确定损害赔偿的金额或其他处理的办法，如退货、换货、补货、整修、延期付款、延期交货等。

当商品因质量与合同规定不符造成采购方蒙受经济损失时，如果违约金能够补偿损失，不再另行支付赔偿金；如违约金不足以抵补损失，还应根据所蒙受经济损失的情况，支付赔偿金以补偿其差额部分。

国际贸易中发生索赔时，根据联合国货物销售合同规定：一方当事人违反合同应付的损害赔偿额，应与另一方当事人因其违反合同而遭受的包括利润在内的损失额相等；如果合同被宣告无效，而在宣告无效后一段合理时间内，买方已以合理方式购买替代货物，或者卖方已以合理方式把货物转卖，则要求损害赔偿的一方可以取得合同价格和替代货物交易价格之间的差额。

（3）仲裁

经济仲裁是指经济合同的当事人双方发生争议时，如通过协商不能解决，当事人一方或双方自愿将有关争议提交给双方同意的第三方依照专门的裁决规则进行裁决，裁决的结果对双方都有约束力，双方必须遵照执行。

当采购方与卖方发生纠纷需要仲裁时，可按照一般的仲裁程序到相应的受理机构提出仲裁申请，仲裁机构受理后，经调查取证，先行调解；如调解不成，进行庭审，开庭裁决。

①仲裁的受理机构

根据我国实际情况和有关的法律规定，凡是我国法人之间以及法人与自然人之间的经济合同纠纷案件，统一由国家工商行政管理局设立的经济合同仲裁委员会仲裁管辖；凡是有涉外因素的经济纠纷或海事纠纷案件，即争议的一方或双方是外国法人或自然人的案件，以及中国商号、公司或其他经济组织间有关外贸合同和交易中所发生的争议案件，由民间性（非政府的）社会团体——中国国际贸易促进委员会附设的对外经济贸易仲裁委员会和海事仲裁委员会仲裁管辖。

A.国内经济仲裁的受理机构。我国法律规定，国内采购合同纠纷一般由采购合同履行地或者合同签订地的仲裁机关管辖，执行中有困难的，也可以由被诉方所在地的仲裁机关管辖或由合同履行地的仲裁机关管辖，便于查清发生纠纷的原因和事实，作出裁决之后也好执行。

根据争议金额的大小，按照案件的不同情况，可分别向县、地区、省和国家工商行政管理局的四级仲裁机关申请仲裁。

一般经济合同纠纷案件，由县（市）、市辖区仲裁机关受理。如果案件影响较大，争议金额高或者跨省、市，跨部门，则分别不同情况，用下述办法确定仲裁的受理机构：a.有较大影响或者争议金额50万元至500万元的经济合同纠纷案件，由省辖市、地区、自治州仲裁机关管辖受理；b.有重大影响或者争议金额在500万元至1 000万元的经济合同纠纷案件，由省、直辖市、自治区仲裁机关管辖受理；c.在全国范围内有重大影响或者省、直辖市、自治区之间，中央部门与省、直辖市、自治区之间，中央各部门之间争议金额在1 000万元以上的经济合同纠纷案件，由国家工商行政管理局的经济合同仲裁机关管辖受理。

B.涉外经济仲裁的受理机构。目前在我国的进出口业务所签订的采购合同中，仲裁受理地点主要有以下三种形式：规定在我国由中国国际贸易促进委员会附设的对外经济贸易仲裁委员会仲裁；规定在被诉方所在国家仲裁；规定在双方同意的第三国进行仲裁。至于同我国有贸易协定的国家，仲裁地点应按照协定的规定办理。

外贸采购合同中不仅规定了仲裁地点，而且规定了仲裁机构及仲裁程序和仲裁费用等。

国际商事仲裁机构分为常设机构和临时性机构。中国国际贸易促进委员会附设的对外经济贸易仲裁委员会也属国际性的仲裁机构。另外，还有附设在特定行业内的专业性仲裁机构。

②仲裁的程序

仲裁程序由以下五个部分组成：

A.提出仲裁申请。向仲裁机关申请仲裁，应按仲裁规则的规定递交申请书，并按照被诉人数提交副本。当事人向仲裁机关申请仲裁，应从其知道或者应当知道权利被侵害之日起一年内提出，但侵权人愿意承担责任的不受该时效限制。

仲裁申请人必须是与本案有直接利害关系的当事人。所写申请书应当写明以下事项：申诉人名称、地址，法人代表姓名、职务；被诉人名称、地址，法人代表姓名、职务；申请的理由和要求；证据，证人姓名和住址。

仲裁申请书的上述内容要明确具体，如有缺欠者，应责令补齐，否则将直接影响仲裁机关下一步的工作。

B.立案受理。仲裁机关收到仲裁申请书后，经过审查，符合仲裁条例规定的，应当在7日内立案，不符合规定的，应在7日内通知申诉人不予受理，并说明理由。案件受理后，应当在5日内将申请书副本发送被诉人。被诉人收到申请书副本后，应当在15天内提交答辩书和有关证据。被诉人没有按时提交或者不提交答辩书的，不影响案件的受理。

C.调查取证。仲裁员必须认真审阅申请书、答辩书，进行分析研究，确定调查方案及收集证据的具体方法、步骤和手段。为了调查取证，仲裁机关可向有关单位查阅与案件有关的档案、资料和原始凭证。有关单位应当如实地提供材料，协助进行调查，必要时，应出具证明。仲裁机关在必要时可组织现场勘察或者对物证进行技术鉴定。

D.先行调解。仲裁庭经过调查取证，在查明事实、分清责任的基础上，应当先行调解，促使当事人双方互谅互让，自愿达成和解协议。调解达成协议，必须双方自愿，不得强迫。协议内容不得违背法律、行政法规和政策，不得损害公共利益和他人利益。

达成协议的，仲裁庭应当制作调解书。调解书应当写明当事人的名称、地址，代表人或者代理人姓名、职务，纠纷的主要事实、责任、协议内容和费用的承担。调解书由当事人签字，仲裁员、书记员署名，并加盖仲裁机关的印章。调解书送达后即发生法律效力，双方当事人必须自动履行。

调解未达成协议或者调解书送达前一方或双方反悔的，仲裁庭应当进行仲裁。

E.开庭裁决。仲裁庭决定仲裁后，应当在开庭之前，将开庭审理的时间、地点，以书面形式通知当事人。在庭审过程中，当事人可以充分行使自己的诉讼权利，包括：申诉、答辩、反诉和变更诉讼请求的权利；委托律师代办诉讼的权利；申请保金的权利；申请回避的权利等。仲裁庭认真听取当事人陈述和辩论，出示有关证据，然后以申诉人、被诉人的顺序征询双方最后意见，可再行调解。调解无效，由仲裁庭评议后裁决，并宣布裁决结果。闭庭后10日内将裁决书送达当事人。

2）采购合同的变更与解除

当一方要求变更或解除合同时，在新的协议未达成之前，原合同仍然有效，但要求变更或解除合同的一方应采取书面形式（文书、电报等）及时通知对方，对方在接到通知后15天内（另有规定或当事人另行商定期限者除外）予以答复，逾期不答复的视为默认。

变更或解除合同的日期，以双方达成协议的日期为准，需报经上级主管部门批准的，以批准的日期为准。

另外，签订合同有笔误需要修正的，需经双方协商同意后才生效。

小资料

设备采购合同

甲方：

乙方：

（以下简称甲乙双方）

甲乙双方本着互惠互利的原则，经友好协商，达成协议如下：

一、甲方从乙方购买如下设备：

品名：

规格：

质保：

数量：

单价：

总价：

二、甲方付乙方货款计：

小写：￥_____，大写：_____元整。

三、付款方式：经甲方验收合格后，甲方即付乙方合同全款金额。

四、交货时间：合同签订之日起_____天内交货，交货地点：_____。

五、售后服务条款：

1. 乙方提供的货物须为正规渠道销售的货物。

2. 乙方负责所提供的产品在保修期内免费维修及维护，在超出保修范围时提供维修方案。

六、违约条款：

如发现设备故障应按保修条例执行（包换、包修），如乙方不履行合同给甲方造成损失，乙方应按照合同金额的_____%，以天计算支付违约金。

七、本合同未尽事宜，甲乙双方协商解决。

八、本合同一式两份，甲乙双方各执一份。

甲方：

乙方：

◆ 小结和学习重点与难点

谈判是采购业务流程中不可缺少的环节，它对于控制采购成本等方面发挥着重要作用。本章着重强调了采购谈判准备工作的重要性，重点介绍了采购谈判的原则、特点和内容，介绍了采购谈判资料的收集和谈判地点的选择等内容，叙述了采购谈判的基本程序，重点介绍了采购谈判中经常采用的策略与技巧。

本章还介绍了采购合同的相关知识，包括采购合同内容与格式、采购合同签订和履行过程中应注意的问题，学会解决合同纠纷的办法措施，以及进行索赔的主要手段和途径，采购合同在执行过程中的跟踪和执行效果的评估等，为将来从事采购业务打下基础。

采购谈判是指企业作为买方，为采购商品与卖方厂商对购销业务有关事项，如商品的品种、规格、技术标准、质量保证、订购数量、包装要求、售后服务、价格、交货日期与地点、运输方式、付款条件等进行反复磋商，谋求达成协议，建立双方都满意的购销关系。

采购谈判可分为计划和准备阶段、开局阶段、正式洽谈阶段和成交阶段。

采购合同是经济合同的一种，是供需双方为执行供销任务，明确双方权利和义务而签订的具有法律效力的书面协议。一份买卖合同主要由首部、正文与尾部三部分组成。

合同管理涉及从合同签订到合同终止期间内，供应商或者采购商的关于合同的所有活动。合同管理的目标是解决合同期间出现的任何问题，确保供应商履行合同规定的义务。

本章的学习重点是采购谈判的程序和采购合同管理。

本章的学习难点是要约和承诺以及索赔和理赔应注意的问题。

◆ 前沿问题

采购合同管理：电子商务的法律问题

撤销权如果是信函，一条信息是不能被撤回的。但是在一些电子信息系统里，一条信息可以在到达收件人的信箱后被撤回。接受的方式需要预先定义，或者需要设计一种系统，以便信息不会被撤回。这一点对在制定和接受报盘的合同形成时期是非常重要的。时间标记在电子商务中举足轻重，可以由系统产生的时间标记作为确定标准。交易中的双方需要指明交易产生、传送、接受或者审阅时是否使用时间标记。采购方和供应商应该为文件的接受确认建立一套程序。书写和签字是否构成签署？在 EDI 或者因特网交易中是没有可以生效的签字的，必须通过使用代码完成生效证明。即使使用证明代码也有一个安全性问题，而我们期望使用一种双方都同意的加密系统。条款解释在所有合同中，条款解释都是一个潜在的问题。电子交易因为包括电子可读符号也存在这个问题。因而，双方必须规定每种符号该怎么解释。如果在订单和确认函之间存在不符，就需要制定一个程序去解决这个问题。

应该在 EDI 中指定要采用的联系方式，也就是说任何第三方提供者使用什么联系方式，谁为网络服务付费，打开邮箱查看信息的时间和频率是多少，以及在网络改变时需要提前多少时间进行通告。记录保存和控制提前需要强调的问题包括：

如果一方在检查电子交易时失败了会发生什么问题？

对发生的错误每一方承担多少责任？

如果因为不充分的安全保障导致错误，会发生什么情况？

什么程序能够有效管理交易？

可靠性信息是来源处产生的吗？它被替换了吗？

当今，电子信息是否可能被拦截和暗地修改已成为一个主要的问题。公司需要开发程序来解决这一问题。在因特网上，仅仅因为一方有电子邮件或者网站地址，就认为是一个有意向的交易对象，这是没有可靠依据的。

尽管很多系统已经建立了防错和纠错办法，但信息仍然会丢失。传真会在传送中丢失单词、段落、最后一行的内容，或者整页都看不清楚。用传真还会引起一个问题，即传真纸上的文字可能因为时间长了褪色而无法读取。用平面传真机或者复制保温纸的副本就可以解决这个问题。条款许多采购方都把采购订单用传真发送给供应商，而且只发送文件的封面。如果部分条款没有传真过去，或者部分条款在采购订单的封面上没有涉及，它们可能就得不到落实，除非已经将这些条款提前发送给供应商了。还有一种方法，就是将条款作为合同的一部分在采购订单首页列示，这是一个很好的解决办法。安全，特别是支付安全可以通过各种方式，如数据加密和经常性更换授权代码来保障安全。

（资料来源　佚名.电子商务的法律问题 ［EB/OL］.［2011-05-03］.http://www.chinabuy.org/read. asp? id=8951.）

◆ 案例探讨

日本航空公司与美国波音公司的谈判

日本航空公司拟从美国引进10架新型波音客机，日方三位谈判代表按约定到达波音公司的会议室。出乎意料的是，日方代表动作迟缓，慢吞吞地喝着咖啡。精明而又讲究效率的波音公司代表把对方的疲倦懈怠看作可乘之机，在双方重申了购销意向之后，迅速把谈判引入"概说"阶段。从早上9点到11点半，三架放映机相继打开，图表、电脑计算、屏幕显示应有尽有，美国代表以压倒性的准备资料"淹没"了日方代表。整个过程日方代表只是静静地坐在一旁，一句话也没说。美方代表自信这些足以使对方相信波音公司飞机的性能和定价都是无可挑剔的。

美方代表讲完后长长地舒了口气，关掉机器，拉开窗帘，充满信心地问日方代表："你们认为如何？"一位日方代表斯文有礼，面带微笑地说："我们看不懂。"

美方代表脸色倏地变得惨白："你说看不懂是什么意思？什么地方看不懂？"日方主谈笑了笑："都不懂。"

美方主谈急切地追问："都不懂是什么意思？请具体说明你们是从什么时候开始不明白的？"日方主谈说："对不起，从拉上窗帘的那一刻开始。"

眼看半天的努力全部化为泡影，美方代表几乎要骂出来。他们只好重新拉上窗帘，不过接下来的那两个小时的介绍已经失去了最初的热诚和信心。

谈判进入交锋阶段。日航代表的表现同样使美方大失所望，他们听觉不灵、反应迟钝，很难甚至根本不能理解波音公司代表的讲话。美方代表详细准备好的论点、证据都没有用了，精心设计的谈判计划也无用武之地。几天下来，美方代表已被搅得烦躁不安，越说越说不清楚，只好直截了当地问对方："我们飞机的性能是最好的，报价也是合情合理的，你们有什么异议吗？"此时日航主谈似乎由于紧张忽然出现语言障碍，结结巴巴地说："第、第、第一，价、价……""你要说的第一点是价格吗？这点可以商量。第二点是什么？""性、性……""你说的是性能吗？只要日航方面提出书面要求，我们一定满足。"日航代表连连点头。

接着就开始商谈价格，这笔大宗交易还价应该按国际惯例采取适当的幅度，可是日航代表似乎全然不知，一开口就要求削价20%，波音公司代表听了大吃一惊，可发现对方的态度认真，不像是开玩笑，为了表示诚意，于是便说："我们可以削价6%。"

由于双方差距太大，谈判暂告结束。下午，日航代表第二次还价，要求削价18%。波音公司坚持原来的立场，又一轮激烈的争论开始了，双方谁也说服不了谁。波音公司主谈已对这笔交易失去了耐心，提出休会："我们双方在价格上差距太大，有必要寻找新的解决办法。你们如果同意，两天后双方再谈一次。"

日方代表在休会期间反复权衡利弊。重新回到谈判桌后，日航代表降低了6个百分点，提出削价12%，波音公司代表仅作出削价7%的让步，谈判又陷入僵局。经过长时间的沉默，波音公司主谈决定终止谈判，开始收拾文件。这时，日航主谈突然流利地说道："你们对新型飞机的介绍推销使我们难以抵抗，如果同意降价8%，我们现在就起草购买11架飞机的合同。"说完，他笑吟吟地起身把手伸向对方。

"同意。"波音公司代表也起身和精明的谈判对手握手："祝贺你们，用最低的价格买到了世界上最先进的飞机。"

日航代表用10架飞机的价钱买回了11架飞机。

（资料来源 郭晖.采购实务［M］.北京：中国物资出版社，2006.）

思考题：

1.日航谈判代表在正式谈判中的表现是出于什么考虑？他们是如何控制谈判的进程，掌握谈判主动权的？

2.日航谈判代表是采取何种手段制造谈判僵局的？其目的是什么？

3.日航谈判代表是运用何种策略表达成交意图并促成交易的？

4.试分析美国波音公司谈判失误之处。从本案例中你得到什么启示？

◆ 课后练习

（一）名词解释

采购谈判 采购合同 要约

（二）填空题

1.采购合同签订程序要经过_____和_____两个阶段。

2.采购谈判可分为_____阶段、_____阶段、_____阶段和_____阶段。

3.一份买卖合同主要由_____、_____与_____三部分组成。

（三）单项选择题

下列哪项不属于合作原则包括的准则（　　　）。

A.一致准则　　　　B.关系准则　　　　C.方式准则　　　　D.量的准则

（四）多项选择题

采购合同签订的形式有（　　　）。

A.口头合同形式　　B.书面合同形式　　C.默示形式　　　　D.推定形式

（五）简答题

1.讨价还价中让步快有什么弊端？

2.简述买方处于劣势时的谈判技巧。

3.采购谈判的流程有哪些环节？什么是实盘？构成一项有效接受的条件是什么？

4.谈判的实质性进行过程有哪些步骤？

5.采购谈判有哪些基本技巧？

6.双赢谈判应具备的条件与实现的方法是什么？

7.简述谈判成功的关键因素。

8.采购合同具有哪些主要特征？

（六）论述题

1.什么是"借刀杀人"的谈判技巧？这种技巧在什么情况下使用最为合适？

2.在采购谈判的计划准备阶段应做哪些工作？

第 8 章

交货管理与质量管理

◆ **学习目标**

通过本章的学习，使读者掌握采购物料的交货管理、验收与检验方法；熟悉物流采购付款结算的流程；理解采购质量管理的定义；了解采购质量管理的内容；掌握采购质量管理的基本方法；掌握采购质量管理保证体系的主要内容。

◆ **基本概念**

交货期　采购质量管理　支票　汇票

引导案例　　　　　采购质量管理、内部控制与企业生存

2007年8月2日，美国最大玩具商美泰公司（Mattel Inc.）向美国消费者安全委员会提出召回佛山利达生产的96.7万件塑胶玩具，理由是"回收的这批玩具表漆含铅量超标，对儿童的脑部发展会造成很大影响"，美国环保组织塞拉俱乐部认为危及儿童安全。进而，致命玩具一时成为谈论的热点。事发前，佛山利达的产量已居佛山玩具制造业第二。一夜之间，这家拥有十多年良好生产记录的合资企业成为众矢之的。在美国舆论的不断声讨下，玩具厂商及其上下游供应、检验链上的疏忽被一一曝光和放大。最终，佛山利达被出入境检验检疫部门要求整改，中国国家质量监督检验检疫总局宣布暂停其产品的出口。利达被迫停产，2 500名工人几乎无事可做，利达公司合伙人张树鸿承受重大压力，最终一死了之。

1）内部控制分析

（1）朋友——中国式供应关系

造成这次事件最大的问题在于玩具所使用的有毒油漆的采购上。此次向利达公司提供不达标油漆的企业，是与利达公司仅有一墙之隔的东兴公司，该公司老板恰恰是张树鸿多年的好友梁仪彬。自从东兴增加了油墨、涂料和丝印材料产销之后，就成为利达的油漆主要供应商。

（2）验收——一次疏忽还是习惯性遗忘

利达属于来样加工型企业，即为美泰公司生产并供应玩具。为了保证玩具质量，美泰公司给利达提出两种选择油漆供应商的办法：一是由美泰自行指定；二是由美泰提供质量标准后，由利达自行决定。利达选择了后者，于是，东兴成了他的油漆供应商。

2007年4月初，东兴生产油漆的黄色色粉短缺，为尽快采购，东兴在网上查找到东莞众鑫色粉厂。该厂向东兴提供了无铅色粉证书、认证资料、相关执照等，东兴便于4月10日进货。按规定，采购的色粉要到检测机构认定，但佛山没有相关的检测机构，只有到广州检验，并需要5~10个工作日才能得到检测结果。东兴为了尽快给利达公司供货，就省略了检测的环节。但没料到的是，这批色粉含铅量超标，众鑫当初提供的无铅色粉证书、认证资料等都是假的。

让人们不能理解的是，一般都是提前几天就进货的，缺货真这么严重吗？买到也不化验吗？利达用了三个月的含铅量超标的色粉，为什么一直不检验呢？东兴从网上找到众鑫，又是人家送货，所以东兴连这个企业是怎样的都不知道，第一次拿货为什么就那么信任别人呢？最大的问题可能还在于内部控制制度，特别是内部控制意识的缺失。还没有从对市场过度关注反应过来的中国企业，还没有意识到采购循环内部控制的缺失可能带来的是一场无以弥补的死亡和毁灭。

2）启示

一直以来，为了迎合监管部门的检查成为我国企业质量控制的最大需求，以为过了监管这个坎，就完事大吉。却不知，一次质量控制的缺失可能就是致命的毒药。同时，利达事件也反映出我国企业在整个生产流程和工艺控制上缺乏标准化。如果有了严格的质量控制体系，这种情况发生的可能性非常小。实际上，国际企业的供应商管理早有成熟的可借鉴模式。美国苹果公司对代工企业富士康的劳工问题调查，以及沃尔玛公司派出检查人员，甚至暗访人员对其供应商的进场监督，都可能对国内企业对上游供应商管理有所启示。

（资料来源 刘素贞.采购质量管理、内部控制与企业生存［J］.现代经济，2008（7）.）

8.1
交货管理

物料采购的交货控制至关重要：如果交货太早，就会增加仓租管理费用及损耗，积压资金而负担利息；交货迟误，会造成停工待料、机器及工人闲置，更会影响企业信誉，甚至因签订了合同导致逾期罚款或赔偿损失。采购人员若要有效控制交货，必须先了解不能如期履约的各项原因。

8.1.1

供应商不能如期交货的原因

1）供应商的原因

（1）超过生产能力或制造能力不足

由于供应商的预防心理，其所接受的订单常会超过其生产能力，以便部分订单取消时，尚能维持"全能生产"的目标。有时，供应商对顾客的需求状况及验收标准未详加分析就接受订单，最后才发觉力不从心，根本无法制造出合乎要求的产品。

（2）转包不成功

供应商由于受设备、技术、人力、成本等因素限制，除承担产品的一部分制造过程外，有时另将部分制造工作转包给他人。由于承包商未能善尽职责，导致产品无法组装完成，就会延误交货的时间。

（3）制造过程或品质不良

有些厂商因为制造过程设计不良，以致产出率偏低，必须花费许多时间对不合格的制品加以改造（Rework）；另外，也可能因为对产品质量的管理欠佳，以致最终产品的合格率偏低，无法满足交货的数量。

（4）材料欠缺

供应商也会因为物料管理不当或其他因素造成材料欠缺，以致浪费了制造时间，延误了交货日期。

（5）报价错误

如果供应商因报价错误或承包的价格太低，以致尚未生产即已预知面临亏损或利润极其微薄，因此交货的意愿不强，或将其生产能力转移至其他获利较高的订单上，也会迟延交货时间。

（6）缺乏责任感

有些供应商争取订单时态度相当积极，可是一旦得到订单后，似乎有恃无恐，往往在制造工作中显得漫不经心，对如期交货缺乏责任感，视迟延交货为家常便饭。

2）买方的原因

（1）紧急订购

由于人为或天然的因素（如库存数量计算错误或是库存材料毁于一旦），必须紧急订购，但是供应商可能没有多余的生产能力来吸收临时追加的订单，买方就必须停工、断料一段时间。

（2）低价订购

由于订购价格偏低，供应商缺乏交货意愿，甚至借延迟交货来要挟买方追加价格，以致取消订单。

（3）购运时间不足

由于请购单位提出请购需求的时间太晚，譬如国外采购在需求日期前3天才提出请购单，让采购单位措手不及；或由于采购单位在询价、议价、订购的过程中，花费太多时间，当供应商接到订单时，距离交货的日期已不足以让他有足够的购料、制造及装运的时间。

（4）规格临时变更

制造中的物品或施工中的工程，如突然接到买方变更规格的通知，物品就可能需要拆解重做，工程也可能半途而废，重起炉灶。若因规格变更，需另行定制或更换新的材料，也会使得交货延迟情况更加严重。

（5）生产计划不正确

由于买方产品销售预测不正确，导致列入生产计划者已缺乏需求，未列入生产计划者或生产日程排列在后期者，市场需求反而相当急切，因此紧急变更生产计划，就会让供应商一时之间无法充分配合，产生供料延迟情形。

（6）未能及时供应材料或模具

有些物品系委托其他厂商加工，因此，买方必须供应足够的装配材料或充填用的模具。买方若采购不及，就会导致承包的厂商无法进行工作。

（7）技术指导不周

外包的物品或工程，有时需要由买方提供制作的技术。买方指导不周全，会影响到交货或完工的时间。

（8）催货不积极

在市场出现供不应求时，买方以为已经下了订单，到时候物料自会滚滚而来。未料供应商"捉襟见肘"，因此"挖东墙补西墙"，谁催得紧、逼得凶，或是谁价格出得高，材料就往谁那里送。催货不积极的买主，到交货日期就可能收不到采购物品。

3）其他因素

（1）供需单位缺乏协调配合

任何需求计划，不仅应要求个别计划的正确性，更须重视各计划之间的配合性。各计划如未能有效配合，只要其中任何协作单位有误，就会造成整体计划的延误。因此，防止交货期的延误，必须先看本身计划是否健全，然后看各单位之间计划或业务执行的联系。

（2）采购方法运用欠妥

大凡招标方式采购，虽较为公平及公正，但对供应商的承接能力及信用等，均难以事先有彻底的了解。中标之后，中标者也许无法进料生产，也许无法自行生产而予以转包，更为恶劣者，则以利润厚者或新近争取的顾客优先，故意延误。因此，要避免供应商的延误，应重视供应来源的评选，即凡有不良记录者，应提高警觉，特别在合约中详加规定交货办法、逾期交货的管制，如要求承制厂商提出生产计划进度、履约督导或监督办法。厂商签约后，必须依照承诺生产交货，否则除合约被取消外，还要承担因延误交货发生的损失。

（3）偶发因素

偶发因素多属不可抗力，主要包括战争、罢工、自然灾害、经济因素、政治或法律因素等。

8.1.2
交货管理的规划

由上面的探讨可知，供应商不能如期交货的原因很多，因此采购人员要有效控制交货

期，必须要做好交货管理的事前规划、事中执行与事后考核，其中的作业要点如表8-1
所示。

表8-1　　　　　　　　　　　　交货管理作业要点

事前规划	事中执行	事后考核
• 确定交货日及数量 • 了解供应商生产设备利用率 • 卖方提供生产计划表或交货日程表 • 给予供应商合理的交货时间 • 了解供应商物资管理及生产管理能力 • 准备替代来源	• 了解供应商备料情形 • 买方提供必要的材料、模具或技术支援 • 了解供应商的生产效率 • 买方加强交货前的催交工作 • 交货期及数量变更的通知 • 买方尽量减少规格变更	• 对交货延迟的原因分析 • 检讨是否必须移转订单 • 执行供应商的奖惩办法 • 完成交易后剩料、模具等的收回 • 选择优良供应商签订长期合约

要做好交货管理，应有"预防重于治疗"的观念，事前慎选有交货意愿及责任感的供
应商，并规划合理的购运时间，使供应商"从容以赴"。

买方在订购或发包后，应主动监督供应商备料及生产，不可等到已逾交货期才开始
查询。

一旦卖方发生交货迟延，若非短期内可以改善或解决，应立即寻求同业支援或其他物
品来源；对表现优越的供应商，可签订长期合约或建立事业伙伴关系。

现将各项作业要点准则简述如下：

（1）一般的监视。采购单位早在开立订单或签订合约时，便应决定应如何监视，倘若
采购品并非重要项目，则仅作一般的监视便已足够，通常只需注意是否能在规定时间收到
验收报表，有时可用电话查询；但若采购品较为重要，可能影响企业的经营，则应考虑另
作较周密的监视。

采购单位应审核供应商的供应计划进度，并分别从各项资料获得供应商的实际进度，
如供应商的流程管理的资料、生产汇报中所得资料、直接访问供应商工厂所见，或供应商
按规定送交的定期进度报表。

（2）预估进度表。倘若认为有必要，可在采购订单或合约中明确规定供应商应编制预
估进度表。

预估进度表应包括全部筹划供应作业的进程，如企划作业、设计作业、采购作业、工
厂能量扩充、工具准备、组件制造、次装配作业、总装配作业、完工试验及装箱交运等全
部过程。此外，应明确规定供应商必须编制实际进度表，将预估进度表与之对照，并说明
延误原因及改进措施。

（3）确定合理的购运时间。将请购、采购、卖方准备、运输、检验等各项作业所需的
时间予以合理的规划，避免造成供应商无法解决的问题。

（4）工厂实地查证。对于重要品目的采购，除要求供应商按期递送进度表外，还应实
地前往供应商工厂访问查证，但此项查证应在合约或订单内明确，必要时要求专人临厂
监视。

（5）买卖双方信息的沟通。关于供应商准时交货的管理，还有所谓的"资源共享计
划"。购销双方应有统一的沟通系统，使购方的需要一有变动立即可通知售方，售方的供

应一有变动亦可随时通知购方，交货适时问题即能顺利解决。

（6）销售、生产及采购单位加强联系。由于市场的状况变化莫测，因此生产计划若有调整之必要，必须征询采购部门的意见，以便对停止或减少送货的数量、追加或新订的数量作出正确的判断，并尽快通知供应商，以减少可能的损失，提高其配合的意愿。

（7）准备替代来源。供应商不能如期交货的原因颇多，且有些是属于不可抗力，因此，采购人员应未雨绸缪，多联系其他来源；工程人员也应多寻求替代品，以备不时之需。

（8）加重违约罚则。在订立买卖合约时，应加重违约罚款或解约责任，使得供应商不敢心存侥幸。不过，如果需求急迫时，应对如期交货的厂商给予奖金或较优厚的付款条件。

8.1.3
交货期管理

交货期是指从采购订货日开始至供应商送货日之间的时间。对交货期的控制和管理可从两个方面来考虑：一是从交货期的组成部分中寻求空间；二是从交货期的执行过程来控制。

1）交货期组成部分

什么是供应商交货期？供应商的交货期时间是如何计算的？

举个例子来说，假设你家的厨房需要重新装修，你找到一家承包商，除了估价外，承包商告诉你，向国外厂商订购的厨具大约需要30天才能到货，施工需5个工作日。那么，如果今天就决定购买直到完工，总共需要35天，其中30天是厨具订购的前置时间，而承包商给你的交货期则为35天。基本上，交货期是由供应商决定而非客户随意指定，但是，客户可以通过有效的管理方法来影响整个交货期的长短。

交货期是由以下6项前置时间所构成的，所有前置时间的总和又称为累计前置时间：

（1）行政作业前置时间。行政作业是指采购商与供应商共同为完成采购行为所必须进行的文书及准备工作。对采购方而言，包括选择或开发供应商、准备采购订单、取得采购授权、签发订单等；对供应方而言，则包括采购订单进入生产流程、确认库存、客户信用调查、生产能力分析等。

（2）原料采购前置时间。供应商为了完成客户订单，也需要向他自己的供应商采购必要的原材料，需要花费一定的时间。在订单生产型模式下，产品的生产是等收到客户订单之后才开始的。因此，原料的采购时间占总交货时间相当大的比例。

（3）生产制造前置时间。这是供应商内部的生产线制造出订单上所订货物的时间，基本上包括生产线排队时间、准备时间、加工时间、不同工序间等待时间以及物料的搬运时间，其中非连续性生产中，排队时间占总时间的一大半。在订单生产模式中，非加工所占时间较多，所需的交货期较长；而在存货生产模式下，因生产的产品是为未来订单作准备的，采购交货期相对较短。

（4）运送前置时间。当订单完成后，将货物从供应商的生产地送到客户指定交货点所花费的时间为运送前置时间。运送时间的长短与供应商和客户之间的距离、交货频率以及运输方式有直接关系。

（5）验收与检验前置时间。该时间主要包括以下环节花费的时间：①卸货与检查，主要检查是否有不完整的出货，数量是否有误，是否有明显的包装损坏。②拆箱检验，确认交货物品是否与订单一致，同时检查数量与外观瑕疵。③完成验收文件。④将物品搬运到适当地点。

（6）其他零星前置时间。这包括一些不可预计的外部或内部因素所造成的延误，以及供应商预留的缓冲时间。

通过有效地控制交货期的各组成要素的时间就可以达到控制交货期的目的。

2）执行过程中的交货期管理

下面依照执行过程说明交货期管理的方法：

（1）订购信息的处理

订购信息的范围应包括订单内容、替代品、供应商等级及生产能力等相关资料。基本上，资料的分类可以依照交易对象、能力、产品等加以区分，其目的都是获得正确的信息。因此，订购信息处理得恰当与否，将影响整个交货期。

（2）收货

在收货的管理方面，应做好以下两项工作：

①抑制提早交货。提早交货不仅会使库存增多，而且扰乱遵守交货期的做法，因此，必须规定明确的容许范围，严格加以限制，尤其要避免提前付款。

②提高验收速度。对于收到货品必须迅速进行验收工作。验收的迟滞，不仅会使供应商的交货期意识降低，而且占用验收场地，有时候还可能由于生锈或腐蚀等而引起品质劣化的情形，因此须明确规定验收作业的程序及时限。

3）交货期管理的有关指标

企业可以设定指标借以考核交货期管理的绩效，下面是几种常见的绩效指标：

$$交货延迟率（\%）=\frac{每月延迟总批数}{每月交货总批数}×100\%$$

$$迟延件数率（\%）=\frac{每月延迟件数}{每月订单件数}×100\%$$

$$迟延日数率（\%）=\frac{自订购日起至实际交货日止的日数}{自订购日起至契约交货日止的日数}×100\%$$

8.2
物料接收方法

物料（也称货物）的接收是整个采购过程中的一部分，有的企业把收货部直接划归为采购部管辖。有的企业的收货部虽划归在货仓或物流部，但收货部仍间接归采购部负责，在日常工作中两个部门有着千丝万缕的联系。

不同企业的管理水平有很大的差异，有的企业（以小企业居多）还在采取手工记账作业方式，另外一些企业则在享用着高科技文明带来的高效、准确的作业方式。有无推行MRP电脑系统对仓库收货及物料管理的作业方式来说有很大的不同，其准确性、效率及信息的共享度有着天壤之别。

手工记账作业方式不仅要求作业员仔细、认真，而且由于信息共享性不好，令别的部门难以查询收货信息及库存状态。另外，一旦某个环节出错往往很难找出错在什么地方。使用MRP电脑系统则恰恰相反，不仅其他部门相关人员可轻易从系统中查询到收货情况及库存量，而且还可使收货人员更准确、更高效地工作。例如，有些MRP软件允许收货人员用条形码扫描器将物料信息输入到计算机中。

8.2.1

物料验收

物料验收应做到进出验收，品质第一。物料的验收工作，是做好仓库管理的基础。收料作业流程如图8-1所示。一般来说，物料的验收主要包括4个方面：

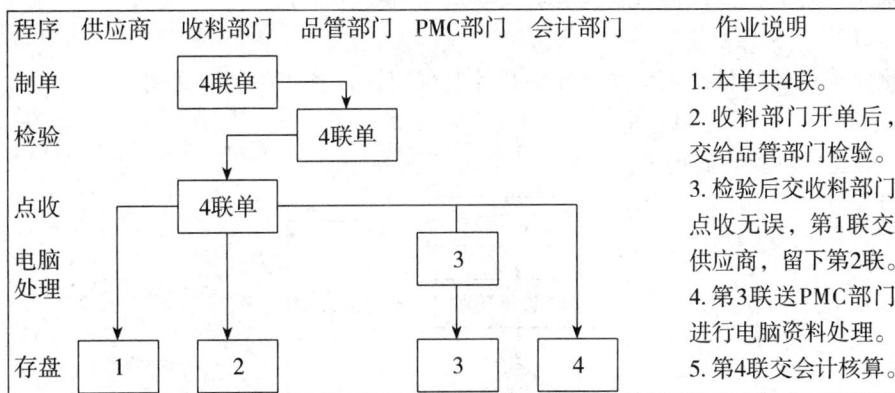

程序	供应商	收料部门	品管部门	PMC部门	会计部门	作业说明
制单		4联单				1.本单共4联。
检验			4联单			2.收料部门开单后，交给品管部门检验。
点收		4联单				3.检验后交收料部门点收无误，第1联交供应商，留下第2联。
电脑处理				3		4.第3联送PMC部门进行电脑资料处理。
存盘	1	2		3	4	5.第4联交会计核算。

图8-1　收料作业流程图

（1）品名、规格。出入库的物料是否与相关单据的品名、规格一致。

（2）数量。明确出入库物料的计量单位，物料进出仓前应严格点数或过磅。

（3）品质。进库物料，只有接到海关检验书面合格报告方可入库；出库物料，也要检验其品质，确保不良品不投入使用或不流向市场。

（4）凭据。单据不全不收，手续不齐不办。入库要有入库单据及检验合格证明，出库要有出库单据。

8.2.2

物料验收的步骤

物料验收入库工作涉及货仓、品质、物料控制、财务等诸多部门，其主要步骤如下：

1）确认供应厂商

应确认物料从何而来，有无错误。如果一批物料分别向多家供应商采购，或同时数种不同的物料进厂时，验收工作更应注意，验收完后的标志工作非常重要。

2）确定交运日期与验收完工时间

交运日期是交易的重要日期，交运日期可以判定厂商交货是否延误，有时可作为延期罚款的依据，而验收完工时间被不少公司作为付款的起始日期。

3）确定物料名称与物料品质

确定物料是否与所订购的物料相符合并确定物料的品质。

4）清点数量

查清实际交付数量与订购数量或送货单上记载的数量是否相符。对短交的物料，及时促请供应商补足；对超交的物料，在不缺料的情况下退回供应商。

5）通知验收结果

将允收、拒收或特采的验收结果填写于物料验收单上，通知有关单位。物料控制部门可以进一步决定物料进仓的数量，采购部门得以跟进短交或超交的物料，财务部门则可根据验收结果决定如何付款。

6）退回不良物料

供应商送交的物料品质不良时，应立即通知供应商，将该批不良物料退回，或促请供应商前来用合格品交换，再重新检验。

7）入库

验收完毕后的物料，入库并通知物料控制部门，以备产品制造之用。

8）记录

图8-2是物料验收流程图。

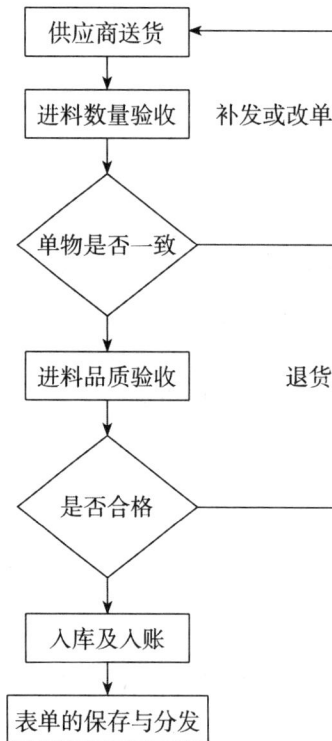

图8-2 物料验收流程图

8.2.3
物料接收的要点

在接收物料时应注意以下几个问题：

（1）确认PO（Purchase Order，即订购单或采购订货）单号是否与待收货的PO单号一致。有时供应商会将 PO 单号漏写或搞错。使用 MRP 电脑系统的企业，如果供应商不提供 PO 单号或 PO 单号不对，物料就没办法接收。

（2）确认供应商、物料名称、物料编号与 PO 单是否一致。实行了 MRP 系统的企业是按物料编号而不是物料名称收货。

（3）清点物料数量。这是收货员最需要注意的一点，无论供应商送的数量是 PO 单上的一部分（分批送货的情况）还是某份 PO 的全部，收货人员都需清点物料实际数量，将实际数量输入电脑系统或记在收货卡上。在实际操作中，收货人员不太可能去清点物料的小数（即小包装中的数量），而只是清点大数（如一共有几箱或几包，每箱或每包的标准数量是多少，再加上尾数便可计算出实际收货数）。

（4）外包装有无损坏。

（5）单据是否齐全。

8.2.4

收货报表、单据

收货报表、单据主要有进料验收单、交期控制表、物料采购记录表、来料检验月报表几种。

1）进料验收单

供应商应在收货单中记录供应商名称、物料名称、物料数量、PO 编号、送货单号、送货日期等信息。收货单至少一式三联，收货人员在确认所送物料无误后，在每联上盖上企业的收货章，由供应商保存一联，收货部门保存一联，另一联由收货部门送交财务（会计）部门作为付款的依据之一。进料验收单格式如表 8-2 所示。

表 8-2　　　　　　　　　　　　　　　进料验收单格式

进料时间	料号	厂商名称	订购数	交货数
订单号码	发票规格	品名规格	点收数	实收数
检验项目	检验规格	检验状况	数量	判定
AQL 值		严重	一般	轻微
检验数量		不良数		不良率
判定		允收□　　拒收□　　特采□　　全检□		
备注：				
仓库主管	仓管	收料	IQC 主管	IQC

注：AQL——Acceptable Quality Level，合格质量标准或容许品质等级；IQC——Inside Quality Control，内部质量控制。

2）交期控制表

交期控制表记录某批物料的预定交期、请购日期、物品名称、供应商、价格、验收日期、迟延天数等，是为控制原料的准时交货而设计的单据，如表 8-3 所示。

表8-3 　　　　　　　　　　　　　交期控制表

预定交期	请购日期	请购单号	物品名称	数量	供应厂商	单价	验收日期	迟延天数

3）物料采购记录表

物料采购记录表式样如表8-4所示。

表8-4 　　　　　　　　　　　　　物料采购记录表

请购日期	请购单号	料号	品名规格	供应商	单价	数量	订购日期	验收日期	品质记录

4）来料检验月报表

来料检验月报表式样如表8-5所示。

表8-5 　　　　　　　　　　　　　来料检验月报表

来料检验报告汇总					
供应商					
检查批数					
不合格批数					
不良率					

批退报表汇总						
物料异常报告编号	料号	品名规格	批量	不良率	不良原因	供应商	处理结果

审核：　　　　　　　　　制表：　　　　　　　　　日期：

8.2.5
物料入库的检验

检验活动包括核对采购订单与供货商发货单是否相符、开包检查商品有无损坏、商品分类、所购商品的品质与数量比较等。

入库验收是对即将入库的物料进行质量和数量的检验，是保证入库物料质量的重要环节。检验方式有全检和抽样两种，全检主要是数量的全检，大批量到货一般只进行抽检。

1）抽检比例的确定

由于配送中心很多物料属于大批到货，很多情况下不太可能进行全面检验，因此只需要确定一个合理的抽检比例。确定抽检比例时，一般根据商品的特点、商品的价值高低、物流环境等因素综合考虑。例如，易碎、易腐蚀、易挥发的商品抽检比例应适当加大，贵重商品抽验比例应高一些，而供应商信誉好，产品质量稳定，储运、包装等物流条件较好的物料则可以适当降低抽检比例。

2）检验的方法

检验的方法主要有以下几种：

（1）质量验收

配送中心的质量验收通常是以感官检验，广泛用于检验物料的外观及表面特征。为了避免感官验收的主观性，要用仪器配合进行检验，特别是对初次进货的新产品以及对技术性能指标要求高的一些物料，更需要用仪器进行检验。

（2）包装验收

包装验收的内容主要包括包装是否牢固、包装标志是否符合要求。

（3）数量验收

数量检验主要有计件法和计重法两种。计件法包括标记法、分批清点以及定额装载法3种。标记法是清点大批量入库物料时，将一定件数的商品做一标记，待全部清数完后，再按标记计算总的数量。分批清点是对包装规则、批数不大的商品采用的检验方法，先将物料堆码整齐，每一层堆码数量相同，然后将层数统计出来后就可以计算总的数量了。定额装载法是对批量大、包装整齐的物料，先用托盘等进行定额装载，最后计算出入库商品总数。

小资料

某企业的进料验收管理办法

第一条　本公司对物料的验收及入库均依本办法作业。

第二条　待收料。物料管理收料人员于接到采购部门转来已核准的"采购单"时，按供应商、物料类别及交货日期分别依序排列存档，并于交货前安排存放的库位以方便收料作业。

第三条　收料。

1. 内购收料

（1）材料进厂后，收料人员必须依"采购单"的内容，核对供应商送来的物料名称、规格、数量和送货单及发票并清查数量，无误后，将到货日期及实收数量填记于"请购单"，办理收料。

（2）如发觉所送来的材料与"采购单"上所核准的内容不符，应即时通知采购部门处理，并通知主管，原则上非"采购单"上所核准的材料不予接收，如采购部门要收下该材料时，收料人员应告知主管，并于单据上注明实际收料情况，会签采购部门。

2. 外购收料

（1）材料进厂后，物料管理收料人员即会同检验单位依"装箱单"及"采购单"开柜（箱），核对材料名称、规格并清点数量，将到货日期及实收数量填于"采购单"。

（2）开柜（箱）后，如发觉所载的材料与"装箱单"或"采购单"所记载的内容不同，应通知办理进货人员及采购部门处理。

（3）如发觉所装载的物料有倾覆、破损、变质、受潮等异常，经初步计算，损失将超过 5 000 元以上，收料人员应即时通知采购人员，联络公证处前来公证或通知代理商前来处理，并尽可能维持该状态以利公证作业，如未超过 5 000 元，则依实际的数量办理收料，并于"采购单"上注明损失数量及情况。

（4）由公证处或代理商确认、物料管理收料人员开立的"索赔处理单"呈主管核实后，送会计部门及采购部门督促办理。

第四条　材料待验。进厂待验的材料，必须于物品的外包装上贴材料标签并详细注明料号、品名、规格、数量及入厂日期，且与已检验者分开存储，并规划"待验区"用以区分。收料后，收料人员应将每日所收料品汇总，填入"进货日报表"，作为办理入账清单的依据。

第五条　超交处理。交货数量超过"订购量"的部分应予以退回，但属买卖惯例，以重量或长度计算的材料，其超交量在3%（含）以下，由物料管理部门于收料时，在备注栏注明超交数量，经请购部门主管（含科长）同意后，方可收料，并通知采购人员。

第六条　短交处理。交货数量未达订购数量时，以补足为原则，但经请购部门主管（含科长）同意，可免补交。短交如需补足时，物料管理部门应通知采购部门联络供应商处理。

第七条　急用品收料。紧急材料于厂商交货时，若物料管理部门尚未收到"请购单"，收料人员应先洽询采购部门，确认无误后，方可依收料作业办理。

第八条　材料验收规范。为利于材料检验、收料的作业，质量管理部门就材料重要性及特性等，适时召集使用部门及其他有关部门，依所需的材料质量制定"材料验收规范"，呈总经理核准后公布实施，作为采购及验收的依据。

第九条　材料检验结果的处理。

（1）检验合格的材料，检验人员于外包装上贴合格标签，以示区别，物料管理人员再将合格品入库定位。

（2）不符合验收标准的材料，检验人员于物品包装上贴不合格的标签，并于"材料检验报告表"上注明原因，经主管核实处理对策并转采购部门处理及通知请购单位，再送回物料管理部门凭此办理退货，特别采购时则办理收料。

第十条　退货作业。检验不合格的材料退货时，应开立"材料交运单"并附有关的"材料检验报告表"呈主管签认后，凭此不合格材料方可出厂。

第十一条　实施修正。本办法呈总经理核准后实施，修订时亦同。

（资料来源　王炬香，等.采购管理实务［M］.北京：电子工业出版社，2012.）

8.3
采购货款的结算

付款是供应商最关心的问题，如果企业在货款的支付上引起供应商的不满，则会导致双方关系的恶化，会给企业原材料的采购带来诸多困难。一般来说，付款是财务部门的主要工作之一，但不同的企业在付款操作上有很大的区别，有时采购部也会成为付款的主要责任部门。

企业向供应商的付款时间一般有预付、货到付款、月结30天（或60天、90天）等几种方式。由于激烈的市场竞争，对本地供应商的付款绝大多数都采用月结方式，并且付款期限也越来越长，但一般不宜超过 90 天。如果选择国际跨国公司或海外企业作为供应商，因双方对对方的信誉状况不了解，故供应商往往要求预付款。经过一段时间的贸易往来后，双方对对方的情况有了更多的了解，经企业向供应商申请，通常可以改成月结 30 天。

对于市场紧俏商品或供应商垄断的商品，供应商通常要求货到付款，如果企业有足够的流动资金，采用货到付款这种方式常能得到更优惠的价格。作为采购员，必须了解货款的支付方式以及支付流程，以便选择合适的结算方式。

8.3.1
货款的结算方式

1）支票

（1）支票的概念

支票是出票人签发一定的金额，委托银行或其他金融机构见票无条件支付给收款人或持票人的票据。由此可见，支票是无条件支付命令。支票有出票人、付款人和收款人三方当事人，付款人仅限于办理支票存款业务的金融机构，金融机构的存款户即出票人签发的支票金额应在其存款余额或与付款人约定的透支额度内，如不足支付即构成空头支票，付款人可拒绝付款，出票人应承担相应的法律责任。

（2）支票的分类

①按付款方式有无特别保障或限制可分为：

A.一般支票。一般支票又称普通支票、开放支票，持票人可凭票向银行兑现，也可通过银行代收货款。

B.保付支票。支票付款人在支票上注明"保付"并签名，由付款人承担全部付款责任。

C.横线支票。横线支票又称划线支票、平行线支票。其中，在支票左上角加注两条平行线的称普通横线支票，可由任何银行代收转账；在支票左上角加注两条平行线，同时在横线内注明某银行名称的，只能由指定银行签收。

②按支票是否记名可分为记名支票和不记名（空白）支票。

③按支票结算范围可分为现金支票和转账支票。

（3）支票的内容

支票必须载明的事项有：表明为支票；确定的金额；无条件支付的委托；付款人名称；出票日期；出票人签章。未记载上述事项的支票无效。

（4）支票的使用

①支票一般为同城使用。

②禁止签发空头支票。

③不得签发与出票人预留本名的签名样式或印章不符的支票。

2）汇票

（1）汇票的概念

汇票是由出票人签发的，委托付款人在见票时或指定日期无条件支付一定金额给收款人或持票人的票据。汇票是一种支付命令。汇票的当事人一般有出票人、付款人和收款人，汇票对收款人资格不加限制。

（2）汇票的分类

①按信用性质不同可分为：

A.银行汇票。银行汇票由银行信用作为保证而签发并付款。

B.商业汇票。商业汇票的出票人和付款人是具有法人资格的公司、企业。

②按付款期限不同可分为：

A.即期汇票。即期汇票指持票人只要在合理时间内提示付款，债务人就应付款。

B.远期汇票。远期汇票指付款人见票后在一定期限或特定日期付款的票据。

③按汇票承兑的不同可分为：

A.商业承兑汇票。商业承兑汇票是出票人签发的，委托付款人在指定日期无条件支付确定的金额给收款人或持票人的票据，由银行以外的付款人承兑。

B.银行承兑汇票。银行承兑汇票是由出票人签发并由其开户银行承兑的票据。

④按有没有附属单据可分为：

A.光票。光票不附带货运单据，只要出示汇票本身，付款人就应付款，银行汇票多为光票。

B.跟单汇票。跟单汇票则附有物料装运单据（提单、保险单、发票、商检证书、出口许可证、检疫证书等），出示单据后付款人才予以付款。其信用度较高，国际贸易中多为跟单汇票。

⑤按记载收款人的不同可分为：

A.记名式汇票。记名式汇票的收款人是特定的，须经背书后票据才可转让。

B.指示汇票。指示汇票未最终确定收款人，经背书后可转让指示人。

C.无记名式汇票。无记名式汇票又称来人式汇票，谁持有汇票谁就拥有票据权利，凭交付即可转让。

（3）汇票的内容

我国《票据法》规定，汇票必须记载以下事项：汇票字样；无条件支付的委托；确定的金额；付款人名称；收款人名称；出票日期；出票人签章。汇票上未记载规定事项之一的，汇票无效。

汇票上记载付款日期、付款地、出票地等事项时应字迹清楚。付款日期可为见票即付、定日付款、出票后定期付款和见票后定期付款；未记载付款日期的，为见票即付。

（4）汇票的使用

①银行汇票的使用。根据现行结算办法，单位或个人需要付款时，可将款项交当地银行，由银行签发汇票给收款人在异地办理结算或提取现金。

②商业汇票的使用。已在银行开立账户的法人之间根据买卖合同进行商品交易，可使用商业汇票。签发商业汇票需以合法的商品交易为基础。持票人可持未到期的承兑汇票向开户银行申请贴现，银行扣除贴现日至到期日的利息，付给现款并取得汇票。

3）本票

（1）本票的概念

本票是出票人签发并承诺自己在见票时无条件支付确定的金额给收款人或持票人的票

据。本票的当事人即出票人与收款人，出票人始终是债务人，本票是一种无条件支付的承诺，是自付证券。

（2）本票的分类

本票按出票人的不同可分为：

①银行本票。银行本票有即期与远期之分。见票即付、不记载收款人名称的小额银行即期本票，其流通性与纸币相似，可代替现金使用；远期银行本票主要适用于大额交易中，以保证交易的安全。

②商业本票。商业本票由企业或个人开立，用于清偿自身债务。

（3）本票的内容

本票必须记载的内容有：表明是本票；无条件支付的承诺；确定的票据金额；收款人名称；出票日期；出票人签章。未记载上述事项的本票无效。

本票上记载付款地、出票地等事项的，应当清楚明确。未记载付款地、出票地的，出票人营业场所为付款地、出票地。

（4）银行本票的使用

银行本票由银行签发，本票的出票人必须具有支付本票金额的可靠资金来源，并保证支付，出票人的资格由中国人民银行审定。本票自出票日起，付款期最长不得超过两个月。

4）汇兑

（1）汇兑的概念

汇兑是汇款人委托银行将款项汇给异地收款人的结算方式。

（2）汇兑的种类及其内容

汇兑分为信汇和电汇两种。

信汇是汇款人委托银行用邮寄凭证的方式，通知汇入行兑付的一种结算方式。信汇凭证的内容有日期、收款人、金额、账号或住址、汇入行名称、汇款人、汇出地点、汇款用途、汇款人签章等。

电汇是汇款人委托银行以拍发电报的方式，通知汇入行付款的一种结算方式。电汇凭证的内容与信汇凭证基本相同。

（3）汇兑的特点

这种结算方式便于汇款人向异地主动付款，适用于单位、个体经济户和个人的各种款项结算。个体经济户和个人需要在汇入行支取现金的，可凭填明"现金"字样的汇款凭证到汇入行支取现金。

5）异地托收承付

（1）异地托收承付的概念

异地托收承付是指收款人根据购销合同发货后，委托银行向异地付款人收取款项，并由付款人向银行承认付款的结算方式。

（2）异地托收承付的有关规定

①办理异地托收承付结算的款项，必须是商品交易以及因商品交易而产生的劳务供应的款项。代销、寄销、赊销商品的款项不得办理托收承付结算。

②收付双方使用托收承付结算必须签有符合《合同法》的购销合同，并在合同上明确

使用异地托收承付结算方式。

③收付双方办理托收承付结算必须重合同、守信用。收款人对同一付款人发货托收累计3次收不回货款的，银行应暂停其向该付款人办理托收；付款人累计3次无理由拒付的，银行应暂停其向外办理托收。

④收款人办理托收，必须具有商品确已发运的证件（包括铁路、航运、公路等运输部门签发的运单、运单副本和邮局包裹回执）。

6）委托银行收款

（1）委托银行收款的概念

委托银行收款是收款人向银行提供收款依据，委托银行向付款人收取款项的结算方式。

（2）委托银行收款的适用范围

这种结算方式在同城和异地均可使用，便于单位主动收款，既适用于在银行开立账户的单位和个体经济户的各种款项结算，也适用于水电、邮电、电话等款项的结算。

（3）委托银行收款的有关规定

委托银行收款不受金额起点限制，分为邮寄和电报划回两种，由收款人选择使用。付款期为3天，付款期满，付款人存款余额不足，按无款支付办理，不予延期。对于拒付的情况，银行不负责审查拒付理由。

7）信用卡

（1）信用卡的概念

信用卡是一种由银行及一些旅馆、饭店和其他专门机构发给私人使用的短期消费信贷凭证。

（2）信用卡的种类

①按发行机构的性质分为商业、旅游、劳务机构发行的旅游交际卡和银行发行的信用卡。

②按使用地区、范围分为指定使用地区信用卡和国际通用信用卡。

（3）信用卡的内容

信用卡的发放通常是以一定量的存款、固定职业或担保人为条件，其外观为硬质金属卡片，卡上印持卡人姓名、签字、账号和每笔赊销金额。持卡人可凭此到指定的商店、交通和旅游机构购买商品、支付劳务费用等，只需在发票或其他单证上签字，而不必支付现金。

8.3.2
付款的操作

1）查询物品入库信息

对国内供应商的付款操作，一般是在物品检验通过并且完成入库操作之后进行，所以订单操作人员（或专职付款人员）要查询物品入库信息，并对已经入库的物品办理付款手续。对于国外供应商，一般是"一手交钱，一手交货"，所以对国外采购项目，物品一到岸或一到指定的交易地点，就必须完成付款手续及开具付款票据，在验收后对供应商支付款项。对于长期采购的供应商可通过谈判达成一定的付款周期，如在到货一周内付款等。

2）准备付款申请单

对国内供应商付款，应拟制付款申请单，并且附合同、物品检验单据、物品入库单据、发票等。作为付款人员要注意：五份单据（付款申请单、合同、物品检验单、物品入库单、发票）中的合同编号、物品名称、数量、单价、总价、供应商必须一致。对国外供应商的付款手续较为复杂，在此省略。

3）付款审批

付款审批的具体事宜由管理人员或财务部专职人员负责的包括三个方面：

（1）单据的匹配性，即上述五份单据在六个方面（合同编号、物品名称、数量、单价、总价、供应商）的一致性及正确性。

（2）单据的规范性，特别是发票、付款申请单要求格式标准统一、描述清楚。

（3）数据的真实性，包括发票的真假鉴别，检验单、入库单的真假识别等。

4）资金平衡

在采购过程中，企业必须合理利用资金，特别是在资金紧缺的情况下，要综合考虑物品的重要性、供应商的付款周期等因素，确定付款顺序。对于不能及时付款的物品，要与供应商进行充分沟通，征得供应商的谅解和同意。

5）向供应商付款

企业财务部门在接到付款申请单及通知后即可向供应商付款，并提醒供应商注意收款。

8.4
采购质量管理

采购质量管理是采购管理工作的重要内容。采购质量管理水平的高低直接影响到物料使用部门能否生产出合格的产品，消费者能否购买企业的产品，这是企业生死攸关的大问题。

采购质量管理的重点是对供应商的质量管理，传统的采购政策和程序往往基于这样一个观点，即采购方和供应商之间的竞争关系是双方关系的核心，供应商对质量进行改进是因为担心其他的供应商会提供更高的质量、更优惠的价格、更好的运输条件以及更优质的服务来吸引采购方，而且采购方更换供应商是不需要付出代价的，多货源的订货方式既可以保证供应的安全，又可以对供应商加以控制。从采购质量的角度来看，质量无疑是采购供应主要考虑的标准，找到高质量的供应商很难，而要找到能不断改进质量的供应商就更难。实际上，这需要采购部门的人员在进行广泛调查的基础上，才能够找到，才能与供应商一起努力，不断地改进质量。

采购质量管理的目标就是保证采购物料的质量符合规定的要求，就是要保证采购的物料能够达到企业生产所需要的质量要求，保证企业用其生产出来的产品个个都是质量合格的产品。保证质量，也要做到适度。质量太低，当然不行，但是质量太高，一是没有必要，二是必然造成价格升高，增加购买费用，也是不划算的，所以要求物资采购要在保证质量的前提下尽量采购价格低廉的产品。

要实现保证质量的目标，采购质量管理工作的主要内容包括三个方面：一是采购部门本身的质量管理；二是对供应商的评估、认证，以及产品的验收、把关等工作；三是采购质量管理保证体系的建立与运转。

8.4.1
采购质量管理的内容

1）采购技术规格

技术规格描述了产品技术方面的要求，技术规格一般由企业技术部门、产品设计部门确定，它是企业进行生产的依据或标准，也是企业质量检验部门所遵循的标准。

产品设计是产品质量的基础，在产品的开发过程中，产品性能、规格越来越复杂，也越来越难以改动，而且，后期的改动会造成成本成倍增加。因此，采购功能必须纳入产品早期开发过程。

在新产品开发过程中，大型的制造商通常从以下方面与供应商进行沟通与合作。

（1）采购设计

采购人员是新产品设计小组的一员，他们根据采购的标准对设计提出意见，把采购目标市场的信息纳入新产品的设计阶段。

（2）供应商早期的参与

通过与供应商的合作经历，可以找出优秀的供应商并与其合作，邀请他们对新产品设计提出意见，对材料的选择提出建议，从而使设计不至于因为今后的更改而耗费更多的成本。

（3）派驻工程师

例如，一些大的制造商派工程师到供应商处，专门解决各种问题，有的供应商向采购方派驻工程师，时间可长可短，目的是解决开发过程中出现的设计和制造问题。

任何一个组织在开发新产品时，采购员起到了侦察员的作用，他们比开发者和工程师与供应商的联系更密切。采购员在开发的早期阶段加入，有助于更好地理解产品的功能和结构，把供应商及早引入，实践证明能够有效地降低成本和改进产品（见表8-6）。

表8-6　　　　　　　　**把供应商纳入新产品开发资金节约表（%）**

产品设计阶段	设计的复杂程度或产品的独特性		
	低	中等	高
初步设计	2~5	10~25	30~50
设计更改	1~3	3~15	15~25
为提高质量重新设计	10	15~30	40~60

注：表中数字反映的是成本节约的百分比。

2）采购需求规格

规格是描述产品各方面要求的各种形式的结合体，需求规格一般由产品设计部门、使用部门或采购质量专职管理机构共同确定，它是供应商进行生产的依据或标准，也是企业来料检验部门所遵循的标准。

采购部门必须保证产品需求规格能在供应商处得到满足，同时必须确保供应商能遵守交货时间、交货质量和价格等其他协议，因此采购方必须进行全面质量管理。采购需求规格是首先要确定的问题。

使用产品的部门必须先明确需求，需要什么规格的产品，其应当准确、详细地描述产品的规格，使采购部门清楚产品的特性，以利于更好地向供应商采购。采购部门不能随意改动产品的规格，但是可以向需求部门提出更好选择的建议。

一种产品的规格可以用多种形式进行描述，因此，采购需求规格就是指产品的描述方式，也可以是几种描述方式的综合，通常包括以下几种方式：

（1）品牌

品牌是指产品的牌子，它是销售者给自己的产品规定的商业名称，包括名称、标志、商标，品牌实质上代表着供应商对交付给采购者的产品特征、利益和服务的一贯性的承诺。当采购方对购买的一件产品使用效果很满意，以后往往会再购买同样品牌的产品。

但是，购买品牌产品可能成本比较高，采购方会选择非品牌的替代品，而且在采购时过分强调品牌，会导致潜在供应商数量的减少，丧失众多供应商竞争带来的价格降低或改进质量的机会。

（2）至少同等规格

在政府采购的招标或采购方的发盘中，经常会有这样的情况，规定一种品牌或厂商的型号，然后注明"至少同等规格"。在这种情况下，采购方把责任留给了投标者，让他们去制定同等或更高的质量标准，自己不必再花费精力去制定详细的产品规格。

（3）工程图样

通过尺寸图等工程图样也是描述规格的一种方法，它可以和其他资料配合使用，这种方法特别适用于购买非通用零部件，例如建筑、电子行业的一些产品，这种方法是规格描述中最准确的一种，适用于购买那些生产中需要的精密性非常高的产品。检验部门则按工程图样来测量尺寸和进行其他方面的检验。

（4）市场等级描述

例如，小麦和棉花的采购就属于等级采购，评级工作必须由权威部门来完成，通过此方式采购到满意的产品。

（5）样品

这种采购方法是检查一件欲购产品的样品，通过视觉来判断产品是否能接受，例如木材的品种、颜色、外观、气味。它适用于那些难以用文字、图样表达的物料以及它的特性。例如，塑胶件的外观标准就常需用样品来配合工程图样加以规定。

（6）技术文件

技术文件常用于那些难以用图样表达或难以呈送样品（或样品不易保存）的物料。例如，常用的工程塑料颗粒，就无法用图样来描述，也不便用样品；化学药水（剂）的规格也使用技术文件来规定。

（7）国际（国家、行业）标准

规格包含产品规格的标准化，以及标准产品的型号、尺寸等。规格描述包括：物理或化学特性描述；物料和制造方式描述；性能表现描述。

很多标准件（如螺钉、螺母等）无须画图，也无须样品，只需写明所需的大小及供应商应遵守的国标号即可。另外，如果某供应商生产的产品在行业中处于领先地位，样品经试用后又完全能满足生产要求，那么可能就会把供应商提供的图样或技术标准作为今后来料检验的标准。

3）采购标准化

所谓标准就是对具有多样性和重复性的事物，在一定范围所作的统一规定，并经过一定的批准程序，以特定的形式颁布的规范和法规。制定标准和贯彻标准的活动过程被称为标准化。

按标准化的适用范围，可分为工业标准和企业标准。工业标准指的是为简化产品品种、规格，统一产品规格、质量以及性能而制定的一系列规范、规定。如产品系列的确定，零部件标准化、通用化范围的规定，主要产品技术标准的制定等，即为工业标准。这类标准是行业或全国通用的，分别称之为行业标准（专业标准）、国家标准，这是每个企业必须严格执行的，也是采购活动的主要依据和手段。企业标准是在国家或行业标准的基础上，由采购企业自己制定出的规格，在采购工作中采购部门也可以把企业标准寄给行业的主要的几个供应商，在最终采用前征求他们的意见。

采购标准包括国际标准、国家标准、行业标准和企业标准。采购标准化意味着可以简化采购工作量，意味着采供双方就明确的尺寸、质量、规格所达成的协议。通过加强采购的标准化工作，可以减少采购的品种，降低库存，从而降低最终产品的成本。

8.4.2
质量管理的规划

采购部门在质量（品质）管理方面的作业要点可分为事前规划、事中执行与事后考核三大部分，每个部分的详细内容如表8-7所示。

表8-7　　　　　　　　　　　　　　　　　　　品质管理作业要点

事前规划	事中执行	事后考核
• 决定品质标准并进行规格描述 • 买卖双方确认规格及图样 • 了解供应商的承制能力 • 买卖双方确认验收标准 • 要求供应商实施品质管理制度（品质管理认证等级） • 准备校准检验工具或仪器	• 检查供应商是否按照规范施工 • 提供试制品以供品质检测 • 派驻检验员抽查在制品的品质 • 检查品质管理措施是否落实	• 解决买卖双方有关品质的分歧 • 严格执行验收标准 • 提供品质异常报告 • 要求卖方承担保证责任 • 淘汰不合格供应商

1）事前规划

事前规划的重点在产品规格的制定、供应商的选择和合约控制等方面。

（1）制定产品规格

就制定规格而言，要同时考虑设计、生产、商业及行销四种不同的因素。设计需求的考虑是在尽可能不改变原设计的情况下，获得符合需求的原料；生产因素的考虑即为配合机器设备的操作要求，选择适当规格的物料；行销因素的考虑则着重在消费者的接受程度，譬如环保要求及购买力等；而考虑到商业性采购因素时，采购人员必须进行下列几项调查：①研究品质的需求状况；②确定品质需求已经完整且明确地在规格说明中规定了；③调查供应商合理与相对的成本；④确定品质要求表述成通用的规格，以便让有潜力的供应商都能参与竞争；⑤决定合适的品质是否可由现有供应商来制造；⑥确定监督与测试的方法，维护良好的品质水准。

某些原料和零部件在上述方面的调查比较容易，但是有些就比较复杂，如新产品的规格。在一些公司中，把品质工程师安排在采购部门中，担任幕僚的工作，协助分析一些复杂的问题。当有技术性的品质问题产生时，品质工程师与采购人员会共同审查产品规格，并将适当的品质需求推荐给产品设计工程师，进行适当的修改。

规格恰当与否是采购成败的关键因素之一，关于规格制定的有关知识已在本书有关章节中有所介绍。

在进行国内采购时，凡有国家标准可用者，原则上不应使用其他规格采购；如无国家标准可用时，则可考虑使用国内各公会或协会、委员会所制定的标准。在进行国外采购时，凡有国际通用规格可采用者，不得使用其他规格采购。

（2）选择供应商

采购在品质管理事前规划阶段的另一个重点是供应商的选择。许多公司能够把它们的原料品质问题减至最低，就是因为它们在开始时就选择了有能力而且愿意合作的供应商，因此品质水准得以维持并提升。关于供应商的选择与管理已在本书第4章中进行了详细的阐述。

企业与供应商之间应通过合约控制来保证产品质量符合要求，具体措施如表8-8所示。

表8-8 合约控制的主要内容

协议名称	目 的	具体内容
质量保证协议	明确规定供应商应负的质量保证责任	<ul><li>信任供应商的质量体系</li><li>随发运的货物提交规定的检验/试验数据以及过程控制记录</li><li>由供应商进行100%的检验/试验</li><li>由供应商进行批次接收抽样检验/试验</li><li>实施本企业规定的正式质量体系</li><li>由本企业或第三方对供应商的质量体系进行定期评价</li><li>内部接收检验或筛选</li></ul>
验证方法协议	与供应商就验证方法达成明确的协议，以验证是否符合要求	<ul><li>规定检验项目</li><li>检验条件</li><li>检验规程</li><li>抽样方法</li><li>抽样数据</li><li>合格品判断标准</li><li>供需双方需交换的检测资料</li><li>验证地点</li></ul>
解决争端协议	解决供应商和本企业之间的质量争端，就常规问题和非常规问题的处理作出规定	<ul><li>常规问题，即不符合产品技术标准的一般性质量问题</li><li>非常规问题，即产品技术标准范围之外的质量问题或成批不合格或安全特性不合格等</li><li>制定疏通本企业和供应商之间处理质量事宜时的联系渠道和措施等</li></ul>

2）品质管理的执行

品质管理不只是生产与品质管理部门的责任，采购部门也必须恪尽职守，不仅要检查供应商是否按照规范施工，还要派驻检验员抽查供应商在制品的品质，并提供试制品以供品质检测，以及检视供应商的品质管理措施是否落实，确保采购品的品质没有异常状况。

采购部门执行品质管理必须有所依据，这也就是与供应商签订合作契约中的主要部分。在契约书中必须提到"品质保证协定"，这份协定主要是买卖双方为确保交货物品的品质，相互规定必须实施的事项，并根据这些事项执行品质检验、维持与改善，对于双方的生产效率与效益均有益处。

在品质保证协定中，首先要把品质规格的内容说明清楚，包括有关材料、零件的标准规格、工作图、品质规格检验标准与方法，以及其他特殊规格。其次，双方必须成立能充分实施品质管理的组织，在采购、制造、检验、包装、交货等作业环节，建立彼此相关的标准作业程序，以便于双方能按照作业标准来完成合作事宜。对供应商的品质检验作业应包括下列三个阶段：

（1）进料检验。供应商为了提供买方所需物品而从外部购入的材料、零件，必须实施验收，当买方想了解进货的品质时，应提供相关资讯，也就是买方应追踪供应商购料的品质，以确保最终产品的品质。

（2）流程中的品质管制。买方对于供应商加工及设备的保养、标准化作业的实行及其他必要的项目实施检查，防止流程中发生不良产品。可以派驻厂检验员抽查在制品的品质及监视供应商是否按照规范施工。

（3）制成品出货的品质管制。采购部门在供应商进行大量生产以前，可以要求供应商提供样品供工程人员进行品质检测。供应商在制成品出货时，必须按照双方谈好的标准实施出货检验，并且要附上相关材料，使品质管理做到环环相扣。

一般而言，买方对于供应商运送来的物料，会先进行检验才可入库。然而，若事先对供应商的品质管理做得好，就可以省略此步骤而直接入库，节省部分的人力与检验成本。当然，这种做法是建立在彼此对品质管理都非常严谨而且合作无间的基础上的。目前盛行的全面质量管理就是试图要达到这样的水平。

大部分的买方对于进货的物品仍实施检验，在进货检验中，有以下几项重点：①制定抽样检验的标准与程序，作为双方配合的依据。②根据检验标准、规格等，针对供应商交货的物品进行检验、比对，以决定合格、退回修改或退回废弃。③在检验时，发现有不合格的地方，应要求供应商迅速调查原因，并报告处理对策。

3）品质管理的考核

采购部门对于供应商品质管理的考核，在于严格执行验收标准，并提供品质异常报告，要求卖方承担保证，设法解决买卖双方有关品质分歧的问题。考核的结果可作为淘汰不合格供应商的依据。因此，买卖双方在签订合作契约之前，要保持正确的品质管理信念，并了解彼此的要求，共同研讨相关的规范。下列10项品质管理原则是买卖双方在制定品质保证协定时应该遵守的重要准绳：

（1）买方和卖方具有相互了解对方的品质管理体制并协力实施品质管理的责任。

（2）买方和卖方务必互相尊重对方的自主性（双方对等、相互尊重）。

（3）买方有责任提供给卖方有关产品的充分信息。

（4）买方和卖方于交易开始之际，对于有关质量、价格、交货期、付款条件等事项，须订立合理的契约。

（5）卖方有责任保证产品是买方使用上可满足的品质，必要时，有责任提供必要的客观资料。

（6）买方和卖方在订立契约时，务必制定双方可接受的评价方法。

（7）买方和卖方对于双方之间的各种争议解决方法及程序，务必于订约时确定。

（8）买方和卖方应相互站在对方的立场，交换双方实施品质管理所必要的信息。

（9）买方和卖方，为了双方的合作能够更圆满顺利，对于订购作业、生产管理、存货计划等，应经常妥善维护。

（10）买方和卖方于交易之际，都应充分考虑最终消费者的利益。

买卖双方根据上述品质管理的原则建立彼此认同的品质规范，并依据这项协定进行日后的考核与评价。考核的重点依产品的不同而不同，但是大都以不良品率或不良品数作为计算品质绩效的基础，此外，处理品质问题的态度与解决的时效、品质提升计划的配合以及执行成效也都是考核的重点。

每次进货的检验结果应该于月底编制"品质月报表"，并提供品质异常报告，作为对供应商奖惩的依据。

品质考核的目的在于通过对供应商的奖惩，期望品质能日益精良，对于绩效优秀的厂商，提前付款、订购量提高以及当有新产品开发时，将其列入优先考虑的合作对象；对于绩效差的厂商则降低订购量，加强沟通，扣款，甚至淘汰。

8.4.3
采购质量控制

采购质量管理就是对采购质量的计划、组织、协调和控制，通过对供应商质量评估和认证，从而建立采购管理质量保证体系，保证企业的物资供应活动的总称。它的实质是通过企业的一系列采购管理工作来保证和提高采购产品的质量。

采购质量保证就是为使用部门确信由采购方采购的产品质量满足规定要求的全部有计划、有系统的活动。采购质量保证是针对采购产品的使用部门而言的，目的在于确保使用部门对采购产品的质量信任。换句话说，采购质量保证也就是采购部门对采购产品的质量所提供的担保，保证使用部门使用的物料符合规定，从而生产出合格的最终产品。采购质量保证这个概念是对使用部门来说的，是在组织内部对采购部门以外的其他部门使用的。

采购质量管理与采购质量保证在定义上是不同的，但在本质上是一致的，因为它们的目的都是让使用部门能够使用符合规格的产品。采购质量管理是手段，采购质量保证是目的，采购质量保证必须以采购质量管理为前提。

1）采购质量控制的内容

采购质量控制就是为保持采购产品的质量所采取的作业技术和有关活动，其目的在于为使用部门提供符合规格要求的满意产品。采购质量控制这个概念是在采购部门内部以及采购部门与其他部门、供应商之间使用的。采购质量控制的重点是对供应商的控制，采购质量控制是指采购物料的质量要求能保证得到满足并且能够客观地得到证明，这就意味着采购方和供应商之间的每一项业务，对下述问题的意见取得一致：

（1）对交易的基本要求。

（2）怎样实现这些要求。

（3）检验工作要符合规范。

（4）出现问题时的处理方法。

总的来说，采购质量控制就是使企业所有的采购活动符合规定的质量目标，使企业采购的产品满足规定的质量水平。采购质量控制需要组织内部各个部门以及供应商之间相互沟通并且协调一致，一旦确定了质量标准，采购的产品都必须处于这个标准的控制之下。为了达到这个标准，采购质量管理部门必须承担四个方面的职责：采购质量标准的制定、评估、控制和保证。

采购质量标准就是要保证采购的产品能够达到企业生产所需要的质量要求，保证企业用之生产出来的产品个个都是质量合格的产品。保证质量也要做到适度。质量太低，当然不行；但是质量太高，一是没有必要，二是必然造成价格高，增加购买费用，也是不划算的。所以，要求物资采购要在保证质量的前提下尽量采购价格低廉的产品。

采购质量保证其中一个重要的标准是供应商的选择，供应商将会提供什么样的产品？该产品的设计如何？技术性能怎样？采用什么样的质量标准？这些问题都是至关重要的。

采购质量保证是指采购质量控制所采用的方法和程序，也就是系统地检查产品的功能和生产过程以保证产品能够符合规定的质量要求。组织内部的采购质量评估活动通常被称为审核；组织外部的采购质量评估活动被称为认证。

采购质量保证可以通过与供应商签订质量保证协议来进行。质量保证协议的作用，一是对供应商提出质量保证要求，二是通过对供应商的适当控制来保证采购产品的质量。对质量保证协议的要求如下：

（1）与供应商达成明确的质量保证协议。

（2）质量保证协议中提出的质量保证要求应得到供应商的认可。

（3）质量保证协议中提出的质量保证要求应适当，充分考虑其有效性、成本和风险等方面的因素。

质量保证协议中提出的质量保证要求包括下列内容：

（1）信任供应商的质量体系。

（2）随发运的货物提交规定的检验、试验数据以及过程控制记录。

（3）由供应商进行全检。

（4）由供应商进行批次接收抽样检验与试验。

（5）由供应商实施组织规定的正式质量体系，在某些情况下，可涉及正式的质量保证模式。

（6）由公司或第三方对供应商的质量体系进行评价。

（7）内部接收检验或分类。

2）采购质量管理保证体系

用于采购质量控制的方法和程序的综合就是采购质量管理保证体系，采购质量管理保证体系通常记录在企业的质量手册中，质量手册中主要包括采购质量标准的制定、评估、控制和保证，采购质量控制方法，供应商的选择评估以及考核等一些内容。

采购质量管理保证体系包括下列内容：

（1）明确的采购质量目标、采购质量计划和采购质量标准。

（2）严格的采购质量责任制。

（3）专职的采购质量管理机构。

（4）采购管理业务标准化和管理流程程序化。

（5）高效、灵敏的采购信息反馈系统。

（6）供应商的质量保证活动。

供应商的质量保证活动是采购质量管理保证体系的重点，也是开展全面质量管理的一个重要组成部分。供应商的质量保证活动主要包括三个方面的内容：

首先是基于预防的质量管理方法，要认真准备订单说明书，充分的准备是采购工作成功的一半，说明书中要有详细的设计部门提供的技术参数以及包装、运输等方面的说明。要对供应商进行初步的资格认定，了解供应商的交付能力；然后由专门小组对供应商的质量体系进行调查，形成调查报告，对在调查中发现的问题进行讨论并就改进方法达成一致意见；对改进方法记录文件要定期进行检查。要进行样品检验，供应商提供的样品要经过设计部门的检验，作为衡量供应商的标准。下一步是让供应商进行试生产，对供应商的生产过程进行审查，审查的重点在于供应商的过程控制和质量控制，双方就审查过程中发现的问题交换意见，达成共识，然后产品正式投产。双方签订质量协议，其目的是保证产品质量满足供需双方达成的要求。通过上述方法，采购方可以实行抽检，甚至免检，减少进货成本，这也是质量成本的主要来源。

其次是对供应商进行定期验证、检查和评估。产品审查可以发现供应商各方面运转良好的程度，例如采购方的拒收率，拒收率可以反映产品的质量水平。工艺审查是通过对供应商的工艺系统调查来判断其工艺是否满足标准要求，通常审查4M（人员——Men；材料——Materials；设备——Machines；方法——Methods），它是检查操作者是否用适当的设备和技术保证生产出合格的产品。系统审查是将质量体系与外部标准进行比较，标准可以是企业自行制定的，或者是权威认证机构制定的，如ISO 9000标准。

采购方可以与供应商签订采购物资验证方法的协议。这个协议的作用在于对供应商提供产品的验证方法作出明确规定，防止由于验证方法不一致所产生的对产品质量评价的不一致而引起的质量争端。对验证方法协议的要求：一是与分承包方达成明确的验证方法协议；二是协议中规定的质量要求和检验试验与抽样方法应得到双方认可和充分理解。验证方法协议的内容如下：

（1）检验或试验依据的规程（规范）。

（2）使用的设备工具和工作条件。

（3）判断的依据（允收标准）。

（4）双方交换检验和试验数据方面的协议和方法。

（5）双方互相检查、检验或试验方法、设备、条件和人员技能方面的规定。

最后是实施供应商质量保证，要明确供应商在哪些方面进行了质量保证。采购部门要加强质量管理，明确是谁负责与供应商保持联系，谁负责选择供应商，与供应商的沟通口径必须一致。采购部门要树立质量第一的思想，同时供应商要及时得到质量信息的评估和反馈，通常是以评估报告的形式进行的。

全面质量管理是一种关注顾客满意度的管理哲学和体系，在全面质量管理中，顾客可以是企业内部的，也可以是外部的，在供应链管理中，任何在供应链上接受产品的人都是顾客。全面质量管理同样适用于采购质量管理，要提高采购质量，同样离不开有关部门和人员的通力合作，因此，企业的员工必须不断为改进采购质量而努力，要将采购质量与整个企业的业务活动融合在一起，要以顾客的满意度作为采购质量管理的目标，要加强与供应商的合作与管理。

◆ 小结和学习重点与难点

采购物料的验收直接关系到采购物料的质量，本章主要介绍了采购的交货管理、采购物料检验的内容、采购物料检验的工作流程、采购物料质量的检验方法、物料的接收等内容。采购付款结算是采购业务的最后一道程序，着重介绍了采购结算付款的基本方法。采购质量管理是采购管理工作的重要内容。

采购质量管理水平的高低直接影响到物料使用部门能否生产出合格的产品，消费者能否购买企业的产品，这是企业生死攸关的大问题。本章介绍了采购质量管理的内容，重点介绍了采购质量管理的规划，简要介绍了采购质量控制的内容。

交货期是指从采购订货日开始至供应商送货日之间的时间。

物料的验收主要包括四个方面：（1）品名、规格；（2）数量；（3）品质；（4）凭据。

采购质量管理的重点是对供应商的质量管理。从采购质量的角度来看，质量无疑是采购供应主要考虑的标准，找到高质量的供应商很难，而要找到能不断改进质量的供应商就更难。实际上，这需要采购部门的人员在进行广泛调查的基础上，才能够找到，才能与供应商一起努力，不断地改进质量。

采购质量管理的目标就是保证采购物料的质量符合规定的要求，就是要保证采购的物料能够达到企业生产所需要的质量要求，保证企业用其生产出来的产品个个都是质量合格的产品。采购质量管理工作的主要内容包括三个方面：一是采购部门本身的质量管理；二是对供应商的评估、认证，以及产品的验收、把关等工作；三是采购质量管理保证体系的建立与运转。

本章的学习重点是采购物料的验收方法和采购质量管理。

本章的学习难点是货款的结算方式。

◆ 前沿问题

质量管理前沿领域——六西格玛简介

1）六西格玛管理的定义

六西格玛管理理论是一种统计评估法，核心是追求零缺陷生产，防范产品责任风险，降低成本，提高生产率和市场占有率，提高顾客满意度和忠诚度。六西格玛管理既着眼于产品、服务质量，又关注过程的改进。为了达到六个西格玛，首先要制定标准，在管理中随时跟踪考核操作与标准的偏差，不断改进，最终达到六西格玛。现在已形成一套使每个环节不断改进的简单的流程模式：定义、测量、分析、改进、控制。西格玛（σ）在统计学上用来表示数据的分散程度，是一个描述最终结果与标准值偏差的专业统计术语。在质量管理领域，用来表示质量管理水平。从两个方面来理解几个西格玛的关系。第一，对连续可计量的质量特性，用"σ"度量质量特性总体上对标准值的偏离程度。西格玛越多，产品质量与标准值偏差越小，合格率越高，产品的质量越好。第二，再用另一个与合格率相反的参数——缺陷率，以具体的数据来理解西格玛多少对质量的影响。以缺陷率计量质量特性时，用"σ"度量。一般企业的瑕疵率大约是三四个西格玛，但这样的品质标准不能让企业具有竞争力。从3σ到6σ是一个持续改进的过程；如果持续改进到6σ，合格率则高达99.99966%，每百万次机会中只有3.4次出错的机会，这实际上是不允许出现发生错误的机会，也就是完美的极限。从3σ到4σ，企业可以自行改善；从4σ到5σ，必须寻找目标企业，比较学习；从5σ到6σ，就必须全方位高要求，才能达到目标。

2）实施六西格玛管理的意义

六西格玛理论认为，大多数公司所处的三四个西格玛水平，经营者必须用公司10%~15%的营业额来弥补或修正缺陷，而到六西格玛水平，这个比例能低至5%，甚至还要低。每提升一个西格玛层次，缺陷率减少一个几何级数。如果您的公司处在4σ水平，不要认为99.38%的合格率就可以高枕无忧、自我感觉良好了。随着对质量要求的不断提高和生产流程的复杂化，企业越来越需要像六西格玛这样的质量管理体系来规范管理，以保证在激烈的市场竞争中的地位。据国外成功经验：如果企业全力实施六西格玛管理，每年可以提高一个西格玛水平，直到4.7个西格玛水平，这期间，无须大的资本投入，但利润提高十分明显，成本也可以节约很多。

3）六西格玛管理改善实施的方法

六西格玛管理改善战略，其实质就是定义、测量、分析、改善和控制的业绩改善模型，它是六西格玛管理的基础，也可简写为D-M-A-I-C。

定义（Define）：确定需要改进的问题和需实现的目标。

测量（Measure）：量化顾客需求，识别并记录关键数据。

过程及对产品有影响的参数。从顾客中获取相应的数据，并进行分类、归组。了解现有的水平，对改进后的预期效益进行评估。

分析（Analyze）：分析数据，找出问题的主要原因、关键因素，通过统计工具进行进一步分析，并确认它们之间的因果关系。

改善（Improve）：基于之前分析的基础上，针对关键因素，确定合理、科学、现实的最佳改进方案。改善应立足于能减少或去除最主要影响结果的关键因素。

控制（Control）：为防止问题再次发生，必须建立新的长期有效的控制方法并维持改进结果，使改进过程固化，以便保持改进结果。在此阶段，运用适当的质量原则和技术方法，关注改进对象数据。定期监测可能影响数据的变量；制定控制计划；修改标准作业指导书；建立测量体系，监控流程，并制定一些应对突发事情的措施。

4）六西格玛质量管理体系与ISO质量管理体系的关系

六西格玛管理与ISO质量管理体系都是当代较为前沿的管理方法之一，两者有相同或相似之处，也有许多不同之处，对于管理组织而言，ISO是基础，六西格玛是在这个基础上的超越。一个优秀的企业若想其产品能够在国际市场中得到认可，产品必须符合产品质量认证和ISO质量管理体系的认证要求。但是，如果想长期在国际市场中占有一席之地，仅仅依靠 ISO 质量管理体系是不够的，还需要对产品或服务等方面持续改进，还要采用别的一些质量管理方法加以保证，而六西格玛是众多方法中非常优秀的方法之一。

（资料来源　董小林，于丹.六西格玛管理理论简介〔J〕.中国证券期货，2011（12）.)

◆ 案例探讨

爱默公司

爱默公司是一家小的带锯生产商，属于瑞典的伊莱克斯公司。爱默公司直接向伊莱克斯的美国分支——普兰公司汇报工作。公司最近刚经历了大幅度的缩减和重组。

爱默公司的采购部在缩减和重组之前，负责订购零部件、管理大量采购中所涉及的供应商关系、控制存货并处理与供应商有关的问题。所有购入的部件都由质量控制部门检验。当工程或质量部门签发物料缺陷报告时，采购部门会得到质量问题的通知。采购部门并不参与分析或者决定物料缺陷报告是否可信，实际上，即使当它们的职责重叠时，除了通知对方的相关部门外，它们几乎没有任何接触。

由于工厂内各个部门都在进行裁员，所以必须重新考虑怎样履行职能以及由谁来完成。在缩减的过程中，采购部门减少了两名员工，只剩下物料经理和两名采购及计划员。很长时间以来，采购部门一直试图减少采购规模和在质量控制中发挥更积极的作用。现在，由于缩减规模就必须这样做了。

公司经理设立了一个技术审查小组，以处理公司内关键的战略性和技术性决策。这个小组每个星期碰头，由公司经理、销售经理、工程和质量经理以及物料部门的三名员工组成。在管理上，采购部门通过实行零部件资格认证，减少了供应商数量。通过检查零部件供应商以前的产品缺陷率，采购部门可以从大量供应商中，为一些产品找到有资格的供应商。同样，其他的供应商也被减掉。在 6 个月中，采购规模从 216 家供应商减少到 110 家。

零部件资格认证制度使采购部门在公司的质量保证过程中发挥了积极作用。一旦一种零部件通过认证后，由于供应商在运送前履行相同的检验程序，所以进厂时就不必检验。结果，爱默公司的检验员从五名减少到一名主管和一名兼职检验员。通过认证的零部件现在直接被送到生产线。在这里，被发现的产品缺陷被输入联机终端。要检查供应商的产品缺陷情况，采购员只需从主机上抽选合适的信息，然后准备他的月度供应商分析报告。

这份报告包括如下信息：

（1）质量分析——每月全部货物中缺陷产品所占的比率。

（2）供应商产品缺陷报告列表——产品缺陷报告的数目以及供应商提供的产品缺陷。

（3）有效供应商列表——采购方确定的供应商数量。

（4）提前期索引（按天数）。

（5）月度生产概要。

（6）全部生产存货。

月度供应商分析报告送给技术审查小组的所有成员，也是每月里其中一次周会上的既定议程。由于进厂检验已经被取消，并且实行了零部件资格认证制度，所以月度供应商分析报告中"供应商产品缺陷报告列表"这个部分就尤其重要。列表中的信息是爱默公司质量保证计划的关键部分，它显示了每月中每个供应商产品质量的状况，这个数据不断地被输入联机终端，并且在月末时以报告的形式从主机下载。表8-9是一份供应商产品缺陷报告的实例。

表8-9

供应商产品缺陷报告月报

类别	供应商编号	供应商名称	产品接收数	产品缺陷报告数	产品缺陷率（%）
1	024859	Harding	1	1	100
2	019506	Braceman	2	1	50
3	017594	Ferguson	2	1	50
4	037265	Trako	3	1	33.3
5	020684	Cortat	7	2	28.6
6	037296	Spellman	5	1	20.0
7	018495	Loring	15	1	6.7
8	064871	Webber	94	2	2.1

这个报告系统存在的问题可以通过 Trako、Cortat 和 Loring 三家公司的例子来显示。根据这份月度报告，Trako 公司有 33.3% 的产品缺陷率。它是一家铸件生产企业。这个月中，爱默公司从 Trako 公司接收了三批货物，每批货物有 3 600 个铸件。在这 36 00 个铸件中，有 36 个废品，大多数的废品是由于有细微的裂缝。在这些铸件喷漆之前，如果不进行视觉检查，几乎不可能发现缺陷，爱默公司的装配工人在装配线上发现了这些裂缝。

Loring 公司为爱默公司提供汽化器。Loring 公司在装运前进行一次流动检验，但有些缺陷直到汽化器被装到电锯上才能被发现。Loring 公司与爱默公司制定了一项退货协议，根据这份协议，有此类特别缺陷的汽化器将被退回和返工，而爱默公司不承担任何费用。如果汽化器再次失灵，就要报废。爱默公司发布一份缺陷产品报告，通过它累积每月有缺陷的汽化器。

在上面描述的每个例子中，爱默公司一直都认为，在签订合同的时候，对于 100% 无缺陷的零件，其成本已经超过了其带来的收益。采购员兰登·海尔担心，缺陷产品报告不能准确提供每个供应商的具体情况。如果他或者其他购买者/计划者不能解释每个供应商的情形，那么，根据这个信息可能会作出错误决策。缺陷产品报告可能会使供应商的质量，并且使爱默公司的质量，看起来比实际情况差。

兰登·海尔以及采购部门的其他成员最了解每个供应商的情况。兰登·海尔必须确保这份月度报告准确反映每个供应商的绩效表现。同时，他也要确保这些信息能为其他部门的成员提供帮助。他要作出决定，在这套质量追踪与报告系统中，是否需要作出改变以及怎样实行改变。

（资料来源　佚名.案例：爱默公司［EB/OL］.［2015-05-04］.http://www.shangxueba.com/ask/6286749.html.）

思考题：

1.爱默公司的采购部在缩减和重组之后，采购业务发生了哪些变化？

2.上题所说的变化是如何促进爱默公司的采购质量管理的？如何促进爱默公司的采购质量管理保证体系的进一步完善？供应商的质量管理有哪些改善？

3.如何保证产品缺陷报告能准确说明供应商的绩效？根据这个报告如何进一步加强供

应商的质量管理？谈谈你对爱默公司采购质量管理的看法。

◆ 课后练习

（一）名词解释

支票　本票　交货期　采购质量管理

（二）填空题

1.交货期是由6项前置时间所构成的，具体为：_____、_____、_____、_____、_____和_____，所有前置时间的总和又称为累计前置时间。

2.支票的分类按付款方式有无特别保障或限制可分为_____、_____、三类；按支票是否记名可分为_____和_____；按支票结算范围可分为_____和_____。

3.汇票是由_____签发的，委托_____在见票时或指定日期无条件支付一定金额给收款或持票人的_____。汇票是一种_____命令。汇票的当事人一般有_____、_____和_____，汇票对收款人资格不加限制。

（三）单项选择题

附有物料装运单据（提单、保险单、发票、商检证书、出口许可证、检疫证书等），出示单据后付款人才予以付款，信用度较高，国际贸易中较多使用的是（　　　）。

A.光票　　　　　　B.本票　　　　　　C.跟单汇票　　　　D.支票

（四）多项选择题

1.材料入库的检验方法主要有（　　　）。

A.质量验收　　　　B.包装验收　　　　C.抽检　　　　　　D.数量验收

2.本票按出票人的不同可分为（　　　）。

A.银行本票　　　　B.记名式本票　　　C.无记名式本票　　D.商业本票

（五）简答题

1.物料验收的步骤是什么？

2.支票的内容是什么？

3.汇票的分类是什么？

4.异地托收承付的有关规定是什么？

5.采购质量管理的含义是什么？包括哪些内容？

6.什么是采购质量管理保证体系？包括哪些内容？

7.如何进行采购质量控制？

（六）论述题

1.供应商与买方之间货物形态与移动方法的兼容性会如何影响物流的效率？采购如何能提高渠道的运作效率？

2.你认为应如何设定库存现货率的服务水平？我们如何才能更好地控制这些库存？

第 9 章

采购绩效评估

◆ **学习目标**

通过本章的学习，使读者了解采购绩效管理的意义；掌握影响采购绩效评估的因素及采用的指标；了解采购绩效评估的人员与方式和采购绩效改进的途径。

◆ **基本概念**

采购绩效评估　采购效果　采购效率

引导案例　　　　　　　提高采购绩效四大纲领

埃森哲在为客户提供供应链咨询服务的过程中和对《财富》评出的500强企业的调查中，发现采购绩效优异的公司在以下四个方面有独到之处：

1）建立统一的测评机制

在大多数企业，CEO和负责采购的副总或其他高层主管对采购业绩各有自己的评价标准。从某种意义上说，这属于正常现象，因为企业的高层管理人员，总有一些与所担任的职位相联系的具体目标，而对不同的事情有不同的优先考虑顺序。很多公司都要应对这种采购评价标准的不连贯状况。在这方面走在前面的公司，CEO和采购主管使用同一个平衡记分卡来评价绩效，以便使每一个人都能够以大致同样的方式理解采购信息。贯串全公司的平衡记分卡帮助各个不同的业务部门调整它们处理业务轻重缓急的顺序，制定目标和期望，鼓励有利于业务开展的行为，明确个人和团队的责任，决定报酬和奖励，以及推动不间断的改进。

2）积极的领导作用

有眼光的采购领导的第一件任务，也是最重要的一件任务，是确立全局的采购策略。一般而言，这个策略应该围绕企业如何采购物资和服务，如何提高绩效水平来规范业务实践、政策，优先考虑的事情和做事情的方法。其中最重要的一点，就是要把采购和整个供应链管理结合起来。

3）创造性地思考组织架构

采购业务做得好的公司，最常用的组织架构形式是根据同类物品划分组织。这种架构使公司可以在全局范围内聚合采购量，并且有利于集中供应基地；也有利于采购人员发展，深入学习行业、产品和供应商知识，并且学会怎样用同一种声音与供应商对话。但是，这种方式也有不足之处。例如，因为要与公司内部不同事业部的内部客户打交道，协调和合作可能比较困难；地处一隅的用户可能会觉得自己离供应商的选择和管理流程太遥远，因而可能会独自与外界的供应商发展和保持关系。

为了应付这种挑战，有些公司尝试集中学习采购知识，例如招标、合同、谈判、服务等。在公司内部，这些知识能帮助增加地方用户的接受程度，降低学习关键技能所花的时间和资源，并且有助于在分散的采购环境中培养符合法律和道德规范的行为。

4）全企业范围内的整合

为了让有效率的、从企业出发的采购理念取得优势地位，领先的公司常常依靠覆盖全企业范围的采购团队。这些团队的成员包括采购工程和产品开发的代表；不定期地会有财务、销售、分销和IT的人员参与。这些团队一起决定采购优先考虑的事项、设计物料占有成本模式、发展品种策略，并设计供应商选择标准。

（资料来源　佚名. 埃森哲公司：提高采购绩效四大纲领［EB/OL］.［2011-03-09］. http：//china. findlaw.cn/info/wuliu/wlzs/20110309/225185.html.）

评价企业采购行为是一件令人苦恼的事，而对于大多数工业企业而言，这又是一个不得不关注的重要问题，一个很难明确地阐述的问题。一个最主要的原因是到目前为止仍然没有一个切实可行的方法，将这种方法应用于不同类型的企业会产生相同的结果。同时，能否产生一种被广泛接受的方法也具有很高的不确定性。本章将讨论形成这种状况的原因。经理们主要是依靠自己的经验和眼光，建立一套程序和系统来监控企业采购部门的采购效果和采购效率。

本章的任务就是探讨一种共同的方法来解决这个问题，在此需要强调以下几点：

- 为什么要对采购行为进行评估？这样做能够给企业带来什么样的利益？
- 在评估采购行为时主要会涉及一些什么问题？
- 评估的内容是什么？
- 应当采取什么样的方法和技术？
- 怎样使一个评价体系能够贯彻执行？
- 怎样确定采购流程的基准？

9.1
采购绩效评估概述

9.1.1
采购绩效评估的概念

采购工作在一系列的作业程序完成之后，是否达到了预期目标，企业对采购的商品是否满意，是需要经过考核评估之后才能下结论的。商品采购绩效评估就是建立一套科学的评估指标体系，用来全面反映和检查采购部门工作实绩、工作效率和效益。

对采购绩效的评估可以分为对整个采购部门的评估和对采购人员个人的评估。对采购部门绩效的评估可以由企业高层管理者来进行，也可由外来客户来进行；而对采购人员的评估常由采购部门的负责人来操作。

对采购绩效的评估是围绕采购的基本功能来进行的。采购的基本功能可以从两方面进行描述：①把所需的商品及时买回来，保证销售或生产的持续进行；②开发更优秀的供应源，降低采购成本，实现最佳采购。

9.1.2
采购绩效评估给企业带来的利益

通过采购绩效评估不仅可以清楚采购部门及个人的工作表现，而且可以发现存在的差距，奖勤罚懒，提升工作效率，以促进目标的早日实现。

1）确保采购目标的实现

各个企业采购目标各有不同，例如，政府采购的采购单位除注重公平公正，降低采购成本外，还偏重于防止徇私舞弊；而民营企业的采购注重盈利，采购工作除了维持正常的产销活动外，非常注重产销成本的降低。因此，各个企业需要针对采购单位所追求的主要目标加以评估，并督促目标的实现。

2）提供改进绩效的依据

采购绩效的评估可以提供一个客观的标准来衡量采购目标是否达成，同时也可以衡量采购部门目前的工作表现如何。正确的绩效评估，有助于发现采购作业的缺陷所在，据以拟定改进措施，借此收到以评促改、以评促建之功效。

3）作为个人或部门奖励的参考

良好的绩效评估，能将采购部门的绩效独立于其他部门而突出显示，并反映采购人员的个人表现，作为各种人事考核的参考资料。依据客观的绩效评估，从而达到公平、公正的奖励，鼓舞采购人员的士气，使整个部门团结协作、形成合力。

4）协助甄选采购人员与培训

根据绩效评估结果，可以针对现有采购人员的工作能力缺陷，拟订改进计划，安排参加专业性教育培训。如果在评估中发现整个部门缺乏某种特殊人才，可由公司另行甄选或对外招募。

5）改善部门之间的关系

采购部门的绩效与其他部门能否密切配合是分不开的，所以，采购部门的职责是否明确，表单、流程是否简单、合理，付款条件及交货方式是否符合公司管理制度，各部门的目标是否协调一致等，均可通过绩效评估予以判断，并可改善部门之间的合作关系，增强企业整体的运行效率。

6）提高采购人员的士气

有效且公开的绩效评估制度，将使采购人员的努力成果获得适当回报与认定。采购人员通过绩效评估，将与业务人员或财务人员一样，对公司的利润贡献有客观的衡量尺度，成为受到肯定的工作伙伴，对工作士气提高大有帮助。

7）增强业务的透明度

定期报告制订的计划内容和实际执行的结果可以使客户们能够核实他们的意见是否被采纳，这可以向客户提供建设性的反馈意见；并且，通过向管理部门提供个人和部门的业绩，有利于增强采购部门的被认可程度。

8）能够产生更好的激励效果

合理设计的评价体系可以满足个人激励的需要，可以有效地用于确定建设性的目标、个人的发展计划和奖励机制。

9.1.3

影响采购绩效评估的主要因素

影响采购绩效评估的因素很多，但其中最重要的还是企业的高级管理人员对采购工作的重视程度，企业高级管理人员对采购业务的不同期望会对所采用的评估方法和技术产生重要影响。

不同企业在采购绩效的评估方面是不同的。导致这种状况的直接原因是各企业管理风格、组织形式、采购职责分配不同，而不是由企业的具体特征造成的。影响采购绩效评估的因素主要有以下四种：

1）把采购看作一种业务管理活动

评估采购业务的绩效主要取决于与现行采购业务有关的一些参数，比如订货量、订货间隔期、积压数量、安全库存量、保险库存量、采购供应率、现行市价等。

2）把采购看作一种商业活动

采购业务是一种商业活动，管理人员主要关注采购所能实现的潜在节约额。采购部门的主要目的是降低价格以减少成本的支出。采购时要关注供应商的竞争性报价，以便保持一个令人满意的价位。采购绩效评估采用的主要参数是采购中的总体节约量、市价的高低、差异报告、通货膨胀报告等。

3）把采购看作综合物流的一部分

采购往往被看成是综合物流的一部分。企业采购管理人员也清楚追求价格有一定的缺点，它可能导致次优化决策。太关注价格会引诱客户因小失大。降低产品的价格通常会使供应商觉得产品的质量可能会同步降低，并会降低供应的可信度。因此，企业采购管理人员要向供应商介绍产品质量改进目标情况，尽量减少到货时间并提高供应商的供货可靠度。

4）把采购看作一项战略性经营策略

采购在很大程度上决定了企业的核心业务以及提高企业的竞争力方面，因为采购业务积极地参与到了产品是自制还是购买决策的研究中，地区性供应商卷入到了国际竞争之中。在这种情况下，企业采购管理人员评估采购绩效主要考虑以下几个方面：基本供应量的变化数量、新的有联系的供应商的数量以及依据已实现的节约额对底线的贡献大小等。

在企业结构体系中，由于采购部门所处的地位不同，用于评估采购绩效的方法也有很大的区别。如表9-1所示，当把采购看作一项业务管理活动时，采购绩效的评估方法主要是从特征上进行定量的管理性分析；当把采购看作一项经营策略时，这时会采用更加定性的和评判性的方法。在这种情况下，通常使用复杂的程序和指导体系来监控采购过程，提高采购效率，防止采购计划偏离特定的环境。

表9-1 管理层如何看待采购

可替代的观点	采购业务的等级地位	绩效评定方法
把采购看作一项业务管理活动	在组织中地位低	订单数量、订货累计额、供应到货时间管理、授权、程序等
把采购看作一项商业活动	向管理人员报告	成本节约额、ROI测量、通货膨胀报告、差异报告
把采购看作综合物流的一部分	采购同其他与材料相关的业务构成统一的整体	成本节约额、货物供应的可靠程度、废品率、供应到货时间的缩短量
把采购看作一项战略性经营策略	采购者进入最高管理层	成本分析、早期介入的供应商数量、自制还是购买决策、供应基本定额的减少量

哪些因素可能决定采购绩效评估模式呢？由于外在因素的影响，那些把采购看作一项商业策略的企业必须思考这个问题。这些外在因素主要有：价格和毛利上的压力、丧失市场份额的压力、材料成本显著降低的要求、采购市场上价格的剧烈波动等。这些问题迫使企业必须关注高水平的采购绩效。另外，一些内在因素也会影响企业高级管理人员对采购业务所持有的观点，主要的内在因素有：公司实行的综合物流程度、引进和应用的现代质量概念的程度、材料管理领域的计算机化程度等。

由此可知，由于每个企业采购绩效的影响因素及评价方法的不同，因此用一种统一的方法和评估体系来评估采购绩效是不可能的。

小资料

美国CAPS调查报告的内容

美国CAPS（高级采购研究中心）定期报告关于每一行业的采购绩效的指导性数据。该中心每年都要向大型跨国公司的经理们送去一份包括大量内容的调查表，调查和报告的内容如下：

- 全部的采购额占公司销售额的百分比；
- 采购管理费用占全部采购金额的百分比；
- 采购人员占全部人员的百分比；
- 采购部门中每一个采购人员平均花费的采购金额；
- 每一个供应商的平均采购支出；
- 全部采购支出中活跃供应商占有的百分比；
- 公司采购金额花在小型供应商上的百分比；
- 通过EDI方式花费的采购金额的百分比；
- 采购部门采购的全部货物价值的百分比。

通过对这些方面的研究，我们可以了解到采购活动是否在朝着正确的方向发展。仅仅比较公司之间采购活动的某一方面是没有多大用处的，只有通过所有方面的对比，才可以表明竞争对手之间采购活动在各自公司中所处的相对位置。

9.2
采购绩效评估的指标体系与标准

9.2.1
采购绩效评估的指标体系

采购绩效评估需要对采购行为进行评价。采购行为是指在耗费公司最少资源的前提下，采购业务实现预定目标的程度。采购行为是由两个因素决定的，即采购效果（Purchasing Effectives）与采购效率（Purchasing Efficiency）。

采购效果是指通过特定的活动，实现预先确定的目标和标准额的程度。它涉及企业采购行为活动的预期目标和实际效果之间的关系。采购效果与预先确定目标的实现程度有关。一项策略或活动要么有效果要么没效果，目标或实现或没实现，目标可以用期望达到的水平表示。能够更高地实现目标被认为是更有效果的。采购效果与采购业务的目标有关。采购业务的整体目标是：从最合适的地方，采购最好的、价格最合理的材料，并以最优质的服务及时地运送到最佳的地点；同时，采购业务要有助于产品和生产过程的革新，减少公司整体供应风险。

采购效率是指为了实现预先确定的目标，计划耗费和实际耗费之间的关系。采购效率与实现预期目标所需要的资源以及实现这一目标的相关活动有关，因此必然涉及计划成本和实际成本之间的关系。采购效率与为实现公司预先确定的目标所需要的资源有关，采购效率涉及采购业务的组织和管理。组织和管理越规范，资源的功能发挥得越充分，采购目标的实现就越有效率。

因此，衡量和评估采购部门及人员的采购业务依据下面四个方面进行：

（1）采购价格/成本；

（2）采购质量；

（3）采购时间；

（4）采购组织。

这些方面之间的关系如图9-1所示。

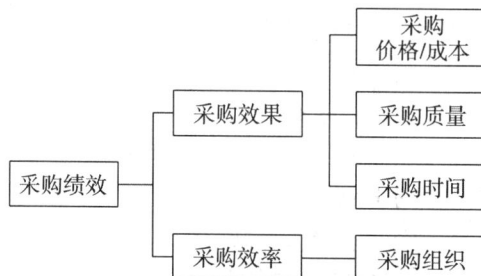

图9-1 采购绩效衡量的几个方面

1）采购价格/成本绩效指标

采购价格/成本绩效是企业最重视及最常见的衡量方面，主要是指支付材料和服务的实际价格和平均价格、标准成本之间的关系。采购价格/成本可以衡量采购人员议价能力以及供需双方力量的消长情形。采购价格/成本绩效指标通常有下列几种：

（1）实际价格与标准成本的差额

实际价格与标准成本的差额是指企业采购商品的实际价格与企业事先确定的商品采购标准成本的差额，它反映企业在采购过程中实际采购成本与采购标准成本的超出或节约额，可以监控采购材料和服务的成本支出的变化情况。

（2）实际价格与过去移动平均价格的差额

实际价格与过去移动平均价格的差额是指企业采购商品的实际价格与已经发生的商品采购移动平均价格的差额，它反映企业在采购过程中实际采购成本与过去采购成本的超出或节约额。通过此指标可以监控和评估供应商分布的价格以及价格增长情况，监控采购价格，防止价格失控。

（3）使用时的价格与采购时的价格之间的差额

使用时的价格与采购时的价格之间的差额是指企业在使用材料时的价格与采购时的价格差额。它反映企业采购材料物资时是否考虑市场价格的走势，如果企业预测未来市场的价格走势是上涨的，企业应该在前期多储存材料物资；如果企业预测未来市场的价格走势是下跌的，企业不应该多储存材料物资。

（4）物资采购比价

物资采购比价是将当期采购价格与基期采购价格之比率与当期物价指数与基期物价指数之比率相互比较。该指标是动态指标，主要反映企业材料物资价格的变化趋势。只要实行物资采购比价管理，就可以取得明显的经济效益。

2）采购质量绩效指标

采购质量绩效指标主要是指通过供应商的质量水平以及供应商所提供的产品或服务的质量表现来反映采购人员的绩效，它包括来料质量水平、供应商质量体系、错误采购次数等方面。

（1）来料质量

来料质量包括批次质量合格率、来料抽检缺陷率、来料在线报废率、来料免检率、来料返工率、退货率、对供应商投诉率及处理时间等。这些指标可以表明企业能够从供应商处获得无缺陷物资的程度。

（2）质量体系

质量体系包括通过ISO 9000的供应商比例、实行来料质量免检的供应商比例、来料免检的价值比例、实施SPC的供应商比例、PSC控制物料的比例、开展专项质量改进的供应商数目及比例、参与本公司改进小组的供应商人数及供应商比例等。

同时，采购的质量可由验收记录及生产记录来判断。验收记录指供应商交货时，为企业所接受（或拒收）的采购项目数量或百分比；生产记录是指交货后，在生产过程发现质量不合格的项目数量或百分比。

进料验收指标=合格（或拒收）数量÷检验数量

若以进料质量控制抽样检验的方式进行考核，拒收或拒用比率愈高，显示采购人员的绩效愈差。

（3）错误采购次数

错误采购次数是指一定时期内企业采购部门因工作人员失职等原因造成错误采购的数

量，它反映企业采购部门工作质量的好坏。

3）采购时间绩效指标

这项指标是用以衡量采购人员处理订单的效率及对于供应商交货时间的控制。延迟交货，可能形成缺货现象；提早交货，也可能导致买方发生不必要的存货储存费用或提前付款的利息费用。

（1）紧急采购费用

紧急采购费用是指因紧急情况采用紧急运输方式的费用。用紧急采购费用与正常运输方式的费用差额进行考核。

（2）停工待料损失

停工待料损失是指原材料供应不及时，造成停工，由此造成的生产车间作业人员工资及有关费用的损失。除了直接费用或损失外，还有许多间接损失。例如，经常停工待料，造成顾客订单流失、员工离职，以及恢复正常作业的机器必须做的各项调整（包括温度、压力等）；紧急采购会使购入的价格偏高，质量欠佳，连带也会产生赶工时间，必须支付额外的加班费用。这些费用与损失，通常都没有被估算在此项指标内。

（3）订单处理的时间

订单处理的时间是指企业在处理采购订单的过程中所需要的平均时间，它反映企业采购部门的工作效率。

（4）对需求材料进行及时、准确处理的控制

它的衡量指标有采购管理的平均订货时间、订货数量、订购累计未交付额。

（5）供应商及时供货控制

它的衡量指标有供应商供货的可靠性、物资短缺数量、已交货数量/尚未交货数量、JIT交货的数量。对这些参数进行测量可以使我们了解到物资的流动控制水平。

（6）交货数量控制

在某些情况下，采购活动对决定和控制有效的存货水平所需要的费用负责。衡量的指标有存货周转率、已交货/未交货数量、平均订货规模、在途存货总量等。

依据材料的质量和交货的可靠程度，可以使用对供应商和卖方评级的方法来监控和改善供应商活动。

4）采购组织绩效指标

采购效率通过采购组织绩效指标来衡量。采购组织包括完成采购业务目标所要使用的重要资源，即：

（1）采购人员

它的衡量指标有采购人员的人数、年采购额、年人均采购额。其中采购人员的人数是指企业专门从事采购业务的人数，它是反映企业劳动效率指标的重要因素。

（2）采购管理

它主要指采购部门的管理方式，包括采购策略的质量和有效性、行动计划、报告程序等，还涉及管理风格和交流体系。它的衡量指标有采购部门的费用、新供应商开发数、年采购金额占销售收入的百分比和采购计划完成率。采购部门的费用是一定时期采购部门的经费支出，它是反映采购部门经济效益的指标。新供应商开发数是指企业在一定期间采购部门与新的供应商的合作数。年采购金额占销售收入的百分比是指企业在一个年度里商品

或物资采购总额占年销售收入的比例，它反映企业采购资金的合理性。采购计划完成率是指一定期间内企业商品实际采购额与计划采购额的比率，它反映企业采购部门采购计划的完成情况。

（3）采购程序和指导方针

这主要是指采购程序和采购人员、供应商的工作指令的有效性，目的是保证采购工作以最有效的方式进行。

（4）采购信息系统

这一主题与改善信息系统绩效所付出的各种努力活动有关。这些活动应该支持采购人员和其他部门人员的日常工作，并且能够产生与采购活动和绩效有关的管理信息。

采购绩效衡量的四个方面之间相互作用。例如，如果在较低的价格方面施加了太大的压力，可能会最终影响材料的质量；相反，如果对材料具有很高质量要求，最终会导致材料价格偏高。

9.2.2
采购绩效评估的标准

有了绩效评估指标之后，必须考虑将何种标准设为与目前实际绩效比较的基础。一般常见的标准有以下几种：

1）历史绩效

选择公司历史绩效作为评估目前绩效的基础，是相当可行、有效的做法，但是只有当公司的采购部门，无论是组织、职责或人员等，均没有重大变动的情况下，才适合使用此项标准。

2）预算或标准绩效

如果历史绩效难以取得或采购业务变化比较大，可以使用预算或标准绩效作为衡量的基础。标准绩效的设定，要符合下列三项原则：

（1）固定标准。预算或标准绩效一旦建立，就不能随意变动。

（2）挑战标准。它是指标准的实现具有一定的难度，采购部门和人员必须经过努力才能完成。

（3）可实现标准。可实现标准是指在现有内外环境和条件下经过努力，确实可以达到的水平，通常依据当前的绩效加以衡量设定。

3）行业平均标准

如果其他同行业公司在采购组织、职责以及人员方面与本企业相似，则可与其绩效进行比较，以判别彼此在采购工作绩效上的优劣。数据资料既可以使用个别公司的相关采购结果，也可以应用整个行业绩效的平均水准。

4）目标绩效标准

预算或标准绩效是代表在现状下应该达到的工作绩效，而目标绩效则是在现状下，必须经过一番特别的努力，否则无法完成的较高境界。目标绩效代表公司管理当局对工作人员追求最佳绩效的期望值。

9.3
采购绩效评估的程序与方法

9.3.1
采购绩效评估的程序

采购绩效评估的一般流程可以用图9-2表示。采购绩效评估通常被看成一个循环，这个循环分为以下步骤：绩效计划、绩效实施、绩效评估、绩效反馈与改进以及绩效评估结果的运用。

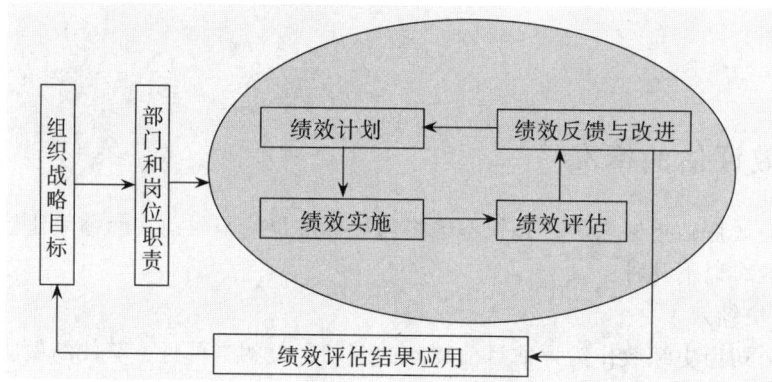

图9-2 采购绩效评估的一般流程

（1）绩效计划。它是整个考核的起点。企业的战略要落实，必须先将战略分为具体的任务或目标，落实到各个部门和岗位。这一步主要包括根据企业战略目标明确部门和个人职责、制定部门和个人的目标、确定考核指标与标准、选择考核人员等。

（2）绩效实施。在制订好绩效计划之后，被评估者就开始按照计划开展工作。在工作过程中，管理者要对被评估对象的工作进展进行指导和监督，对发现的问题及时予以解决，并随时根据实际情况对绩效计划进行修订、调整。

（3）绩效评估。绩效评估可以根据具体情况和实际需要进行月评估、季度评估、半年评估和年度评估。绩效评估是一个按事先确定的工作目标及其衡量标准，考查部门或员工实际完成工作情况的过程。值得注意的是，绩效评估不只是在月末、季末、半年末和年末进行，而是与其他几个流程相结合的。

（4）绩效反馈与改进。绩效评估并不是为工作表现打出一个分数就结束了，负责人还要与部门或员工进行一次甚至多次交谈，使部门或员工了解组织和高层管理人员对它们的期望，了解自己的绩效，认识到有待改进的方面，然后针对需要改进的地方提出改进计划。

（5）绩效评估结果的运用。当绩效评估完成之后，不可将评估结果束之高阁、置之不理，而要将其与其他相应的管理环节相衔接，主要有以下管理接口：部门或个人奖金的分配、部门员工的调配与晋升、通过反馈沟通提升绩效、培训再提升。

参与采购绩效评估的人员和部门包括：

1）采购部门主管

采购主管对所管辖的采购人员最为熟悉，而且所有工作任务的指派以及工作绩效的优劣，都在其直接监督之下，因此，由采购主管负责评估，可以注意到采购人员的表现，体现公平客观的原则。但是，让主管进行评估会包含很多个人情感因素，有时因为"人情"而使评估结果出现偏颇。

2）财务部门

当采购金额占公司总支出的比例较高时，采购成本的节约对公司利润的贡献非常大，尤其在经济不景气时，采购成本节约对资金周转的影响也十分明显。财务部门不但掌握公司产销成本数据，对资金的获得与付出也进行全盘监管，因此，财务部门也可以对采购部门的工作绩效进行评估。

3）工程部门或生产主管部门

当采购项目的品质与数量对企业的最终产品质量与生产影响重大时，也可以由工程或生产主管人员评估采购部门绩效。

4）供应商

有些企业通过正式或非正式渠道，向供应商探寻其对本企业采购部门人员的意见，以间接了解采购作业绩效和采购人员素质。

5）专家或管理顾问

为避免公司各部门之间的本位主义或门户之见，可以特别聘请外部采购专家或管理顾问，针对企业全盘的采购制度、组织、人员及工作绩效作出客观的分析与建议。

对采购人员进行工作绩效评估的方式可分为定期和不定期两种。

定期评估配合公司年度人事考核制度进行，有时难免落入俗套。一般而言，以"人"的表现，如工作态度、学习能力、协调精神、忠诚程度等为考核内容，对采购人员的激励以及工作绩效的提升，并无太大作用。如果能以目标管理的方式，即从各种绩效指标当中，选择年度重要性比较高的项目为考核重点，可能比较客观公正。由于使用这种方法时人们会刻意追求考核目标的提高而忽略其他方面，因此对目标选择的要求比较高，要求目标选择全面。

至于不定期的绩效评估，则是以特定项目方式进行。这种评估方式，特别适用于新产品开发计划、资本支出预算、成本降低方案等。

9.3.2
采购绩效评估的方法

采购绩效评估方法直接影响评估计划的成效和评估结果的正确与否。常用的评估方法有：

1）模糊综合评价法

对采购绩效评估指标体系进行分层，构造出多级模糊综合评价模型，来对企业采购行为进行多层次的评价。

2）时间序列分析

根据过去的行为来推断将来的行为，采购绩效的评价以历史数据为基础，并假设过去活动中的某种趋势将会在未来几年内持续下去。

3）采购基准法

采购基准法是指同行业不同公司之间的比较，以一个特定背景的采购组织为参考，作为比较的依据。

4）排序法

在直接排序法中，主管按绩效表现从好到坏的顺序依次给员工排序，这种绩效表现既可以是整体绩效，也可以是某项特定工作的绩效。

5）两两比较法

两两比较法指在某一绩效标准的基础上把每一个员工都与其他员工相比较来判断谁"更好"，记录每一个员工和任何其他员工比较时被认为"更好"的次数，根据次数的高低给员工排序。

6）等级分配法

等级分配法能够克服上述两种方法的弊病。这种方法由评估小组或主管先拟定有关的评估项目，按评估项目对员工的绩效作出粗略的排序。

整个过程可以自我完善。在形成和实施制定的标准和计划后，要对产生的结果重新进行审视，对已经形成的标准和方法不断地进行提炼和改进。这样，数据的收集、分析与方案的提炼、改进就形成了一个精确复杂的循环。

9.4
改进采购绩效的途径

中国加入WTO已10多年，国内企业与国外企业基本在同样的游戏规则下展开竞争，而且大部分产品已进入微利时代，优胜劣汰不可避免。在这种大背景下，采购部门所承担的责任越来越重，这就迫使采购人员想办法提高绩效。同时，具有丰富经营知识和经营经验的专家，深入到经营现场和采购人员密切配合，运用科学方法，根据一定的指标体系，对商品采购绩效作出定量评价或定性分析，以便企业对商品采购活动进行改进。具体改进采购绩效的途径有：

1）营造商品采购绩效改进的工作氛围

如果采购组织内部存在激烈的矛盾，采购人员与供应商之间互相不信任，缺乏合作诚意，采购人员首先感觉到的是"如履薄冰，处处小心行事"，本来全部精力应投在工作上，但实际上确实分散了注意力。因此，任何采购组织，包括供应商，融洽、和谐、舒畅的工作气氛是搞好各项工作的基础。采购人员要经常把自己的业绩与高水平同行相比，特别是有过跨国采购经验的高级职员，他们的经验值得借鉴学习。采购组织的管理职能部门，应定期将采购人员的业绩进行评估，并进行排名，再配以相应的奖励制度，使采购业务不断改善。

2）通过强化内部管理来提升商品采购绩效

管理的根本是管人。一个企业最宝贵的资产是它的雇员，而不是价值上亿元的先进设备或雄伟气派的厂房，再先进的设备若没有合格的人去操作也不过是一堆废铜烂铁。我们时常听到这样一句话：科技以人为本。与其他部门相比较，采购部门对人的依赖性更大，采购工作的大部分内容是人与人的交往。

从管理角度去提升商品采购绩效主要有以下几个方面：①在企业内建立合格的采购队伍（团队），提供必要的资源；②选聘合格人员担任采购人员，给予必要的培训；③给采购部门及采购人员设立有挑战性但又可行的工作目标；④对表现突出的采购人员给予物质上及精神上的奖励。

3）通过应用科学技术来提升商品采购绩效

传统通信技术，如电话、传真、信函等虽已被使用了几十年甚至上百年，但在今天仍发挥着重要作用。科学技术的发展为这些古老的通信手段增添了新的生命力。新技术，如电子邮件、电子数据交换、电子商务采购等则令采购作业方式紧随时代的步伐。

（1）电话

电话是除了面对面交谈之外最直接、最迅捷的沟通方式，电话在使用100多年后的今天有两项新增功能令它再创辉煌：①语音信箱，受话者在事后可以从语音信箱提取出对方的留言，而不致错过或延误需处理的事情，并且可以省去电话直接沟通中的寒暄或客套话，即使是在手提电话日益普及的今天仍有它的生命力；②基于Internet或专线的可视电话的出现，将古老的电话提升为前沿科技，它可将大洋彼岸变成天涯咫尺，几乎与面对面沟通无异。

（2）信函

特快专递的出现给日常的采购工作带来了不少的便利，如向供应商索要的少量样品、需交付给供应商的盖有文控中心（受控）章的工程图纸或技术文件都可通过特快专递获得或交付到对方的手里。

（3）建立企业内部网及使用国际互联网

国际互联网为采购人员展示了一个巨大的虚实结合的市场，合理利用它会有效提升采购业绩。电子商务采购虽然还有很多方面亟待完善，在短期内还不能完全取代传统采购方式的地位，但它必将成为一种主要的采购方式。

（4）普及微型计算机及推行物料需求计划系统

推行物料需求计划系统对提升整个企业的管理水平有至关重要的作用，谁也不相信一个连MRP系统都没有的企业是一个现代化的企业。MRP系统中的数据不仅全面，而且实时性好，许多采购人员所需的数据，如采购历史数据、一种物料有多个可供采购选择的合格供应商、供应商的基本情况、采购前置时间、采购申请单、收货状态、库存量、查询供应商货款的支付状况等均可从MRP系统中查询到。这些数据对采购人员（特别是新进企业的采购人员）十分重要。没有这些数据就无法作出适宜有效的采购决策，甚至无法开展工作。MRP系统的推行与采购有很大关系的另一方面是供应商的货款支付。在没有MRP系统的企业中，采购人员要花很多时间在"该不该付款及何时付款"及与财务人员的沟通上；有了MRP系统就大不一样，什么时候付款、可不可以付款，这些问题MRP系统会自动提示财务人员，采购人员可以从系统中查到某供应商的某笔款项没有支付，也可免去月底对账，从而把采购人员从付款这项本属于财务部门的工作中解放出来。MRP系统的使用，对规范采购作业、提升采购绩效有着不可替代的作用。

（5）使用条形码及与供应商进行电子数据交换（EDI）

不难发现，越来越多的产品的包装上使用了条形码，这一串排列整齐的小线条可能包含了物料名称、物料编号、价格、制造商等信息，工作人员只需要用读码器扫描一下，便可得到这些信息，并自动输入到计算机中。对于采购来说，条形码在收货时特别有用，不仅迅速快捷，而且避免了手工输入容易出错的缺点。

与供应商之间建立电子数据交换，可大大地缩短采供双方的时空距离，从而更容易将企业内部的优秀管理延伸到供应商，把供应商作为企业的一个部门来管理。

4）通过与供应商开展更好的合作来实现采购绩效的提升

采购部门的合作对象——供应商的表现，在很大程度上制约着采购绩效的提升，而供应商的表现与采购双方之间是一种什么关系又有很大的联系。一般来说，与企业建立了长期合作伙伴关系的供应商能有较好的表现，这种供应商能较好地配合企业的定价计划。

与供应商联手实现降低采购成本的途径有：

（1）与供应商共同制订可行的成本降低计划

如果供应商的利润已达到一个非常合理的水平，要求供应商降价的前提是供应商自己的成本能降低。企业欲达到降价目的，就必须与供应商共同制订一个成本降低计划，并且与供应商一起去寻找可行的途径。譬如，与供应商一道开发更便宜的原材料、互相研讨对方的生产设备及工艺、同意供应商采用便宜的包装材料等。

（2）与供应商签订长期的采购协议

长期的采购协议会大大激发供应商的合作欲望，任何一个企业都知道，一个长期的客户是何等重要。如果采购方不能给予供应商具体的需求预测，而又要求供应商购买原材料进行储备或要求供应商生产较大数量的商品时，一旦采购方产品停产，采购方与供应商便有可能共同承担这些库存原材料或零部件带来的损失。

（3）让供应商参与到产品设计中去

由于供应商对于企业要采购的物料可能有数年甚至几十年的经验，如果供应商能更早地参与到产品设计中去，就有可能提出一些合理的建议，譬如，简化产品结构、使用更便宜的原材料等。

5）通过开发优秀的供应商来降低采购总成本

为了降低采购总成本，许多采购人员把相当一部分精力放到了开发优秀供应商上，许多大企业的采购部门成立了"供应商开发小组"，甚至有的企业把它作为一个独立的部门来运作。一般要求新供应商的地理位置在采购方所在地附近，这样有利于解决开发过程中的问题。如果一个企业因历史原因致使大部分或主要供应商在海外，那么它的供应商开发工作其实就是"本土化"，"本土化"不仅可大大缩短交货期，而且采购价格一般可降低20%~40%。对大部分物料而言，国内廉价的制造成本已使得海外制造企业在价格上无法和国内企业进行竞争。

◆ 小结和学习重点与难点

采购绩效评估是现代采购管理的重要内容。本章分析了采购绩效评估的必要性和目的，着重探讨了采购绩效评估指标体系的建立。同时，对采购绩效评估的人员与方式做了详细的论述，并提出了改进企业采购绩效的措施。

采购绩效评估就是建立一套科学的评估指标体系，用来全面反映和检查采购部门工作实绩、工作效率和效益。对采购绩效的评估可以分为对整个采购部门的评估和对采购人员个人的评估。

采购绩效评估需要对采购行为进行评价。采购行为是指在耗费公司最少资源的前提下，采购业务实现预定目标的程度。采购行为是由两个因素决定的，即采购效果与采购效率。

采购效果是指通过特定的活动，实现预先确定的目标和标准额的程度。采购效率是指为了实现预先确定的目标，计划耗费和实际耗费之间的关系。

衡量和评价采购部门及人员的采购业务依据以下四个方面进行：（1）采购价格/成本；（2）采购质量；（3）采购时间；（4）采购组织。

本章的学习重点是采购绩效评估的指标体系和改进采购绩效的途径。

本章的学习难点是采购绩效评估指标体系的构建。

◆ 前沿问题

采购绩效评价存在的问题

采购部门被认为是公司中最难以评估的一个部门。难以评价采购绩效的主要原因归结如下：

1）缺乏必要的定义

尽管在理论和实践上经常使用像采购效果和采购效率这样的术语，但是这些术语至目前仍然没有明确的定义，很多作者经常混淆这些概念。

2）缺乏正式的目标和标准

像有些作者认为的那样，采购业务的目标也没有明确清晰的定义。同样，采购部门在没有预先定义好的行为标准的指导下就开展了业务。

3）精确评定的问题

采购活动不是一个孤立的业务活动，而是许多相关活动产生的结果。由于采购活动有许多捉摸不定的特点，因此很难评价采购活动。总之，直接的投入-产出关系难以界定。由于存在这些严重的问题，要用精确而且易于理解的方式对采购活动进行评价还存在很多限制。

4）采购范围的差异

不同公司的采购任务和承担的职责不尽相同，因此，建立一个有广泛依据的统一的评价体系是不可能的。

这四个问题限制了采购业务目标的测量以及采购业务的精确评价。

◆ 案例探讨

跨国公司如何对采购员进行绩效考核

考核不但是调动员工积极性的主要手段，而且是防止业务活动中非职业行为的主要手段，在采购管理中也是如此。可以说，绩效考核是防止采购腐败的最有力的武器。好的绩效考核可以达到这样的效果：采购人员主观上必须为公司的利益着想，客观上必须为公司的利益服务，没有为个人谋利的空间。

如何对采购人员进行绩效考核？跨国公司有许多很成熟的经验可以借鉴，其中的精髓是量化业务目标和等级评价。每半年，跨国公司都会集中进行员工的绩效考核和职业规划设计。针对采购部门的人员而言，就是对采购管理的业绩回顾评价和未来的目标制定。在考核中，交替运用两套指标体系，即业务指标体系和个人素质指标体系。

业务指标体系主要包括：①采购成本是否降低？卖方市场的条件下是否维持了原有的成本水平？②采购质量是否提高？质量事故造成的损失是否得到有效控制？③供应商的服务是否增值？④采购是否有效地支持了其他部门，尤其是营运部门？⑤采购管理水平和技能是否得到提高？

当然，这些指标还可以进一步细化。如采购成本可以细分为：购买费用、运输成本、废弃成本、订货成本、期限成本、仓储成本等。把这些指标一一量化，并同上一个半年的相同指标进行对比所得到的综合评价，就是业务绩效。

应该说，这些都是硬性指标，很难加以伪饰，所以这种评价有时显得很"残酷"，那些只会搞人际关系而没有业绩的采购人员这时就会"原形毕露"。

在评估完成之后，将员工划分成若干个等级，或给予晋升、奖励，或维持现状，或给予警告、辞退。可以说，这半年一次的绩效考核与员工的切身利益是紧密联系在一起的。

对个人素质的评价相对就会灵活一些，因为它不仅包括现有的能力评价，还包括进步的幅度和潜力，主要内容包括：谈判技巧、沟通技巧、合作能力、创新能力、决策能力等。这些能力评价都是与业绩的评价联系在一起的，主要是针对业绩中表现不尽如人意的方面，如何进一步在个人能力上提高。为配合这些改进，那些跨国公司为员工安排了许多内部的或外部的培训课程。

在绩效评估结束后，安排的是职业规划设计。职业规划设计包含下一个半年的主要业务指标和为完成这些指标需要的行动计划。这其中又有两个原则：①量化原则，这些业务指标能够量化的尽量予以量化，如质量事故的次数、成本量、供货量等。②改进原则，大多数情况下，仅仅维持现状是不行的，必须在上一次的绩效基础上有所提高，但提高的幅度要依具体情况而定。

在下一次的绩效考核中，如不出现不可抗力，必须以职业规划设计中的业务指标为基础。

（资料来源　李方峻，等．采购管理实务［M］．北京：北京大学出版社，2010.）

思考题：

1.跨国公司是如何建立采购绩效评估体系的？

2.改善采购绩效管理的方法有哪些？

◆ 课后练习

（一）名词解释

采购绩效评估　采购效果　采购效率

（二）填空题

1.对采购绩效的评估可以分为对_____的评估和对_____的评估。对_____的评估可以由企业高层管理者进行，也可由外来客户进行；而对_____的评估常由采购部门的负责人来操作。

2.采购行为是由两个因素决定的，即_____与_____。

3.采购质量绩效指标主要是指通过_____以及_____表现来反映采购人员的绩效，它包括_____、_____、_____等方面。

（三）单项选择题

1.影响采购绩效评估的因素很多，但其中最重要的还是（　　）对采购工作的重视程度，其对采购业务的不同期望会对所采用的评估方法和技术产生重要影响。

A.企业的高级管理人员　　　　　　　B.采购人员

C.供应商　　　　　　　　　　　　　D.消费者

2.（　　）是企业最重视及最常见的衡量方面，主要是指支付材料和服务的实际价格和平均价格、标准成本之间的关系。它可以衡量采购人员议价能力以及供需双方力量的消长情形。

A.采购组织绩效　　　　　　　　　　B.采购质量绩效

C.采购时间绩效　　　　　　　　　　D.采购价格/成本绩效

（四）多项选择题

1.影响采购绩效评估的因素主要有（　　）。

A.现行采购业务有关的一些参数　　　B.所能实现的潜在节约额

C.综合物流　　　　　　　　　　　　D.商业策略

2.如果历史绩效难以取得或采购业务变化比较大，可以使用预算标准绩效作为衡量的基础。标准绩效的设定，要符合下列原则中的（　　）。

A.固定标准　　　　B.行业标准　　　　C.挑战标准　　　　D.可实现标准

（五）简答题

1.什么是采购绩效评估？

2.采购绩效评估的方式是什么？

3.简述采购绩效评估的标准。

4.简述改进采购绩效的途径。

5.采购绩效评估人员有哪些？各应具备什么素质？

6.采购部门为什么被认为是公司中最难以评估的一个部门？

（六）论述题

1.当你负责实施一项采购审计时，你怎样开展工作？

2.采购绩效测量和卖方评级的主要区别是什么？

3.改进采购绩效的途径。

4.结合某个企业采购具体情况，设计一个企业采购绩效评估指标体系。

第10章

准时化采购

◆ **学习目标**

　　通过本章的学习，使读者熟悉准时化采购的原理和特点，掌握准时化采购技术的应用与准时化采购实施，并能将准时化采购技术运用于企业采购实际。

◆ **基本概念**

　　准时化生产　准时化采购

引导案例　　　　　　　　　　　**海尔的准时化采购**

　　海尔物流的特色是借助物流专业公司力量，在自建基础上小外包，总体实现采购JIT、原材料配送JIT和成品配送JIT的同步流程。同步模式的实现得益于海尔的现代集成化信息平台。海尔用CRM与BBP电子商务平台架起了与全球用户的资源网、全球供应链资源网沟通的桥梁，从而实现了与用户的零距离，提高了海尔对订单的响应速度。

　　海尔物流整合了集团内分散在28个产品事业部的采购、原材料仓储配送，通过整合内部资源，来获取更优的外部资源，建立起强大的供应链资源网络。供应商的结构得到根本的优化，能够参与到前端设计与开发的国际化供应商比例从整合前的不到20%提高到目前的82%，GE、爱默生、巴斯夫、DOW等59家世界五百强企业都已成为海尔的合作伙伴。

　　海尔实行并行工程，一批跨国公司以其高科技和新技术参与到海尔产品的前端设计中，不但保证了海尔产品技术的领先性，增加了产品的技术含量，同时大大加快了开发速度。海尔采购订单滚动下达到供应商，一般的订单交付周期为10天，加急订单为7天。战略性物资如钢材，滚动每个月采购一次，但每3个月与供应商谈判协商价格。另有一些供应商通过寄售等方式为海尔供应，即将物资存放在海尔物流中心，但在海尔使用后才结算，供应商可通过B2B网站查询寄售物资的使用情况，属于寄售订单的海尔不收取相关仓储费用。

海尔的 BBP 采购平台由网上订单管理平台、网上支付平台、网上招标竞价平台和网上信息交流平台有机组成。网上订单管理平台使海尔 100% 的采购订单由网上直接下达，同步的采购计划和订单，提高了订单的准确性与可执行性，使海尔采购周期由原来的 10 天减少到了 3 天，同时供应商可以在网上查询库存，根据订单和库存情况及时补货。网上支付平台则有效提高了销售环节的工作效率，支付准确率和及时率达到 100%，为海尔节约了近 1 000 万的差旅费，同时降低了供应链管理成本，目前海尔网上支付已达到总支付额的 20%。网上招标竞价平台通过网上招标，不仅使竞价、价格信息管理准确化，而且防止了暗箱操作，降低了供应商管理成本，实现了以时间消灭空间。网上信息交流平台使海尔与供应商在网上就可以进行信息互动交流，实现信息共享，强化合作伙伴关系。除此之外，海尔的 ERP 系统还建立了其内部的信息高速公路，实现了将用户信息同步转化为企业内部的信息，实现以信息替代库存，接近零资金占用。

在采购 JIT 环节上，海尔实现了信息同步，采购、备料同步和距离同步，大大降低了采购环节的费用。信息同步保障了信息的准确性，实现了准时采购。采购、备料同步，使供应链上原材料的库存周期大大缩减。目前已有 7 家国际化供应商在海尔建立的两个国际工业园建厂，爱默生等 12 家国际化分供方正准备进驻工业园，与供应商、分供方的距离同步有力保障了海尔 JIT 采购与配送。

（资料来源　佚名. 采购管理案例——海尔的 JIT 准时制采购策略案例［EB/OL］.［2011-10-07］. http：//wenku.baidu.com/view/72604922dd36a32d737581e6.html.）

准时化采购是一种先进的采购模式，是一种管理哲理，它是把 JIT 生产的管理思想运用到采购中来而形成的一种先进的采购模式。它的基本思想是：在恰当的时间、恰当的地点，以恰当的数量、恰当的质量提供恰当的物品。那么，准时化采购对于供应链管理有什么重要的意义呢？它的实施需要具备什么条件呢？

10.1
准时化采购的产生

10.1.1
准时化生产的产生

准时化（Just In Time，JIT）生产方式是起源于日本丰田汽车公司的一种生产管理方法。它的基本思想是"杜绝浪费""只在需要的时候，按需要的量，生产所需要的产品"。这也就是 JIT 的基本含义。这种生产方式的核心，是追求一种无库存生产系统，或是库存量达到最小的生产系统，为此开发了包括"看板"在内的一系列具体方法，并逐渐形成了一套独具特色的生产经营系统。

丰田汽车公司的创始人丰田喜一郎最早在汽车生产中提倡"非常准时"的管理方法。具体实现这种想法，是经过长期反复多次试验的。最后具体建立起这种体系的人，就是大野耐一，他毕业于名古屋工业大学，原来在丰田纺织公司工作，1943 年到丰田公司以后，担任丰田公司的副总经理，为实现丰田喜一郎的"非常准时"的想法曾下了苦心。1947年以后，他分阶段地进行探索试验，逐步形成一套完整的体系，就是人们常说的"丰田生产方式"。按大野耐一的说法，"简单贯穿这种生产体系的中心思想，是'杜绝浪费'的思想"。

丰田汽车的零组件管理方式叫作准时化（Just In Time），又叫作"看板方式"。把制造一部车所需的20 000个零组件浓缩为最小极限的构想，就是把当前所需装配的必要量视为一个单位，从而在盛装这个单位的箱子上面贴以明信片大小的传票，传票上记载何时生产、生产多少、运往何处等作业指示。装配工厂在将零组件用尽时，空箱送往零组件工厂。零组件工厂则根据看板上的指示，生产和装入给定的品种、给定的数量，在给定的时间送到给定的地点。丰田汽车工厂采用这种作业方式，使库存下降到通常的1/5。

实施看板方式最关键的是要使生产有秩序、不零乱。从协力工厂运来的零组件材料由丰田的各个制造工厂予以加工，最后用来装配汽车，因此要求装配生产线作业平稳化，新产品要川流不息地被领走，否则协力工厂的生产计划无法进行。看板方式的经营，不是生产过多，而是按计划生产所需要的东西，这是一种逆管理。丰田汽车的装配工作，不是一种预测生产，而是销售公司订货多少，就生产多少。以这个为前提，每一个工序按照看板的指示向先行工序依次索取零组件，然后向后续工序送达。

JIT首先出现于日本，有着强烈的文化氛围。JIT在丰田公司的不断发展，也与这种强烈的文化氛围有着密切的关系。日本的工作准则就是这种文化氛围的重要因素，成为日本管理技术跃居世界先进水平的原动力。

（1）充分调动公司员工不断进取的积极性。尽管现在已经达到了相当高的水准，但仍须加倍努力，以期实现更高的境界。

（2）注重团体意识。集思广益，知识共有，技术同享，经验互补，齐心协力实现共同的目标。

（3）实行终身雇佣制。在此环境下，员工不断改进技术，增强能力，从而给公司带来巨大的效益。

（4）强调工作优先。对日本员工来说，每天工作14小时司空见惯，这与美国员工注重休闲形成了鲜明的对比。

（5）具有高度的认同感。日本特别强调民族的团结与和谐，标新立异不受欢迎。

JIT是日本工业竞争战略的重要组成部分，它代表着日本在重复性生产过程中的管理思想。通过JIT思想的运用，日本企业管理者将精力集中于生产过程本身，通过生产过程整体优化，改进技术，理顺物流，杜绝过量生产，消除无效劳动和浪费，有效利用资源，降低成本，完善质量，达到以最少的投入实现最大产出的目的。

日本企业在国际市场的崛起，引起西方企业界的普遍关注。追本溯源，西方企业家认为，日本企业在生产中采用JIT管理思想，是其在国际市场上竞争取胜的基础。因此，20世纪80年代以来，西方经济发达国家十分重视对JIT的研究，并将它运用于生产管理。据有关资料，1987年已有25%的美国企业应用JIT，到现在，绝大多数的美国企业已在应用JIT。

10.1.2
JIT 的基本原理

JIT 的基本原理是以需定供，即供方根据需方的要求（或称看板），按照需方需求的品种、规格、质量、数量、时间、地点等要求，将物品配送到指定的地点。不多送，也不少送，不早送，也不晚送，所送品种要保证质量，不能有任何废品。JIT 原理虽简单，但内涵却很丰富：

（1）品种配置上，保证品种有效性，拒绝不需要的品种。

（2）数量配置上，保证数量有效性，拒绝多余的数量。

（3）时间配置上，保证所需时间，拒绝不按时的供应。

（4）质量配置上，保证产品质量，拒绝次品和废品。

JIT 供应方式具有很多好处，主要有以下三个方面：

（1）零库存。用户需要多少，就供应多少。不会产生库存，占用流动资金。

（2）最大节约。用户没有需求的商品，就不用订购，可避免商品积压、过时变质等不良品浪费，也可避免装卸、搬运以及库存等费用。

（3）零废品。JIT 能最大限度地限制废品流动所造成的损失。废品只能停留在供应方，不可能配送给客户。

JIT 具有普遍意义，既可适用于任何类型的制造业，也可适用于服务业中的各种组织。对于发展初期的电子商务，最适于采用和吸收 JIT 技术，以降低物流成本，使物流成为电子商务中的重要利润源。

10.1.3
准时化采购的产生与基本思想

准时化采购，又叫 JIT 采购，它是由有名的准时化生产的管理思想演变而来的。最初，JIT 只是作为一种减少库存水平的方法，而今，它已从最初的一种减少库存水平的方法，发展成为一种内涵丰富，包括特定知识、原则、技术和方法的管理哲学。它已成为一种管理哲理，这种管理哲理的精髓就在于它的"非常准时化""最大限度地消除浪费"的思想。现在越来越多的人，把这种管理思想运用到各个领域，形成各个领域的准时化管理方法。因此，现在除了 JIT 生产之外，又逐渐出现了 JIT 采购、JIT 运输、JIT 储存以及 JIT 预测等新的应用领域。实际上，现在 JIT 应用已经形成了一个庞大的应用体系。

准时化采购是从准时化生产发展而来的，也和准时化生产一样，是为了消除库存和不必要的浪费而进行持续性改进，不但能够最好地满足用户的需要，而且可以最大限度地消除库存和浪费。要进行准时化生产必须有准时的供应，因此准时化采购是准时化生产管理模式的必然要求。它和传统的采购方法在质量控制、供需关系、供应商的数目、交货期的管理等方面有许多不同，其中关于供应商的选择（数量与关系）、质量控制是其核心内容。

准时化采购包括供应商的支持与合作以及制造过程、货物运输系统等一系列的内容。准时化采购不但可以减少库存，还可以加快库存周转、缩短提前期、提高采购物资的质量、获得满意交货等效果。

10.2
准时化采购的原理

10.2.1
准时化采购的原理、作用和特点

当年，丰田公司的大野耐一创造准时化（JIT）生产方式，是在美国参观超级市场时受超级市场供货方式的启发而萌生的想法。美国超级市场除了商店货架上的货物之外，是不另外设仓库、设库存的。商场每天晚上都根据当天的销售量来预计第二天的销售量而向供应商发出订货。第二天清早供应商按指定的数量送货到商场，有的供应商一天还分两次送货，基本上按照用户需要的品种、需要的数量、在需要的时候、送到需要的地点。所以，基本上每天的送货刚好满足了用户的需要，没有多余，也没有库存，也没有浪费。大野耐一就想到要把这种模式运用到生产中去，因而产生了准时化生产。

实际上，超级市场模式，本来就是一种采购供应的模式。有供应商，有用户，双方形成了一个供需"节"。在这个供需节中，需方是采购方，供应商是供应方。采购方向供应商发出订货，供应商应当根据需方的订货，送货到需方。具体在超级市场模式下，超级市场是需方，供应商给超级市场进行准时化供货，它们之间的采购供应关系，也就是一种准时化的采购模式。

1）准时化采购的原理

（1）与传统采购面向库存不同，准时化采购是一种直接面向需求的采购模式。它的采购送货是直接送到需求点上。

（2）用户需要什么，就送什么，品种、规格符合客户需要。

（3）用户需要什么质量，就送什么质量，品种、质量符合客户需要，拒绝次品和废品。

（4）用户需要多少，就送多少，不少送，也不多送。

（5）用户什么时候需要，就什么时候送货，不晚送，也不早送，非常准时。

（6）用户在什么地点需要，就送到什么地点。

这几条，既做到了很好地满足用户的需求，又使得用户的库存量最小，用户不需要设库存，只在货架上（或在生产线上）有一点临时的存放，一天销售完毕（一天工作完，生产线停止时），这些临时存放就消失，库存完全为零，真正实现了零库存。

这样的采购模式，就是准时化采购模式。以上几条，既是准时化采购的原理，又是准时化采购的特点。

依据准时化采购的原理，一个企业中的所有活动只有当需要进行的时候才接受服务，才是最合算的，即只有在需要的时候，把需要的品质和数量，提供到所需要的地点，才是最节省、最有效率的。因此，准时化采购是一种最节省、最有效率的采购模式。

传统采购为了保证企业生产经营的正常进行和应付物资采购过程中的各种不确定性

（如市场价格变化、物资短缺、运输条件约束等），常常产生大量的原材料和外购件库存，而 JIT 思想则认为，过高的库存不仅增加了库存成本，而且还将许多生产上的、管理上的矛盾掩盖起来，使问题得不到及时解决，日积月累，小问题就可能累积成了大问题，严重地影响企业的生产效率。因此，准时化采购也可以通过不断减少原材料和外购件的库存来暴露生产过程中隐藏的问题，从解决深层次的问题上来提高生产效率。

准时化采购是一种理想的物资采购方式。它设置了一个最高标准，一种极限目标，即原材料和外购件的库存为零，缺陷为零。同时，为了尽可能地实现这样的目标，准时化采购提供了一个不断改进的有效途径：降低原材料和外购件库存→暴露物资采购问题→采取措施解决问题→降低原材料和外购件库存。

在企业物资采购过程中，存在大量的不增加产品价值的活动，如订货、修改订货、收货、装卸、开票、质量检验、点数、入库以及转运等，把大量时间、精力、资金花在这些活动上，是一种浪费。准时化采购模式由于大大地精简了采购作业流程，因此消除了这些浪费，极大地提高了工作效率。

进一步地减少并最终消除原材料和外购件库存，不仅取决于企业内部，而且取决于供应商的管理水平。准时化采购模式不仅对企业内部的科学管理提出了严格的要求，而且也对供应商的管理水平提出了更高、更严格的要求。准时化采购不仅是一种采购的方式，也是一种科学的管理模式，准时化采购模式的运作，在客观上将在用户企业和供应商企业中造就一种科学管理模式。这将大大提高用户企业和供应商企业的科学管理水平。

由于准时化采购只有当企业需要什么样的物资就能供给什么样的物资，什么时间要就能什么时间供应，需要多少就能供给多少时，企业的原材料和外购件库存才能降到最低水平。从这个意义上讲，准时化采购最能适应市场需求的变化，使企业能够具有真正的柔性。

2）准时化采购的作用

总之，准时化采购是关于物资采购的一种全新的思路，企业实施准时化采购具有重要的意义。根据资料统计，准时化采购在以下几个方面已经取得了令人满意的成果。

（1）大幅度减少原材料和外购件的库存

根据国外一些实施准时化采购策略的企业的测算，准时化采购可以使原材料和外购件的库存降低 40%~85%。原材料和外购件库存的降低，有利于减少流动资金的占用，加速流动资金的周转，同时也有利于节省原材料和外购件库存占用的空间，从而降低库存成本。

（2）提高采购物资的质量

一般来说，实施准时化采购，可以使购买的原材料和外购件的质量提高 2~3 倍。而且，原材料和外购件质量的提高，又会引致质量成本的降低。据估计，推行准时化采购可使质量成本减少 26%~63%。

（3）降低原材料和外购件的采购价格

由于供应商和制造商的密切合作以及内部规模效益与长期订货，再加上消除了采购过程中的一些浪费（如订货手续、装卸环节、检验手续等），就使得购买的原材料和外购件的价格得以降低。例如，生产复印机的美国施乐（Xerox）公司，通过实施准时化采购策略，使其采购物资的价格下降了 40%~50%。

此外，推行准时化采购策略，不仅缩短了交货时间，节约了采购过程所需的资源（包括人力、资金、设备等），而且提高了企业的劳动生产率，增强了企业的适应能力。

3）准时化采购的特点

准时化采购和传统的采购在质量控制、供需关系、供应商的数目、交货期的管理等方面有很多不同，具体表现如表10-1所示。

表10-1 　　　　　　　　　　　　准时化采购与传统采购的区别

项目	准时化采购	传统采购
采购批量	小批量，送货频率高	大批量，送货频率低
供应商选择	长期合作，单源供应	短期合作，多源供应
供应商评价	质量、交货期、价格	质量、价格、交货期
检查工作	逐渐减少，最后消除	收货、点货、质量验收
协商内容	长期合作关系，质量和合理价格	获得最低价格
运输	准时送货，买方负责	较低的成本，买方负责
文书工作	文书工作量少，需要的是有能力改变交货时间和质量	文书工作量大，改变交货期和质量的采购单多
产品说明	供应商革新，强调性能宽松要求	买方关心设计，供应商无创新
包装	小、标准化容器包装	普通包装，没有特地说明
信息交流	快速、可靠	一般要求

（1）采用较少的供应商，甚至单源供应

单源供应指的是对某一种原材料或外购件只从一个供应商那里采购，或者说，对某一种原材料或外购件的需求，仅由一个供应商供货。准时化采购思想认为，最理想的供应商的数目是：对每一种原材料或外购件，只有一个供应商。因此，单源供应是准时化采购的基本特征之一。

传统的采购模式一般是多头采购，供应商的数目相对较多。从理论上讲，采取单源供应比多源供应好，一方面，对供应商的管理比较方便，而且可以使供应商获得内部规模效益和长期订货，从而可使购买的原材料和外购件的价格降低，有利于降低采购成本；另一方面，单源供应可以使制造商成为供应商的一个非常重要的客户，因而加强了制造商与供应商之间的相互依赖关系，有利于供需之间建立长期稳定的合作关系，质量上比较容易保证。

但是，采用单源供应也有风险，比如供应商有可能因意外原因中断交货。另外，采取单源供应，使企业不能得到竞争性的采购价格，会对供应商的依赖性过大等。因此，必须与供应商建立长期互利合作的新型伙伴关系。在日本，98%的JIT企业采取单源供应。但实际上，一些企业常采用同一原材料或外购件由两个供应商供货的方法，其中以一个供应商为主，另一个供应商为辅。

从实际工作中看，许多企业也不是很愿意成为单一供应商。原因很简单，一方面，供应商是独立性较强的商业竞争者，不愿意把自己的成本数据披露给用户；另一方面，供应商不愿意成为用户的一个产品库存点。实施准时化采购，需要减少库存，但库存成本原先是在用户一边，现在转移到供应商，因此，用户必须意识到供应商的这种忧虑。

（2）采取小批量采购的策略

小批量采购是准时化采购的一个基本特征。准时化采购和传统采购模式的一个重要不同之处在于，准时化生产需要减少生产批量，直至实现"一个流生产"，因此，采购的物资也应采用小批量办法。从另外一个角度看，由于企业生产对原材料和外购件的需求是不确定的，而准时化采购又旨在消除原材料和外购件库存，为了保证准时、按质按量供应所需的原材料和外购件，采购必然是小批量的。但是，小批量采购必然增加运输次数和运输成本，对供应商来说，这是很为难的事情，特别是供应商在国外等远距离的情形，在这种情况下实施准时化采购的难度就很大。解决这一问题的方法有四种：

一是使供应商在地理位置上靠近制造商，如日本汽车制造商扩展到哪里，其供应商就跟到哪里。

二是供应商在制造商附近建立临时仓库，实质上，这只是将负担转嫁给了供应商，而未从根本上解决问题。

三是由一个专门的承包运输商或第三方物流企业负责送货，按照事先达成的协议，收集分布在不同地方的供应商的小批量物料，准时按量送到制造商的生产线上。

四是让一个供应商负责供应多种原材料和外购件。

（3）对供应商选择的标准发生变化

由于准时化采购采取单源供应，因而对供应商的合理选择就显得尤其重要。可以说，能否选择到合格的供应商是准时化采购能否成功实施的关键。合格的供应商具有较好的技术、设备条件和较高的管理水平，可以保障采购的原材料和外购件的质量，保证准时按量供货。

在传统的采购模式中，供应商是通过价格竞争而选择的，供应商与用户的关系是短期的合作关系，当发现供应商不合适时，可以通过市场竞标的方式重新选择供应商。在准时化采购模式中，由于供应商和用户是长期的合作关系，供应商的合作能力将影响企业的长期经济利益，因此，对供应商的要求就比较高。在选择供应商时，需要对供应商进行综合评价，而对供应商的评价必须依据一定的标准。这些标准应包括产品质量、交货期、价格、技术能力、应变能力、批量柔性、交货期与价格的均衡、价格与批量的均衡、地理位置等，而不像传统采购那样主要依靠价格标准。

在大多数情况下，其他标准较好的供应商，其价格可能也是较低的，即使不是这样，双方建立起互利合作关系后，企业可以帮助供应商找出减少成本的方法，从而使价格降低。更进一步，当双方建立了良好的合作关系后，很多工作可以简化以至消除，如订货、修改订货、点数统计、品质检验等，从而减少浪费。

（4）对交货准时性的要求更加严格

准时化采购的一个重要特点是要求交货准时，这是实施准时生产的前提条件。交货准时取决于供应商的生产与运输条件。作为供应商来说，要使交货准时，可从以下几个方面着手：第一，不断改进企业的生产条件，提高生产的可靠性和稳定性，减少由于生产过程的不稳定导致的延迟交货或误点现象。作为准时化供应链管理的一部分，供应商同样应该采用准时化的生产管理模式，以提高生产过程的准时性。第二，为了提高交货准时性，运输问题不可忽视。在物流管理中，运输问题是一个很重要的问题，它决定准时交货的可能性，特别是全球的供应链系统，运输过程长，而且可能要先后经过不同的运输工具，需要中转运输等，因此，就有必要进行有效的运输计划与管理，使运输过程准确无误。

（5）从根源上保障采购质量

实施准时化采购后，企业的原材料和外购件的库存很少，以至为零。因此，为了保障企业生产经营的顺利进行，采购物资的质量必须从根源上抓起。也就是说，购买的原材料和外购件的质量保证，应由供应商负责，而不是企业的物资采购部门。准时化采购就是要把质量责任返回给供应商，从根源上保障采购质量。为此，供应商必须参与制造商的产品设计过程，制造商也应帮助供应商提高技术能力和管理水平。

在现阶段，我国主要是由制造商来负责监督购买物资的质量；验收部门负责购买物资的接收、确认、点数统计，并将不合格的物资退回给供应商，因而增加了采购成本。实施准时化采购后，从根源上保证了采购质量，购买的原材料和外购件就能够实行免检，直接由供应商送货到生产线，从而大大减少了购货环节，降低了采购成本。

（6）对信息交流的需求加强

准时化采购要求供应与需求双方信息高度共享，保证供应与需求信息的准确性和实时性。由于双方的战略合作关系，企业在生产计划、库存、质量等各方面的信息都可以及时进行交流，以便出现问题时能够及时处理。只有供需双方进行可靠而快速的双向信息交流，才能保证所需的原材料和外购件的准时按量供应。同时，充分的信息交换可以增强供应商的应变能力。

所以，实施准时化采购，就要求供应商和制造商之间进行有效的信息交换。信息交换的内容包括生产作业计划、产品设计、工程数据、质量、成本、交货期等。信息交换的手段包括电报、电传、电话、信函、卫星通信等。现代信息技术的发展，如 EDI、E-mail 等，为有效的信息交换提供了强有力的支持。

（7）可靠的送货和特定的包装要求

由于准时化采购消除了原材料和外购件的缓冲库存，供应商交货的失误和送货的延迟必将导致企业生产线的停工待料。因此，可靠的送货是实施准时化采购的前提条件，而送货的可靠性，常取决于供应商的生产能力和运输条件，一些不可预料的因素，如恶劣的气候条件、交通堵塞、运输工具的故障等，都可能引起送货迟延。当然，最理想的送货是直接将货送到生产线上。

准时化采购对原材料和外购件的包装也提出了特定的要求。良好的包装不仅可以减少装货、卸货对人力的需求，而且使原材料和外购件的运输和接收更为便利。最理想的情况是，对每一种原材料和外购件，采用标准规格且可重复使用的容器包装，既可提高运输效率，又能保证交货的准确性。

从表10-1也可以看出，准时化采购相对于传统采购发生了三个转变：

（1）从为库存而采购到为订单而采购的转变

在供应链管理环境下，采购活动是以订单驱动方式进行的，制造订单的产生是在用户需求订单的驱动下产生的，然后制造订单驱动采购订单，采购订单再驱动供应商，这种准时化的订单驱动模式，使供应链系统得以准时响应用户的需求，从而降低了库存成本，提高了物流的速度和库存周转率。例如，海尔集团实行准时化采购，每年可以为公司节约上亿元。海尔集团首席执行官张瑞敏曾说过，如果没有订单，现代企业就不可能运作。订单就意味着靠订单去制造，为订单去销售。没有订单的采购，就意味着采购回来就是库存，因为采购回来的这些物料到底给谁不知道；没有订单的制造，就等于天天虽然很忙，但仅仅是制造库存，生产产品就等于天天增加库存；没有订单的销售，说到底就是处理库存，因为你不知道卖给谁，唯一的出路就是降价、削价处理。所以说，订单在准时化采购中起着重要的作用。

（2）从一般的采购管理变为外部资源管理

外部资源管理就是将采购活动渗透到供应商的产品设计和产品质量控制过程，同步化运营是供应链管理的一个重要思想，通过同步化的供应链计划使供应链各企业在响应需求方面取得一致的行动，增加供应链的敏捷性，实现同步化运营的措施是并行工程，制造商企业参与供应商的产品设计和质量控制过程，共同制定有关产品的质量标准，使需求信息能很好地在供应商的业务活动中体现出来。如美国思科公司将大部分生产交给合作厂商，自己主要进行最后的组装和调试，为此思科公司与合作厂商共同建立并维护了一条网络化的供应链，以保持公司内部及业务合作伙伴之间信息交流的顺畅，进一步增强合作效率。

（3）变一般买卖关系为战略协作伙伴关系

随着经济全球化，战略协作已成为人们的一种共识，合作化的程度越来越高。通过联盟可以解决库存问题，可以降低由于不可预测的需求变化带来的风险，可以为共同解决问题提供便利条件，可以降低采购成本，可以为信息共享架桥铺路，可以消除供应过程的组织障碍等等，这些都为准时化采购创造了有利的条件。

10.2.2
准时化采购对供应链管理的意义

供应链环境下的采购模式和传统的采购模式的不同之处在于前者采用订单驱动的方式。订单驱动使供应与需求双方都围绕订单运作，也就实现了准时化、同步化运作。

要实现同步化运作，采购方式就必须是并行的，当采购部门产生一个订单时，供应商即开始着手物品的准备工作。与此同时，采购部门编制详细的采购计划，制造部门也进行生产的准备过程，当采购部门把详细的采购单提供给供应商时，供应商就能很快地将物资在较短的时间内交给用户。当用户需求发生改变时，制造订单又驱动采购订单发生改变，这样一种快速的改变过程，如果没有准时的采购方法，供应链企业很难适应这种多变的市场需求。

同时，供应商管理是供应链采购管理中一个很重要的问题，它在实现准时化采购中也有很重要的作用。在供应商与制造商的关系中，存在两种典型的关系模式：传统的竞争关系和合作性关系。两种关系模式的采购特征有所不同。供应商与制造商的合作关系对于准时化采购的实施是非常重要的，只有建立良好的供需合作关系，准时化策略才能得到彻底贯彻落实，并取得预期的效果。准时化采购环境下的供需合作关系包括下述内容：

从供应商的角度来说，如果不实施准时化采购，由于缺乏和制造商的合作，库存、交货批量都比较大，而且在质量、需求方面都无法获得有效的控制。通过建立准时化采购策略，把制造商的JIT思想扩展到供应商，加强了供需之间的联系与合作，在开放性的动态信息交互下，面对市场需求的变化，供应商能够作出快速反应，提高了供应商的应变能力。

对制造商来说，通过和供应商建立合作关系，实施准时化采购，管理水平得到提高，制造过程与产品质量得到有效控制，成本降低了。

因此，准时化采购对于供应链管理思想的贯彻实施有着重要的意义。准时化采购策略体现了供应链管理的协调性、同步性和集成性，供应链管理需要准时化采购来保证供应链的整体同步化运作。准时化采购增加了供应链的柔性和敏捷性。

10.2.3

准时化原理在库存控制中的作用机制

理想的库存控制应该是库存的正面作用得到加强，负面作用受到有效抑制。负面作用主要表现为不恰当的库存使库存成本上升。然而，各种各样成本最小化的优化模型并没有说明"不恰当库存"的含义，也就没有解决问题。准时化最早在减少库存中实施，并获得成功。丰田公司从减少库存着手探索新的生产方式，经过20年左右的努力创造了准时化生产。在取得成功以后，准时化概念受到多方注意，在理论上也得到进一步的研究。研究发现，准时化是控制库存量的最好途径。随着对准时化原理的逐步深入了解，准时化的应用范围越来越宽。

1）准时化对"不恰当库存"的解释

过早准备库存，数量又超过实际需求被理解为"不恰当库存"，这是一个关于计划期长度的相对概念，而准时化也是一个关于计划期的相对概念。如果计划期长，则长一些的提前天数是可以接受的，没有不恰当的感觉。例如，制订的是月计划，要求提前10天备料，不会被认为太早；同样，假定月计划产量为1万件，相关物品多准备100套，只占产量的1%，也不会认为是过量。如果改为周计划，这时提前10天备料就会被认为不妥，因为它超过了计划期长度；同样，超过计划量100套的物品库存也就有可能被认为是过量了。准时化要求把计划期缩短，丰田公司把计划做到每天的投产顺序计划，按小时计算，则提前时间也只能以小时或天计算，价值量大的以小时计，价值小的以天数计。按准时化计划，由于计划期以天甚至小时计算，所以需求数量小。提前期短，以天计，解决了"不恰当库存"问题。

2）准时化对库存正面作用的强化

库存是为了保证供应、满足需求，不至于因缺料、缺货导致生产中断。需求有三要素：一是什么地方需要；二是需要多少；三是什么时候需要。EOQ、Q/R模式，或其他更复杂的优化模型，都在这三个要素不清楚的情况下作决策。首先假定某种库存是有需求的，需要建立库存以备日后需要，然后再从需求是确定性的还是随机性的，可缺货还是不可缺货，补货规则是怎样的等方面研究决策方法。问题就出在假设前提，如果库存对象是独立需求，这是由市场决定的量，往往是不确定的，是个很难估计的量。建立在假设前提上的模型，只要实际情况不满足条件，模型就毫无使用价值。

准时化原理要求在需求三要素都明确后再作库存计划。对于独立需求允许作预测，但这是对较长计划期内的需求作预测，对于直接执行的产出计划，如周计划、日计划，则需求三要素都是明确的，不会发生缺货现象。至于采购价格问题、突发事件问题等引起的次要作用，准时化原理主张通过其他管理途径解决，而不是靠增加库存解决。例如，价格折扣问题，通过与供应商的长期合作，稳定供应渠道，共同降低成本，把价格稳定住；对付设备故障问题，通过全员参与的设备管理系统，消除设备故障，取消缓冲库存。

3）准时化消除库存负面作用

库存最大的负面作用是库存持有成本，这是一个很可观的数量。以美国波音公司为例，每年的年销售收入可达数百亿美元，但每年的平均库存价值也在100亿美元以上。库存持有成本百分比以30%计（这是美国的平均水平），这部分费用高达几十亿美元。

（1）准时化对库存量的作用

库存控制首先是控制库存量，进而实现控制库存持有成本。从库存持有成本计算公式可知，成本与平均库存价值成正比，而平均库存价值又与平均库存量成正比，平均库存量的计算方法是计划期内每天库存量累计后除以计划期天数，因此又可推断采购批量越大，平均库存量也越大。可见，只要有效降低每次的采购量，就能降低平均库存量，就能达到降低库存持有成本的目的。

准时是个模糊概念，从"在需要的时候按需要的数量生产，不提前不过量"的概念出发，按月采购相对于按年采购，是准时化，按周采购又比按月采购准时，按日采购更准时。如果年需求总量不变为N，不同准时化程度的结果如表10-2所示。

表10-2　　　　　　　　　　　**不同准时化程度的采购结果**

准时化程度	采购次数	采购量	平均库存量
一年采购一次	1	N	N/2
每月采购一次	12	N/12	N/24
每周采购一次	48	N/48	N/96
每天采购一次	240	N/240	N/480

注：设全年工作日240天，每周5天工作日。

准时化隐含着确定性的含义，当需求明确后才可能采取准时化措施。从表10-2可以看出，只要技术上可行，如果每天的需求都是确定的，则每天采购一次可以把平均库存量降低到很低的水平。从丰田公司的实例看，这已经不是理想状态，而是已经实现的事实。

（2）减少库存损耗

由于准时备料，库存的使用场合、使用的数量和时间都是确定的。库存数量少，在库时间又短，在几天或一周内都被消耗掉，所以几乎不可能发生货损。

10.3
JIT采购中的质量管理

传统观念认为提高产品质量必须付出更高的成本，并且无法取得高生产率，但客观情况是，低质量将降低生产率，这是因为生产过程中损耗率上升，必然需要更多的原材料、机器准备工时、零件检验工时、加工工时，从而增加成本。20世纪80年代，许多专家就如何提高产品质量提出种种方法，比如全面质量管理或大规模的质量培训等，但是采购的作用并未得到重视。实际上，丰田公司运用 JIT 采购理念成功地提高了产品质量。形成于 20 世纪 70 年代的丰田公司的生产方式已经在供应链采购的质量控制方面积累了成功经验。

10.3.1
JIT 模式中的质量管理

采购、质量控制、生产、工程技术与设计、运输等部门经理经过讨论，普遍认为 JIT 采购方式中有 8 项业务活动可以提高产品质量和生产率（见表 10-3）。这些讨论揭示了几个要点。

表 10-3   **提高产品质量和生产率的各项 JIT 采购活动**

活　动	特　征
采购批量	批量小，数量准确
供应商数目	较少的数目——理想情况是每种原料或每类零件仅有一家供应商
供应商选择及评价	根据质量、协作关系、供货表现等
质量控制	由供应商实施
设计说明书	赋予供应商更大自由度来满足设计要求
招投标	相对稳固的供应商，无须每年重新招标
文书工作	非正式的文书
包装	使用标准集装箱和箱架系统

（1）所有经理一致认同表 10-3 列出的 JIT 采购方式中的主要活动。

（2）所有经理都表明这些活动与提高产品质量和生产率之间确实存在重要联系。

（3）所有经理对各种活动的相对重要性作出类似的排名。

经理们表明，采购批量、供应商数目、供应商选择及评价、质量控制、招投标过程及设计说明书对提高产品质量和生产率非常重要。文书工作也很重要。包装是唯一一项排名较低的业务活动，它的重要性一般。

产品质量和生产率的提高实际上正是由 JIT 生产方式引起的。JIT 采购活动的影响根据各个工厂实施 JIT 理念的程度及时间长短而有所不同，效果大多难以精确衡量。比如，采购批量的影响可能显著或不显著，这取决于批量大小的变化程度、供货频率、供应商的努力、产品类型、职员的技能水平等各种因素。

10.3.2
JIT 采购活动对采购质量管理的影响

下面将描述管理者如何察觉 JIT 采购活动的影响：

1）采购批量

提高产品质量及生产率最重要的方法应该是小批量采购零件。批量越小，就越容易进行检查以及及时处理缺损情况。小批量频繁供货（按天或按周）有助于提高生产率，这是由于降低库存水平、提高产品质量、减少到货零件的检验成本和及早发现缺损情况而引起的。但是，对每种零件进行频繁供货的实用性引发出一些激烈的争论，目前没有切实可行的准则。如HP公司的Greeley分部，超过4 000种零件需要采购，但只有一部分（约45种）采用JIT供货，其原因是：公司将大量时间花费在处理与成百家供应商关系和采购上千种零件上。

与批量大小有关的另一个问题是货运成本。存在着这样一种误解，认为按日供货增加的货运成本要大于降低库存节约的费用，实际上已经找到了有效的办法降低频繁供货产生的货运成本。一般说来，小批量订货对产品质量及生产率都有很大影响，但每个公司应根据各自需要来运用这条原则。

2）供应商数目

JIT采购方式鼓励受货方维持少量的供应商，理想的情况是一种或一类原材料仅由一家供应商提供。从20世纪80年代起，美国许多厂商开始采纳这一观点，许多厂商已经做到这一点，并建立起双方互利的长期协作关系。

例如，HP公司只有200余家供应商，每种零件类型由一至两家厂商提供。Kawasaki公司的采购经理表明，日本的零件只有单一供应源，美国的零件有两至三家供应商。尼森公司在美国有80家供应商，其中40家是JIT的单一货源供应商，其余几家是大批量供应商。Buick分部有600家供应商，大约85家是JIT供应商，他们的供货就超过了70%。

通过与采购主管的讨论以及对其他管理人员所作的调查结果都清楚地表明，减少供应商数量具有以下方面的显著优势：

（1）长期的协作关系。长期协作关系有助于采购方与供应商之间密切配合，并激励供应商充分参与JIT项目。同时，供应商更愿意提供合作，共同提高产品质量并增加投资。这种相互协作会增加对采购方持续的零件供应，降低或最小化库存，消除日常的文书工作。

（2）一贯的质量保证。如果采购方仅维持少数几家供应商，并让他们参与项目规划的早期工作，供应商就会提供始终如一的高质量产品。

（3）节约资源。有限的供应商数目使购买时间、差旅、工程技术这几方面的资源需求降至最低限度，从而资金可以更多地投入到选择、发展、检查一个或少数合格供应商等工作中。

（4）降低成本。向每个供应商订购的零件总量越大，折扣越高，从而降低成本。

（5）特别的关注。由于采购方对供应方来说意味着大笔订单和货款，供应商会给予更多特别的考虑。采购方可以从供应商得到专门领域的技术知识。

（6）减少工装准备。如果只有一家供应商，则只需为一家供应商准备最少数量的工装。

3）供应商的选择与评价

JIT采购方式第三项重要的业务活动是制定规范的供应商选择与评价程序，这在美国已得到普遍应用。很显然，追踪供应商表现的具体过程会根据所购原料的复杂性和货币价值而有所不同。下面几条原则是经常采用的：

（1）产品质量。

（2）长期的协作关系。

（3）供货表现。

（4）供货点的地理位置。

（5）价格结构。

前两个因素最为重要。长期的协作关系决定了供应商的态度，并鼓励他们主动配合采购厂家的质量要求。供应商把自己当成采购厂家的一部分，认为他们的成功取决于对方的成功。目前，许多厂家——包括 HP、Nissan、Kawasaki、Sony、Honda、Goodyear、Buick 分部及其他厂家——都与合格的供应商签订了灵活机动的长期合同。如 HP 公司与它的供应商签订 18~36 个月期限的合同，但允许每隔 6~12 个月重新进行协商以求提高产品质量和降低成本。

对供应商的选择与评价主要取决于以下几点：高质量产品供货、定时供货、频繁供货、小批量供货、定量供货。例如，GM 公司主要按照质量好坏对其供应商进行排名，Ford 则根据一贯的高质量和供货表现制定一份供应商偏好名单。所有这些因素对于评价供货表现都同等重要且不可缺少。一旦供应商符合这些原则，就可以认为他们是合格的 JIT 供货厂商。

供应商的地理位置是一条重要原则，一般倾向于选择本地的供应商。在条件不允许的情况下，最近的供应商将得到优先考虑。采购方总是鼓励那些有协作可能的外地供应商将工厂设置在附近地区，这不仅可以降低运输成本，而且为采购方的技术人员、质量控制人员甚至生产人员与他们的供应商在产品开发和质量控制领域的密切合作创造了机会。

有竞争力的价格也是一个因素，但许多管理者都已认同低价对于选择和评价供应商不再重要。他们更多地考虑采取对双方都"合理"的协商价格或试验性价格结构。低价、竞争性价格可能会产生一些负面效应。例如，低价导致的低质量引起的生产损耗，过高的废品率导致高成本，与解决质量问题有关的差旅费及其他开支，退货过程中的文书、包装、处理工作及货运成本等额外开支。

4）质量控制

第四项重要的 JIT 采购活动是质量控制。开正式收据、零件计数、交货确认以及所有到达货物的检验等工作都应从采购方一端取消。换句话说，质量控制应由供应商来完成。为了确保得到高质量产品的供货，一种方法是采取供应商认证。当采购方与供应商建立起一种长期合作关系，并且发现产品质量始终比较可靠，那么将质量控制的责任交由供应方承担是很有意义的。供应商质量认证程序确保产品设计说明在零件离开供货厂家之前就得到满足，供应商对他们供应的零件的质量要求负有全部责任。为了帮助供应商制定这些程序，采购方应该积极采取措施培训他们掌握 TQM 技能的各方面知识。

另一种有效的方法是对供应厂家开展例行的质量审计工作。这种审计工作一年通常开展好几次，而且往往不作过多的预先通告。审计组通常包括采购方和供应商的质量管理人员。如波音公司的质量管理人员就与其本地的供应商定期交流，帮助提高产品质量，降低成本。把零件检验的责任转移给供应商将会激励他们努力提高产品质量，以免支付额外的费用。这些供应商都清楚，废次品的损耗必须由他们来赔偿，而且他们也不想承担合同终止的风险。一般说来，供应商会认识到在 JIT 系统中，必须让采购方信赖他们的产品质量，才能让合同延续下去。

5）产品设计说明书

较早地吸收供应商参与产品开发是很重要的。虽然产品开发以及说明书的性能规定主要由设计工程师负责，但供应商应能自由地提出建议及革新观念，并参加与质量问题有关的设计活动和讨论。这种说明书是"松散型"的，采购方更多依赖的是限制性的产品说明书，较少地依赖于严格定义的产品说明书。很显然，这给供应商提供了更大的自由度，为在采购活动的质量/职能方面找出节约成本的解决方案引入更多创新。

供应商较早地参与设计开发，并且在开发过程中始终保证供应商技术知识的可得性，可以使原有工装无须作过大的改动就能把零件生产出来。如 HP 公司的采购经理就注意到，过去厂家总是把产品设计说明书交给供应商，希望他们能够完全按照说明书设计出准确的产品，很多情况下都需要去设计新的工装或者对原有工装作很大的改造；而使用"松散型"的说明书，新工装的需求大为减少（特别对一些关键性项目），从而降低了工装准备和招投标的成本。

6）有限制地使用招投标

许多公司的采购部门制定新的政策和准则，用于招投标过程中筛选出潜在的 JIT 供应商。最不合格的供应商没有得到合同的可能；反之，那些一贯提供无须做检验的高质产品、供货及时、协助受货方解决问题、要价合理的供应商中标的机会最大。如前所述，JIT 的招投标说明书不像传统的那么严格，而是鼓励供应商采用革新的方法来满足受货方提出的具体要求。

当一项 JIT 采购意向签订之后，被选中的供应商会收到采购方的工程设计草图（附有"松散型"的说明书），并回复一个投标价格。通常采购方会参观供应商的厂房，作一次不正式的（"匆忙的"）价值评估，目的是要找出供应商的高成本区域，并通过调整说明书帮助他们在一段时间之后降低这些成本。

采购方和供货方之间建立长期协作关系使招投标过程发生了显著变化。采购方在投标开始之前就把蓝本提供给潜在的供应商，并经常降低招标价格，使供应商得以节约资金。一旦确定了某个供应商，他就不必每年都参加新一轮的投标竞争，但是合同可以每年重新商定。例如，Buick 分部的采购经理在报告中指出，他们的 85 家主要供应商中，将近一半合作关系已超过 30 年。因此，这些供应商不必参加每年一次的重新招标，从而节约了大笔资金。其他一些厂商也与潜在的供应商签订了允许重新协商的长期（长至 36 个月）的合同。

7）文书工作

文书工作的减少有助于提高产品质量和生产率。多数管理者都承认，采用 JIT 采购方式减少了文书工作，为采购人员节约了大量时间。这是因为长期合同代替了成倍的订购单，从而只需一个电话就可以改变供货的时间和数量要求，而看板系统也取代了传统的采购单。一个全面实施的看板系统将使文书工作的数量大为减少。

因此，采购人员节约了许多采购和发货时间。减少正式的文书工作意味着采购人员可以花较少时间来派送各种采购单、请购单、装箱单、货运单和发票，从而就有了较多时间去追踪供应商的表现，帮助他们提高产品设计和质量。但据调查，有些公司认为它们仍未认识到这项活动所能带来的好处。

8）包装工作

采用JIT采购方式已抛弃传统的包装做法（如瓦楞纸盒、纸板箱等），采取容量较小但标出每种零件准确数目的新型周转箱或专用的托盘，这已成为美国各大公司一种普遍的倾向。采用标准周转箱具有以下方面的潜在优势：

（1）容易验明数量及规格精确的零件；

（2）简化物料接收与处理过程，从而防止失误，减少人力需求；

（3）消除零件进出工厂中可能出现的损坏；

（4）降低包装成本；

（5）减少废料，从而使工作地点洁净，并节约空间。

采用标准周转箱会影响产品的质量和生产率。Buick分部的生产经理发现，采用标准周转箱使工人产生一种积极的态度。当工人们看到只剩下一小部分零件时，他们的注意力会更加集中，就更有可能准确地装配这些零件，因此工人们更加小心谨慎。由于工人们只看到有限的零件供应，他们会把掉在地上的零件捡起来。这与原来那种"公司有的是钱，掉一两个零件也没什么"的态度截然不同。同时，工作地点更加干净、整洁、不受干扰，这都有助于工人们更加认真地工作。

20世纪80年代，美国的制造商开始学习丰田生产方式，他们已感受到把JIT采购方式当作一种"质量和生产率中心"的必要性。在供应商处实施质量控制、小批量频繁供货、大幅度削减供应商数量、根据产品质量及相互协作关系对供应商进行选择和评价是JIT采购方式中几种主要的业务活动，它们可以显著提高产品的质量和生产率。通过松散的方式使供应商在满足产品设计要求以及参与招投标过程中享有一定的自由度，这也是一项具有重要影响的JIT采购活动。文书工作及包装的作用并没有像人们预期的那样明显，可能因为JIT的采购理念尚未渗透到供应商的工厂中，以及受货方没有要求供应商采用标准的供货集装箱。

所有这些活动的影响根据各个公司实施JIT的程度及时间长短而有所不同，但是不论公司规模、产品类型、制造流程如何，JIT采购方式总能提高产品的质量和生产率。

10.4
准时化采购的技术应用

准时化采购的原理和特点都很好，但如果没有一个具体的应用方法，则准时化采购的特点和优势体现不出来，再好的东西也是没有用的。在实际中如何应用准时化采购技术呢？下面就专门讨论准时化采购管理技术的应用问题。

10.4.1
在电子商务中的应用

随着电子商务的发展，物流采购在电子商务中的重要性逐渐得到体现和加强，许多电子商务公司都设立了自己的专职物流人员或专职物流部门，如何将先进的物流准时采购技术与电子商务有效地结合起来，通过物流配送的合理化、经济化，推动电子商务的更快发展，仍然是许多电子商务人员在理论上尤其在实践上正在探讨的问题。

电子商务企业由于其自身的条件限制，不可能一开始就选地设库，购置运输设备，建立自己的物流中心，更不可能在全国范围内建设配送网点，而只能采取合作、合营、租用或利用第三方物流配送体系方式，以最节约成本、最快扩张的方式，在全国范围内建立起合理的、经济的物流采购与配送体系。而在这种体系的建设中，应采用在物流实践中比较成熟、得当的物流技术，即JIT技术。

准时化采购（JIT采购）的核心是消除一切无效劳动和浪费。准时化采购思想认为，凡是对产品不起增值作用或不增加产品附加值，但却增加劳动成本的劳动，都属于浪费的无效劳动，如多余库存、多余搬运和操作、停工待料、无销量生产、废次品的产生等。因此，运用准时化采购技术应从以下几方面着手：

1）应用电子商务信息管理系统，建立网上采购信息平台

首先，准时化采购技术建立在有效信息技术交换基础上，信息技术的应用可以保证采购方、供应方、物流配送机构等方面之间的信息交换和反馈，可以保证所需的产品的准时按量供应和配送。在电子商务中，这种交换将变得更为直接和迅速，各方信息都会在一个电子商务平台上得到反映和处理。电子商务公司在编制、建立信息系统的过程中，应选用国家或国际统一规定的商品编码，建立所销商品数据库，以便于参与各方的使用、增加、查询和维护。其内容包括商品名称、品种规格、数量、生产作业计划、需求计划、产品设计、工程数据、质量、成本、交货期、商品保存方式及有关注意事项等。

网上采购信息平台的建立要与拟采用的物流技术相适应，即经营范围和商品与物流方式相适应。

2）合理选择供应商

为保证采购产品质量，企业应选择知名的公司作为供应商，并必须依据一定的标准对供应商进行评判，如产品质量、交货期、价格、技术能力、应变能力、批量、地理位置等，如果供应商符合标准，还应相互间签订整体合作协议或模糊合同（Blank Contract），减少以后合作中不必要的程序和环节。可以说，选择合格供应商是准时化采购应用能否成功的关键，因为合格供应商不但保证了产品质量，而且能够保证准时按量供货。

3）建立长期稳定的战略合作关系

对于信誉、产品质量、交货期、价格、技术能力等符合要求的长期稳定的大供应商，双方可建立长期的战略合作关系，强调供应商的参与职能、相互信任、相互支持，共同获益，使供应商充分了解准时化采购的意义，使他们掌握准时化采购的技术和标准，满足准时化采购对供应商的要求，保证准时化采购的实现。对此，采取集体议价（Group Buy）是比较好的方式。

4）制订合理的采购计划

准时化采购是指只有在需要的时候（不提前，也不推迟）才订购所需要的产品，而且必须达到三个目的：一是争取实现零库存；二是提高采购商品的质量，减少质量成本；三是降低采购价格。这些目的的实现就是要减少多余库存，避免废次品，消除不必要的订货手续、装卸环节、检验手续等引起的浪费。为适应准时化采购技术的要求，企业应向供应商提供更为恰当的有效需求计划。

5）组织有效的配送途径

在采用准时化采购技术的过程中，采购企业其实已经基本解决了商品的从供应方到

采购企业的物流信息传递与配送问题，而这正是准时化采购技术的真谛所在，只是这些物流配送应在采购企业统一、细致、周密、有效的组织、培训、协调、实施下完成。凡委托第三方，如专业物流公司、供应商等，应使第三方了解和掌握准时化采购的运作过程和内涵，保证物品在规定的时间送到。若自己从事物流配送，则要根据物品特性，在包装、分拣、装卸、配货、送货、选择运输方式、分配运输能力等方面作出具体的安排和实施。

10.4.2
看板管理的原理

所谓看板，就是一张信息卡片，又称为要货指令。在看板上记录着商品号、商品名称、供应商和需求点（取货地、送货地）、生产或要货数量、所用工位器具的型号、该看板的周转张数等，以此作为取货、运输、生产的凭证和信息指令。由需求方向供货方发出看板，就是向供应商发出什么时间把什么品种、什么规格、什么数量从什么地方送到什么地方的指令。看板可以用不同的材料做成，可以用纸片、塑封纸片、塑料片，甚至金属片都可以，可以挂在看板牌上，也可以放在看板袋里。

看板根据其服务对象划分，可以分为生产看板和运输看板。生产看板用在生产循环中，运输看板主要用在运输循环中。生产看板循环是指从生产的产成品工位到其前面各个工序以及原材料库的看板循环，主要利用看板指挥其前面各个工序的生产数量和生产时间，索要零部件或工件、原材料。运输看板循环是指从生产部门的产成品到用户需求点的看板循环，主要是用户需求点向产成品供应点索要产成品的看板循环。它们的应用原理都一样，我们这里只讨论从客户需求点到供应商产成品的运输循环。

用户与供应商进行着准时化采购运作，并实行运输看板操作。供应商直接小批量、多批次地送货到用户的生产线需求点。货物以货箱为单位，直接用叉车装运到用户需求点。操作原理如下：

当用户在生产线上消耗完一个货箱的货物后，就在空箱上挂上一块看板，由叉车取走，直接运到供应商的产成品供应处去要货。供应商按看板指定的需要品种、需要数量备货（或生产）、装货，装货完毕，叉车司机再按看板给定的时间准时运送到用户需求地，供用户继续使用消耗。叉车由用户处离开时又把放在旁边的空箱连同挂在其上的要货看板一起又送到供应商处进行下一次的备货、装货和运输，这样循环不止，直到用户需求点完工为止。如果用户什么时候不发出要货看板，则供应商的供应（或生产）也就自然停止。在实际操作时，用户处积累的空箱可能有多个，这时候可能一次要取多个看板，发出多个货箱的要货指令。这样，一个看板循环过程中的时间构成如下：

1）指令的等待时间

用户处空箱看板的等待时间，它等于从货物用完、货箱腾空开始，直到叉车司机把它取走之间的时间间隔，如果是多个空箱一起取走，则是这多个空箱的平均等待时间。因为一般叉车司机是按一定的频率 F 送货的，这样相邻两次送货之间的时间间隔是 1/F。

2）指令的传递时间

看板卡的传递时间，它等于空箱看板从用户运送到供应商处的传送时间。

3）装货停留时间

看板空箱在供应商处的装货停留时间，它等于空箱看板送到供应商处开始，直到叉车司机把装满货物后的货箱连同其上的看板启运出发之间的时间间隔。一旦空箱看板指令送到供应商处的存储点，就被贴在一箱装满零件的容器上，这时一箱装满零件的容器和看板卡就准备好了，即可送往用户。

4）运输时间

叉车司机将装满货物的容器和看板从供应商运送到用户需求地的运输时间。

这样，如果用户需求地对于货物的日消耗量为 R，每个货箱中货物的数量是 m，叉车司机日运送频率为 F，则在两次交货之间用户消耗所需的包装容器的数量 M 为：

$$M = \frac{R}{M} \cdot \frac{1}{F} + 1$$

看板循环中包装容器和看板卡的总数量 M 为：

$$M = \frac{R}{M} \cdot （t_{等} + t_{传} + t_{装} + t_{运}） + 1$$

在看板供应中，每次订货和供应都是对现实消耗的补充。它体现了准时化采购的基本原则。这种方式简单实用，是准时化采购最有效的管理工具，而且随着计算机通信技术的发展，传统的纸制看板卡片已大多被传真和电子信箱等现代化媒介所替代，使得看板供应更为迅速和准确。

直送看板供应是拉动式准时供应的重点方式之一，将准时化要求向上游延伸至供应厂商：用户厂家以看板作为自己生产线上需求点的准时化要货指令，供应厂商按照看板指令实施生产或运输，即按照看板指定的需要品种、需要数量、需要时间，直接送至用户生产线的需求点进行生产消耗，不是运到用户的仓库进行存储。这样，利用看板实现了从供应厂商供应点直接到用户生产线的消耗点的直送供应，从而减少了存储点和存储量，降低了用户的库存成本，也降低了供应厂商的库存成本，同时发挥看板的现场自动微调功能以平顺排产、运输与仓储作业，降低调度协调难度和工作量，提高系统化管理水平。

以上所述，只是 JIT 技术在采购管理中应用的一些探讨。其实，在实际工作中，我们也在不知不觉地运用着 JIT 技术，但真要在物流采购管理中充分应用 JIT 技术，并达到所要求的理念，仍有许多问题需要解决。这就要求我们在实施 JIT 技术的过程中，不断地改进，即降低物品库存→暴露物品采购问题→采取措施解决问题→再降低库存，如此循环往复，直至达到最佳效果和最高境界。

10.5
准时化采购的实施

10.5.1
准时化采购的实施条件

成功实施准时化采购策略，需要具备一定的前提条件，我们认为下面的这些条件是实施准时化采购最为基本的条件：

1）距离越近越好

供应商和用户企业的空间距离小，越近越好。太远了，操作不方便，发挥不了准时化采购的优越性，很难实现零库存。

2）制造商和供应商建立互利合作的战略伙伴关系

准时化采购策略的推行，有赖于制造商和供应商之间建立起长期的、互利合作的新型关系，相互信任、相互支持，共同获益。

3）注重基础设施的建设

良好的交通运输和通信条件是实施准时化采购策略的重要保证，企业间通用标准的基础设施建设，对准时化采购的推行也至关重要。所以，要想成功实施准时化采购策略，制造商和供应商都应注重基础设施的建设。诚然，这些条件的改善，不仅仅取决于制造商和供应商的努力，各级政府也须加大投入。

4）强调供应商的参与

准时化采购不只是企业物资采购部门的事，它也离不开供应商的积极参与。供应商的参与，不仅体现在准时、按质、按量供应制造商所需的原材料和外购件上，而且体现在积极参与制造商的产品开发设计过程中。与此同时，制造商有义务帮助供应商改善产品质量，提高劳动生产率，降低供货成本。

5）建立实施准时化采购策略的组织

企业领导必须从战略高度来认识准时化采购的意义，并建立相应的企业组织来保证该采购策略的成功实施。这一组织的构成，不仅应有企业的物资采购部门人员，还应包括产品设计部门、生产部门、质量部门、财务部门等人员。其任务是，提出实施方案，具体组织实施，对实施效果进行评价，并进行连续不断的改进。

6）制造商向供应商提供综合的、稳定的生产计划和作业数据

综合的、稳定的生产计划和作业数据可以使供应商及早准备，精心安排其生产，确保准时、按质、按量交货；否则，供应商就不得不求助于缓冲库存，从而增加其供货成本。有些供应商在制造商工厂附近建立仓库以满足制造商的准时化采购要求，实质上这不是真正的准时化采购，而只是负担的转移。

7）着重教育与培训

通过教育和培训，使制造商和供应商充分认识到实施准时化采购的意义，并使他们掌握准时化采购的技术和标准，以便对准时化采购进行不断的改进。

8）加强信息技术的应用

准时化采购是建立在有效信息交换的基础上的，信息技术的应用可以保证制造商和供应商之间的信息交换。因此，制造商和供应商都必须加强对信息技术，特别是电子数据交换（EDI）技术的应用投资，以更加有效地推行准时化采购策略。

10.5.2
准时化采购的实施步骤

1）准时化采购方法

前面分析了准时化采购方法的特点和优点，从中我们可以看到准时化采购方法和传统

的采购方法的一些显著差别，要实施准时化采购，以下四点是十分重要的：

（1）看板管理是准时化采购最实用、有效的手段。

（2）选择最佳的供应商，并对供应商进行有效的管理是准时化采购成功的基石。

（3）供应商与用户的紧密合作是准时化采购成功的钥匙。

（4）卓有成效的采购过程、严格的质量控制是准时化采购成功的保证。

在实际工作中，如果能够根据以上四点开展采购工作，那么就可以成功实施准时化采购。

2）准时化采购步骤

想要成功实施准时化采购策略，除了要具备一定的前提条件外，还必须遵循一定的科学实施步骤。在实施准时化采购时，大体上可以遵循下面的这些步骤：

（1）创建准时化采购班组

准时化采购班组的作用，就是全面处理JIT采购有关事宜。要制定准时化采购的操作规程，协调企业内部各有关部门的运作，协调企业与供应商之间的运作。准时化采购班组除了采购部门的有关人员之外，还要由本企业以及供应商企业的生产管理人员、技术人员、搬运人员等共同组成。一般应成立两个班组，一个是专门处理供应商事务的班组，该班组的任务是培训和指导供应商的准时化采购操作，衔接供应商与本企业的操作流程，认定和评估供应商的信誉、能力，与供应商谈判、签订准时化订货合同，向供应商发放免检签证等。另外一个班组是专门协调本企业各个部门的准时化采购操作、制定作业流程、指导和培训操作人员，并且进行操作检验、监督和评估。这些班组人员，对准时化采购方法应有充分的了解和认识，必要时要进行培训。

（2）制订计划，确保准时化采购策略有计划、有步骤地实施

要制定采购策略以及改进当前采购方式的措施，包括如何减少供应商的数量、供应商的评价、向供应商发放签证等内容。在这个过程中，要与供应商一起商定准时化采购的目标和有关措施，保持经常性的信息沟通。

（3）精选少数几家供应商建立伙伴关系

供应商和制造商之间互利的伙伴关系，意味着双方之间充满了一种紧密合作、主动交流、相互信赖的和谐气氛，共同承担长期协作的义务。在这种关系的基础上，发展共同的目标，分享共同的利益。

当然，这种互利的伙伴关系的建立需要经过长期的工作，要求双方有坚定的决心和奉献精神；同时，一个企业只能选择少数几个最佳供应商作为工作对象，抓住一切机会加强与他们之间的业务关系。

（4）进行试点工作

先从某种产品或某条生产线开始，进行零部件或原材料的准时化供应试点。在试点过程中，取得企业各个部门的支持是很重要的，特别是生产部门的支持。通过试点，总结经验，为正式的准时化采购实施打下基础。

（5）搞好供应商的培训，确定共同目标

准时化采购是供需双方共同的业务活动，单靠采购部门的努力是不够的，需要供应商的配合，只有供应商也对准时化采购的策略和运作方法有了认识和理解，才能获得供应商的支持和配合，因此，需要对供应商进行教育培训。通过培训，大家取得一致的目标，相互之间就能够很好地协调，做好采购的准时化工作。

（6）给供应商核发产品免检证书

在实施准时化采购策略时，核发免检证书是非常关键的一步。核发免检证书的前提是供应商的产品100%合格。为此，核发免检证书时，要求供应商提供最新的、正确的、完整的产品质量文件，包括设计蓝图、规格、检验程序以及其他必要的关键内容。

有些公司在核发免检证书的初始阶段，只发放单件产品的免检证，但是最终目标还是为了发放供应商的免检证，并完全免除采购物资中常规产品的进货检查。达到这个目标后，就只需对尚未获得免检证书的新产品和新零件进行进货检查，直到它们也达到免检要求为止。最后，所有采购的物资就可以从卸货点直接运至生产线上使用。

（7）实现配合节拍进度的交货方式

向供应商采购的原材料和外购件，其目标是要实现这样的交货方式：当你正好需要某物资时，该物资就运抵卸货月台，并随之直接运至生产线，生产线拉动它所需的物资，并在制造产品时使用该物资。

（8）继续改进，扩大成果

准时化采购是一个不断完善和改进的过程，需要在实施过程中不断总结经验教训，从降低运输成本、提高交货的准确性、提高产品的质量、降低供应商库存等各个方面进行改进，不断提高准时化采购的运作绩效。

10.5.3
国外准时化采购的实施情况

为了对准时化采购的目的、意义和影响准时化采购的相关因素有一个初步的了解，下面来说明美国公司准时化采购的应用情况。

美国加利福尼亚州立大学的研究生对汽车、电子、机械等企业经营准时化采购者做了一次效果问卷调查，共调查了67家美国公司。这些公司有大有小，其中包括著名的3COM公司、惠普公司、苹果计算机公司等。这些公司有的是制造商，有的是分销商，有的是服务业，调查的对象为公司的采购与物料管理经理。调查的有关内容和类别如表10-4至表10-7所示。

表10-4   准时化采购成功的关键因素

问　题	肯定回答（%）
和供应商的相互关系	51.5
管理的措施	31.8
适当的计划	30.3
部门协调	25.8
进货质量	19.7
长期的合同协议	16.7
采购的物品类型	13.6
特殊的政策与惯例	10.6

表 10-5 准时化采购解决的问题

问 题	肯定回答（%）
空间减少	44.8
成本减少	34.5
改进用户服务	34.5
及时交货	34.5
缺货问题	17.2
改进资金流	17.2
提前期减少	10.3

表 10-6 实施准时化采购困难的因素

问 题	肯定回答（%）
缺乏供应商的支持	23.6
部门之间协调性差	20.0
缺乏对供应商的激励	18.2
采购物品的类型	16.4
进货物品质量差	12.7
特殊政策与惯例	7.1

表 10-7 与供应商有关的准时化采购问题

问 题	肯定回答（%）
很难找到好的供应商	35.6
供应商不可靠	31.1
供应商太远	26.7
供应商太多	24.4
供应商不想频繁交货	17.8

从以上调查报告不难得出以下几个方面的结论：

（1）准时化采购成功的关键是与供应商的关系，而最困难的问题也是缺乏供应商的合作。供应链管理所倡导的战略伙伴关系为实施准时化采购提供了基础性条件，因此，在供应链环境下实施准时化采购比传统管理模式下实施准时化采购更加有现实意义和可能性。

（2）难找到"好"的合作伙伴是影响准时化采购的第二个重要因素，如何选择合适的供应商就成了影响准时化采购的重要条件。在传统的采购模式下，企业之间的关系不稳定，具有风险性，影响了合作目标的实现。供应链管理模式下的企业是协作性战略伙伴，因此，为准时化采购奠定了基础。

（3）缺乏对供应商的激励是准时化采购的另外一个影响因素。要成功地实施准时化采购，必须建立一套有效的供应商激励机制，使供应商和用户一起分享准时化采购的好处。

（4）准时化采购不单是采购部门的事情，企业的各部门都应为实施准时化采购创造有利的条件，为实施准时化采购而共同努力。

实行准时化采购，效益非常好，操作非常简便，但是基础工作要求高，对人员的素质要求高，对管理水平要求高。我国企业由于信息化水平较低，实施供应链管理的基础比较差，所以，要开展准时化采购，需要从基础工作抓起，逐步创造条件，争取早日开展起准时化采购。

◆ 小结和学习重点与难点

准时化采购是一种很理想的采购模式，它有最大限度地消除浪费、降低库存、实现零库存的优点。本章主要讨论准时化采购的产生，准时化采购的原理、特点和优点，JIT采购中的质量管理，准时化采购技术的应用以及准时化采购实施的有关问题。

准时化生产方式的基本思想是以"杜绝浪费""只在需要的时候，按需要的量，生产所需要的产品"。这也就是JIT的基本含义。这种生产方式的核心，是追求一种无库存生产系统，或是库存量达到最小的生产系统。

准时化采购是一种先进的采购模式，是一种管理哲理，它是把JIT生产的管理思想运用到采购中来而形成的一种先进的采购模式。它的基本思想是：在恰当的时间、恰当的地点，以恰当的数量、恰当的质量提供恰当的物品。

本章的学习重点是准时化采购的原理及实施。

本章的学习难点是JIT采购中的质量管理。

◆ 前沿问题

准时化采购的质量控制措施——供需双方的契约

供应商所提供的物资质量水平的高低、质量的好坏直接影响到企业产品的质量和企业的品牌形象，由于供应商所涉及的专业十分复杂，数量较多，对供应商实施直接的质量控制比较困难，契约化控制就成了目前对供应商进行控制的有效方法之一。

企业与供应商之间的契约一般包括企业的产品技术信息、质量协议、基本供货协议和技术协议等四个类型，内容涵盖从产品开发、试制、检验、包装运送到不合格品处理以及售后服务的全过程，所以说契约可以包含多个层次、多个部门间的内容。

契约有效性反映在三个方面：一是契约的合法性，内容上不得与现有的法律、法规、规章制度或标准相背，如有相背应及时提出修改；二是契约的可操作性，反映着其执行的有效性，缺乏可操作性的契约起不到应有的作用；三是契约的激励性，契约中应明确供需双方的权利和义务，同时也应规定必要的奖惩性条款，一方面约束供应商的质量行为，另一方面鼓励供应商不断提高产品质量。

1）产品技术信息协议

产品技术信息是供应商加工产品的技术依据，也是企业验收产品或出现质量纠纷进行确认的依据，企业应尽可能地向供应商提供详细的技术信息，供应商也应对接收的技术信息进行评审，确保设备、工艺、人员等生产要素满足企业对产品的要求。该部分契约应由企业的技术部门负责与供应商签署。

2）质量协议

它是企业对供应商质量控制中最关键的契约，规定了双方在产品质量上的权利与义务，总体上包括质量管理、质量管理监督、验收检验程序、不合格品的处理方式、过程控制、质量保证和责任区分、质量指标约定及违约、争议的处理等，目的是通过协议内容明确供应商的质量职责，促使其自觉进行质量管理，确保供应商交付的物资质量符合企业的要求。质量协议的内容没有固定的模式，根据供需双方的实际状况和所提交的产品的性质和加工复杂程度而定。该部分契约应由企业的质量部门负责与供应商签署。

3）基本供货协议

它主要规定双方物资流通计划，供应商对供货的实施，违约责任及经济索赔标准，物资运输、交付程序及部分质量约定等。该部分契约应由企业的采购部门负责与供应商签署。

4）技术协议

它主要规定对零部件的检验方式、抽检方案、样品的检验及封样、检验流程与不合格品的判断以及相关的质量证明的确认。该部分契约应由企业的采购、质量部门与技术部门协商后，再与供应商签署。

以上四种契约，如由各部门独立与供应商签署，应独立归档。考虑到供应商管理归口企业的采购部门，也可由采购部门牵头，协同本企业技术部门、质量部门三方根据以上四种契约内容起草一份综合的、行之有效的"质量、技术和服务协议"，来保证供应商的产品质量，契约由质量部门归档，以便检验人员发现问题，及时依据协议的要求处理不合格品并向供应商索赔。总之，选择最佳的供应商并对其进行有效的管理，与供应商紧密合作是准时化采购成功的关键，卓越成效的采购过程，严格控制质量是准时化采购成功的保证。

（资料来源 佚名. 准时化采购的质量控制［EB/OL］.［2014-06-18］. http://www.56135.com/56135/info/infoview/105800.html.）

◆ 案例探讨

海尔 JIT 采购策略

采购物流是生产过程的前段，也是整个物流活动的起点。目前很多企业仍在困惑的是用什么样的办法可以快速、高效地组织自己的采购物流，很多企业也上了一些物流信息系统，但作用甚小。这里介绍一个最典型的案例——海尔公司的物流系统，希望给大家以启示。

1）三个 JIT 同步流程

海尔的三个 JIT 包括以下内容：

（1）JIT 采购。何时需要就何时采购，采购的是订单，不是库存，是需求拉动采购。这就会对采购提出较高的要求，要求供应商网络比较完善，可以保证随时需要随时能采购到。

（2）JIT 生产。JIT 生产也是生产订单，不是生产库存。顾客下了订单以后，开始生产。答应五天或者六天交货，在这个期限内可以安排生产计划。只要原料供应的进度能够保证，生产计划就能如期完成。

（3）JIT 配送。

三者有机地结合在一起，这种物流的流程跟传统的流程不一样，它完全是一体化的运作，而且海尔物流跟一般企业的物流还有比较大的差别。海尔对物流高度重视，把它提升到战略高度，也很舍得投资，去过海尔现场考察的人都会对它的立体仓储挑指称赞。流程化、数字化、一体化，是三个 JIT 流程的基本特色。

海尔怎么做 JIT 采购？

（1）全球统一采购。海尔产品所需的材料有 15 万个品种，这 15 万个品种的原材料基本上要进行统一采购，而且是全球范围内采购，这样做不仅能达到规模经济，而且能寻找到全球范围内的最低价格，采购价格的降低对物流成本的降低有非常直接的影响。

（2）招标竞价。海尔每年的采购金额有 100 多亿元人民币，它通过竞标、竞价，把采购价格下降 5%，就可以直接提高利润，或者说其价格在市场上就更有竞争力。

（3）网络优化供应商。网络优化供应商就是通过网络在全球范围内选择和评估供应商。网络优化供应商比单纯压价重要得多，因为它的选择余地很大。海尔的 JIT 采购实现了网络化、全球化和规模化，采取统一采购，而且是用招标的方式来不断地寻求物流采购成本的降低。

海尔怎么做 JIT 生产？

在 ERP 模块，由市场需求来拉动生产计划，由生产计划来拉动原料采购，再要求供应商直送工位，一环紧扣一环。这就决定了生产速度会快，成本会低，效率会高。海尔完全实现了物流的一体化，包括采购、生产、销售、配送等的一体化。

海尔怎么做 JIT 配送？

目前海尔物流部门在中国内地有四个配送中心，在欧洲的德国有配送中心，在美国也有配送中心，通过这些总的中转驿站——配送中心来控制生产。不做 JIT 采购就做不了 JIT 生产，而要做 JIT 生产和 JIT 采购，还必须有 JIT 配送。是 JIT 配送而不是 JIT 运输，因为运输是长距离的，配送是短距离的、是当地的。要做到按照生产的需要在当地做配送，随时需要随时送到，而且数量、规格要符合需要，这就对物流提出了比较高的要求。JIT 生产、JIT 采购、JIT 配送就是要达到零库存。零库存不是库存等于零，而在于库存的周转速度，周转速度越快，相对来说库存量就越少。所以，JIT 配送是这一切的基础，采购、生产与配送必须同时具备 JIT 的条件，因此叫同步流程，流程再造的时候就要考虑到这三个方面。

在物流技术和计算机信息管理系统的支持下，海尔物流通过三个 JIT，即 JIT 采购、JIT 配送和 JIT 分拨物流来实现同步流程。目前通过海尔的 BBP 采购平台，所有的供应商均在网上接受订单，并通过网上查询计划与库存，及时补货；货物入库后，海尔物流部门可根据次日的生产计划利用 ERP 信息系统进行配料，同时根据看板 4 小时内送料到工位；海尔生产部门按照 B2B、B2C 订单的需求完成订单，满足用户个性化需求的定制产品通过海尔全球配送网络送达用户手中。目前海尔在中心城市实现 8 小时内配送到位，区域 24 小时内配送到位，全国 4 天内配送到位。

2）海尔物流管理的"一流三网"

"一流"是以订单信息流为中心；"三网"分别是全球供应链资源网络、全球用户资源网络和计算机信息网络。"三网"同步运动，为订单信息流的增值提供支持。

在海尔物流管理的"一流三网"的同步模式下，海尔实现了为订单而采购，消灭了库存。在海尔，仓库不再是储存物资的"水库"，而是一条流动的"河"，河中流动的是按订单采购来的生产所必需的物资，从根本上消除了呆滞物资、消灭了库存。目前，海尔集团每个月平均接到6 000多个销售订单，这些订单的定制产品品种达7 000多个，需要采购的物料品种达15万多种。海尔通过合理的信息化管理，使呆滞物资降低了73.8%，仓库面积减少了50%，库存资金减少了67%。海尔国际物流中心货区面积7 200平方米，但它的吞吐量相当于30万平方米的普通平面仓库，海尔物流中心只有10个叉车司机，而一般仓库完成这样的工作量至少需要上百人。海尔通过整合内部资源、优化外部资源，使供应商由原来的2 336家优化至978家，国际化供应商的比例上升了20%。海尔建立了强大的全球供应链网络，GE、爱默生、巴斯夫等世界500强企业都成为海尔的供应商，有力地保障了海尔产品的质量和交货期。不仅如此，更有一批国际化大公司以其高科技和新技术参与到海尔产品的前端设计中，目前可以参与产品开发的供应商比例已高达32.5%。

（资料来源 佚名. 采购管理案例：海尔采购JIT〔EB/OL〕.〔2010-12-21〕. http://wenku.baidu.com/view/08f46e1a6bd97f192279e9fa.html.）

思考题：

1.海尔的三个JIT包括的内容有哪些？

2.海尔是怎么做JIT采购的？

◆ 课后练习

（一）名词解释

准时化生产 准时化采购 电子商务

（二）填空题

1.准时化采购包括供应商的_____以及制造过程、货物运输系统等一系列的内容。准时化采购不但可以减少库存，还可以_____、_____、_____获得满意交货等效果。

2.进一步地减少并最终消除原材料和外购件库存，不仅取决于企业内部，而且取决于_____。准时化采购模式不仅对企业内部的科学管理提出了严格的要求，而且也对_____的管理水平提出了更高、更严格的要求。准时化采购不仅是_____，也是_____。

3.追踪供应商表现的具体过程会根据所购原材料的复杂性和货币价值而有所不同。下面几条原则是经常采用的：_____；_____；供货表现；供货点的地理位置；价格结构。前两个因素最为重要。

4.准时化采购思想认为，凡是对商品不起增值作用或不增加产品附加值，但却增加劳动成本的劳动，都属于浪费的_____。

5.看板根据其服务对象划分，可以分为_____和_____。

（三）单项选择题

1.与批量大小有关的另一个问题是货运成本。存在着一种误解，认为（　　）增加的货运成本要大于降低库存节约的费用。

A.按月供货　　　　B.按季度供货　　　　C.按周供货　　　　D.按日供货

2.包装工作采用（　　）会影响产品的质量和生产率。

A.瓦楞纸盒　　　　B.纸板箱　　　　C.普通包装盒　　　　D.标准周转箱

3.所谓（　　），就是一张信息卡片，上面记录着商品号、商品名称、供应商和需求点、生产或要货数量、所用工位器具的型号、该看板的周转张数等，以此作为取货、运输、生产的凭证和信息指令。

A.看板　　　　B.说明书　　　　C.登记簿　　　　D.包装纸

4.（　　）是拉动式准时供应的重点方式之一，供应厂商按照看板指定的需要品种、需要数量、需要时间，直接送至用户生产线的需求点进行生产消耗，不是运到用户的仓库进行存储。

A.看板供应　　　　B.直接供应　　　　C.送货上门　　　　D.直送看板供应

5.在现代采购技术中，JIT采购是指（　　）。

A.订货点采购　　　　B.准时化采购　　　　C.供应链采购　　　　D.电子商务采购

（四）多项选择题

1.准时化采购可以通过不断减少（　　）来暴露生产过程中隐藏的问题，从解决深层次的问题上来提高生产效率。

A.采购资金　　　　B.原材料　　　　C.外购件的库存　　　　D.库存的种类

2.准时化采购的基本特征是（　　）。

A.选择合适的供应商　　　　　　　　B.准时交货

C.小批量采购　　　　　　　　　　　D.单源供应

3.准时化采购一般只有在需要的时候（不提前，也不推迟）才订购所需要的产品，而且必须达到以下目的中的（　　）。

A.实现公司利益最大化　　　　　　　B.争取实现零库存

C.提高采购商品的质量，减少质量成本　D.降低采购价格

（五）简答题

1.简述JIT的基本原理和内涵。

2.简述准时化采购环境下的供需合作关系。

3.简述准时化采购与传统采购的区别。

4.简述看板循环过程中的时间构成。

5.简述准时化采购的步骤。

（六）论述题

1.正确理解准时化采购中的8项业务活动是怎样影响质量的。

2.试述准时化采购的策略。

第11章

电子采购

◆ **学习目标**

通过本章的学习，使读者了解电子采购的含义和优势，掌握电子采购的几种不同模式及实施步骤，了解电子采购的未来发展。

◆ **基本概念**

电子采购 卖方一对多模型 买方一对多模型 第三方门户 反向拍卖

引导案例 　　　　　　　　**东方希望的电子采购平台**

东方希望，作为中国改革开放后建立的第一批民营企业，目前已发展成为集农业、重化工业产业链等为一体的特大型民营企业集团。2010年8月，东方希望以324亿元销售收入名列中国民营企业500强第18位，制造业中名列第10位。面对越来越巨大的采购支出，集团采购业务人员显得越来越不够用，采购响应能力、响应效率越来越不足，采购部忙于日常的采购事务性工作而无法专心于供应商资源的分析等采购核心价值工作的深入……传统的电话、书面传真等采购方式，已经跟不上集团快速发展的步伐。不仅如此，集团更深刻地认识到占企业销售额60%~80%的采购支出，如果能得到更有效的管理，控制采购成本，哪怕只是3%的成本节约，那也是近10亿元的企业净收益。走采购信息化之路，势在必行！集团招投标部将采购战略价值的提升列为企业核心竞争力的重要组成部分，牵手一采通，东方希望电子采购平台（EPS）孕育而生，让我们来看看东方希望电子采购平台运营效果：

1）采购信息的公开化

东方希望集团电子采购平台上线以来，涉及集团22家分/子公司的采购项目，管理供应商4 316家，采购物资涵盖8个大类，近300个小类。所有采购项目均通过采购预告的方式发布。在集团电子采购平台上平均每天有近10项采购预告，近20个采购项目公开发布。

2）扩大了寻源范围，优化了供应商资源

集团采购项目以公开在线采购的方式在集团EPS平台上进行采购，任何供应商都可以在注册审核通过后，参与到相关采购项目中。这种公开采购的方式，让供应商都愿意来主动参与，积极应标，形成了一个供应商开源、主动竞争的良性供应环境和持续滚动的供应商循环体系。集团电子采购平台运营以来，集团供应商从原来的936家扩充到4 300多家，平均每个月都有近200家新供应商主动申请注册。

3）采购效率显著提升

EPS拉近了采供双方以及不同地区，不同分、子公司人员之间的距离，降低了采购沟通成本，使得采购协同工作的效率显著提高，这大大缩减了采购项目的响应周期，采购总成本得以有效降低与控制。统计数据表明，集团上下通过电子采购平台的实施，从集团采购流程的优化梳理，到信息化网络寻源、沟通，邮件、电话、短信等即时通信技术的应用，使集团采购效率得到了极大的提升，采购周期平均缩短了23%。

4）加强了对采购过程的有效监控

针对分、子公司的采购监控：在网上实现了从采购需求发布、采购项目发布、询价、供应商报价、比价磋商、授标审核等全流程的管理，使采购过程公开透明，分、子公司的管理者可以在采购的事前、事中、事后对各环节进行有效监控。

针对集团采购部门的监控：可以有选择地针对采购过程中的操作环节增设控制点，如对授标环节、供应商管理环节进行监控和把握。同时，可以根据需要查看采购项目的执行情况，大大改善了协商沟通的效率。

5）有效降低了采购成本，创造收益

东方希望集团通过EPS，平均每年节约采购成本3.2%，运营500天，平均每天节约开支20万元，真正实现了采购部门的战略价值，让采购成为企业盈利的新源泉。

（资料来源　佚名. 东方希望电子采购平台运营500天　每天创收20万元［EB/OL］.［2011-07-19］. http：//news.xinhuanet.com/tech/2011-07/19/c_121687749.htm.）

电子采购是企业实现电子商务的一个重要环节，它已成为B2B市场中增长最快的一部分。它将原来通过纸张进行的公示（情报公开）、投标、开标（结果公开）等，转换为利用因特网的电子数据。电子采购可以在因特网上完成投标手续，而招标和投标者在计算机前就可以实现招投标行为。电子采购开始于企业间的生产资料的采购，现在则推广到服务及事务用品等的采购领域。

当今世界，网络、通信和信息技术快速发展，因特网在全球迅速普及，使得现代商业具有不断增长的供货能力、不断增长的客户需求和不断增长的全球竞争三大特征。这一切将给企业传统购销活动带来重大冲击和挑战，进而引发企业购销模式的剧烈变革，电子采购这一新的采购方式应运而生。

在国外，电子采购已经引起了企业界的足够重视，实施电子采购成为建立企业竞争优势不可或缺的手段。电子采购的发展对全球经济的影响巨大。美国三大汽车厂商通用、福特、克莱斯勒合作，运营B2B网上采购的商务网站。该网站面向所有汽车零配件供应商，它的网上交易额估计将达到6 000亿美元以上。列美国零售业第二位的西尔斯（Sears）和欧洲第一位的家乐福联合成立B2B网上采购公司，共同在全球采购连锁经营商品，目的是降低企业的采购成本，预计网上交易金额将超过3 000亿美元。那么，电子采购究竟有什么优势呢？如何实施呢？

11.1 电子采购概述

11.1.1 电子采购的含义及优势

1）电子采购的含义

所谓电子采购，就是用计算机系统代替传统的文书系统，通过网络支持完成采购工作的一种业务处理方式，也称为网上采购。它的基本特点是在网上寻找供应商和商品、网上洽谈贸易、网上订货甚至在网上支付货款。电子采购具有费用低、效率高、速度快、业务操作简单、对外联系范围宽广等特点，因而成为当前最具发展潜力的企业管理工具之一。

电子采购最先兴起于美国，它的最初形式是一对一的电子数据交换系统，即EDI。这种连接自己和供应商的电子商务系统的确大幅度地提高了采购的效率，但早期的解决方案价格昂贵，耗费庞大，且由于封闭性其仅能为一个买家服务，令中小供应商和买家却步。近年来，全方位综合电子采购平台出现，并广泛地连接了买卖双方，提供电子采购服务。

2）传统采购模式的问题和电子采购的优势

（1）传统采购模式的问题

为了能够在今天竞争越来越激烈的商业环境里生存，企业必须在生产管理中降低成本，提高生产率，并以一种更具有战略性的方式进行经营。虽然许多企业已经实现了办公自动化，但是大部分企业在采购领域仍然实行手工操作，如以电话、传真、直接见面等方式进行信息交流。传统采购常常为以下问题所困扰：

①低效率的商品选择过程。采购中，商品以及供应商的选择是一项费时费力的事情，采购人员需要到众多供应商的产品目录里查询产品及其定价信息。由于信息来源的多样性，如报纸、电视、熟人介绍等，搜集、过滤信息一般要花费较长时间，而且可能还要消耗不少的人力、物力。

②费时的手工订货操作。商品和供应商确定后，企业还要安排订货。以手工方式和纸面文件为基础的订货过程有时需要与供应商多次见面，以及多次传真、电话联系，才能正式下订单，而且下订单后很可能还需要监督订单的执行过程。

③不规则采购，易产生腐败现象。在一些企业，由于购买性资金使用不透明、不公开，随意性强，在采购过程中，往往是个人因素起决定作用，因此容易发生相互利用、权钱交易的情况。有些不按照正常的采购程序采购，如没有合同的非授权采购，使采购企业无法获得其采购合同谈判所带来的好处等。这些都给企业带来了经济上的损失。

④昂贵的存货成本和采购成本。由于采购过程的低效和费时，企业尤其是大企业常常大量采购，以应付未来之需。这样，很多企业需要一定的费用支持存货，而实际上，这些

存货很可能在几个月后才能派上用场。此外，由于采购人员对供应商的比选不充分，采购商品和服务的价格很可能较高，使得采购商品和服务成本超出预计。

⑤冗长的采购周期。采购过程中复杂的手工审批、评标过程，导致了过长的采购和订货周期，削弱了企业在这个"时间就是金钱"的商业社会中的竞争优势。

⑥复杂的采购管理。在传统的采购模式下，一般企业都会建立一套分级采购审批程序，以防止采购费用的过度支出及滥用职权，这种审批程序为本来就低效和费时的采购又加上了新的枷锁。

⑦难以实现采购的战略性管理。采购作为企业整体运行的一部分，需要纳入企业的整体战略管理，但是由于采购的数据搜集和处理费时，采购战略难以实现。

从整体上看，传统的采购模式还将面对中间商过多的问题。这增加了商品的流通费用，进而使贸易成本上升，损害了最终消费者和采购人的利益。

（2）电子采购的优点

电子采购将从根本上改变商务活动的模式。它不仅将间接商品和服务采购过程自动化，极大地提高了效益，降低了采购成本，而且使企业在一定程度上避免因信息不对称而引起的资源浪费，有利于社会资源的有效配置，便于企业以更具有战略性的眼光进行采购。电子采购给企业带来的好处（对购买方而言）包括以下几个方面：

①节省采购时间，提高采购效益

企业实施电子采购是提高效率最直接、最易于实现的手段。计算机代替手工，减少了简单劳动的工作量，提高了速度。自动化系统替代了订单登记员、应付账部门等人员阅读、输入数据、计算、统计等人工劳动，消除了邮寄或其他形式文件传递的时间，提高了效率。电子采购实现了采购信息的数字化、电子化、数据传送自动化，减少了人工重复录入工作量，使人工失误的可能性降到最低限度。电子采购实施过程中的流程再造，简化了业务流程。以东风集团公司为例，以前需要5个计划员做半个月的工作，应用电子采购供应系统后只需要2天，并且降低了错误率，减少了损失。

②采购成本显著降低

电子采购由于建立了用户和商家直接进行沟通和比选的平台，减少了中间环节，节省了时间，从而使采购成本明显降低。大量数据表明，电子采购迅速为企业带来了巨大的成本节约。东风集团物资供应公司应用电子采购供应系统后，减少了库存，减少了资金占用，通过自动比价系统，2000年度比财务部门原来的计划节约采购成本2.23亿元。

③优化了采购及供应链管理

电子采购管理提供了有效的监控手段。很多大型企业和企业集团都会面临这样的矛盾：由于企业规模大，部门多，采购物资种类庞杂，需求不定，严格监控必然导致效率低下；反之，则管理混乱。电子采购在提高效率的同时，使各部门甚至个人的任何采购活动都在实时监控之下，有效堵住了管理漏洞，减少了采购的随意性，变事后控制为过程控制，同时提高了企业供应链管理水平。由于电子采购的计划性加强，周期缩短，货物能够根据计划时间更准确地到达现场，实现零库存生产。

④加强了对供应商的评价管理

电子采购扩大了供应商资源。采购信息的公开化，能够吸引更多的供应商。供应商静态数据库的建立为企业采购提供了方便的查询手段，帮助企业及时准确地掌握供应商的变化，同时也为供应商选择提供了决策支持。

⑤增强了服务意识，提高了服务质量

质量可靠的原材料、零部件是企业产品质量的基本保证。由于电子采购杜绝人情、关系、回扣等因素的影响，因此促进了供应商的公平竞争。对供应商管理的完善也促使供应商重视质量和服务管理，以免在客户的供应商档案管理里留下不好的记录。企业通过互联网建立与供应商的直接联系，减少了对中间商的依赖。

⑥增加交易的透明度，减少"暗箱操作"

电子采购为采购管理提供了有效的控制手段，实现了公开、公平、公正的规范化采购。通过公平竞争，可以形成市场良性循环，带来的影响往往是连带性的和多方面的。

3）电子采购的程序

一个典型的电子采购程序包含以下几个步骤：提交、分析并确定采购需求；选择供应商；确定合适的价格；签署采购合同；跟踪交货过程，确保交货；货物入库；付款。下面简单对其中几个步骤加以解释：

（1）提交采购需求

最终用户通过填写在线表格提出采购物料的要求。对于经常采购的商品，可以建立一个特别的目录供用户选择，以方便最终用户提出采购申请。

（2）确定采购需求

根据企业预先规定的采购流程，采购申请被一次性自动地传送给各个负责人请求批准。

（3）选择供应商

一旦采购申请得到认可，采购人员可以按不同情况采取两种方式：若所需采购的物料已有了合同供应商，则该申请转化成订单自动发送给供应商；若所需采购的物料没有固定的供应商，采购人员需通过该企业的采购网站或在因特网上寻找供应商，这种方法比通过行业杂志寻找或等着推销员上门推销要快捷、高效。采购人员不仅能从网上得到供应商的价格和数量信息，还可以得到采购决策所需的数量、价格和功能要求等信息，并且可以在采购系统生成的供应商比较报告的辅助下进行决策。

（4）下订单

在确定了供应商之后，订单会通过电子邮件等方式传送给供应商。

（5）订单跟踪

有些信息系统较为完善的供应商会反馈给采购方一个订单号，采购人员可以通过订单号追踪订单的执行情况直至交货。

（6）电子支付

如果连接了银行系统，则可进行电子支付，完成采购全过程。

11.1.2
电子采购的模式

基于网络的采购有以下几种主要的模式，不同的公司可根据自己特定的市场环境选择不同的模式。

1）卖方一对多模式

卖方一对多模式是指供应商在互联网上发布其产品的在线目录，采购方则通过浏览来取得所需的商品信息，以作出采购决策，并下订单。卖方一对多模式如图11-1所示。

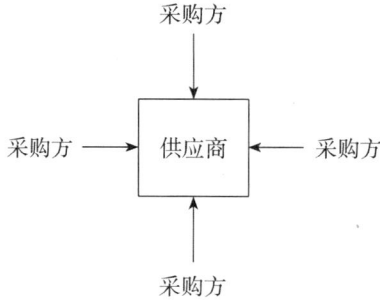

图11-1　卖方一对多模式

在卖方一对多模式中，作为卖方的某个供应商为增加市场份额，开发了自己的因特网网站，允许大量的买方企业浏览和采购自己的在线产品。买方登录卖方系统通常是免费的。这种模式的例子有商店或购物中心。

对买方企业而言，这种模式的优点在于容易访问，并且不需要任何投资；缺点是难以跟踪和控制采购开支。它们仍然不得不寻找供应商的网站，登录之后，通过目录网络手工输入订单。每个购买者每次都必须输入所有相关的扼要信息：公司名称、通信地址、电话号码、账户等。很明显，对于拥有几百个供应商的公司，就要访问几百个网站，不停地重复输入信息，然后更新自己内部的ERP系统。

随着电子市场的普及，这种模式采用了新的以XML为基础的标准，使购买者的ERP系统接受简单的文件形式（如采购订单、收据）成为可能。同时，因为采购程序包括其他许多相互作用的形式（如折扣、合同术语、买者、运输和接货安排），能够获得更高水平的相互操作能力，达成更加一致的信息交流议定书标准。

这种模式可能产生的问题是：虽然因特网采购形式和雇员采购ORM材料变得简单易行，但这种采购方式容易导致滥用权力，如职员可能绕过公司采购政策随意从在线供应商那里采购。

2）买方一对多模式

买方一对多模式是指采购方在互联网上发布所需采购产品的信息，供应商在采购方的网站上登录自己的产品信息，供采购方评估，并通过采购方网站双方进行进一步的信息沟通，完成采购业务的全过程，如图11-2所示。

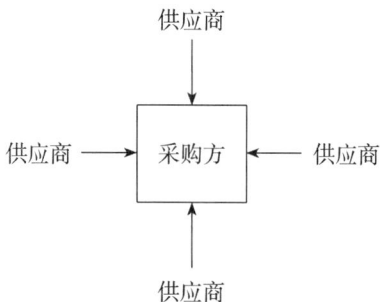

图11-2　买方一对多模式

与卖方一对多模式不同，买方一对多模式中采购方承担了建立、维护和更新产品目录的工作。虽然这样花费较多，但采购方可以更好地控制整个采购流程。它可以限定目录中所需产品的种类和规格，甚至可以给不同的员工在采购不同产品时设定采购权限和数量限制。另外，员工只需通过一个界面就能了解到所有可能的供应商的产品信息，并能方便地进行对比和分析。同时，由于供求双方是通过采购方的网站进行文档传递，因此采购网站与采购方信息系统之间的无缝连接将使这些文档流畅地被后台系统识别并处理。

但是，在买方一对多模式中，买方需要大量的资金投入和系统维护成本，并且需要大量买卖之间的谈判和合作，这是因为买方实际上已经负责维护当前产品的可获得性、递送周期和价格说明。

买方一对多模式适合大企业的直接物料采购，其原因如下：首先，大企业内一般已运行着成熟可靠的企业信息管理系统，因此与此相适应的电子采购系统应该与现有的信息系统有着很好的集成性，保持信息流的通畅。其次，大企业往往处于所在供应链的核心地位，只有几家固定的供应商，且大企业的采购量占了供应商生产量的大部分，因此双方的关系十分密切，有助于保持紧密的合作关系。最后，大企业也有足够的能力负担建立、维护和更新产品目录的工作。

3）第三方系统门户

门户（Portals）是描述在Internet形成的各种市场的术语。独立门户网站是通过一个单一的整合点，多个买方和卖方能够相遇，并进行各种商业交易的网站站点，它将成为IT业和信息经济发展中最具影响力的事物之一，其结构如图11-3所示。门户网站模式是因特网上全世界范围内任何人都可进入的单个网站站点，它允许任何人参与或登录并进行商业交易，但是要交一定的费用，按交易税金或交易费的百分比来计算。门户网站上的主要内容有查看目录、下订单（在线拍卖的情况下称为竞标）、循序交货、支付等。

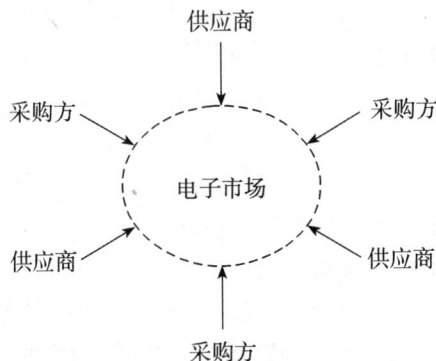

图11-3 第三方系统门户

为了改进市场中买卖交易的效率，在Internet上有两类基本门户：

（1）垂直门户

垂直门户（Vertical Portals）是经营专门产品的市场，如钢材、化工、能源等，它通常由一个或多个本领域内的领导型企业发起或支持。

化工行业是在线市场发展的早期领导者。它与其他行业相比有一个明显的优势：化工产品绝大部分都符合国际标准，如商标名称、质量、内容和数量，因而可以更容易地采用在线交易。另外，一些急需发展电子市场的行业，有汽车、能源、高科技制造和电子行业、信息技术、出版、冶金、航天、金融服务、卫生保健服务等。

在高科技制造业中，由12个主要行业领导者（包括惠普、康柏、NEC、网关、日立、三星和其他公司）组成的集团，已经实行合作，形成一个电子交易门户，该门户将关注预计价值为6 000亿美元的高科技零部件市场，并将提供开放的资源、拍卖、供应计划和物流支持。

垂直门户交易市场有一个明显的优势：买方或卖方（生产商）自己作为发起资助人，都倾向于从供应商向其行业的高效供应中获得巨额收益。

（2）水平门户

水平门户（Horizontal Portals）集中了种类繁多的产品，其主要经营领域包括维修和生产用的零配件、办公用品、家具、旅行服务、物业帮助等，如 Ariba、Commerce One 和 Free Markets 等 B2B 网络采购市场都是水平门户。

水平门户一般由电子采购软件集团或这些间接商品和服务供应领域内的领导者发起资助。

这种类型的交易中心通常是通过向每份交易收取1%~15%的交易费来获得收入的，具体比例的大小依赖于交易量和交易商品的种类。即使这样，电子交易的成本还是比通过传统销售渠道交易的成本低。

4）企业私用交易平台

企业私用交易平台类似电子数据交换（EDI）系统，EDI 系统是大型企业长期以来使用的主机式应用程序，以电子方式交换订单、库存报表与其他资料。企业私用交易平台和 EDI 网络类似，能减少沟通的时间与成本，使合作厂商以标准格式，实时分享文件、图表、电子表格与产品设计。同时，企业私用交易平台还能实现国际网络平台的功能与 EDI 系统的安全性的结合。

和开放式 B2B（由第三方策划）以及企业联盟（由买方、供应商或两者共同拥有）不同，企业私用交易平台能让积极参与者掌控大权——这样的安排能使企业将工作重点放在流程而非价格上。由于企业私用交易平台架构中的供应商仅包括受邀访客和网站站主，这就意味着买方可以选择交易对象，甚至可能已于网络外完成商谈。

5）反向拍卖

一般的，网上拍卖网站通常会提供两种拍卖方式：一般拍卖方式和集体议价方式。有的拍卖网站还提供另一种拍卖方式：反向拍卖。一般拍卖指的是供应商提供商品参加拍卖，购买方进行竞价购得商品，此时一般采用加价式竞价来决定最终购买方和购买价格。

反向拍卖指的是购买方到网站登记需求进行拍卖，而供应商进行竞价来争取订单。这时，一般会采用减价式竞价来决定最终供应商和价格。

网上拍卖有以下两个主要优点：

（1）提高速度。对于经历招投标这一烦琐过程的人来说，在线方法的价值就很明显：不再需要花费几个月来接收和核定供应商的答复，整个流程一个多小时就可以完成。

（2）节约成本。对于购买者来说，在线反向拍卖的方法避免了与成千上万家小公司打交道的管理成本。同时，拍卖的方式也促使商品价格大幅下降。

当然，反向拍卖也有其缺点：

（1）过分关注价格，忽视与供应商的关系。拍卖的透明、公开的特性以及只关注于价格的短期行为，很难保证所采购的商品具有竞争优势，供应商也很难与买方维持任何亲密关系。

（2）预测的困难。采用在线反向拍卖这种形式，需求方很难预测最终价格，每天都可能产生一个完全不同的竞标价格。

网上拍卖通常适用的是间接商品，有时也会用于直接原材料。这种实时竞标的形式最适合于批量大的普通商品，由于批量大，因此在价格上的一点点差别也会积累成一个可观的数目。

11.1.3

电子采购的方式

电子采购最基本的方式，一是网上查询采购，二是网上招标采购。

网上查询采购就是采购者上网，查找供应商和商品，进行商品考察，与供应商联系洽谈、签订合同，然后实施合同而完成采购的一种采购方式。

网上招标采购就是采购者建立网站，或者租用别的网站，发布采购公告，招徕各地的供应商投标，然后对各个投标的供应商进行竞标选择，确定最后的供应商，签订采购合同，最后采购合同实施而完成购买的采购方式。

这两种采购方式，前者简单方便、成本低、时间短、效率高、采购量小，适合于绝大多数消费者个人以及一些企业对于通常用品的采购，例如在网上超市，网上书店，网上节日用品商店，软件、娱乐、书刊等数字物品商店等的采购；后者比较正规复杂、成本高、采购慢、时间长，但是采购量大、持续供应时间长，对产品和供应商要求高，一般适用于企业和政府对大批量用品的采购。

1）网上查询采购

网上查询采购是一种最常用的网上采购方式，其一般步骤如下：

（1）确定需求

首先要明确采购什么及采购要求，需要进行事先的计划，也可在浏览网站时无意中发现很喜欢的商品而临时决定购买。事先做好计划，便于有效地寻找供应商和商品。

（2）上网

网上查询采购可以没有自己的网站或网页，只要能上网即可。现在一般用浏览器登录Web网，打开浏览器，例如Microsoft Internet Explorer，输入想登录网站的网址即可登录。

（3）查询供应商

上网查询供应商的方式如下：

①如果已经知道供应商的网站地址（网址），则只要打开浏览器，输入供应商的网址，就可以直接登录到供应商的网站上。

②如果不知道供应商的网站，或者虽然知道一些供应商，但是还想查询更多的供应商，则这时可以采用搜索方式查询。查询新的供应商的方式有：

A.通过一些搜索网站查询。登录一些知名的搜索网站，如网易（163.com）、搜狐（sohu.com）、百度（baidu.com）、谷歌（google.com）、新浪（sina.com）等，在其网站搜索框中填写你所需要采购的产品名或产品大类名，点击"搜索"，就可以显示多个网站及其简介，从中查询供应商的网站。

B.通过浏览器搜索菜单查询。如果你已经通过 Microsoft Internet Explorer 进入了一个网站，例如你自己的网站，就可以点击浏览器菜单上的"搜索"菜单，再输入产品名或产品大类名，也会显示多个网站及其简介。

C.通过浏览器网址框查询。如果你已经通过 Microsoft Internet Explorer 进入了一个网站，则直接在其网址框中输入产品名或产品大类名，将会显示多个网站及其简介。

D.通过网站导航查询。在一些网站，特别是行业性网站，常常有"网站导航"，其中会链接一些供应商的网站，点击就可进入供应商的网站。

（4）查询商品、调查供应商

登录到供应商的网站以后，首先看有没有所需要的商品。要查看商品说明、性能、价格等，作初步调查。如果商品不合适，就另找供应商；如果有合适的商品，就要深入调查一下这个供应商，查看企业介绍、企业业绩等情况。如果对企业不满意，也需另找供应商；如果认为企业比较满意，就可初步选定供应商及商品。

（5）与选定的供应商接洽，进行采购谈判

可以通过网站上的用户服务窗口与供应商对话，或者发电子邮件，或者配合打电话，与供应商就采购有关问题进行沟通，根据洽谈的结果决定是否采购。

（6）签订合同

通过谈判，最后达成协议，若决定采购，就要签订采购合同；或者直接点击供应商网站上的"购买"框，就可进入购买实施阶段。

（7）采购实施

签订了合同，或者点击了"购买"之后，就进入购买实施阶段。

购买实施，一个是商品配送，另一个是支付货款。可以在网上支付，也可以在货物送到手、验收合格之后，当面支付。

这样，就完成了一次网上查询采购的全过程。

2）网上招标采购

网上招标采购是通过发布采购公告，招徕供应商上门而选择供应商进行采购的一种方法，具体又可分为两种：一种是非正规招标；另一种是正规招标。

非正规招标并不是真正意义上的招标，它只是在自己的网页上发布采购物资的公告，吸引供应商上门，直接商谈采购事宜，没有投标竞标过程。实际操作与网上查询采购相似，与之不同的是由供应商查询找上门来商谈采购。

正规招标采购是采购商在自己的网站上或租用他人的网站发布招标采购公告，招徕供应商上门前来投标，通过竞标评标选择供应商而完成采购的购买方式。正规招标按招标范围又可以分为公开招标和选择招标两种方式。

公开招标是面向所有的供应商招标，招标书可以发给任何想来投标的供应商；选择招标是面向初步选定的若干供应商，招标书只发给指定的供应商。

网上招标采购的一般步骤如下：

（1）建立电子商务网站

建立企业内部网，建立起管理信息系统，实现业务数据的计算机管理。建立起企业的电子商务网站，在电子商务网站的功能中，应当有电子商务采购的功能。

（2）确定招标采购任务

利用电子商务网站和企业内部网络搜集企业内部各个单位的采购申请。对企业内部的采购申请进行统计分析，对需要进行招标采购的项目进行论证，形成招标采购任务。

（3）对网上招标采购任务进行策划和计划

①明确招标采购的任务、目的、必要性和可能性，并进行分析。

②确定招标采购程序、时间进度，确定招标方式，是采用选择招标还是公开招标。如果是选择招标，则要初步选定备选供应商名单。

③设计招标采购公告、采购招标书和采购合同。招标采购公告应简练明确，主要说明招标内容、投标方法、时间进度、公司名称与地址、联系方式等；采购招标书主要说明招标任务、内容和要求、招标程序、时间进度、投标书规范、投标者注意事项、采购合同样本以及评标原则、标准和定标方法等；采购合同设计主要是确定一个采购应达到的基本目标和基本条款，确定一个可以接受的浮动范围。

④确定评标小组、评价指标体系和评标方法。评标小组应当由一些采购方面、市场方面、管理方面和技术方面的专家组成，人数5~7人，成单数，以便进行表决。评价指标体系应当由评标小组集体讨论，兼顾采购方管理层的意见后最后确定。如果各个指标的重要性不一样，则每个指标还要分别设定权重。评标方法有两种：一是简单表决法；二是专家评分法。简单表决法是由评标小组各个评委分别阅读投标书，再结合听取供应商的答辩陈述之后，进行集体表决，票数多的为优；专家评分法是由评标小组各个评委分别阅读投标书，或者再集体听取供应商的答辩陈述，分别给每个指标评分，最后加权平均，得分最高的供应商为优。专家评标，可以各自隔离在网上评阅或集体隔离书面评阅。

（4）按既定的采购计划程序实施

①发布招标公告。对于公开招标方式，可以在自己的网站上发布，也可在一些知名网站上发布或链接，还可配合在一些媒体上发布以扩大宣传范围。如果是选择招标，则不发布招标公告，改向初步选定的供应商用快递方式投送招标邀请函。快递方式可留下投递责任人的签字，以便确认是否投递到位。

②投放招标书。公开投标方式中的招标公告发布以后，或者选择招标方式中初步选定的供应商收到招标邀请函以后，陆续会有投标的供应商来联系购买招标书。这时招标办公室应当审核确认，并在收取一定押金之后，给他们一个密码，让他们能够打开网站中存放的招标书文件，进行查阅或下载，通过这种方式把招标书投放到愿意投标的供应商手中。

③收集投标书。供应商阅读了招标书以后，根据招标书的要求编写自己的投标书。供应商的投标书应当在投标截止之日前投送到招标办公室。

④组织评标小组根据评价指标体系进行评标。

⑤公布评标结果。

⑥通知中标单位，订立采购合同。

⑦采购合同实施。采购活动的实施可以网上网下结合进行。网上搞信息联系，网下搞送货。网下进货程序和其他采购方式相同。

利用电子商务网站进行招标采购，其优点是显而易见的：

第一，能够在更大范围内选择供应商和产品，并且通过竞争进行筛选，所以能够找到最好的供应商、最理想的产品。

第二，遵照公开的程序和规则进行处理，对所有的供应商一视同仁，体现了公开、公平、公正的原则。

第三，借助互联网为买方和卖方提供了一个建立快速联系的环境条件，使信息沟通、采购操作快捷方便，降低了成本，提高了效率。

11.2
电子采购方案的实施

11.2.1
实施电子采购的技术支持

电子采购是集计算机技术、多媒体技术、数据库技术、网络技术、安全技术、密码技术、管理技术等多种技术于一体在电子商务中的应用，因此要实现电子采购必须依靠下列技术支持：

1）数据库技术

数据库的作用在于存储和管理各种数据，支持决策，在电子商务和信息系统中占有重要的地位，是实现电子采购必不可少的技术条件。数据库技术随着业务流程的变化而不断改进，从最初的手工管理发展到现在的数据仓库。数据仓库技术是因企业的需求和技术的成熟而产生的，它包括数据仓库技术、联机分析处理技术和数据挖掘技术。这些先进的数据仓库技术对提高整个信息系统的效率有很大的影响。大量的信息一般以数据的方式存储，各种数据的特点不同，被使用的情况不同。在电子采购中，存在供应商数据、采购物资数据、内部物资需求数据等，有效地组织好这些数据才能更好地支持采购决策的制定和实施。随着企业上网进行商务活动，Web数据库产生了，它结合了Web具有的数据量大、类型多的特点和成熟的数据库管理系统，前端是界面友好的Web浏览器，后台是成熟的数据库技术。

2）EDI技术

企业与企业之间的交易谈判、交易合同的传送、商品订货单的传送等都需要EDI技术。

EDI是指具有一定结构特征的数据信息在计算机应用系统之间进行的自动交换和处理，这些数据信息被称为电子单证。EDI的目的就是以电子单证代替纸质文件，进行电子贸易，从而在很大程度上提高商务交易的效率并降低费用。在EDI中，计算机系统是生成和处理电子单证的实体；通信网络是传输电子单证的载体；标准化则将生成的电子单证按规定格式进行转换以适应计算机应用系统之间的传输、识别和处理。

3）金融电子化技术

电子采购过程包括交易双方在网上进行货款支付和交易结算，金融电子化为企业之间进行网上交易提供保证。在全球供应链网络中，交易双方可能相隔很远，双方货款只有通过银行系统来结算，银行在企业间的交易中起着重要的作用，它们处理业务的效率将直接影响到企业的资金周转，构成影响供应链资金流动的因素之一。可见，银行是电子采购、电子商务必不可少的组成部分。

4）网络安全技术

企业上网采购，在进行合同签订、合同传递、订购款项支付等的过程中，网上信息是否可靠、真实，是企业十分关心的问题。安全问题极为重要，信息失真会给交易双方带来风险，甚至造成重大经济损失。

网络安全技术是实现电子商务系统的关键技术，其中包括防火墙技术、信息加密与解密技术、数字签名技术等。目前，一个安全的电子商务系统首先必须具有一个安全可靠的通信网络，以保证交易信息安全迅速地传递；其次必须保证数据库服务器的绝对安全，防止网络黑客闯入窃取信息。在基于网络的电子交易中，由于交易各方不进行面对面的接触且有时不使用现金支付，这就对电子交易的可靠性和安全性提出很高的要求。客户要求保证信息不被非法修改；保证只有其目标接受方才可能收到他发送的信息，而不被非法窃取；商户能够验证信息确实来自合法的客户，从而使对方对此信息的发送不能否认，双方均需对彼此合法身份进行验证。这就是网络安全四大要素：传输保密性、数据完整性、信息不可否认性、证明交易原始性。

5）计算机及网络技术

网上实现采购和企业内部与采购相关的信息传递、处理都离不开计算机。计算机硬件性能增强，提高了信息处理速度和准确性；软件功能的完善，不但大大方便了操作，也使其操作界面更加友善。

电子采购的网络基础包括局域网技术、广域网互联、接入技术和网络通信协议。在局域网方面，一般参考和引用ISO/OSI模型，结合本身特点制定自己的具体模式和标准。

广域网互联是把跨地区、跨国的计算机和局域网连接起来，所涉及的技术有ISDN、宽带、ATM等。ISDN是一种公用电信网络，与使用Modem设备接入相比，其传输速率具有无法比拟的优势，ISDN传输速率高达数百Kbps，甚至数百Mbps。随着宽带网技术的成熟，提供的网络带宽不断增加，数据传输的瓶颈问题逐步得到解决。

接入技术是负责将用户的局域网或计算机与公用网络连接在一起，对于企业来说就是企业的内部局域网同Internet连接。它要求有高的传输效率，随时可以接通或迅速接通，且价格便宜。目前，比较现实的技术有电缆Modem和ADSL Modem，为企业实现接入创造条件。

11.2.2
实施电子采购的步骤

有的企业可能认为目前自己的信息化程度低，怀疑可不可以做电子采购。这个问题有三个不同层次的答案。因为电子采购可以是一个独立的系统，企业可以没有ERP（企业资源计划）的基础，没有SCM（供应链管理），甚至最起码的OA（办公自动化）都没有，但企业只要可以上网就行。另外，一些大型企业集团可以建立一个完整的采购平台，将整个采购业务流程纳入其中。当然，国内几家大的行业巨头也可以联合起来建一个更大的联合采购平台，为所有制造商和供应商提供门户功能、目录管理功能、交易功能、协作功能以及诸多的增值服务，以实现更大范围的利益共享。

企业实施电子采购的步骤一般可以从以下几方面考虑：

1）提供培训

很多企业只在系统开发完成之后才对使用者进行应用技术培训，但是国外优秀企业和国内一些成功企业的做法表明，事先对所有使用者提供充分的培训是电子采购成功的一个关键因素。培训内容不仅包括技能方面的知识，更重要的是让员工了解将在什么地方进行制度革新，以便将一种积极的、支持性的态度灌输给员工。这将有助于减少未来项目进展中的阻力。

2）建立数据源

建立数据源是为了在互联网上实现采购和供应管理功能而积累数据。其内容主要包括：供应商目录、供应商的原料和产品信息、各种文档样本、与采购相关的其他网站、可检索的数据库、搜索工具。

3）成立正式的项目小组

项目小组需要由高层管理者直接领导，其成员应当包括项目实施的整个进程所涉及的各个部门的人员，包括信息技术、采购、仓储、生产、计划等部门，甚至包括互联网服务提供商（ISP）、应用服务提供商（ASP）、供应商等外部组织的成员。每个成员对方案选择、风险、成本、程序安装和监督程序运行的职责分配等进行充分交流和讨论，以取得共识。实践证明，事先做好组织上的准备是保证电子采购顺利进行的前提。

4）广泛调研，收集意见

为做好电子采购系统，应广泛听取各方面的意见，包括有技术特长的人员、管理人员、软件供应商等，同时要借鉴其他企业行之有效的做法，在统一意见的基础上，制订和完善有关的技术方案。

5）建立企业电子采购网站

在企业的电子采购系统网站中，设置电子采购功能板块，使整个采购过程中管理层、相关部门、供应商及其他相关内外部人员始终保持动态的实时联系。网站所包括的内容如表11-1所示。

表11-1　　　　　　　　　　　**企业电子采购网站包括的内容**

提供给供应商的内容	只有内部人员可以访问的内容
• 网站任务阐述	• 内部政策和程序
• 公司或者组织的地址与目录	• 与内部目录和供应商目录的链接
• 供应商信息及注册过程	• 完整的合同
• 供应商政策	• 采购申请信息和工具
• 标准形式的文档，如报价单	• 与其他采购工具和网站的链接
• 如何实现购买的帮助信息	• 内外部以纸为媒介的文档（以便于快速更新）
• 采购信息链接	

6）应用之前测试所有功能模块

在电子采购系统正式应用之前，必须对所有的功能模块进行测试，因为任何一个功能模块存在问题，都会对整个系统的运行产生很大的影响。

7）培训使用者

对电子采购系统的实际操作人员进行培训也是十分必要的，这样才能确保电子采购系统得以很好地实施。

8）网站发布

利用电子商务网站和企业内部网收集企业内部各个单位的采购申请。对这些申请进行统计整理，形成采购招标计划，并在网上进行发布。

小资料

某电子采购管理系统简介

一、基本配置

1）系统管理

系统管理员对注册企业采购员、审批人、财务人员等的信息进行维护。

2）会员注册

会员分类：管理员、采购员、审批人。

会员权限：

（1）管理员：负责企业注册，采购员、审批人注册和授权，以及企业、会员信息维护。

（2）采购员：进行产品销售、产品采购、产品信息管理实际操作。

（3）审批人：进行产品销售订单/合同、产品采购订单/合同的审批。

3）会员供应商管理

（1）会员资料维护、查询、统计分析。

（2）会员邮件列表管理、交易历史记录管理。

（3）会员分级管理（如A/B/C级），不同级别的会员享有不同的权利和义务。

（4）会员级别评估：根据会员的交易履约情况和产品质量等，评估会员的信誉和等级，或取消资格。

4）产品管理

产品发布：允许供应商按照产品目录分类发布自己的产品信息，包括文字说明和图片。

产品维护：可以基于权限维护、修改自己的产品信息。

5）价格管理

供应商可以管理自己的价格，定义自己的价格批量折扣政策。

6）协议采购

对已经有采购协议的产品直接下订单，以订单的方式进行采购。

7）订单/合同查询

采购员、审批员可以根据权限查询历史订单以及目前的订单状态。

8）订单/合同跟踪

跟踪订单/合同的执行进展状态，随时提醒相关工作人员审批、付款、接货、验收及更改库存等，实现在途管理。

9）邮件通知系统

通过邮件自动通知采购过程中各个步骤的消息、提示等，同时可对邮件内容模板进行管理。

10）服务

这部分包括系统安装调试使用和操作培训。

二、可选配置

1）采购目录管理

（1）目录定义：对采购物品的目录进行设置。

（2）目录维护：包括增加、删除和修改。

2）采购计划管理

（1）计划录入：将采购计划录入备查。

（2）计划调整：根据实际的市场情况和生产要求进行计划的调整。

（3）执行跟踪：根据采购的进展跟踪计划的实施状况。

（4）业务安排和提醒。

（5）计划查询：查询采购计划，参考其进行审批决策。

3）询价采购

对认为合格的产品和供应商直接进行询价，并通过网上议价和比价的方式最终确定采购意向，完成合同的谈判和签订。

4）在线审批

审批人对采购员提交的订单/合同进行在线审批。

5）库存管理

（1）库存自动更新：根据生效的采购订单/合同自动新建/更改库存。

（2）库存日常管理：对库存进行出库核减、修改、删除等管理。

（3）库存查询：用户可基于权限查询库存。

（4）库存统计：分类统计、汇总库存信息。

6）订单/合同模板定制

针对不同的供应商，选择或定制不同的模板。

7）采购统计分析

可以自动生成采购日报、周报、月报、季报、年报，价格走势分析、品种分析、采购纵横比等，并供查阅和定制发送。

8）在线签约

采购方和供货方可以在线签订合同。

9）在线支付

与银行支付接口连通，实现在线支付。

10）其他

系统首页形象设计、帮助、导航等文档个性化定制。

◆ 小结和学习重点与难点

本章系统介绍了电子采购的含义和优势，重点介绍了电子采购的几种不同模式、电子采购的实施步骤，说明了电子采购的未来发展。

　　电子采购就是用计算机系统代替传统的文书系统，通过网络支持完成采购工作的一种业务处理方式，也被称为网上采购。它的基本特点是在网上寻找供应商和商品、网上洽谈贸易、网上订货甚至在网上支付货款。

　　基于网络的采购有卖方一对多模式、买方一对多模式、第三方系统门户等。

　　卖方一对多模式是指供应商在互联网上发布其产品的在线目录，采购方则通过浏览来取得所需的商品信息，以作出采购决策，并下订单。

　　买方一对多模式是指采购方在互联网上发布所需采购产品的信息，供应商在采购方的网站上登录自己的产品信息，供采购方评估，并通过采购方网站双方进行进一步的信息沟通，完成采购业务的全过程。

　　电子采购最基本的方式，一是网上查询采购，二是网上招标采购。网上查询采购就是采购者上网，查找供应商和商品，进行商品考察，与供应商联系洽谈、签订合同，然后实施合同而完成采购的一种采购方式。网上招标采购就是采购者建立网站，或者租用别的网站，发布采购公告，招徕各地的供应商投标，然后对各个投标的供应商进行竞标选择，确定最后的供应商，签订采购合同，最后实施采购合同而完成购买的一种采购方式。

　　电子采购是集计算机技术、多媒体技术、数据库技术、网络技术、安全技术、密码技术、管理技术等多种技术于一体在电子商务中的应用。

　　本章的学习重点是电子采购的模式。

　　本章的学习难点是实施电子采购的技术支持。

◆ 前沿问题

电子采购的未来

1）XML标准的引入

　　XML（可扩展标记语言）是商业数据互换标准，它本身不是一种语言，而是一种语言标准，它提供了一种灵活又不太昂贵的方法来开发普通数据格式。与EDI相比，XML的适用范围更广，适用于所有商务。

　　XML的发展将为交互系统连通性标准的建立提供依据。通过利用XML和其衍生物，即使是小供应商也可以通过因特网直接、低廉、安全地与任一购买者交换他们的目录、合同条款和发票，这在许多方面都将改变商业信息交换的性质。因此，XML标准的引入，将大大加快电子采购业务的发展。

2）直接采购与间接采购的发展

　　间接材料和直接材料采购方法需要不断变化，它们的发展趋势是应该把重点放在现货市场和买卖双方关系上，这也成为间接材料和比较简单的MRO材料的采购准则。一些间接材料的采购可以通过建立交易目录很好地解决，而另一些MRO零件和至关重要的直接材料则需要一套十分完备的程序、工具和供应商来进行处理。大部分直接材料可以从现货市场一次性采购，但是许多复杂的、高度专业化的生产部件仍然需要更加人性化的买卖双方关系。

3）电子市场垂直层面的联合

　　在每个垂直市场上，电子采购平台都要保持自己的特色，只有那些能提供完备功能和值得信任的服务的站点才能生存下来。这些站点不可避免地面临着优胜劣汰的竞争，它们要么变得功能更加强大，要么就销声匿迹了。

生存下来的电子采购系统需要提供供应链管理专业知识，以便与简单的采购工具形成鲜明对比。这些电子市场（通过伙伴关系联合、兼并、XML相互操作能力标准的整合）越来越可能承担管理保险、法律、支付，甚至物流和CRM的大部分责任。

4）解决方案的统一

尽管以企业为基础的软件平台和"一对多"模型可能是直接材料主要可供选择的解决方案，不过，大多数ORM和一些MRO物料企业也许更喜欢通过电子市场进行采购，但是客户并不希望拥有两套相互分离的系统，因此，这两种途径将会走向合并。客户也正在寻找这样一个能处理所有与采购相关的活动的系统，提供一个进入电子市场的途径，并提供一个能够维护与供应商之间稳定的伙伴关系的软件平台。

除在直接采购和间接采购方法上的统一外，市场还迫切需要一个软件平台，该软件平台应该是一个囊括直接和间接材料的系统。它关注企业内部的电子市场，能实现整个采购链条的自动化，并在订单履行、支付、收货和存货补充之间提供一个天衣无缝的连接。但是，目前没有供应商能够提供这种水平的服务。

5）供应商的合理化

网上反向拍卖是把所有的材料都看作商品，通过竞争使其价格下降。这说明供应商越多，竞争越激烈，购买者获得较低价格的可能性就越大。这时供应商就不再是真正的合作伙伴，而公司的战略资源计划需要最优秀、最值得信任的供应商的团结和支持，成功的战略资源计划的基础是限制供应商的数量。因此，不同的企业要根据自己的供应特点对不同材料的供应商进行合理规划。

6）采购平台的改变

在采购平台方面，ERP、供应链管理系统、APS系统和内部电子采购等系统将会很快代替以人力、纸张、电话、传真为基础的采购业务活动，解放出大量的采购人员。当然这有赖于公司规模的大小。对那些没有进行直接材料采购的公司来说，在整个流程实现自动化以后，采购部门可能会完全消失，而只保留一两个专业的人员来处理系统问题和意外情况。对于直接经营商品的制造和销售公司来说，更有可能的是采购人员会真正成为商业谈判家和专家，寻找优质的服务和商品。

（资料来源 佚名. 电子采购在企业中的应用研究［EB/OL］.［2012-01-11］. http：//www.docin.com/p-324073963.html.）

◆ 案例探讨1

敬业集团的电子采购

2010年9月6日，中国500强企业之一的河北敬业集团迎来了一次重要的转变。在这一天，敬业集团期盼久已的电子采购网上招标系统正式上线。自此，敬业集团采购管理变革正式拉开序幕。

河北敬业集团是一家以钢铁为主业，兼营化工、酒店的大型集团。2010年集团实现销售收入344亿元，在中国500强企业名列218位，河北百强企业排第6名。近年来，敬业集团转变发展观念，不断淘汰落后装备和工艺，其生产能力获得极大的提升。然而随着集团的高速发展，需要采购的物资数量和种类越来越多，采购部门越来越跟不上生产部门的步伐。因而，当采购管理的要求变得越来越高时，当传统的手工采购已不能满足集团的发展需求时，这就需要一场变革、一个更适合企业发展的采购方式，来解决企业当前所面临的"危机"。如何解决采购管理中存在的"危机"？如何突破传统采购的局限？如何让自己与市场快速接轨？通过深入调研，敬业集团决定采用电子采购系统来解决在当前的采购管理中遇到的采购成本高、效率低等难题。在对国内、国外众多电子采购管理软件服务商进行比较之后，敬业集团选中了电子采购软件服务商中的领先者——网达信联"一采通"，实现了从传统采购向电子采购的转变。

敬业集团电子采购系统的最大特色在于实现了采购从工具应用到流程化管理的飞跃。"一采通"根据敬业的特点和需求建立了一个长远、科学、规范的采购管理体系，使敬业能快速地在更大范围内选择产品及供应商，能够规范审核流程、规范开标，降低了采购成本、给采购人员提供采购工具、谈判依据、加快采购速度、加强采购管理。

规范了采购计划。采购计划是招标项目的源头，计划信息的准确性、完整性、及时性、有效性是招标项目成功的重要保证。原有手工进行采购计划提报和收集有着标准不统一、不及时的缺点。"一采通"电子采购系统规范了采购的时间、流程，规范招标物资采购计划的准确性，通过"一采通"能够吸引更多的优秀供应商参与敬业招投标、询比价、竞价等采购活动。

增加了透明度，实现了透明化管理。"一采通"为招标、开标工作人员提供一个招标谈判定价管理平台，招标过程、开标环节、谈判过程等都能实现实时监控，使采购更透明、更规范，实现采购过程的公开、公平、公正，杜绝采购过程中的腐败。

提供有价值的数据分析。传统的采购中，由于缺乏信息，采购很有可能变成一种盲目的行为。而"一采通"电子采购系统可以实现电子化审核招投标采购活动，提供更加翔实的审核资料。并可以向公司管理层提供有价值的数据分析，为决策提供更多、更准确、更及时的信息，辅助领导进行决策。

除此之外，"一采通"还为敬业集团建立了一个优胜劣汰的进出机制，敬业集团工作人员表示，通过对供应商注册、准入、资质文件、合同执行等方面来考评供应商的综合服务水平，能够选出更为合适的供应商，极大提高了采购的质量和品质。

数据显示，截至2011年3月底，电子采购系统已经累计注册审核供应商1 000家，完成采购金额近亿万元，节支（创效）率达20%。采购与销售，已经成为现代企业利润的主要两大来源，每节约采购成本5%，相当于企业利润增长10%至20%。电子采购系统极大地降低了企业采购的日常成本，"一采通"的客户在使用电子采购系统后，其过程成本降低了70%以上，对于所采购商品及服务的成本来说，不仅通过"一采通"电子采购系统使商品价格下降了10%至20%，而且企业实施电子采购的真正价值（总节约成本的70%）来自通过降低交易过程成本实现的节约！通过数字化与流程化采购过程、减少循环时间，消减不必要的人工介入所带来的潜在成本节约更为重要。

正如敬业集团电子采购系统的运营一样，建立科学的企业电子采购系统，意味着企业有更大的机会，获取更多的利润，并将帮助企业在国际化竞争环境中具备更强、更高效的竞争实力！

（资料来源　佚名．"一采通"助力敬业集团，变革采购管理［EB/OL］．［2011-03-29］．http：//news.xinhuanet.com/tech/2011-03-29/c_121245092.htm.）

思考题：

试分析说明敬业集团实现了怎样的采购管理变革。

◆ 案例探讨 2

华能国际的电子采购平台

作为大型的发电集团的华能，包括数十家电厂，每年的物资采购规模巨大，但是，华能很难将整个集团的规模优势充分发挥出来，集团内各电厂间也很难进行有效的物资调剂和协同储备。导致这种问题的一个主要原因就是集团和下属电厂以及集团内各电厂间的采购和库存信息沟通不顺畅，集团无法及时汇总下属电厂的采购需求信息，以便对通用型的物资通过集中采购降低采购成本，而各电厂间也缺乏有效的信息协作平台，以有效沟通各自的库存储备信息，以便进行物资的有效调剂。"华能集团官方电子商务平台"于 2007 年通过正式验收。通过平台运营服务以及长期的技术支持，截至目前，华能国际下属 44 家电厂以及 8 家分公司依托该平台进行网上采购。

各电厂利用平台可以通过电子商务的方式（电子招标、电子询价），以更开放的方式进行物资采购来降低采购成本，并通过电子商务平台进行电厂间有关库存积压、备件储备等信息的协作；而集团总部，作为平台的最高管理者，则通过电子商务平台对整个集团的采购资源进行统一监控和管理。

1）提高了采购效率，提升了采购质量

华能电子商务平台的升级及推广使用，提升了企业的管理水平，对传统采购流程和模式进行了重新梳理和再造，使以往比较敏感的采购工作变成了"阳光采购"。采购部门的效率得到大幅提高，监控得到加强，降低了管理成本和采购成本。采购数据成为公司资源，也使企业信息披露更为迅捷、公开、通畅，使企业在管理理念、管理手段、管理效率等方面均获得了较大的收益，增进了公司内外部供应链的相互协作，从而提高了采购效率，提升了采购质量。

2）有利于经营决策科学化。

华能电子商务平台的开发建设，为企业创造了利用现代化管理方法的良好环境，实现了在实时数据报送、历史数据分析等方面获得相关信息的完整性，为高层决策提供了准确、及时的信息支持。

3）实现了先进的管理思想与企业采购实践的有机结合

战略采购、B2B 采购理念是当今世界上流行的物资采购思想，平台协同商务系统积累了众多企业物资管理经验，体现了物资采购分段管理、岗位分设的专业化管理要求，将体现先进性，又具备行业特点的物资采购管理思想，结合物流管理、采购管理等先进的管理模式和体系，融入软件产品中。通过接口系统与电子商务平台集成，集团与下属电厂企业形成闭环的采购管理流程，实现信息在企业内外的高效传递，将采购活动中的供应商、产品、价格等数据进行积累，为领导决策提供数据支持。

4）华能电子商务平台使企业实现了集成化管理

引进华能电子商务平台以后，通过计算机数据库和网络系统，形成了企业内外信息的集成平台。企业实现了管理数据的共享，打破了传统企业信息隔离和信息孤岛状态。信息获得了统一的维护，数据和信息能够得到及时、准确、动态的更新。华能电子商务平台是一个集成化的系统，它在两个层次上完成了集成：信息层次和功能层次。信息集成是基础，即华能电子商务平台是在信息集成的基础上完成了功能上的集成。

5）促进企业采购管理体制透明化。

采购历来是企业运作过程中比较敏感的环节，信息渠道的不畅通，往往使采购过程中潜藏着"暗箱操作"，而华能电子商务平台的建设使采购这一环节"阳光化"，供应商、报价时机甚至价格都不再成为某些采购人员的私密信息，使诸多重要采购信息在权限范围内得以充分共享，有效地扼制了产生腐败的可能性。

6）帮助供方成长，营造共赢局面

供应商是企业的重要外部资源，供应商的成长也会间接为企业带来价值。因此，通过电子商务平台项目，华能集团将凭借自身丰富的采购资源和买方市场的主导地位，帮助广大供应商合作伙伴提升管理水平和员工素质，进而提高彼此的沟通协作效率，打造共赢的局面。

2011年，平台发布询比价2万笔，涉及物资12万项，决标金额7.68亿元；发布招标509笔，涉及金额63.5亿元。总访问量42万余次，日均访问量1 156次。华能电子商务平台通过运营外包方式迅速实现专业化、阳光化，更符合市场经济的客观规律，在这一点上走在了其他电力集团前面。

（资料来源　佚名. 华能国际电子商务平台案例［EB/OL］.［2016-08-09］. http：//www.eccl.com.cn/service/case.html.）

◆ 课后练习

（一）名词解释

电子采购　网上查询采购　网上招标采购

（二）填空题

1.一个典型的电子采购程序包含以下几个步骤：_____；_____；_____；_____；_____；_____；_____。

2.EDI的目的就是以_____代替_____，进行电子贸易，从而在很大程度上提高商务交易的效率并降低费用。

3.网络安全四大要素：_____、_____、_____、_____。

（三）单项选择题

1.电子采购最先兴起于美国，它的最初形式是一对一的电子数据交换系统，即（　　）。

A.EDI　　　　　　　B.ERP　　　　　　　C.CRM　　　　　　　D.JIT

2.（　　）由于与其他行业相比有一个明显的优势：产品绝大部分都符合国际标准而可以更容易地采用在线交易，因而成为在线市场发展的早期领导者。

A.化工行业　　　　B.批发零售行业　　　C.物流行业　　　　D.制造行业

（四）多项选择题

第三方系统门户上有两类基本门户，即（　　）。

A.垂直门户　　　　B.立体门户　　　　C.关联门户　　　　D.水平门户

（五）简答题

1.简述电子采购的优点。

2.简述卖方一对多模式和买方一对多模式的区别。

（六）论述题

1.EDI是如何改变购买者与销售者之间的关系的？

2.电子采购系统的使用是如何改变对供应管理人员的技能和知识本质特征的要求的？

3.为什么在开发成功的 B2B 交换或电子市场时会出现困难？你认为应如何解决这些问题？

第12章

供应链库存管理

◆ **学习目标**

通过本章的学习，使读者了解供应链库存管理的原因及存在的问题，掌握 VMI 和 JMI，能运用库存管理的方法来解决具体的供应链库存问题。

◆ **基本概念**

供应链库存管理　VMI　JMI

引导案例　　　　　　　　　　**联想集团的 VMI**

作为近年来在理论与实践上逐步成熟的管理思想，VMI 备受众多国际大型企业的推崇。大型零售商沃尔玛、家乐福是实施 VMI 的先驱，朗科、惠普、戴尔、诺基亚等都是成功实施 VMI 的典范。

目前，联想集团年销量达 300 多万台，名列全世界电脑生产厂商第八位，其业务规模完全达到了 VMI 模式的要求，并已经引起了供应商的重视。在国内 IT 企业中，联想是第一个开始品尝 VMI 滋味的，其在北京、上海、惠阳三地的 PC 生产厂的原材料供应均在项目之中，涉及的国外供应商的数目也相当大。

联想以往物流运作模式是国际上供应链管理通常使用的看板管理，即由香港联想对外订购货物，库存都放在香港联想仓库，当国内生产需要时由香港公司销售给国内公司，再根据生产计划调拨到各工厂，这样可以最大限度地减少国内材料库存。但是此模式经过11 个物流环节，涉及多达 18 个内外部单位，运作流程复杂，不可控因素很大。同时，由于订单都是从香港联想发给供应商，所以大部分供应商在香港交货，而联想的生产信息系统只在内地的公司里使用，所以生产厂统计的到货准时率不能真实反映供应商的供货水平，导致不能及时调整对供应商的考核。

按照联想 VMI 项目要求，联想将在北京、上海、惠阳三地工厂附近设立供应商管理库存，联想根据生产要求定期向库存管理者即作为第三方物流的伯灵顿全球货运物流有限公司发送发货指令，由第三方物流公司完成对生产线的配送，从其收到通知，进行确认、分拣、海关申报及配送到生产线，时效要求为2.5小时。该项目将实现供应商、第三方物流与联想之间货物信息的共享与及时传递，保证生产所需物料的及时配送。实行VMI模式后，将使联想的供应链大大缩短，成本降低，灵活性增强。VMI项目涉及联想的物料国际采购，为满足即时生产的需要，供应商库存物料在进口通关上将面临很多新要求，例如，时效、频次等。因此，海关监管方式对于VMI模式能否真正带来物流效率的提高至关重要。

针对联想所提出的VMI物流改革方案，北京海关与联想集团多次探讨，具体参与并指导联想集团对供应商管理库存模式的管理。北京海关改革了传统的监管作业模式，在保税仓库管理、货物进出口、货物入出保税仓库、异地加工贸易成品转关等方面采取了相应的监管措施。

在物流方面，货物到港后，北京海关为其提供预约通关、担保验放等便捷通关措施，保证货物通关快速畅通，同时与其他海关配合协调，实现供应商在境内加工成品的快速转关、避免所需货物"香港一日游"。另外，北京海关与深圳海关加强协调，双方起草了"VMI货物监管草案"。

在信息系统方面，海关通关作业系统、保税仓库管理系统与联想、第三方物流企业间的电子商务平台建立连接，实现了物流信息的共享，既方便作业又强化海关的监管，联想根据生产要求向第三方物流企业发出货物进口、出库、退运等各种指令后，由第三方物流企业向海关提出相应申请。海关接到审批查验后，由第三方物流企业完成货物出库、物流配送及出口报关、装运。据预测，VMI项目启动后，将为联想的生产与发展带来可观的效益：一是联想内部业务流程将得到精简；二是使库存更接近生产地，增强供应弹性，更好地响应市场需求变动；三是改善库存回转，进而保持库存量的最佳化，因库存量降低，减少了企业占压资金；四是通过可视化库存管理，能够在线上监控供应商的交货能力。

（资料来源 佚名. 案例分析：联想集团VMI分析［EB/OL］.［2010-05-07］. http：//www.chinatat.com/new/174_202/2010_5_7_su630243544417501022 8991.shtml.）

12.1
供应链库存管理概述

12.1.1
供应链库存管理的概念

供应链（Supply Chain）是指生产及流通过程中，涉及将产品或服务提供给最终客户活动的上游与下游企业所形成的网链结构，即由物料获取、物料加工，并将成品送到客户手中这一过程所涉及的企业和企业部门组成的一个网络。绝大多数供应链是由制造和分销网络组织的，通过原材料的输入转化为中间产品和最终产品，并把它分销给客户。

近年来，供应链管理（Supply Chain Management，SCM）在国内外日益受到人们的关注和重视，由于库存成本占供应链成本的比例很大，许多企业开始探讨供应链环境下的库存管理问题。库存作为缓冲存在于供应链的各个环节，包括供应商、制造商、分销商和零售商所保存的原材料、半成品以及产成品。

供应链库存管理是指将库存管理置于供应链之中，以降低库存成本和提高供应链市场反应能力为目的，从点到链、从链到面的库存管理方法。供应链库存管理的目标服从于整条供应链的目标，通过对整条供应链上的库存进行计划、组织、控制和协调，将各阶段库存控制在最小限度，从而削减库存管理成本，减少资源闲置与浪费，使供应链上的整体库存成本降至最低。

供应链各个环节的集成决定了供应链库存管理的成败，因此，在供应链环境下，库存不再局限于单个企业之内，企业与企业之间的库存存在密切的联系，这要求我们必须用系统、整体的观点来看待供应链库存。供应链库存不仅仅是满足供需、维持生产和销售连续性的措施，更重要的是作为供应链上的一种平衡机制，提高供应链各个环节的协同、响应能力以及整个供应链的运作效率，增强竞争力。有效的库存管理可以弥补供应链的薄弱环节，达成企业间的无缝连接，因此，对于供应链库存的科学管理具有重要的意义。

供应链的特点决定了供应链模式下的库存管理不同于传统的企业库存管理。供应链是一个通过对信息流、物流、资金流的控制，把供应商、制造商、分销商、零售商直到最终用户连成一个整体的网链结构模式，具有复杂性、动态性和集成性等特点。在供应链环境下，库存管理的重点在于各个环节之间的库存信息共享和库存活动协同，这样才能把供应链上的企业凝聚成一个整体来运作，从而降低成本，提高效率，实现共赢。一般来说，供应链库存管理具有如下特征：

1）虚拟性

在传统的库存管理中，企业往往依据自身的局部信息来制定库存决策，几乎没有同其他企业进行信息交流。而在供应链中，为了实现成员企业间的无缝连接，彼此要密切进行信息沟通和交流，用库存信息的流通来替代库存物料的流通，从而减少不必要的库存费用。因此，供应链库存管理的重点在于库存信息的管理，而不仅仅是物料的管理。

2）复杂性

供应链库存管理的复杂性是由供应链自身的结构决定的。一条供应链上的成员企业通常涵盖不同的行业，覆盖不同的地区，甚至跨越不同的国家，不同行业、不同地区、不同国家的企业都有各自不同的特征，给供应链上企业之间的沟通增加了难度。一条条的供应链又相互交织形成一个密切联系的网络结构，这些最终导致了供应链库存管理的复杂性。

3）动态性

供应链各个环节上的库存会处于一个不断的变动过程之中，这是由供应链的不确定性决定的。在供应链运作过程中，有很多不确定性因素，比如市场需求的不确定性、供应商供货的不确定性、产品质量的不确定性等，这些都会造成库存的动态变化。此外，供应链核心企业战略目标的调整，以及个别成员企业局部利益和供应链整体利益的冲突也会加剧供应链库存管理的动态性。

12.1.2
供应链库存形成的原因

供应链库存形成的原因主要包括两个方面：一方面是为满足正常的生产运作的需要；另一方面是供应链的不确定性因素。

1）满足正常的生产运作

供应链库存以原材料、在制品、半成品、成品的形式存在于供应链的各个环节中，如图 12-1 所示，企业为了满足供应链各个环节的需求、保证生产的正常进行必须持有一定的库存。

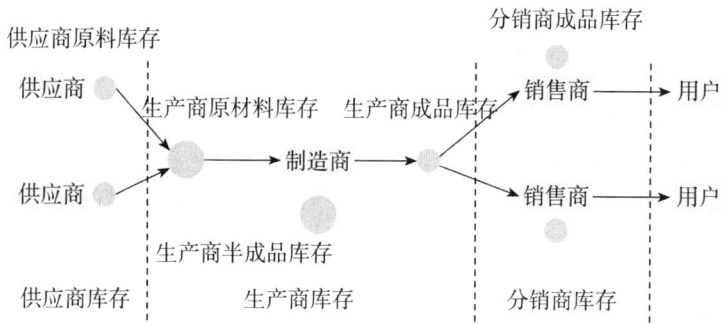

图 12-1　供应链库存

2）供应链的不确定性

供应链库存与供应链的不确定性存在很大的关系，如图 12-2 所示，供应链的不确定性使企业为了正常的生产运作需要而持有超出生产需要的额外库存。

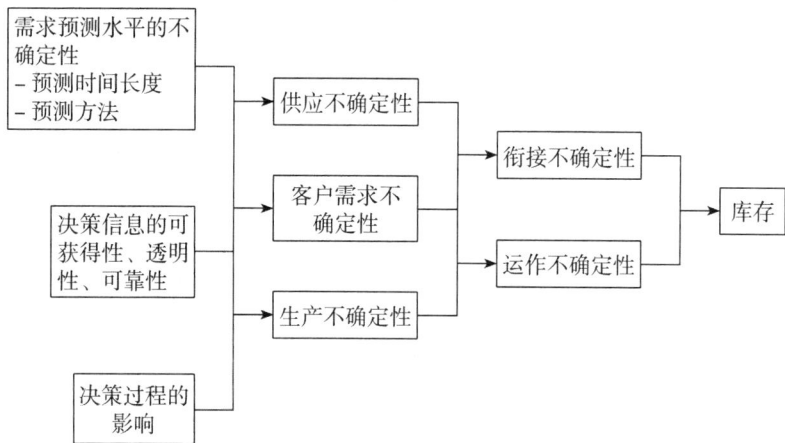

图 12-2　供应链的不确定性与库存

供应链的不确定性表现在两个方面：衔接不确定性和运作不确定性。

（1）衔接不确定性（Uncertainty of Interface）。衔接不确定性主要表现在合作性上，发生在企业之间或者部门之间。由于供应链中的企业是相互平等的市场主体，彼此之间并非从属关系，各自有着不同的目标，并谋求自身利益的最大化，因而企业之间的信息不完全共享，相互合作也是有限的，由此导致了供应链的不确定性。这些不确定性反过来又给供应链的有效集成造成了障碍，使企业之间难以相互配合，无法建立起有效的供应链合作关系。

衔接不确定性表现在两个方面：供应的不确定性和需求的不确定性。

①供应的不确定性。供应的不确定性源于供应商的不确定性，体现在供应提前期的不确定性、供应数量和质量的不确定性等方面。供应不确定性的原因是多方面的，如供应商的生产系统发生故障而延迟生产；在向下游节点运输的过程中，意外的交通事故导致的运输延迟；自然灾害或社会、政治事件等企业不可抗力的原因引起的延迟等。

②需求的不确定性。需求的不确定性与对产品的需求预测紧密相连（如"牛鞭效应"），需求的不确定性源于顾客不确定性、顾客需求的随机性（这里的顾客包括最终的市场消费者客户，也包括供应链下游的节点），表现在需求的时间和需求的数量不确定。需求不确定性的原因主要有市场的变化、需求预测的偏差、顾客购买能力的波动、从众心理和个性特征等。例如，在预测方面，通常的需求预测方法都有一定的模式或假设条件：假设需求按照一定的规律运行或表现一定的规律特征，但是任何需求预测方法都存在这样或那样的缺陷，因此无法确切地预测需求的波动和顾客的心理性反应。在供应链中，不同节点企业之间需求预测的偏差将进一步加剧供应链的需求放大效应及信息的扭曲。

（2）运作不确定性（Uncertainty of Operation）。企业运作不确定性主要体现在生产能力的不稳定性上，这种不稳定性主要来源于生产企业的生产系统自身的不可靠性、机器的故障、计划制订与执行的偏差等。

生产系统由人和机器设备组成，人的工作效率和机器设备的稳定程度都具有不确定性。生产计划是一种根据当前的生产系统状态和未来情况对生产过程所作出的计划，是用计划的形式表达模拟的结果，用计划来驱动生产的管理方法。由于生产过程的复杂性，使生产计划不能精确地反映企业的实际生产条件和生产环境的改变，因此不可避免地造成计划与实际执行的偏差；同时，由于生产的社会化、专业化和高新技术的应用，现代企业的生产活动复杂性进一步提高，每个企业都不可能脱离其他企业而单独存在，企业间存在着密切的协作关系，并且即使在同一企业内部中各生产车间、各部门信息传递失真的现象也是不可避免的，引起生产企业本身生产的不确定性。

在这些不确定性中，最终产品的市场需求的不确定是供应链不确定性集中和突出的表现。市场需求的不确定将给供应链企业的生产决策和物流决策造成障碍，企业为了实现对不确定需求的及时响应不得不保持大量库存，从而导致过高的物流成本，若将库存量维持在低水平则又可能使客户服务水平降低，并给企业生产系统带来风险。

12.1.3
供应链库存管理存在的问题

目前供应链管理环境下的库存管理存在以下几个方面的问题：

1）缺乏供应链的整体观念

供应链的整体绩效取决于供应链各个节点的绩效，但是供应链各节点都是独立的，都有各自独立的目标与使命，企业整体观念不足，没有很好地协调各方活动，而是采取各自的独立行动，导致供应链整体库存负担的增加和供应链效率的低下。

2）供应链的结构设计未考虑库存的影响

在进行供应链结构设计时，如要在一条供应链中增加或关闭一个工厂或分销中心，一般是先考虑固定成本与相关的物流成本，至于网络变化对运作的影响因素，如库存投资、订单的响应时间等常常是放在第二位的。实际上这些因素对供应链的影响是不能低估的。

3）产品设计忽视供应链的影响

现代产品设计与先进制造技术的出现使产品的生产效率大幅度提高，而且具有较高的成本效益，但是在引进新产品时，如果不进行供应链的规划，也会产生如运输时间过长、库存成本高等问题而无法获得成功。

4）忽视不确定性对库存的影响

供应链运作中存在许多不确定因素，为减少因不确定性而增加的供应链库存，就需要了解不确定性的来源和影响程度。但很多公司并没有认真研究和跟踪不确定性的来源和影响，错误估计供应链中物料的流动时间（提前期），造成有的物品库存增加，而有的物品库存不足的现象严重。

5）库存控制策略简单化

无论是生产性企业还是物流企业，库存控制的目的都是保证供应链运作的连续性以及应付不确定需求。不确定性在不断地变化，决定了库存控制策略也必须是动态的。

例如，有些供应商在交货与质量方面可靠性好，而有些则相对差些；有些物品的需求可预测性大，而有些物品的可预测性小一些。库存控制策略应能反映这种情况，并能体现供应链管理的思想。但是目前供应链库存控制策略没有综合考虑诸多影响因素，过于简单化。

6）缺乏合作与协调性

供应链是一个整体，需要协调各方活动才能取得最佳的运作效果。协调的目的是满足一定的服务质量要求，使信息可以无缝地、流畅地在供应链中传递，从而使整个供应链能够和客户的要求步调一致，形成更为合理的供需关系，适应复杂多变的市场环境。

例如，当客户的订货由多种产品组成，而各产品又由不同的供应商提供时，客户要求所有的商品都一次性交货，这时企业必须对来自不同供应商的交货期进行协调。如果组织间缺乏协调与合作，会导致交货期延迟和服务水平下降，同时库存水平也由此而增加。组织之间存在的障碍也有可能使库存控制更加困难，因为各自都有不同的目标、绩效评价尺度、不同的仓库，也不愿意共享资源去帮助其他部门。

要进行有效的合作与协调，组织之间需要一种有效的激励机制。在企业内部一般有各种各样的激励机制加强部门之间的合作与协调，但是当涉及企业之间的激励时，就会困难重重。另外，信任风险的存在更加深了问题的严重性，相互之间缺乏有效的监督机制和激励机制是供应链企业之间合作不稳固、库存不合理的重要原因。

7）信息传递系统效率低

在供应链中，各个供应链节点企业之间的需求预测、库存状态、生产计划等都是供应链管理的重要数据，这些数据分布在不同的供应链组织之间，要做到有效地快速响应客户需求，必须实时地传递，为此需要对供应链的信息系统模型做相应的改变，通过系统集成的办法，使供应链中的库存数据能够实时、快速地传递。

但是目前许多企业的信息系统并没有很好地集成起来，信息传递效率低。低效率的信息传递系统，信息提取和传输延迟，这在一定程度上影响了库存的精确度，而且时间越长，预测误差就越大，制造商对最新订货信息的有效反应能力就越小，需要的库存量就越多，前文讲过，这是"牛鞭效应"产生的重要原因。

12.1.4
供应链库存管理的改进方向

基于供应链库存管理的特点和供应链库存管理存在的问题，应从以下几个方面改进并完善供应链库存管理：

1）树立供应链整体观念

要在保证供应链整体绩效的基础上对各种直接或间接影响因素进行分析。要在信息充分共享的基础上，通过协调各企业的效益指标和评价方法，使供应链各成员企业对库存管理达成共识，从大局出发，树立"共赢"的经营理念，自觉协调相互需求，建立一套供应链库存管理体系，使供应链库存管理的所有参与者在绩效评价内容和方法上取得一致，充分共享库存管理信息。

2）精简供应链结构

供应链结构对供应链库存管理有着重要的影响，供应链过长，或供应链上各节点之间关系过于复杂，是造成信息在供应链传递不畅、供应链库存成本过高的主要原因之一。优化供应链结构是保证供应链各节点信息传递协调顺利的关键，是搞好供应链库存管理的基础。因此，应尽量使供应链结构向扁平化方向发展，精简供应链的节点数，简化供应链上各节点之间的关系。

3）有效集成供应链各环节

集成供应链上的各环节，就是在共同目标基础上将分散的各环节组成一个"虚拟组织"，通过使组织内成员信息共享、资金和物质相互调剂来优化组织目标和整体绩效。通过将供应链上各环节集成，可以在一定程度上克服供应链库存管理系统过于复杂的缺点。

4）采取有效的供应链库存管理策略

目前，对供应链库存管理策略的研究和实践有许多，常见的主要有4种策略：供应商管理库存策略（VMI），联合库存管理策略（JMI），合作预测、计划与补给策略（CPFR）及多级库存管理与优化策略（MS）。

本书将分两节介绍供应商管理库存和联合库存管理。

12.2
供应商管理库存

在20世纪80年代中期，国外的一些知名的大公司如宝洁和沃尔玛，就开始合作开展一种名为"供应商管理库存"的计划，经过一段时期的合作，效果显著，供应商按时发货，库存降低，库存周转率提高，现在这种方法已经被广泛地应用于医院、零售业、电信业和钢铁行业。

小资料

中国台湾雀巢与家乐福的 VMI 计划

供应商管理库存（Vendor Managed Inventory，VMI）过去在实际运作上，因供应商与零售商的价格对立关系，以及系统和运作方式的不同，而很难有具体的合作。中国台湾雀巢与家乐福两家公司协议，在 ECR（Efficient Consumer Response，高效消费者响应）方面进行更密切的合作。整个运作的重点在于，中国台湾雀巢建立整个计划的机制，总目标是增加商品的供应率，降低顾客（家乐福）库存持有天数，缩短订货提前期，以及降低双方物流作业的成本等。

雀巢与家乐福公司在全球均为流通产业厂商。就雀巢与家乐福既有的关系而言，只是单纯的买卖关系，唯一特别的是家乐福对于雀巢来说是一个重要的顾客，所以设有专属的业务人员，买卖方式也仍是家乐福具有十足的决定权，决定购买哪些产品及具体数量。在系统方面，双方各自独立的内部 ERP 系统，彼此间不相容，在推动计划的同时，家乐福进行与供应商以 EDI 连线方式的推广计划，雀巢的 VMI 计划也打算以 EDI 连线。

因此，整体系统的构建就是为了改善上述的情况。在经费的投入上，家乐福方面的花费主要是在 EDI 系统建设上，没有其他额外的投入，雀巢方面除了 EDI 建设外，还引进了一套 VMI 系统。

经过近半年的实际上线执行 VMI 运作后，雀巢对家乐福物流中心产品到货率由原来的 80% 左右提升至 95%（超越目标值），家乐福物流中心对零售店面产品到货率也由 70% 左右提升至 90% 左右，仍在继续改善中，库存天数由原来的 25 天左右下降至目标值的 15 天以下，在订单修改率方面，也由 60%~70% 的修改率下降至现在的 10% 以下。

除了在具体成果上，对雀巢来说，最大的收获却是在与家乐福合作的关系上。过去与家乐福是单向的买卖关系，所以顾客要什么就给什么，甚至是尽可能地推销产品，彼此都忽略了真正的市场需求，导致卖得好的商品经常缺货，而不畅销的商品却有很多库存。经过这次合作，使双方更为了解，也愿意共同解决问题，并使各项问题的症结点陆续浮现，有利于根本改进供应链的整体效率，同时掌握销售资料和库存量来作为市场需求预测和库存补货的解决方法。另外，雀巢在原来与家乐福的 VMI 计划基础上，也进一步考虑在降低缺货率以及促销合作各方面加强合作。

对流通业而言，这种本质改善就是 ECR，雀巢与家乐福的 VMI 计划是其中的一种应用。就供应链的角度而言，ECR 将影响整个后端的工厂制造，并提升前端店铺效率，实质性地降低库存成本。

（资料来源　牛鱼龙. 中国台湾雀巢与家乐福的 VMI 计划 [EB/OL]．[2010-03-25]．http：//blog.cctv.com/12339942-1165063.html.）

12.2.1
供应商管理库存概述

1）VMI 的概念

《中华人民共和国国家标准物流术语》中对供应商管理库存（VMI）的定义为：供应商管理库存是供应商等上游企业基于其下游客户的生产经营、库存信息，对下游客户的库存进行管理与控制。实施 VMI 的双方无论是供应商和制造商之间、供应商和零售商之间还是制造商和零售商之间，其实都是供应链上游企业和下游企业之间的关系。

VMI 是一种供应链集成化运作的决策代理模式，以双方都获得最低成本为目标，在一个共同的框架协议下把用户的库存决策权代理给供应商，由供应商代理分销商或批发商行使库存决策的权力，并通过对该框架协议经常性的监督和修正使库存管理得到持续的改进。

VMI 是一种合作伙伴式的管理理念。为了快速响应下游企业"降低库存"的要求，上下游企业间通过建立合作伙伴关系，主动提高向下游企业交货的频率，使上游企业从过去单纯执行用户的采购订单变为主动为用户分担补充库存的责任。在加快上游企业响应下游企业需求速度的同时，也使下游企业减少了库存量。这时的库存管理不再是单个的供应商、生产商的个人管理模式，而是合作伙伴共同参与库存管理，这样他们就会对库存管理提出并实施一套共同的架构，随后各节点企业就会基于此架构达成一致的原则，并在此基础上实现供应链的共同管理。理想的 VMI 是一种基于合作伙伴关系，强调信息共享、利益共享、风险分担的库存管理实现模式。

VMI 作为建立供应链的一种有效方式，形成了物流、资金流、事务流和信息流的集成应用，为科学管理供应链上的库存设计了一套合理的解决方案。

2）VMI 的运行模式

在 VMI 系统中，核心企业（供应链中至关重要的企业）既可以在供应链的上游，也可以在供应链的下游，而当在下游时它既可以是供应链的中间环节，也可以在供应链的末端。显然，不同情况下，VMI 的运作模式都是不相同的，主要有四种情况：供应商–制造商（核）（如图 12-3 所示）、供应商–零售商（核）、第三方物流企业参与、核心企业（一般为制造商）–分销商（或零售商）。

（1）供应商–制造商（核）运作模式

在这种运作模式中，除了以制造商为核心企业外，一般还有如下特点：生产规模比较大，制造商的生产一般比较稳定，即每天对零配件或原材料的需求量变化不是很大；要求供应商每次供货数量比较小，一般满足 1 天的零配件，有的甚至是几个小时；供货频率要求较高，有时甚至要求一天 2~3 次的供货频率；为了保持连续的生产，一般不允许发生缺货现象，即服务水平要求达到 99% 以上。

由于这种模式中的制造商必定有几十家甚至上百家的供应商为其供应零配件或原材料。如果让每一个供应商都要在制造商的附近建立仓库的话，显然是不经济的。因此，可以在制造商的附近建立一个 VMI 中心，如图 12-4 所示。

加入 VMI 中心具有以下效果：

①缓冲作用。由于一个客户要面对 N 个供应商，假如客户对供货频率要求较高，那么可能会出现多个供应商同时将货物送达的情况，如果事先没有安排，势必会出现混乱的卸货场面，严重影响生产秩序，给企业的正常工作带来不便。有了 VMI 中心，可以以专业的配送方式避免以上现象，起到缓冲作用。

②增加了深层次的服务。在没有 VMI 中心时，供应商彼此都是独立的，送达的货物都是彼此分开的，当有了 VMI 中心后，它会在发货之前先提供拣货的服务，VMI 中心会按照生产企业的要求把零配件按照成品的比例配置好，然后再发送给生产商，这样就提高了生产商的生产效率。

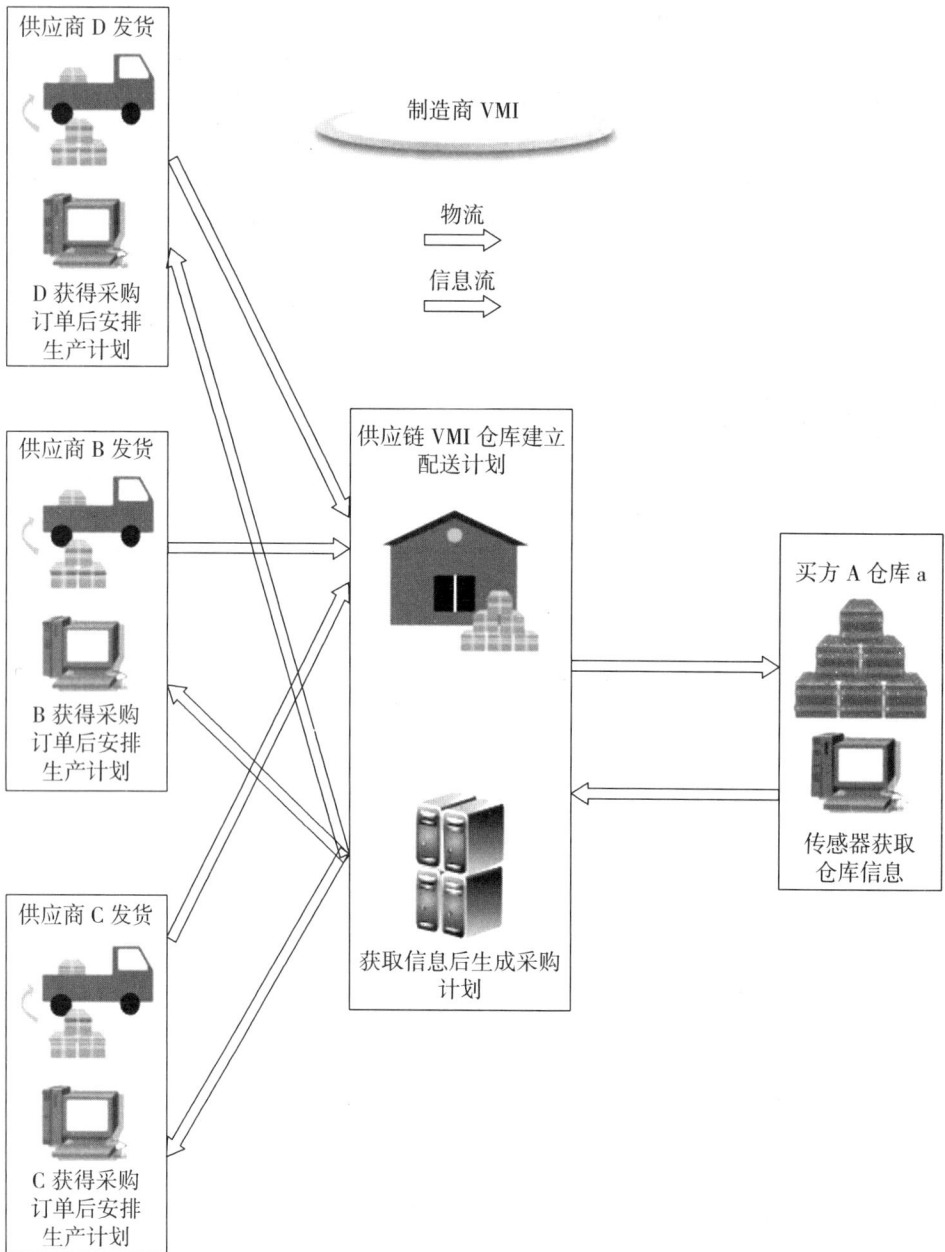

供应商 D 发货

D 获得采购订单后安排生产计划

制造商 VMI

物流

信息流

供应商 B 发货

B 获得采购订单后安排生产计划

供应链 VMI 仓库建立配送计划

获取信息后生成采购计划

买方 A 仓库 a

传感器获取仓库信息

供应商 C 发货

C 获得采购订单后安排生产计划

图 12-3　供应商-制造商 VMI 运行模式图

　　VMI 在正常实施的时候，不仅仅要求供应商与 VMI 中心之间交换库存信息，还包括生产计划、需求计划、采购计划、历史消耗、补货计划、运输计划、库存情况等信息。生产商与 VMI 中心之间的信息交换是完全的、实时的、自动的。

　　当需求突然发生变化时，比如由于生产商的销售突增，VMI 中心中的库存不能及时满足生产商的需求时，这时 VMI 的实施结构作出了相应的改变。VMI 中心直接把补货计划发给供应商的信息系统，这时供应商直接向生产商进行补货，从而节约了时间与成本。我们把供应商这种不经过 VMI 中心而直接向生产商进行补货的行为称为越库直拨（Cross-Docking）。

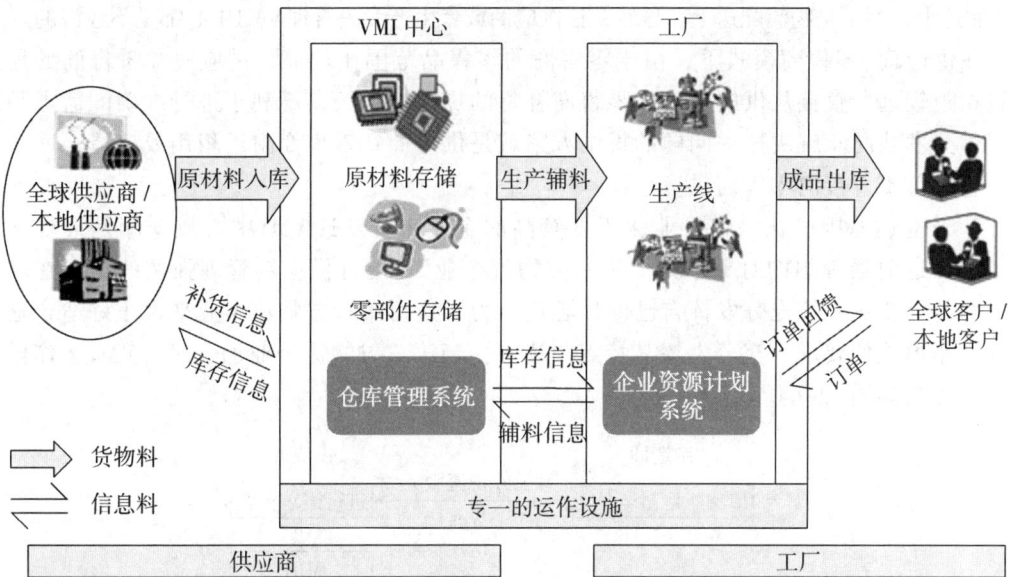

图12-4　VMI中心

（2）供应商-零售商（核）运作模式

当零售商把销售等相关信息通过EDI传输给供应商后（通常是一个补货周期的数据，如3天，甚至1天），供应商根据接收到的信息进行对需求的预测，然后将预测的信息输入物料需求计划系统（MRP），并根据现有的企业内的库存量和零售商仓库的库存量，生成补货订单，安排生产计划，进行生产。生产出的成品经过仓储、分拣、包装、运送给零售商，如图12-5所示。

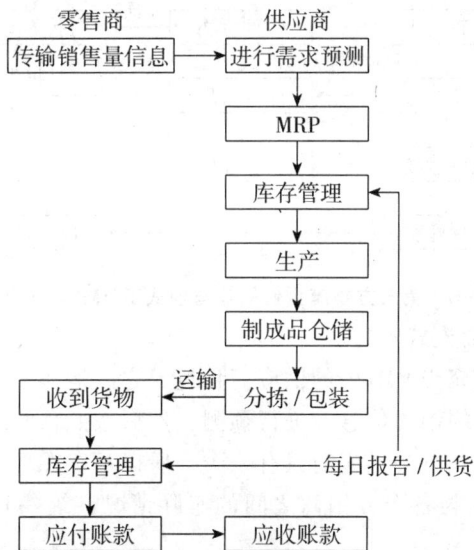

图12-5　供应商-零售商VMI运作模式图

（3）第三方物流企业参与模式

在实际实施过程中，有时需要第三方物流服务提供商的参与，原因如下：

在供应商-生产商模式下，不论对生产商还是供应商来说，它的核心竞争力主要是体现在其生产制造上，而不是物流配送上。显然，让供应商或者生产商去管理VMI中心都是不经济的。

在供应商-零售商模式下，由于零售商的零售品范围比较广，供应商和零售商的地理位置相距较远，直接从供应商处向零售商补货的提前期较长，不利于进行准确的需求预测和应付突发状况。解决这一问题的折中方案就是供应商在零售商附近租用或建造仓库，由这个仓库负责直接向零售商供货。

基于上述原因，让一家专业化程度较高的企业来管理这VMI中心或仓库是最合适不过了，而这时最理想的对象就是"第三方物流企业"。况且供应链管理强调的是，在供应链上的各个企业应该充分发挥自己的核心竞争力，这对第三方物流企业来说正好适合这种库存运作模式的要求，充分发挥其特点与优势。当第三方物流企业加入时，VMI运作模式相应改变为如图12-6所示。

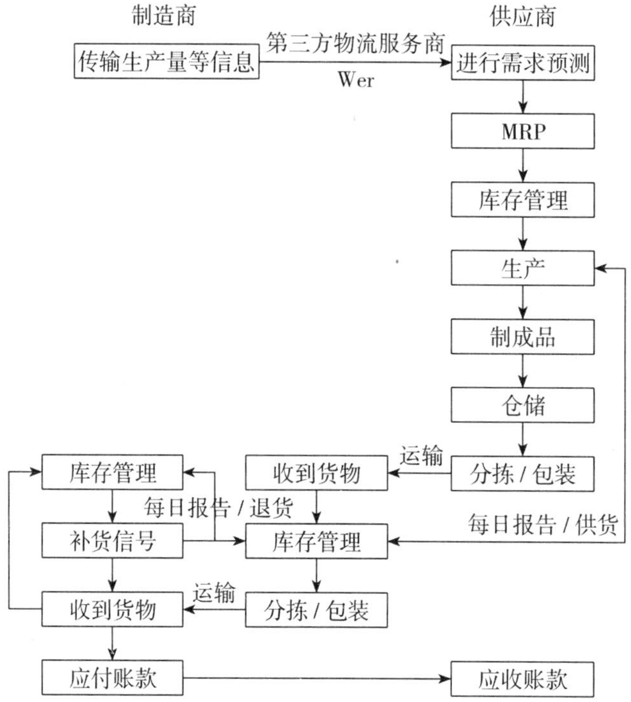

图12-6 第三方物流企业的参与模式下VMI运行模式图

（4）核心企业-分销商模式

这种模式由核心企业充当VMI中的供应商角色，它的运作模式与前两种大致相同，由核心企业收集各个分销商的销售信息并进行预测，然后按照预测结果对分销商的库存统一管理与配送。由于这种模式下的供应商只有一个，所以不存在要在分销商附近建立仓库的问题。核心企业可以根据与各个分销商之间的实际情况，统一安排对各个分销商的配送问题。

3）VMI的优势

（1）对供应商

①VMI下双方信息的共享，使得供应商可以获得下游企业的必要经营数据，直接接触真正的需求信息。

②VMI能使供应商利用这些需求信息调节库存水平，合理安排生产，提高由预测驱动的物料管理活动的准确性。

③减少分销商的订货偏差，减少退货。

④供应商与下游客户发展长期合作的战略关系，进行有效沟通，这有利于供应商在激烈的竞争中提高竞争优势，增强市场竞争力。

（2）对客户

①有效利用外部资源，集中精力发展核心能力。VMI使客户更加有效地利用企业外部资源，将其从库存陷阱中解放出来，客户不需要占用库存资金，不需要增加采购、进货、检验、入库、出库、保管等一系列的工作，能够集中更多的资金、人力、物力用于提高其核心竞争力。

②降低成本，提高服务质量。与企业自己管理库存相比，供应商在对自己的产品管理方面更有经验，更专业化；供应商可以提供包括软件、专业知识、后勤设备和人员培训等一系列的服务，使客户的服务水平提高的同时降低库存管理成本。

③降低了缺货风险，避免库存积压。在VMI的基础上，供应商可以实时了解企业库存的消耗变动情况，并结合合理预测进行及时的物资补充，降低客户的缺货风险；根据市场需求量的变化，及时调整生产计划和采购计划，既不造成超量库存积压，又不占用资金、增加费用。

（3）对供应链

除了对企业和供应商有益之外，VMI还有利于整条供应链的优化。

①优化供应链库存。从整个供应链来看，作为供应链上游企业的供应商，既是物流的始发点，又是资金流的开始，同时还是信息流的端点，由供应商拥有下游企业库存管理的权利，可以建立起下游企业与供应商的长期合作伙伴关系，稳定供应链的上下游，促进供应商与下游企业间的交流，实现交货提前期的缩短和可靠性的增加，降低供应链的整体库存水平。

②降低供应链库存成本。库存成本的降低除了得益于供应链整体库存水平降低之外，VMI双方合作伙伴关系的建立，还可以有效降低双方采购订单、发票、付款、运输、收货等交易时间和交易成本。

③提高供应链的柔性。VMI还可以大大缩短供需双方的交易时间，使上游企业更好地控制其生产经营活动，提高供应链的整体响应速度，提高整个供应链的柔性。

4）VMI的不足

（1）VMI中供应商和零售商协作水平可能受到各种因素的限制，如软件的情况。

（2）VMI对于企业间的信任程度要求较高。

（3）VMI中的框架协议虽然是双方协定的，但供应商处于主导地位，决策过程中缺乏足够的协商，难免造成失误。

（4）VMI的实施减少了库存总费用，但在VMI系统中，库存费用、运输费用和意外损失（如物品毁坏）不是由用户承担，而是由供应商承担的。由此可见，VMI实际上是对传统库存控制策略进行"责任倒置"后的一种库存管理方法，这无疑加大了供应商的风险。

因此，在实施VMI时需要对其优势和不足进行全面综合分析。

12.2.2

VMI的实施

1）VMI实施的原则

（1）合作性原则。VMI模式的成功实施，客观上需要供应链上各企业在相互信任的基础上密切合作，其中，信任是基础，合作是保证，供应商和客户都要有较好的合作精神，才能够相互进行较好的合作。

（2）互利性原则。VMI追求双赢的实现，即VMI主要考虑的是如何降低双方的库存成本，而不是考虑如何就双方成本负担进行分配的问题，通过该策略使双方的成本减少。

（3）互动性原则。VMI要求双方在合作时采取积极响应的态度，以实现反应快速化，努力降低因信息不畅而引起的库存费用过高的状况。

（4）目标一致原则。VMI的实施，要求企业在观念上达到目标一致，并明确各自的责任和义务，具体的合作事项都通过框架协议明确规定，以提高操作的可行性。

（5）持续改进原则。持续改进使供需双方能共享利益并消除浪费。

2）VMI的实施条件

VMI的实施首先需要具备五个关键条件：

（1）必须拥有核心企业。在整个供应链中起至关重要作用的企业要负责整个合作的主体地位。

（2）合作企业相互信任。由于VMI要求取得供方的支持，因此双方必须保持必要的信任。

（3）信息系统平台的建立。VMI模式下的企业都必须建立起可靠的信息平台。

（4）共享平台。在建立起可靠的信息平台基础上，将关键计划信息通过平台共享。

（5）信息分析和预测。企业需要提供足够的运营数据做分析与预测。

3）VMI实施的准备

VMI实施的准备主要是指针对实施VMI所必需的一些支持，主要是技术支持，包括ID代码、EDI/Internet、条码及条码应用标识符、连续补给程序等。

（1）ID代码

供应商要有效地管理客户的库存，必须对客户的商品进行正确识别，为此需要对客户商品进行编码，通过获得商品的标识（ID代码）并与供应商的产品数据库相连，以实现对客户商品的正确识别。

（2）EDI/Internet

供应商要有效地对客户的库存进行管理，采用EDI进行供应链的商品数据交换是一种安全可靠的方法。为了能够实现供应商对客户的库存进行实时掌握，供应商必须每天都能了解客户的库存补给状态。而采用基于EDIFACT标准的库存报告清单能够提高供应链的运作效率，每天的库存水平（或定期的库存检查报告）、最低的库存补给量都能自动地生成，这样大大提高了供应商对库存的监控效率。客户的库存状态也可以通过EDI文件的方式通知供应商。在VMI系统中，供应商有关装运与发票等工作都不需要特殊的安排，主要的数据是顾客需求的物料信息记录、订货点水平和最小交货量等，客户要做的是能够接受EDI订单确认或配送建议，以及利用该系统发放采购订单。

（3）条码

为了有效地实施VMI管理系统，应该尽可能地使供应商的产品条码化。条码是ID代码的一种符号，是对ID代码进行自动识别且将数据自动输入计算机的方法和手段，条码技术的应用解决了数据录入与数据采集的"瓶颈"，为VMI提供了有力的支持。

（4）连续补给程序

连续补给程序策略将客户向供应商发出订单的传统订货方法变为供应商根据客户库存和销售信息决定商品的补给时间和数量，这是一种实现VMI管理策略有力的工具和手段。为了快速响应客户"降低库存"的要求，供应商通过和客户建立合作伙伴关系，主动提高向客户交货的频率，使供应商从过去单纯地执行客户的采购订单变为主动为客户分担补充库存的责任，在加快供应商响应客户需求速度的同时，也使客户库存水平减少。

4）VMI的实施步骤

（1）确定目标

根据企业的不同情况，VMI的目标的确定可以从以下几个方面着手：①降低供应链上产品库存，抑制"牛鞭效应"；②降低买方企业和供应商成本，提升利润；③增强企业的核心竞争力；④提高双方合作程度和忠诚度。

（2）建立客户情报信息系统

实施VMI，首先要改变订单的处理方法，供应商和客户一起确定供应商的订单业务处理过程中所需要的信息和库存控制参数，然后建立一种订单的处理标准模式，最后把订货、交货和票据处理各个业务功能集成在供应商处。要有效地管理客户库存，供应商必须能够获得客户的有关信息。通过建立客户情报信息系统，供应商能够掌握需求变化的相关情况，把由客户进行的需求预测与分析功能集成到供应商的系统中来。

（3）建立销售网络管理系统

供应商要很好地管理客户库存，就必须建立起完善的销售网络管理系统，保证自己的产品需求信息和物流畅通，为此，必须保证自己产品信息的可读性和唯一性，解决产品分类、编码的标准化问题，解决商品存储运输过程中的识别问题。目前，我国大部分的企业都实施了MRPⅡ或ERP系统，这些软件系统都集成了销售管理的功能。通过对这些功能的扩展，可以建立完善的销售网络管理系统。

（4）建立供应商与客户的合作框架协议

实施VMI的双方要达成一致的目标，就要明确各自的责任和义务，事先对实施的具体细节用一个框架协议确定下来，确定应用模式、订单的业务处理流程，设定库存控制方式、信息的传递方式、费用如何分摊等。这个框架协议由双方共同监督实施，双方根据VMI具体运行状况，经过协商对框架协议条款进行修改，消除不合理环节，减少浪费。此外，还要对相关的违约责任进行规定，如供应商错发货或延迟供货引起的损失和费用如何承担；如果用户信息系统出错，提供的错误信息导致供应商出错，损失费用如何分摊；如果用户取消订货但由于信息系统或沟通渠道的原因，导致供应商已经送货，谁对这批存货负责等。

（5）组织结构的变革

实施VMI后，为了适应新的管理模式，需要对组织机构进行相应的调整。供应商要建立一个VMI职能部门，负责对VMI服务（负责库存控制，库存补给和服务水平）的监控和维持与客户之间的关系。

5）VMI实施的评估

在实施初始阶段，必定会有诸多意外和不确定性因素的存在，这样就会导致VMI在开始实施时可能不会实现预期的目标，所以设立一个VMI的评估体系对VMI的实施情况进行评估，然后对其进行调整和完善，以便在长期内全面地实施VMI，同时还需要制定一个评估的时间周期，并且保证双方企业采用一致的评估口径和基准，这样才能保证对VMI的实施效果有比较客观的评估。

具体评估过程如下：

（1）确定评估的目标对象。

（2）确定评估的指标。主要根据VMI给供应商和客户带来的利益进行设立，如产品库存水平满意度（0~100%）；节约成本满意度（0~100%）；产品的到货率；双方企业合作与信任满意度（0~100%）；双方企业各个核心竞争力保护满意度（0~100%）等。这些指标获得的方式可能通过VMI的工作人员根据实施过程的调查综合评定得出。

（3）确定评估指标的权重。在VMI实施的评估中，权重分别代表评估指标在VMI中的重要程度。

例如，在设定权重的过程中，因为VMI最直接最明显的作用就是减少库存和节约成本，可以将产品库存水平满意度的权重和节约成本满意度权重分别设得较高，如分别为30%和30%，产品的到货率的权重可以为20%，而双方企业合作与信任满意度权重以及双方企业各个核心竞争力保护满意度权重可以为10%和10%。这些指标权重获得的方式可以通过管理专家或企业的高层管理人员根据企业的战略目标综合评定得出。

（4）评价的等级与量化数据。一般来说，评价的等级可设为4级：优、良、中、差。而等级的量化数据是与等级相对应的，例如，优：100~80；良：80~70；中：70~60；差：60~0。

通过评估系统对VMI实施前后进行比较，如果实施VMI后的效果比较理想，就可以进行下一个阶段，继续实施VMI；如果得出的评估结果不满意，就必须对VMI的实施进行完善和调整，直到得出理想的结果。

12.2.3

实施VMI应注意的问题

在实施VMI的过程中，供应商与客户都会不可避免地面临一些问题，这些问题是对成功实施VMI的挑战。供应链企业在实施VMI的过程中，需要注意以下4方面的问题：

1）信任问题

VMI的成功实施依赖于相互之间的信任，客户要信任供应商，不要过多地干预，尤其是在利益分配上，相信供应商是站在整体角度看问题的，是为了供应链整体争取最大利润和谋求长远发展的；供应商也要相信客户，相信客户提供的各种信息是真实的。只有相互信任，才能通过交流解决实施过程中面临的各种问题，使双方受益。

2）技术问题

VMI要求库存控制和计划系统都必须是实时的、准确的，只有采用先进的信息技术，才能保证数据传递得及时和准确。比如，采用 EDI/Internet 技术将销售点信息和配送信息分别传输至供应商和零售商，利用条码技术和扫描技术来确保数据的准确性。但是采用这些技术的费用一般都很昂贵，可能会导致成本的增加。

3）库存所有权问题

实施 VMI 之前在客户收到货物时货物所有权也随之转移了，而在实施 VMI 后，供应商一直拥有库存的所有权直至货物被售出。由于供应商对库存管理的责任和成本都增加了，因此在制定利益分配机制时要充分考虑这一点，以使双方共享供应链的总利润。

4）资金支付问题

例如，货款支付的具体时间问题就属于资金支付问题。

在实践中，推行 VMI 远比想象的要复杂。在 VMI 推行的实际过程中会面对许许多多的困难，但是只要合作双方本着利益共享、风险共担的原则，积极努力的推行一定会成功，最终一定会使双方实现"共赢"的目标。

12.3
联合库存管理

通过几年的实施，VMI 被证明是比较先进的库存管理办法，但它也有许多局限性。为了克服 VMI 系统的局限性和规避传统库存控制中的牛鞭效应，联合库存管理（Jointly Managed Inventory，JMI）应运而生，它是一种在 VMI 的基础上发展起来的供应商与用户权利责任平衡和风险共担的库存管理模式。JMI 与 VMI 的根本区别在于：在 VMI 中供应商可以了解到客户的存货数据并负责维护客户所需的存货数量，并通过流程管理来实现。其中补货是由卖方通过定期的现场盘点来进行的；而 JMI 的管理团队是由客户与卖方的员工组成的，通常团队成员地处相互临近的地理区域以便经常性召开见面会。

12.3.1
联合库存管理概述

1）JMI 思想

JMI 是解决供应链系统中由于各节点企业的相互独立库存运作模式导致的需求放大现象。强调双方同时参与，共同制订库存计划，任何相邻节点需求的确定都是供需双方协调的结果。保持供应链相邻的两个节点之间的库存管理者对需求的预期保持一致，从而消除需求变异放大现象。联合管理库存强调供应链中各企业之间的互利合作，上游企业和下游企业权利责任平衡和风险共担，体现了战略联盟的新型合作关系。联合管理库存把供应链系统管理集成上游和下游两个协调中心，通过协调管理，供需双方共享信息，库存连接成的供需双方从供应链整体的观念出发，同时参与，共同制订库存计划，实现供应链的同步化运作，并建立合理的库存管理风险的预防和分担机制，合理的库存成本和运输成本分担机制，与风险成本相对应的利益分配机制和有效的激励机制，避免节点企业的短视行为和局部利益观，从而提高供应链运作的稳定性。

2）联合库存管理模式的四种实现形式

联合库存管理在实际应用时，主要有四种实现形式：货存供方的联合库存管理形式、货存需方的联合库存管理形式、货存第三方的联合库存管理形式、客户铺底的联合库存管理形式。

货存供方的联合库存管理形式是在供应商管理库存策略基础上进行创新发展的一种模式。该形式是需求方通过向供应方支付定金，或者预付货款，或者提供保证金等形式，获得预定的某个时间的一定数量的货物所有权。该批货物在当前并没有实际交付需求方，而是存放于供应方，由供应方负责管理。根据双方约定，或者需求方按照约定的提前期提出交付请求时，由供应商按照需求方的需求计划进行补给，并承担货物交付前和交付过程中所发生的质量、数量、交付期等风险。该方式需求方拥有货物所有权；但货物存放于供应方，由供应方管理。供应商要按照需求计划进行补给。因此货物所有权与管理权的相对分离。这种形式在供需双方合作关系比较密切，供应方的供应能力较强，需求方需求量较明确，能进行连续补给，实现按单生产的情况下具有优势。

货存需方的联合库存管理形式是供应方将货物存放于需求方，供应方拥有所有权，由双方或供应方负责管理，供应方按照需求计划进行连续补给。该方式有利于需求方实现按单定制化生产，及时满足顾客多样化需求。供应方可以获得稳定的订单，进行补库式生产，有效地规避生产过程中的"牛鞭效应"。供应方采用定量订货模式，通过规模化运作有效降低物流成本。需求方可以获得稳定的供应，实现就近连续补给，及时满足小批量、多频次的补货要求。这种形式在大型制造企业之间、地区总代理制销售企业之间、企业生产和销售时效性强的情况下具有优势。

货存第三方的联合库存管理形式是第三方来管理供给和需求，管理双方的供需关系的一种机制。它实质上是一种业务外包形式。该形式把库存管理的部分功能代理给第三方公司，第三方物流在信息和资源方面与双方高度共享，使整个供应链无缝衔接。同时能有效解决双方的合作信任问题。

客户铺底的联合库存管理形式是供应方通过对客户进行评价，选择市场能力强且信用良好的客户建立紧密合作关系，将一定规模的货物以"铺底"的形式交付给客户进行管理和流通。在合作期间内，供应方免费将铺底货物提供给客户，客户则对铺底货物负责管理，承担人为损失风险。

3）JMI的优势

（1）信息优势

信息作为一项稀缺资源对企业发展非常重要，JMI通过在上下游企业之间建立起一种战略性的合作伙伴关系，实现了企业间库存管理上的信息共享，这样既保证供应链上游企业可以通过下游企业及时准确地获得市场需求信息，又可以使各个企业的活动都围绕着顾客需求的变化而开展。

（2）成本优势

JMI实现了从分销商到制造商再到供应商之间在库存管理方面的一体化，可以让三方都能够实现准时采购，准时采购不仅可以减少库存，还可以加快库存周转速度，缩短订货和交货提前期，从而降低企业的采购成本。

（3）物流优势

JMI打破了传统的各自为政的库存管理局面，体现了供应链的一体化管理思想，强调各方的同时参与，共同制订库存计划，共同分担风险，能够有效地消除库存过高以及"牛鞭效应"。

（4）战略联盟的优势

JMI的实施是以各方的充分信任与合作为基础展开的，企业之间利益共享、损失共担，JMI的有效实施既加强了企业间的联系与合作，又保证了这种独特的由库存管理而带来的企业间的合作模式不会轻易地被竞争者模仿，为企业带来了竞争优势，强化了战略联盟的稳固性。

12.3.2
JMI的实施策略

1）建立供需协调管理机制

为了发挥联合库存管理的作用，供需双方应从合作的精神出发，建立供需协调管理机制，明确各自的目标和责任，建立合作沟通的渠道，为供应链的JMI提供有效的机制。建立供需协调管理机制需要从以下几个方面着手：

（1）确立共同合作目标

要建立联合库存管理模式，首先供需双方必须本着互惠互利的原则，确立共同的合作目标。为此，要理解供需双方在市场目标中的共同之处和冲突点，通过协商形成共同的目标，如客户满意度、利润的共同增长和风险最小化等。

（2）确定联合库存的协调控制方法

JMI中心担负着协调供需双方利益的角色，起协调控制器的作用，因此需要对库存优化的方法进行明确确定。这些内容包括库存如何在多个需求商之间调节与分配，库存的最大量和最低库存水平、安全库存的确定，需求的预测等。

（3）建立信息沟通的渠道

系统信息共享是供应链管理的特色之一。为了提高整个供应链的需求信息的一致性和稳定性，减少由于多重预测导致的需求信息扭曲，应增加供应链各方对需求信息获得的及时性和透明性，为此应建立一种信息沟通的渠道或系统，以保证需求信息在供应链中的畅通和准确性。要将条码技术、扫描技术、POS系统和EDI集成起来，并且要充分利用因特网的优势，在供需双方之间建立一个畅通的信息沟通桥梁和联系纽带。

（4）形成利益的分配与激励机制

要有效运行基于协调中心的库存管理，必须建立一种公平的利益分配制度，并对参与协调库存管理中心的各个企业（供应商、制造商、分销商或批发商）进行有效的激励，防止机会主义行为的产生，增加协作性和协调性。

2）充分利用信息系统

为了发挥联合库存管理的作用，在供应链库存管理中应充分利用目前各合作方的信息系统，并加以集成从而实现信息的实时准确交互。但各方的信息系统可能不兼容，因此应采用一些新技术把各个系统有机地结合起来，作为一个共同的信息交互平台，各方的数据可以在这里进行格式转换。

3）建立快速响应系统

快速响应系统在美国等西方国家的供应链管理中被认为是一种有效的管理策略，产生于20世纪80年代末的美国服装行业，目的在于减少供应链中从原材料到客户过程的时间和库存，最大限度地提高供应链的运作效率。

美国的 Kurt Salmon 协会调查分析认为，实施快速响应系统后供应链效率大有提高，缺货大大减少，通过供应商与零售商的联合协作保证24小时供货；库存周转速度提高1~2倍；通过敏捷制造技术，企业的产品中有20%~30%是根据客户的需求而制造的。快速响应系统需要供需双方的密切合作，因此协调库存管理中心的建立为快速响应系统发挥更大的作用创造了有利的条件。

4）充分发挥第三方物流的作用

第三方物流企业可以负责从供方到需方的物流管理，尤其是联合仓的管理；通过第三方物流公司和供需双方交流互通信息；就交易规则与库存中心进行谈判，并定期协调库存中心之间的行为。把供应链中联合库存的工作交给第三方物流公司，能够极大地提高整个供应链的效率和服务水平，从而达到供应链优化，实现整个价值网络快速增值的目标。

使用第三方物流来进行联合库存管理，可以为企业获得诸多好处：使企业集中于核心业务、获得一流的物流咨询、降低供应链库存持有水平、减少成本。

12.3.3
JMI 绩效评价

要实现供应链环境下有效的联合库存管理并进行供应链库存管理优化，绩效评价是不可缺少的工作。

1）JMI绩效评价的作用

对联合库存控制绩效评价，可以产生以下作用：

（1）追踪JMI任务目标的达到程度，并对其执行情况作出不同层次的量度，以现有库存控制水平为基础，制定相应标准，从而能够事先对库存进行控制。

（2）根据库存控制绩效评价结果判断JMI计划和任务的可行性与准确性。

（3）根据绩效评价进一步对供应链库存控制进行改善，从而提出新的库存控制目标与控制方法。

（4）根据绩效评价判断现有库存管理对整体（或局部）供应链作出的贡献，衡量供应链本身的竞争能力，以制订今后的发展战略规划。

2）JMI绩效评价的原则

（1）以价值为中心。采用能反映供应链管理模式下库存控制流程的绩效指标体系，在界定和衡量管理绩效时力求精确，以有价值的结果为中心来对绩效进行界定。

（2）总体性原则。拟定供应链库存控制系统的总体目标，重点对关键绩效指标进行分析。

（3）关联性原则。绩效评价指标要能反映整条供应链库存控制情况，而不仅仅是反映单个节点企业库存控制。将库存控制绩效指标的维度与满足供应链内部与外部的需要联系起来，采用供应商、制造商及客户之间关系与供应链外部客户的满意程度相结合的指标，以反映整体供应链库存服务水平。

在绩效评价中，可根据实际动作情况，将一些超出库存控制要求的工作绩效也包括进来，这些工作价值超出了库存管理工作的必需或带来了更大的价值增值，例如，控制在制品库存水平时，促进了生产作业物流流程的改善，或在优化仓库利用率时，改进产品包装以节约包装材料成本等。

3）JMI绩效评价指标体系

根据联合库存管理的基本特征和目标，联合库存管理绩效评价指标应该能够恰当地反映供应链整体库存控制状况以及上下节点企业之间的运营关系，而不是单独地评价某一节点企业的库存运营情况。联合库存绩效评价可以选取成本、质量和整合3个一级指标，进一步包括资金占用、仓库利用、响应性、安全性、准确性、客户服务水平、供应链成员合作水平的7个二级指标以及18个三级指标，从而形成一个比较完整的供应链库存管理绩效评价指标体系。

（1）成本指标

成本指标衡量的是供应链库存管理所产生的资源消耗。成本管理是供应链库存管理的最基本任务，成本的高低直观反映了供应链库存管理绩效在市场中的竞争水平。供应链库存管理所消耗的成本不仅指各种库存管理活动费用的支出，还包括其他各种资源的发生费用。供应链库存成本指标包括资金占用和仓库利用两个二级指标。

资金占用包括订货成本、缺货成本、存储成本、运输成本、搬运（或装卸）成本和库存信息传递成本。订货成本是指供应链向外订货所产生的一系列费用，包含了从订单的确认到最终到货整个过程。订货成本主要包括订货手续费、电话费、传真费、差旅费、押运费以及收货、货物验收、入库费用和货款支付手续费等。需要注意的是，供应链内部企业之间的订购费用不包含在订货成本之中，而是归于库存信息传递成本。缺货成本是指整条供应链上由于缺货所产生的损失费。如内部缺货造成的生产损失、外部缺货造成的销售损失和信誉损失、弥补缺货的加班补贴费用以及改变运输方式所付出的费用等。存储成本是指在供应链内保持存货而发生的成本，即货物从供应链上游入库到供应链下游出库期间所发生的所有费用。这里的存储成本不仅包括存货占用成本、保险费以及保管人员薪金，还包括在供应链内部各个环节之间的货物装卸搬运费用和运输费用等。运输成本是供应链各节点企业之间以及供应链对外部客户的运输成本。库存信息传递成本是指供应链上伴随着产品运动而产生的信息沟通的费用。供应链上成员企业之间的协同合作需要进行信息的传递，比如，在产品的发送、分拣、接收和储存中都伴随着信息的沟通。并且随着信息技术和设备的不断应用与改进，库存信息传递成本在库存成本中所占的比例越来越大。

仓库利用是指对仓库中各种资源的利用程度，主要用仓容利用率和设备利用率来衡量。仓容利用率是指仓库的有效利用程度，主要通过仓库在面积和容积等方面的利用情况来反映仓库资源是否得到有效利用。如果仓容利用率是一个很低的水平，代表着供应链库存管理存在着资源浪费，仓容利用率的合理化是提高仓库有效利用的重要途径之一。随着仓库的立体化和自动化程度的提升，仓库的存储设备也在不断更新和升级，其单件购买成本也呈现越来越高的趋势，提高仓库设备的利用率成了库存管理者必须关注的问题。同仓容利用率相似，设备利用率是指仓库设备在设备数量、工作时间和工作能力等方面的有效利用程度。

（2）质量指标

质量指标用于衡量供应链库存管理的运作质量。供应链库存管理除控制好库存管理的成本外，另一项重要的任务就是实现库存活动的高效运作。供应链库存质量体现在响应性、安全性和准确性三个方面。

响应性是指货物在供应链内停留时间的长短，用库存周转率和订单处理速度来衡量。库存周转率通常是指企业在一定时期内销售库存成本同平均库存成本的比率，用来反映存货的流动性是否合理。在供应链环境下，库存周转率体现了供应链各个成员企业对市场的响应能力，对供应链的库存管理有非常重要的意义，提高库存周转率可以提高供应链各个环节的衔接程度，提高整个供应链库存管理的柔性。订单代表着客户的需求信息，订单处理的快慢对提高供应链库存管理效率至关重要。订单处理速度指的是从客户下订单到最终交货为止的整个过程中，订单在供应链上被分解、合并、分拣、运输和跟踪所花费的时间。

安全性是指仓储货物的完整性，用库存物资损毁率来表示。保存库存货物的完整无缺是库存的最基本功能，主要体现在数量和品种有无损减，质量上是不是完好。

准确性是影响仓储作业活动质量的主要因素，主要用物资收发正确率、分拣正确率和订单处理正确率来衡量。物资收发正确率是指物资出入库时收发正确的数量占总出入库量的比例，收发正确不仅指货物的种类、数量、金额不出现差错，还需要核对货物接收或发出的时间、发货目的地等。一旦由于工作人员审核不严格，发生了货物的错发或者错收，会给企业的收益和声誉造成严重的后果，甚至是无法估量的损失。分拣正确率是指一定时期内分拣准确数量占总分拣数量的比例。分拣活动是库存管理中最基本的活动之一，是提高库存管理绩效的重要途径。高的分拣正确率一方面可以提高库存效率，节省了大量的人力和物力，更为重要的是可以缩短物资的在库时间，保证库存物资在供应链上的通畅。订单处理正确率是指一定时期内正确处理的订单数量占总订单数量的比例。供应链的库存活动伴随着货物的出库和入库，必定涉及纷繁的订单，各种各样的订单在处理过程中很容易产生错误，从而导致后续环节如分拣、配送等活动出现错误，严重影响库存管理的绩效。

（3）整合指标

供应链库存管理整体绩效最优才是真正的最优。供应链库存管理就是要消除链上企业各自为政的管理格局，实现一加一大于二的整体效益。因此，对于供应链库存管理绩效的评估，必须要考虑供应链上各企业间的协同整合。高水平的客户服务要求供应链成员企业在追求库存低成本的同时考虑库存高效率，是促成供应链库存管理低成本与高质量协调平衡的重要因素。而最终要实现供应链的整合离不开成员企业间的密切合作，通过加强供应链各个环节之间的合作，有利于提高库存活动的效率，同时节约库存成本。因此，整合指标包含了客户服务水平和供应链成员合作水平两个二级指标。

客户服务水平由准时交货率和订货满足率来衡量。准时交货率用来反映供应链库存在规定时间满足客户交货需求的能力，是供应链库存运营绩效的重要衡量指标。准时交货率低，表明供应链配套的库存能力达不到客户要求，换句话说对库存过程的组织管理跟不上供应链运行的步调；高的准时交货率则表明供应链库存的各个环节紧密协调，整体库存管理水平高。准时交货率一般用准时交货次数占总交货次数的比例来衡量。订货满足率反映了供应链的连续供货能力，具体表示为立即满足的客户订货量占客户总的订货量的比例。订货满足率是供应链生产和销售连续性的重要保证，订货满足率越高，客户的满意度也就越高。

供应链成员合作水平用供应链一致性、库存连通性、库存标准化和平均合作年数来体现。供应链一致性表示的是供应链上各节点在制订库存计划时的一致程度，如目标一致、库存策略一致，体现了成员企业间的协调统一性。供应链上的企业都是独立的企业法人，有各自的目标利益，如果不加强各个环节的沟通，建立供应链的一致性，供应链的库存绩效必定无法实现整体最优。库存连通性是指供应链上货物和库存信息在成员企业间的流动畅通程度。供应链的库存管理绩效很大程度上依赖于库存信息在上下游企业之间的有效沟通。影响信息畅通的因素有很多，比如，各个成员企业的差异性、库存信息系统的不完善、供应链衔接的不确定性。提高供应链企业之间的信息沟通的频率和深度，有利于消除"牛鞭效应"，减少不必要的货物流程，降低储存和物资流通成本。库存标准化用来体现供应链上合作企业库存模式、库存活动流程的匹配性。加强供应链库存的标准化，可以优化库存流程，提高库存效率，有效地解决自动化库存设备的整合与优化问题，通过提高供应链整体的集成化和自动化来改善库存管理绩效。平均合作年数用来反映供应链成员企业的合作关系的稳定性，通常情况下合作年数越多，代表着合作关系越稳定。稳定的合作关系不仅增强企业彼此之间的信任，提高库存的效率，还有利于简化库存业务程序，降低库存管理的成本。

12.3.4
JMI的保障措施

1）建立第三方物流合作与约束机制

信息化是联合库存正常运行的关键。建立第三方物流合作关系，通过第三方物流对供应链上信息与资源的有效掌控，及时发送各种信息给各个部门，有效避免因各部门独立运作而带来的信息沟通不畅、各个环节脱节等问题。

第三方物流对信息整体协调和控制是战略层面的创新与改革，但在具体实施过程中，仍要以完善的信息技术作保证，对数据信息严密设置，建立备份系统，以保证资源管理在任何情况下正常运行。

2）建立供应商评价与考核机制

整条供应链最上游是供应商，建立完善的供应商管理体制对整个供应链的有效运作起到了重要作用。建立供应商的评价和考核机制，需要实施具体操作方案，例如，对供应商的产品质量、交货期、工作质量、价格、进货费等指标进行考核。考核需要量化的指标和数据，并对各个指标施以权重。最后得出各个供应商综合值。为保持严密性，尽量减少人员的参与，对信息采取不公开政策。同综合值高、信誉度好的企业建立长期合作关系，对综合值低、信誉度差的企业进行跟踪调研，甚至排除。定期对供应商进行评价和考核，能及时了解供应商的信誉度和原材料质量优劣，避免采购人员与供应商的私下合作。

3）建立客户合作伙伴关系管理机制

建立客户关系的三级管理，第一级对客户进行研究，确立与合作伙伴关系的战略定位。对不同的客户采取不同的合作策略。第二级从潜在的合作伙伴中选择目前可以合作的企业，哪些企业有潜力在未来进入合作伙伴集合中，即确定合作伙伴基础数据库的构成。对长期合作的大客户进行跟进管理与合作。第三级根据不同类型的合作关系，建立正式的评估绩效的指标体系，并且根据不同类型的客户设计合作伙伴关系的优化策略。

4）内部人员约束机制

人员的管理是所有管理得以实现的基础，所以必须对其员工进行严格的管理。建立约束机制保障供应链的正常运行，不会因为人员内部原因影响供应链的运转。

建立员工审核机制，对员工的学历、能力、工作表现进行核查，录入档案管理。定期对其表现记录进行不断的更新，建立相应的奖惩手段以鼓励员工。建立内部人员的约束机制，尤其是关键部门，严格保证供应链流程的信息保密。实行相应规划保证流程信息不跨部门内部传递，交由第三方物流信息中心统一发布、管理信息。避免内部人员私下运作。

◆ 小结和学习重点与难点

本章系统介绍了供应链库存管理的概念、供应链库存形成的原因、供应链库存管理存在的问题及改进的方向。并重点介绍了供应商管理库存（VMI）和联合库存管理（JMI）两种供应链库存管理策略。

库存作为缓冲存在于供应链的各个环节，包括供应商、制造商、分销商和零售商所保存的原材料、半成品以及产成品。

供应链库存管理是指将库存管理置于供应链之中，以降低库存成本和提高供应链市场反应能力为目的，从点到链、从链到面的库存管理方法。供应链库存管理的目标服从于整条供应链的目标，通过对整条供应链上的库存进行计划、组织、控制和协调，将各阶段库存控制在最小限度，从而削减库存管理成本，减少资源闲置与浪费，使供应链上的整体库存成本降至最低。

供应链库存形成的原因主要在于两个方面：一方面是为满足正常的生产运作的需要；另一方面是供应链的不确定性因素。

供应链的不确定性表现在两个方面：衔接不确定性和运作不确定性。

供应商管理库存（VMI）是供应商等上游企业基于其下游客户的生产经营、库存信息，对下游客户的库存进行管理与控制。

VMI的运作模式主要有四种情况：供应商—制造商（核），供应商—零售商（核），第三方物流企业的参与模式，核心企业（一般为制造商）—分销商（或零售商）。

联合库存管理（JMI）是一种在VMI的基础上发展起来的供应商与用户权利责任平衡和风险共担的库存管理模式。

联合库存管理主要有四种实现形式：货存供方的联合库存管理形式、货存需方的联合库存管理形式、货存第三方的联合库存管理形式、客户铺底的联合库存管理形式。

本章的学习重点是供应商管理库存（VMI）和联合库存管理（JMI）。

本章的学习难点是VMI的不同运作模式。

◆ 前沿问题

供应链库存管理新技术——共同预测、计划与补给

VMI和JMI被证明是比较先进的库存管理办法，但VMI和JMI存在一些缺点。随着现代科学技术和管理技术的不断提升，VMI和JMI中出现的种种弊端也得到改进，提出了新的供应链库存管理技术，CPFR（共同预测、计划与补给）。CPFR有效地解决了VMI和JMI的不足，成为现代库存管理新技术。协同规划、预测和补给（Collaborative Planning Forecasting & Replenishment，CPFR）是一种协同式的供应链库存管理技术，它能同时降低销售商的存货量，增加供应商的销售量。

CPFR最大的优势是能及时准确地预测由各项促销措施或异常变化带来的销售高峰和波动，从而使销售商和供应商都能做好充分的准备，赢得主动。同时CPFR采取了一种"双赢"的原则，始终从全局的观点出发，制定统一的管理目标以及方案实施办法，以库存管理为核心，兼顾供应链上的其他方面的管理。因此，CPFR能实现伙伴间更广泛深入的合作，主要体现了以下思想：（1）合作伙伴构成的框架及其运行规则主要基于消费者的需求和整个价值链的增值。（2）供应链上企业的生产计划基于同一销售预测报告。销售商和制造商对市场有不同的认识，在不泄露各自商业机密的前提下，销售商和制造商可交换他们的信息和数据，来改善他们的市场预测能力，使最终的预测报告更为准确、可信。供应链上的各公司则根据这个预测报告来制订各自的生产计划，从而使供应链的管理得到集成。（3）消除供应过程的约束限制。这个限制主要就是企业的生产柔性不够。一般来说，销售商的订单所规定的交货日期比制造商生产这些产品的时间要短。在这种情况下，制造商不得不保持一定的产品库存，但是如果能延长订单周期，使之与制造商的生产周期相一致，那么生产商就可真正做到按订单生产及零库存管理。这样制造商就可减少甚至去掉库存，大大提高企业的经济效益。

CPFR模式的建立和运行离不开现代信息技术的支持。CPFR信息应用系统的形式有多种，但应遵循以下设计原则：现行的信息标准尽量不变，信息系统尽量做到具有可缩放性、安全、开放性、易管理和维护、容错性、鲁棒性等特点。

（资料来源 佚名. 供应链库存管理 [EB/OL]. [2016-08-16]. http://wenku.baidu.com/view/64ed47d5102de2bd97058814.html.）

◆ 案例探讨

佳友公司的联合库存管理

金士力佳友（天津）有限公司是天士力集团旗下的一家公司，成立于2005年2月。金士力佳友依托天士力集团品牌优势和产品科技优势，生产和研制的多种产品，是一家典型的快速消费品企业，保健品有芪参茶、人参源胶囊、银杏叶滴丸、润生软胶囊等品种，日化产品如帝兰、夏梵娜、金丽娇妍、舒宜等护肤品、日用品品牌及保洁产品等品牌。

1）佳友实施联合库存管理前的库存管理现状

（1）佳友原材料的库存管理策略

金士力佳友公司的原材料主要分为日化品原料和保健品原料两大部分。原材料库分别

存放生产所需的各种原材料，日化品原料库存放的原料如柠檬酸、还童素、海藻糖、光甘草定、甘油以及化学原料等，保健品原料库存放的原料如葛根、枳椇子、山楂、茯苓、白术、五味子、甘草等原料。佳友所需物料品种繁多、单价高低悬殊、存量多寡不一，而且各种物料的特性不尽相同。为了使库存控制更方便有效，佳友采用了ABC库存分类法，把物料分成三类。库存管理的重点放在A类物料的控制上，A类物资资金占用大，对生产非常关键，采取了从严控制策略。根据定期订货法，A类产品一周订一次货。B类物资资金占用中等，使用频率高的，采用与A类物资相同的从严控制策略，两周订一次货。对C类物资则采用了较宽松的控制措施，一个月订一次货。

（2）佳友的存货结构状况

佳友的存货主要由原材料、在产品、库存商品等构成。原材料从2008年至2011年，呈大幅上升趋势，所占比重一直在增大，一方面是企业看好销售前景，提前大量采购原材料；另一方面是因预期原材料将要大幅度涨价，管理者事先囤积，提前大量采购原材料。但原材料比重过大，导致储备成本的增加，所以应限制在能够保证再生产正常进行的最低水平上。在产品、库存商品、低值易耗品、委托加工物资在三年里所占比例比较稳定，上升趋势平稳，控制措施较好。原材料的持续大幅上升与在产品的下降应值得高层管理者密切关注。存货比例的合理构成有待解决。

（3）佳友公司产成品的库存状况

佳友产成品的库存统计情况显示：规格为120g/瓶的夏梵娜防晒霜库存数量16 300瓶，库存金额达到了1 711 500元，可销天数达到了170.82天。活性微生物袜子日均销量仅12盒，库存还有5 005盒，可销天数达到了417天，属于典型的滞销品种。而规格为20袋/盒的芪参茶日均销售3 425.05盒，属于畅销品种，当期的库存量仅有12 400盒，仅够3.62天的销售，极易出现断档，影响销售。佳友的产成品突出表现在滞销品种的存量和可销天数过大，大量储备该滞销品不但会导致库存持有成本的增加，还会产生相应的过期、失效及破损风险。严重影响了库存周转速度，同时部分畅销品种的库存量则明显不足，这将对销售产生负面影响。

通过以上分析，从供应链库存管理的角度看，公司的库存水平较高、库存风险较大。

2）佳友公司实施联合库存管理模式的选择

佳友公司属于快速消费品行业，受消费趋势、季节与周期性、销售渠道、响应速度、物流成本等的影响，同时佳友公司的保健和护肤品等产品均趋向个性化。因此需求的差异性和不确定性较大，造成了每次批量不定、需求计划不确定。供应方及时补给受限。导致库存不断升高。如果只选择四种理论模式中的一种，那么哪种模式都不能完全适合佳友公司的现况。因此，根据佳友的实际状况，佳友公司的原材料管理采用货存需方的联合库存管理模式，产成品采用产销联合库存管理模式，部分管理功能外包给TPL。该模式简称JY-JMI模式。

3）JY-JMI模式的实施

供需双方要建立JY-JMI中心，采用联合库存协调控制方法，如图12-7所示。JY-JMI中心起着协调双方的利益的作用，供需都是经过供需双方协调。佳友和供应商良好的沟通、协调是实施JY-JMI的关键。采购管理、库存控制是JY-JMI策略实施的核心内容，因此制定合理的方案措施，是供需双方的共同目标。

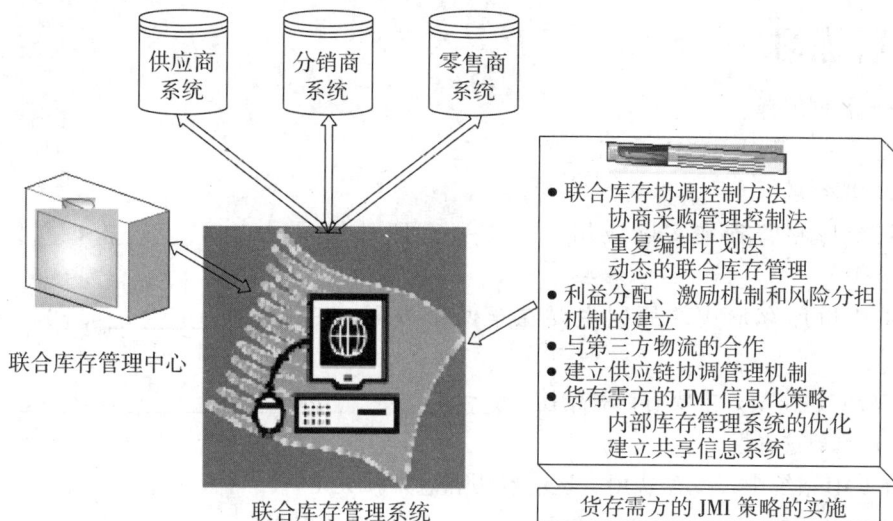

图12-7 佳友实施 JY-JMI 的构造模式

4）佳友实施 JY-JMI 的效果

（1）提高了供应链运作效率

JY-JMI 的实施涉及企业的各个部门，从市场预测、产品开发、采购、生产到销售、售后服务，企业需要将各个阶段的信息集成起来，使信息能够快速传递、处理与反馈，实现信息的内部集成化管理。外部信息共享系统的建立，协调了供应链各节点企业的运营，真正建立了供应链的战略合作关系，提高合作伙伴间的诚信度。因此内外系统的整合，提高了网状供应链的整体效率。

（2）提高了需求预测的准确性

掌握不准和缺少快速优化编制计划工具，导致计划不准，以至于无法应对市场的需求和变化。实施 JY-JMI 后，佳友公司通过信息共享，双方的信任程度和协作程度增强，避免了供应链中需求信息传递中的失真现象，有利于提高需求预测的准确度。佳友公司可以作出相对准确的需求预测，并以此来调整生产计划。

（3）降低了库存量

实施 JY-JMI 后，佳友采用滚动式生产方式，改变以前的推动式生产方式，供需双方并行协调工作，对销售、生产进度、库存状况、生产计划等信息同时考虑，及时协调，响应速度快，各种问题能共同提前解决，提高了供应链的柔性，库存也随之降低。

（4）合作各方实现多赢的局面

佳友、供应商、经销商、分销商、第三方物流公司实现了价值的最大化。佳友能及时从共享系统合作中获得零售商和分销商的销售信息和库存信息，预测未来的市场需求变化，能更好地规划内部的生产能力和生产资料管理。供应商能共享佳友的物料库存信息，提高了供应商的应变能力，可以自动补货。分销商和经销商可以有效地降低存货水平和资金占有率，降低库存量。

思考题：

1.佳友公司在实施联合库存管理前的库存管理存在哪些问题？

2.佳友公司实施了哪种模式的联合库存管理？效果如何？

◆ 课后练习

（一）名词解释

供应链库存管理　VMI　JMI

（二）填空题

1.联合库存管理在实际应用时，主要有四种实现形式：_____；_____；_____；_____。

2.供应链库存形成的原因主要在于两个方面：一方面是_____；另一方面是_____。

3.VMI的运作模式主要有四种情况：_____，_____，_____，_____。

（三）单项选择题

1.在VMI系统中，库存费用、运输费用和意外损失由（　　）。

A.供货商承担　　　　　　　　　　B.用户承担

C.所有上游企业分摊　　　　　　　D.供货商和用户分摊

2.在下列JMI绩效评价指标中，用于衡量供应链库存管理的运作质量的指标是（　　）。

A.响应性、安全性和准确性　　　　B.资金占用和仓库利用水平

C.客户服务水平　　　　　　　　　D.供应链成员合作水平

3.实现VMI（供应商掌握用户库存）最大的受益者是（　　）。

A.用户　　　　　B.批发商　　　　　C.供应商　　　　　D.物流企业

4.（　　）的主要思想是供应商在用户允许下设立库存，确定库存水平和补给策略，拥有库存控制权。

A.自动库存补给法　　　　　　　　B.共同库存管理法

C.联合库存法　　　　　　　　　　D.VMI

5.供应链中各节点共同制订库存计划，任何相邻节点需求的确定都是供需双方协调的结果，这样的库存控制方法称为（　　）。

A.联合管理库存　　　　　　　　　B.供应商管理库存

C.供应商一体化　　　　　　　　　D.有效客户响应

（四）多项选择题

1.供应链库存管理的目标，是通过（　　），使供应链上的整体库存成本降至最低。

A.削减库存管理成本

B.减少资源闲置与浪费

C.对整条供应链上的库存进行计划、组织、控制和协调

D.服从于整条供应链

2.VMI实施的原则有（　　）。

A.合作性原则　　　　B.互利性原则　　　　C.互动性原则

D.目标一致原则　　　E.持续改进原则

（五）简答题

1.供应链库存形成的原因是什么?

2.VMI的优势和不足是什么?

3.JMI的思想是什么? 与VMI的区别是什么?

（六）论述题

如何对联合库存管理绩效进行评价?

第13章

招标采购

◆ **学习目标**

通过本章的学习，使读者了解招标采购的内涵，招标采购的分类，招标采购的特点与招、投标采购的条件和要求，以及招标投标法与招标公证；掌握招、标投标的基本程序，招标人与投标人的条件，招、投标采购文件的编写与递交，评标体系的建立及运作过程。

◆ **基本概念**

招标采购　招标公证　招标投标法　招标文件　投标文件

引导案例　　　　　　　　**扬子石化货比三家：挑准供应商**

人们购物时，总要货比三家，细心挑选满意的商品；同样，对于企业物资采购工作来说，为了确保供应质量，更要遵循"性价比最优，总成本最低"的原则，货比三家，仔细考量。扬子石化通过招投标采购，寻找最适合的供应商。2012年1至6月，扬子石化累计招标40次（不包括框架协议采购），招标金额超过1.8亿元，节约资金近5 000万元，节约率达27%。

1）完善制度，强化规范

为了进一步推进招标采购工作，按照总部的相关要求，扬子石化相继出台了招标采购管理办法、框架协议采购实施细则以及专家采购管理办法等一系列配套制度，为招标采购的规范运作奠定了基础。公司成立了招标采购领导小组，并指定由物资供应部门的相关负责人专职为招标工作牵头、协调，统一确定评委、统一组织开评标，解决了以往按分管物资品种确定招标负责人、对招标流程解读不统一、评标原则差异大等问题，规范了招标管理。该公司还建立起较为完善的物资招标采购监督体系，严格控制"事前、事中、事后"

这3个重要环节，实现招标公开、公平、公正，有力地促进了招标采购工作合法合规、有序开展。

2）推进专家采购

专家在实现采购性价比最优目标的过程中，发挥了难以替代的突出作用。4月以来，扬子石化已经组建了涵盖8大类专业和23个细分专业的采购专家库，目前，库中有采购专家103名，其中非采购部门专家占总数的73%。

在扬子石化PTA改造氧化反应第二冷凝器招标中，专家根据物资采购参考计价方式进行价格测算，测算底价为630万元，而3家供应商的报价不尽相同。专家评标时指出，需对其中的最低价是否合理进行深入研究和判别。专家核对了供应商的分项报价后，发现供应商的报价差异主要存在于某设备配件的加工制作费。经过市场调研和价格测算，评委会确定了报价合理、加工费也相对较低的厂家为中标方。

3）框出"真金白银"

在招标采购中，框架采购正日益发挥着巨大作用。近年来，扬子石化在推进框架协议采购上下足了工夫，使框架采购协议数量逐年上升，框架采购比例持续提高，不仅提高了框架协议质量，而且"框"出了实实在在的效益。2011年11月，该部启动了2012年度框架协议签订工作，加快推进新一轮框架协议采购招标、报批等工作。他们首先规定，凡符合招标条件的，均应通过电子商务网上招标签订框架采购协议；对于单一品种、年采购量预计超过100万元的大宗和通用类物资，必须招标；扬子石化电子商务网内供应商数量不能满足招标要求的，可引入兄弟单位优秀供应商参与竞争；通过办公自动化系统，把与23个独家供应商签订框架协议的预案在全公司范围内进行公示。

据统计，2011年扬子石化框架协议采购品种达191种，框架协议招标69次，招标比率为36.13%。

（资料来源 佚名. 货比三家：挑准供应商［EB/OL］.［2012-09-10］. http：//www.sinopecnews.com.cn/wz/content/2012-09/10/content_1210623.shtml.）

招标投标制作为市场经济条件下一种重要的采购及竞争手段，应用于企业、政府、军队、科研事业单位和联合国总部等公共部门的采购工作中，可有效地节约采购资金，杜绝关系货、人情货，切实保证采购商品货比三家，争取采购商品质量和价格达到最优化。招标采购是国家正在大力推行的采购方式，具有公开、透明、公平、公正的性质，实施招标采购将是一项务实之举。那么如何进行招标采购呢？它涉及哪些问题呢？

13.1
招标采购概述

13.1.1
招标采购的内涵、分类及特点

1）招标采购的概念

招标采购是通过在一定范围内公开购买信息，说明拟采购物品或项目的交易条件，邀请供应商或承包商在规定的期限内提出报价，经过比较分析后，按既定标准选择条件最优的投标人并与其签订采购合同的一种采购方式。

招标采购是在众多的供应商中选择最佳供应商的有效方法。它体现了公平、公开和公正的原则。通过招标程序，招标企业可以最大限度地吸引和扩大投标方之间的竞争，从而使招标方有可能以更低的价格采购到所需要的物资或服务，更充分地获得市场利益。招标采购方式通常用于比较重大的建设工程项目、新企业寻找长期物资供应商、政府采购或采购批量比较大等场合。

2）招标采购的分类

不同的招标采购模式具有不同的特点和运作方式，企业在具体操作中往往根据自身特点进行选择。总体来看，目前世界各国和相关国际组织的有关采购法律、规则都规定了公开招标、邀请招标、议标等三种招标投标方式。

（1）公开招标

公开招标又叫竞争性招标，即由招标人在报刊、电子网络或其他媒体上刊登招标公告，吸引众多企业单位参加投标竞争，招标人从中择优选择中标单位的招标方式。实施公开招标采购后，交易在"阳光"下进行，质量低劣的商品就无法进入采购范围。另外，公开招标把采购商品置于公众的监督之下，企业采购商品的机密变成公开的经营活动，而这一活动又必然引起社会公众的关注，使企业能够在社会公众中树立廉洁高效的良好企业形象。按照竞争程度，公开招标可分为国际竞争性招标和国内竞争性招标。

①国际竞争性招标

这类招标方式是在世界范围内进行招标，国内外合格的企业均可以投标。它要求招标者制作完整的英文标书，在国际上通过各种宣传媒介刊登招标公告。例如，世界银行对贷款项目货物及工程的采购规定了三个原则：必须注意节约资金并提高效率，即经济有效；要为世界银行的全部成员国提供平等的竞争机会，不歧视投标人；有利于促进借款国本国的建筑业和制造业的发展。世界银行在确定项目的采购方式时都从这三个原则出发，其中国际竞争性招标是采用最多、占用采购金额最大的一种方式。

国际性竞争招标的特点是高效、经济、公平。世界银行根据不同国家和地区的情况，规定了凡采购金额在一定限额以上的货物和工程合同，都必须采用国际竞争性招标。对一般借款国来说，25万美元以上的货物采购合同、大中型工程采购合同，都应采用国际竞争性招标。我国的贷款项目金额一般都比较大，世界银行对中国的国际竞争性招标采购限额也放宽一些，工业项目采购凡在100万美元以上，均应采用国际竞争性招标来进行。

②国内竞争性招标

这类招标方式可用本国语言编写标书，只在国内的媒体上登出广告，公开出售标书，公开开标。它通常用于合同金额较小（世界银行规定一般50万美元以下）、采购品种比较分散、分批交货时间较长、劳动密集型产品、商品成本较低而运费较高、当地价格明显低于国际市场等情况下的采购。从国内采购货物或者工程建筑可以大大节省时间，而且这种便利将对项目的实施具有重要的意义。

在国内招标的情况下，如果外国公司愿意参加，则应允许它们按照国内竞争性招标参加投标，不应人为设置障碍，妨碍其公平参加竞争。国内招标的程序大致与国际竞争性招标相同。由于国内招标限制了竞争范围，通常国外供应商不能得到有关投标的信息，这与招标的原则不符，所以有关国际组织对国内招标都加以限制。

公开招标是为采购物料等，以公开方式延揽供应商制造该物料，事先应规定招标的有关规范，包括品质、投标手续、报价方式、交货期、运输、检验等。凡是符合资格规定的供应商均可参加公开竞标，并且以当众开标为原则，符合各项规定的报价最低的供应商优先赢得竞标。由于复杂工程或机械设备的招标必须详细核对各厂商所报的规格等才能经过评审决标，所以大多数招标无法在开标的当天办理决标。

（2）邀请招标

邀请招标也称有限竞争性招标或选择性招标，即由招标单位以投标邀请书的形式邀请5家以上特定的供应商参加投标的采购方式。当然，选择企业数量还要依据实际具体的招标项目规模大小等来确定。由于被邀请参加的投标竞争者有限，不仅可以节约招标费用，而且提高了每个投标者的中标机会。对技术含量高、技术支持及后续服务有特殊要求，且限于有限供应商能够满足供货条件的，多采用邀请招标形式采购。然而，由于邀请招标限制了充分的竞争，因此招标投标法规一般都规定，招标人应尽量采用公开招标。

按照国内外的通常做法，采用邀请招标方式的前提条件是对市场供给情况比较了解、对供应商或承包商的情况比较了解。在此基础上，还要考虑招标项目的具体情况：一是招标项目的技术新而且复杂或专业性很强，只能从有限范围的供应商或承包商中选择；二是招标项目本身的价值低，招标人只能通过限制投标人数来达到节约和提高效率的目的。邀请招标与公开招标相比，因为不用刊登招标公告，招标文件只送几家，招标周期大大缩短，这对采购那些价格波动较大的商品是非常必要的，可以降低风险。因此，邀请招标是允许采用的，而且在实际中有其较大的适用性。

但是，在邀请招标中，招标人有可能故意邀请一些不符合条件的法人或其他组织作为其内定中标人的陪衬，搞假招标。为了防止这种现象的发生，应当对邀请招标的对象所具备的条件作出限定，例如：被邀请的法人或其他组织应不少于3家；该法人或其他组织资信良好，具备承担招标项目的能力。前者是对招标范围的最低要求，以保证适当程度的竞争；后者是对投标人资格和能力的要求，招标人对此可以进行资格审查，以确定投标人是否达到这方面的要求。

（3）议标

议标也称谈判招标或限制性招标，是指直接邀请3家以上合格供应商就采购事宜进行谈判的采购方式。当采购方公开招标后，在没有供应商投标或没有合格中标者的情况下，或者是不可预见的急需采购，而无法按公开招标方式得到的就应采用议标方式。当投标文件的准备和制作需要较长时间才能完成或需要高额费用时，也往往采用议标方式。

议标的主要方式有以下几种：

①直接邀请议标方式

在这种方式下，选择中标单位不是通过公开或邀请招标，而是由招标人或其代理人直接邀请某一企业进行单独协商，达成协议后签订采购合同。如果与一家协商不成，可以邀请另一家，直到协议达成为止。

②比价议标方式

比价议标是兼有邀请招标和协商特点的一种招标方式，一般应用于规模不大、内容简单的工程承包和货物采购。通常的做法是由招标人将采购的有关要求送交选定的几家企业，要求它们在约定的时间提出报价，招标单位经过分析比较，选择报价合理的企业，就工期、造价、质量、付款条件等细节进行协商，从而达成协议，签订合同。

③方案竞赛议标方式

它是选择工程规划设计方案的常用方式。其一般做法是由招标人提出规划设计的基本要求和投资控制数额，并提供可行性研究报告或设计任务书、场地平面图、有关场地条件和环境情况的说明，以及规划、设计管理部门的有关规定等基础资料；参加竞争的单位据此提出自己的规划或设计的初步方案，阐述方案的优点和长处，并提出该项规划或设计任务的主要人员配置、完成任务的时间和进度安排、总投资估算和设计等，一并报送招标人；然后由招标人邀请有关专家组成评选委员会选出优胜单位，招标人与优胜者签订合同，而对未中选的参审单位给予一定补偿。

另外，在科技招标中，通常使用公开招标但不公开开标的议标，即招标单位在接到各投标单位的标书后，先就技术、设计、加工、资信能力等方面进行分析调整，在取得初步认可的基础上选择一个最理想的预中标单位，并与其商谈对标书的调整，如能取得一致意见，则可定为中标单位，若不行则再找第二家预中标单位。这样逐次协商，直到双方达成一致意见为止。这种议标方式使招标单位有更多的灵活性，可以选择到比较理想的供应商和承包商。由于议标的中标者是通过谈判产生的，不便于公众监督，容易导致非法交易，因此，我国机电设备招标规定中禁止采用这种方式。即使允许采用议标方式的采购，也大都对议标方式作了严格限制。

《联合国贸易法委员会货物、工程和服务采购示范法》规定，经颁布国批准，招标人在下述情况下可采用议标的方法进行采购：

①急需获得该货物、工程或服务，采用公开招标程序不切实际。这种情况还要求造成此种紧迫性的情况并非采购实体所能预见，也非采购实体自身所致。

②由于某一灾难性事件，急需得到该货物、工程或服务，而采用其他方式因耗时太多而不可行。

为了使得议标尽可能地体现招标的公平、公正原则，《联合国贸易法委员会货物、工程和服务采购示范法》还规定：在议标过程中，招标人应与足够数目的供应商或承包商举行谈判，以确保有效竞争，如果是采用邀请报价，至少应有3家；招标人向某供应商和承包商发送与谈判有关的任何规定、准则、文件、澄清或其他资料，应在平等基础上发送给正与该招标人举行谈判的所有其他供应商或承包商；招标人与某一供应商或承包商之间的谈判应是保密的，谈判的任何一方在未征得另一方同意的情况下，不得向另外任何人透露与谈判有关的任何技术资料、价格或其他市场信息。

3）招标采购的特点

由于现代企业运作管理越来越规范化，企业采购提倡透明化和公平竞争。招标采购作为最富有竞争性的一种采购方式，其采购量足够吸引投标人参标。与其他采购方式相比，招标采购具有以下特点：

（1）招标程序的公开性

公开性有时也指透明性，是指整个采购程序都在公开情况下进行，招标投标的基本原则是"公开、公平、公正"，将采购行为置于透明的环境中，防止腐败行为的发生。招标投标活动的各个环节均体现了这一原则，美国采购学者亨瑞芝将招标程序的公开性比喻为

"如在金鱼缸中"，人人都可洞察一切。

（2）招标程序的竞争性

招标作为一种规范的、有约束的、竞争性的采购程序，其竞争性充分体现了现代竞争的平等、信誉、正当和合法等基本原则，即在招标投标活动中，从招标、投标、评标、定标到签订合同，每个环节都有严格的程序和实施方法。这些程序和规则具有法律约束力，当事人不能随意改变。通过招标程序，可以最大限度地吸引和扩大投标人的竞争，从而使招标方有可能以更低的价格采购到所需的物资或服务，更充分地获得市场利益，有利于采购方经济效益目标的实现。

（3）招标程序的公平性

所有感兴趣的供应商、承包商和服务提供者都可以进行投标，并且地位一律平等，评选中标商应按事先公布的标准进行，不允许对任何投标商进行歧视；投标是一次性的，并且不允许同投标商进行谈判。所有这些措施既保证了招标程序的完整，又可以吸引优秀的供应商前来竞争投标。

（4）编制招、投标文件与一次成效

在招、投标活动中，招标人必须编制招标文件，投标人据此编制投标文件参加投标。招标人组织评标委员会对投标文件进行评审和比较，从中选出中标人。因此，是否编制招标、投标文件，是区别招标与其他采购方式的最主要特征之一。在一般的交易活动中，买卖双方往往要经过多次谈判后才能成交。招标则不同，在投标人递交投标文件后到确定中标人之前，招标人不得与投标人就投标价格等实质性内容进行谈判。也就是说，投标人只能一次报价，不能与招标人讨价还价，并以此报价作为签订合同的基础。

以上四个特点基本反映了招标采购的本质，也是判断一项采购活动是否属于招标采购的标准和依据。充分认识招标的特点，对于顺利招标、投标是非常重要的。但招标也有自身的缺点：①时间较长；②有时反而买到价格高的货物，其原因是招标书中技术规格要求过高或暗指某个厂商的产品，商务条款苛刻，甩给投标人的风险太大，分包不合理，抬高业绩要求使国内产品失去投标资格等；③一般买不到性能最好的产品。

13.1.2
招标投标的基本程序

在实际的工作过程中，招、投标工作是一项繁杂而又琐碎的工作，往往容易出现失误，导致企业的招标或投标工作不能顺利进行，严重的将影响企业生产、销售工作的正常进行。因此，一项科学规范的招标采购应由策划、招标、投标、开标、评标、定标和合同授予等部分组成。招、投标流程，包括发标方制作标书并组织招标、投标方根据标书内容制作投标书并进行投标、招标评审及中标信息发布等过程。

1）策划

招标活动是一项涉及范围很大的大型活动，因此，开展一次招标活动，需要进行周密的策划。招标策划主要应当做以下工作：

（1）明确招标的内容和目标，对招标采购的必要性和可行性进行充分的研究和探讨。

（2）对招标书的标底进行仔细研究。

（3）对招标的方案、操作步骤、时间进度等进行研究决定。例如，是采用公开招标还是邀请招标、是自己亲自主持招标还是请人代理招标、分成哪些步骤、每一步怎么进行等。

（4）对评标方法和评标小组进行讨论研究。

（5）把以上讨论形成的方案计划形成文件，交由企业领导层讨论决定，取得企业领导决策层的同意和支持，有些甚至还要经过公司董事会同意和支持。

以上的策划活动有很多诀窍。有些企业为了慎重起见，特意邀请咨询公司代理进行策划。

2）招标

招标是竞争性招标采购工作的准备阶段。公开招标采取通过报刊或者其他媒体发布招标通告，有兴趣投标的法人或者其他组织应当向招标人或者招标投标中介机构提交证明其具有圆满履行合同的能力的证明文件或者资料。招标人或者招标投标中介机构应当对提交资格预审申请书的法人或者其他组织作出预审决定，但应当通过报刊或者其他媒体发布资格预审通告。采用邀请招标程序的，招标人一般应当向3家以上有兴趣投标或者通过资格预审的法人或者其他组织发出投标邀请书。采用议标程序的，招标人一般应当向2家以上有兴趣投标的法人或者其他组织发出投标邀请书。招标人或者招标投标中介机构根据招标项目的要求编制招标文件，若需要对已售出的招标文件进行澄清或者非实质性修改的，一般应当在提交投标文件截止日期15天前以书面形式通知所有招标文件的购买者，该澄清或修改内容为招标文件的组成部分。招标公告发布或投标邀请书发出之日到提交投标文件截止之日，一般不得少于30天。对于同一招标项目，招标人或者招标投标中介机构可以分两阶段进行招标。第一阶段，招标人或者招标投标中介机构应当要求有兴趣投标的法人或者其他组织先提交不包括投标价格的初步投标文件，列明关于招标项目技术、质量或其他方面的建议，并可以与投标人就初步投标文件的内容进行讨论。第二阶段，招标人或者招标投标中介机构应当向提交了初步投标文件并未被拒绝的投标人提供正式招标文件。投标人根据正式招标文件的要求提交包括投标价格在内的最后投标文件。

3）投标

投标人应当按照招标文件的规定编制投标文件，并载明下列事项：①投标函；②投标人资格、资信证明文件；③投标项目方案及说明；④投标价格；⑤投标保证金或者其他形式的担保；⑥招标文件要求具备的其他内容。

投标文件应在规定的截止日期前密封送达投标地点，投标人有权要求招标人或者招标投标中介机构提供签收证明。投标人可以撤回、补充或者修改已提交的投标文件，但是应当在提交投标文件截止日之前，书面通知招标人或者招标投标中介机构。招标人或者招标投标中介机构应当对收到的投标文件签收备案。招标人或者招标投标中介机构对在提交投标文件截止日期后收到的投标文件，应不予开启并退还。

4）开标

开标应当由招标人或者招标投标中介机构主持，按照招标文件规定的时间、地点和程序以公开方式进行，并邀请评标委员会成员、投标商或其委派的代表和有关单位代表参加。开标前，应以公开的方式检查投标文件的密封情况，当众宣读供应商名称、有无撤标情况、提交投标保证金的方式是否符合要求、投标项目的主要内容、投标价格以及其他有价值的内容。开标时，对于投标文件中含义不明确的地方，允许投标商作简单的解释，但所作的解释不得超过投标文件记载的范围或改变投标文件的实质性内容。以电传、电报方式投标的，不予开标。开标应当作记录以便存档备查，其内容包括项目名称、招标号、刊登招标通告的日期、发售招标文件的日期、购买招标文件单位的名称、投标商的名称及报价、截标后收到标书的处理情况等。

在有些情况下，可以暂缓或推迟开标时间。如招标文件发售后对原招标文件作了变更或补充；开标前，发现有足以影响采购公正性的违法或不正当行为；采购单位接到质疑或诉讼；出现突发事故；变更或取消采购计划等。

5）评标与定标

评标应当按照招标文件的规定进行。招标人或者招标投标中介机构负责组建评标委员会。评标委员会按照招标文件的规定对所有投标文件进行评审和比较，并向招标人推荐1~3个中标候选人。对与招标文件规定有实质性不符的投标文件，应当决定其无效。招标人应当从评标委员会推荐的中标候选人中确定中标人。中选的投标者应当符合下列条件之一：

（1）满足招标文件各项要求，并考虑各种优惠及税收等因素，在合理条件下所报投标价格最低；

（2）最大限度满足招标文件中规定的综合评价标准。

除采用议标程序外，招标人或者招标投标中介机构不得在定标前与投标人就投标价格、投标方案等事项进行协商谈判。招标人或者招标投标中介机构应当将中标结果书面通知所有投标人。

6）签订合同

招标人与中标人应当按照招标文件的规定和中标结果签订书面合同。

13.2
招标采购文件

13.2.1
招标文件的编写

1）招标文件的概念

招标文件是招标人向投标人提供的为进行投标工作所必需的文件，旨在向其提供为编写投标文件所需的资料并向其通报招标投标将依据的规则和程序等项内容的书面文件。招标文件既是投标商编制投标文件的依据，又是采购人与中标商签订合同的基础。因此，招标文件在整个采购过程中起着至关重要的作用。

招标文件包括投标邀请、招标设备一览表、投标方须知、购销合同、投标文件格式，阐明需要采购货物或工程的性质，通报招标将依据的规则和程序，告知订立合同的条件。一套完整的招标文件是由两大部分组成的，即技术部分和商务部分。如果经过资格预审程序，招标文件可以直接发售给通过资格预审的供应商；如果没有资格预审程序，招标文件可发售给任何对招标通告作出反应的供应商。招标文件的发售，可采取邮寄的方式，也可以让供应商或其代理前来购买。如果采取邮寄方式，要求供应商在收到招标文件后要告知招标机构。

2）编制招标文件

招标文件是供应商准备投标文件和参加投标的依据，同时也是评标和签订合同所遵循的依据，招标文件的大部分内容要列入合同之中。因此，准备招标文件是非常关键的环节，它直接影响到采购的质量和进度。招标人或其委托的招标代理机构应当根据招标项目的特点和需要编制招标文件，并本着公平互利的原则，务使招标文件严密、周到、细致、内容正确。在招标文件中，招标人列明了评标的标准和方法，目的就是让各潜在投标人知道这些标准和方法，以便考虑如何进行投标，并最终获得成功。

编制招标文件是一项十分重要而又非常烦琐的工作，应邀请有关专家参加，必要时还要聘请咨询专家参加。在这个环节上，最重要的就是按照招标方的实质性要求和条件切实编制招标文件等。招标文件的编制要特别注意以下几个方面：

（1）所有采购的货物、设备或工程的内容，必须详细地一一说明，以构成竞争性招标的基础；

（2）制定技术规格和合同条款，不应造成对有资格投标的任何供应商或承包商的歧视；

（3）评标的标准应公开和合理，对偏离招标文件另行提出新的技术规格的标书的评审标准，更应切合实际，力求公平；

（4）符合本国政府的有关规定，如有不一致之处要妥善处理。

3）招标文件的内容

招标文件的内容要明白、严谨、细致，应当包括招标项目的技术要求、对投标人资格审查的标准、投标报价要求和评标标准等所有实质性要求和条件以及拟签订合同的主要条款，大致可分为三类：一类是关于编写和提供投标文件的规定；一类是关于投标文件的评审标准和办法；一类是关于合同的主要条款，其中主要是商务性条款。其中，技术要求、投标报价要求和主要合同条款等内容是招标文件的关键内容，统称实质性要求。

招标文件一般应包括的具体内容如下：

（1）招标人须知。其反映招标人的招标意图，每个条款都是投标人应该知晓和遵守的规则的说明，使投标商在投标时有所遵循。

（2）招标项目的性质、数量。

（3）技术规格。技术规格是招标文件和合同文件的重要组成部分，也是评标的关键依据之一。招标文件规定的技术规格应采用国际或国内公认、法定标准。

（4）招标价格的要求及计算方式。投标报价是招标人评标时衡量的重要因素，在招标文件中应事先提出报价的具体要求及计算方法，列明投标价格的一种或几种货币。

（5）评标的标准和方法。评标时只能采用招标文件中已列明的标准和方法，不得另定。

（6）交货、竣工或提供服务的时间。

（7）投标人应当提供的有关资格和资信证明文件。

（8）投标保证金的数额或其他形式的担保。招标人可以在招标文件中要求投标保证金或其他形式的担保（如抵押、保证等），以防投标人违约，并在投标人违约时得到补偿。中标人确定后，对落标的投标人应及时将其投标保证金退还。

（9）投标文件的编制要求。

（10）提供投标文件的方式、地点和截止时间。

（11）开标、评标的日程安排。

（12）主要合同条款。合同条款应明确将要完成的工程范围、供货的范围、招标人与中标人各自的权利和义务。除一般合同条款之外，合同中还应包括招标项目的特殊合同条款。

13.2.2

招标人与投标人的条件

1）招标人的条件

在招标过程中，项目法人称为招标人，即招标设备工程项目法人名称。招标人符合下列条件的，可以自行组织招标：

（1）具有独立承担民事责任的能力。

（2）具有编制招标文件和组织招标能力，有与采购招标项目规模和复杂程度相适应的技术、经济等方面的采购和管理人员。

（3）采购人员经过相关采购培训。招标人不符合前款规定条件的，必须委托招标代理机构代理招标。

我国《招标投标法》规定，招标项目按照国家有关规定需要履行项目审批手续的，应当先履行审批手续，取得批准。招标人应当有进行招标项目的相应资金或者资金来源已经落实，并应当在招标文件中如实载明。概括而言，招标人在招标程序开始前应完成两项准备工作：一是履行审批手续；二是落实资金来源。

2）招标代理机构

招标是一个系统工程，有一套完整的程序，每个环节都需要经过精心策划、周密组织、科学决策，需要由一个专门的执行机构对招标的全过程进行严密的组织和科学的管理。这是实现招标经济性和时效性的根本保证。国际上，招标的执行机构大致可分为常设和非常设两种，根据性质又可分为官方机构和民间组织两种。我国招标机构的组织形式与国外有所不同，招标的执行机构一般可分为两类：一类是招标代理机构；另一类是采购人自己。

招标代理机构属于中介服务组织，是指经国家招标投标主管机关的严格认证，具有相应的招标资质，受项目法人委托，在招标过程中负有相应责任，为市场主体提供招标服务的专业机构。招标代理机构的主要业务是接受政府、金融机构或企业等方面（以下简称采购人）的委托，以采购人的名义，利用招标的方式，为采购人择优选定供应商或承包商。按国家规定，招标代理机构向委托人（采购人）或中标人收取一定的服务费，少数机构也可从国家得到部分资金的支持。我国招标代理机构，有的专门从事国内招标业务，有的专门从事国际招标业务。

招标代理机构的性质、地位和职能决定了其招标具有客观性、公正性和权威性。在组织招标的过程中，招标代理机构不仅要接受委托人和投标人的监督，还要接受政府和社会的监督，也受到执业资质考核和职业道德的约束。因此，招标代理机构可以更好地体现招标的组织性、规范性、公开性。

在招标过程中，招标代理机构还是联系采购人、投标人的桥梁，也是政府管理招标和采购人的采购行为的纽带。因此，鉴于招标代理机构独特的地位和作用，它应成为国家实施强制招标的最佳执行机构。

3）投标人资格条件

招标公告或者投标邀请书发出后，那些响应招标并购买招标文件，经过审查符合本次招标所规定的相应资质要求，参加投标的潜在投标人称为投标人。按照规定，投标人必须是法人或者其他组织，不包括自然人，但是，考虑到科研项目的特殊性，增加了个人对科研项目投标的规定，个人可以作为投标主体参加科研项目的投标活动。这是对科研项目投标的特殊规定。

参加投标活动必须具备一定的条件，不是所有感兴趣的法人或经济组织都可以参加投标，国家有关规定对投标人资格条件或者招标文件对投标人资格条件一般都有相应的规定。合格的投标人应具有圆满履行合同的能力，具体应符合下列条件：

（1）与招标文件要求相适应的人力、物力和财力。

（2）招标文件要求的资质证书和相应的工作经验与业绩证明。如水利部等专业管理部门对承揽重大建设项目都有一系列的规定，对于参加国家重点建设项目的投标人，必须达到甲级资质。

（3）法律、法规规定的其他条件。

13.2.3

招标公告

标书编制出来以后，接下来就是发布招标公告或者定向发布投标邀请函（见小资料"招标公告""邀请函"）。采用公开招标方式采购的，招标采购单位必须在指定媒体上发布招标公告。采用邀请招标方式采购的，招标采购单位应当在指定媒体发布资格预审公告，公布投标人资格条件。资格预审公告的期限不得少于7个工作日。投标人应当在资格预审公告期结束之日起3个工作日内，按公告要求提交资格证明文件。招标采购单位从评审合格投标人中通过随机方式选择3家以上的投标人，并向其发出投标邀请书。

小资料

招标公告

北京卫戍区北苑经济适用房（安居）小区8#配电室及外电源工程设计招标公告

招标工程项目编号：CY1120120491K01

北京卫戍区北苑经济适用房（安居）小区8#配电室及外电源工程已具备设计招标条件，现决定对本工程的设计工作进行公开招标，择优选择承包单位。具体事宜公布如下：

一、招标人：中国人民解放军北京卫戍区经济适用住房建设办公室

二、工程名称：北京卫戍区北苑经济适用房（安居）小区8#配电室及外电源工程

三、工程地点：北京市朝阳区北苑路甲96号

四、招标内容：北京卫戍区北苑经济适用房（安居）小区 8#配电室及外电源工程设计方案优化、初步设计、施工图设计、工地代表施工现场服务

五、工程规模：新建小区配电室 1 座，新敷设高压电缆约 1 600 米及配套土建工程

六、资金来源：由中国人民解放军北京卫戍区经济适用住房建设办公室投资

七、资质等级要求：电力工程设计丙级（含）以上

八、工程质量要求：符合 合格 标准

九、招标人不接受投标申请人以联合体形式参与本工程设计投标

十、本工程设计招标采用资格后审

十一、报名及购买招标文件时须携带本人身份证、企业法人授权委托书，企业营业执照、企业资质等级证书（复印件并加盖公章）

1.报名及购买招标文件时间：2012 年 8 月 28 日—2012 年 9 月 3 日

上午 9：00—11：00，下午 1：30—4：00

2.报名地点：北京市崇文门外大街 44 号大康大厦 9 层

3.招标文件每套售价为人民币 300 元，售后不退

4.开标时间见招标文件

十二、联系方式：

招标人：中国人民解放军北京卫戍区经济适用住房建设办公室

招标代理机构：北京京供民科技开发有限公司

办公地址：北京市崇文门外大街 44 号大康大厦 9 层

邮政编码：100062　　联系电话：×××

传真：×××　　　　联系人：×××

（资料来源　北京市招投标公共服务平台.北京卫戍区北苑经济适用房（安居）小区 8#配电室及外电源工程设计招标公告［EB/OL］.［2012-08-28］.http://www.bjztb.gov.cn/zbgg/201208/t3873269.htm.）

招标公告的主要目的是发布招标信息，使那些感兴趣的供应商知悉，前来购买招标文件，编制投标文件并参加投标。因此，招标公告应包括哪些内容，或者至少应包括哪些内容，对潜在的投标企业来说是至关重要的。一般而言，在招标公告中，主要内容应为对招标人和招标项目的描述，使潜在的投标企业在掌握这些信息的基础上，根据自身情况，作出是否购买招标文件并投标的决定。公开招标公告应当包括以下主要内容：①招标采购单位的名称、地址和联系方法；②招标项目的名称、数量或者招标项目的性质；③投标人的资格要求；④获取招标文件的时间、地点、方式及招标文件售价；⑤投标截止时间、开标时间及地点。

13.3
投标文件

投标文件是唯一的评标证据，编制一份高质量的投标文件是企业在竞争中获胜的关键。要想编制一份高质量的投标文件就要精雕细镂，投标人应该根据招标项目的特点，抽调有关人员，组成投标小组。在编制投标文件的时候，投标人一定要确保投标文件完全响应招标文件的所有实质性要求和条件。

13.3.1

投标文件及其种类

投标人应认真研究、正确理解招标文件的全部内容，按要求编制投标文件并对招标文件提出的实质性要求和条件作出响应。招标项目属于建设施工的，投标文件的内容应当包括拟派出的项目负责人与主要技术人员的简历、业绩和拟用于完成招标项目的机械设备等。这就要求投标人必须严格按照招标文件填报，不得对招标文件进行修改，不得遗漏或者回避招标文件中的问题，更不能提出任何附带条件（见小资料"投标函格式"、"法人代表授权书"）。

投标文件一式18份（2正16副），包括价格表（表中项目除价格数字外都要填写）及报价说明，一式6份，通常可分为：

1）商务文件

这类文件是用以证明投标人履行了合法手续及招标人了解投标人商业资信、合法性的文件，一般包括投标保函、投标人的授权书及证明文件、联合体投标人提供的联合协议、投标人所代表的公司的资信证明等。如有分包商，还应出具资信文件供招标人审查。

2）技术文件

如果是建设项目，则包括全部施工组织设计内容，用以评价投标人的技术实力和经验。技术复杂的项目对技术文件的编写内容及格式均有详细要求，投标人应当认真按照规定填写。

3）价格文件

这是投标文件的核心，全部价格文件必须完全按照招标文件的规定格式编制，不允许有任何改动，如有漏填，则视为其已经包含在其他价格报价中（见小资料"投标报价书"）。

小资料

投标函格式

致：×××采购中心

根据贵方"_____采购项目"的第____号采购要求，正式授权下述签字人（姓名）代表投标人_____（投标单位全称），提交投标文件正本____份，副本____份。

据此函，签字人兹宣布同意如下：

（1）按采购文件规定提供交付的投标总价为_____（大写）元人民币。

（2）我们根据采购文件的规定，严格履行合同的责任和义务，并保证于买方要求的日期内完成并交付买方验收、使用。

（3）我们已详细审核全部采购文件，包括采购文件修改书（如果有的话）、参考资料及有关附件，我们知道必须放弃提出含糊不清或误解的问题的权利。

（4）我们同意从投标人须知规定的日期起遵循本投标书，并在投标人须知规定的谈判有效期之前均具有约束力。

（5）如果在开标后规定的谈判有效期内撤回投标，我们的投标保证金可被贵方没收。

（6）同意向贵方提供贵方可能另外要求的与投标有关的任何证据或资料。

（7）我们完全理解贵方不一定接受最低报价的投标。

（8）与本投标有关的通信地址：

电话：_____　传真：_____

投标人代表姓名（签字）：_____（公章）

日期：

小资料

法人代表授权书

本授权书声明：_____公司（工厂）的_____（法人代表姓名、职务）代表本公司（工厂）授权_____（被授权人的姓名、职务）为本公司（工厂）的合法代理人，参加×××采购中心_____采购项目（项目编号：HFCGZX-　　）的投标、合同签订，以及合同执行等活动，其可以本公司名义处理一切与之有关的事务。

特此声明。

法人代表签字：

职务：

代理人（被授权人）签字：

职务：

投标人名称（加盖公章）：

地址：

日期：

小资料

投标报价书

投标人（盖章）：

法人代表或授权代表（签字）：

投标项目	×××采购项目			
包别				
主要设备品牌				
总投标报价 （后附分项报价清单）	人民币小写：			
	人民币大写：			
标书份数	正本：　　　份；　　副本：　　　份			
交货期	日历天			
投标优惠条件（指报价以外的优惠）：本栏内写不下可以另附页				

编制：　　　　审核：　　　　编制单位：

13.3.2

投标文件的编制与递交

投标书是投标供应商对其投标内容的书面声明，包括投标文件构成、投标保证金、总投标价和投标书的有效期等内容。投标人应严格按照招标文件要求编制投标文件，逐项逐条回答招标文件，顺序和编号应与招标文件一致，可以增加说明或描述性文字。投标文件对招标文件未提出异议的条款，均被视为接受和同意。招标文件与投标文件有差异之处，无论多么微小，均应汇总说明。

1）投标文件的编写内容

一份有竞争力的投标文件不仅要求内容完整，而且要求在编制投标文件的每一项内容上讲究策略。结合投标实践工作中积累的经验，投标文件的编写内容与相关策略分述如下：

（1）封面。封面上需要填写项目名称/投标产品名称和本项目的招标编号以及日期。如果本次招标包括若干合同包，应指明投标的具体合同包号和产品名称。另外，注意要在签字本和复印本上标明正本和副本字样。

（2）投标文件清单，即投标文件目录。

（3）投标书。投标书要填写的内容有招标代理机构的名称、项目/产品名称、招标编号、副本份数、投标保函金额、投标价格、补遗书份数、投标有效期天数和联系人地址以及联系方法。投标价格应表述全面，包括报价方式和大小写金额。

（4）投标一览表。根据招标文件要求，投标一览表除在投标文件中提供外，还应单独密封一份供招标人唱标时使用。填写内容包括：招标编号、序号和包号/品种号（只有一种投标产品时可不填）、设备名称、型号和规格、数量、制造商名称和国籍、报价方式、投标货币、投标总价、投标保证金（有/无）、交货期（应严格按照招标文件的提法表述，如"合同签字后3个月"或"合同生效后3个月"，一般不要只简单填写"3个月"）。根据国际贸易惯例，合同签约和生效不是一个时间。

（5）投标分项报价表。本表的目的是了解投标总价的构成并比较各个投标人相同项目报价的高低，一般招标文件的脚注会注明"如果不提供详细分项报价将视为没有实质性响应招标文件，会导致废标"。主机和标准附件一项要填写型号和规格、数量、原产地（即具体生产厂的国别）和制造商名称、EXW或FOB/FCA单价、CIF/CIP单价（选择一种，"CIF/CIP"并列会引起误解）、CIF/CIP总价、至最终目的地的运保费。如果不提供备品备件和专用工具应注明。如果提供备件和工具，可按要求注明厂家和价格，在"规格和型号"一栏注明"清单见附件"，用附件详细说明内容。

（6）货物说明一览表和技术规格偏离表。货物说明一览表只是对货物的简单描述，招标文件脚注中一般要求详细技术性能另页描述，所以本部分和后面的技术规格偏离表应构成产品的全部技术部分。技术规格偏离表的本意是列出和招标文件的要求不符合的条款，但建议利用此表对全部技术指标进行说明。

（7）商务条款偏离表。广义上，招标文件中除技术部分外都属于商务条款。因为招标文件第一部分的内容一般是标准的商务文件格式，所以重点是审查列在"投标资料表"和"合同条款资料表"中的变化。其中，"投标资料表"中重要的项目有：报价方式和相关费用的要求、业绩要求、货物验收后需要备件的年限、评标考虑因素的全部内容（交货时间、付款要求、备件价格、售后服务等）；"合同条款资料表"中关注的条款有履约保证金要求、目的地、伴随服务、备件、保证期、维修响应时间和付款条件（有些因素会在技术要求中说明）。与上述条款有差异的地方应在商务偏离表中指出，如交货期和付款时间等。投标人的优势在这里也要强调，如维修点和保税库等。根据招标文件的不同要求，商务条款的偏离可能会直接造成废标，也可能导致评标价格的调整，所以最好是没有偏差，应尽量满足招标文件的所有要求。

（8）投标保证金。附上正本。如正本投标保函通过银行转递，此处要附上底单备查。

（9）法人代表授权书。如是投标人法人代表亲自签字，则不需要授权书。

（10）资格声明、制造商资格声明、贸易公司资格声明、营业执照、制造商出具的授权函、证书、银行资信证明（正本，有的项目规定可以是近3个月的复印件）。以上文件用于对投标人的投标资格、生产能力、财务能力进行审查。制造商资格声明中要求填写的一些项目，如外购件情况、制造商生产经验和易损件供应商的名称要注明。表中要求的销售业绩可在此处列出，也可用附件单独列表。其他表格中的内容根据项目具体情况填写。

（11）售后服务说明。根据招标文件要求和本公司惯例制作。

（12）各种注册证、许可证和认证。

（13）备品备件清单。招标文件一般都要求质量保证期后一定期限的备品备件，根据要求填写内容和价格。

（14）专用工具清单。根据要求决定是否提供以及提供的内容和价格。

（15）选配件清单。它主要指投标人认为要配备的及希望招标人购买的但在招标文件要求之外的部件，其价格不计入评标价中，招标人一般会在评标报告中说明选择哪些配件将加在合同价内。

（16）培训计划。根据招标文件要求应答。

（17）国际、国内销售记录。它主要指同类产品在国际、国内的销售情况，以证明产品的畅销和开始销售的时间、用户名称、联系方式等。

（18）产品样本资料。

2）投标文件的密封与标记

（1）投标文件的每份正本、副本均应用信封分别密封。信封上注明项目名称，投标人名址，"正本""副本"字样及"不准提前启封"字样。信封上应加盖投标人公章。

（2）投标保函。投标保证金应用信封单独密封，封面上注明"银行保函"、"投标保证金"和"保密"字样。

（3）在投标文件澄清后提交分项价格部分应用信封单独密封，封面上注明"分项价格"和"保密"字样。

3）投标文件编制应注意的问题

（1）投标的语言。投标人提交的投标书以及投标人与买方就有关投标的所有来往函电均应使用"投标资料表"中规定的语言书写。投标人提交的支持文件和印制的文献可以用另一种语言，但相应内容应附有"投标资料表"中规定语言的翻译本，在解释投标书时以翻译本为准。

（2）投标函格式。投标人应完整地填写招标文件中提供的投标函格式和投标报价表，说明所提供的货物、货物简介、来源、数量及价格。

（3）为了便于买方进行分类，投标人应填写招标文件中提供的相应组别的投标报价表。如果投标人填写的投标报价表不是相应组别的投标报价表，其投标书不会被拒绝，但是买方将把其投标书归入相应类别的投标组别中。

（4）其他注意事项。投标文件应逐页小签；正本和副本要标注清楚，并分别密封，所有正、副本再统一密封在一起，贴上标记（不能标识有投标人的名称）。

4）投标书递交的时间和方式

投标人应将投标书按照招标文件的要求编制、密封，并加盖法人骑缝章，于规定的投标截止时间以前送至规定的地点。网上采购项目应遵从招标人的要求，在投标截止时间之前，将投标文件或投标报价以规定的形式从网上反馈给招标单位。一切迟到的投标文件都将被拒绝。

5）投标文件的补充、修改和撤回

（1）投标截止日期前，投标人可以以书面形式向招标代理机构对业已递交的投标文件提出补充或修改，相应部分以最后的补充和修改为准。该书面材料应密封，由投标人代表签字并加盖公章。

（2）投标人不得在投标截止日期至投标有效期满前撤回投标文件，否则其投标保证金将予以没收。

6）无效投标

发生下列情况之一者，视为无效投标：

（1）投标文件未密封和/或技术文件未按规定加盖公章和签字。

（2）投标文件中无投标保证金。

（3）投标文件未按规定格式、内容填写和/或投标文件内容与招标文件严重背离。

（4）在投标文件中有两个以上的报价，且未明确哪个报价有效。

（5）其他不符合招标文件要求的投标。

综上所述，投标人要了解招、投标活动的重要原则和观念，在获得招标文件后，要认真分析招标文件的内容，对照招标文件的要求，逐项应答，避免出现投标文件被拒绝的现象，从而通过编制完整的投标文件并运用各种策略来充分体现投标人的实力和能力，在竞争激烈的投标中取胜，进而获得更大的市场份额。

13.3.3

投标书的初审

招标方收到投标书，应对其进行初步审查。

第一，招标方将审查投标书是否完整，有无计算上的错误，是否足额提交了投标保证金，文件签署是否合格，投标书的总体编排是否有序且基本符合招标文件要求等。

第二，看其是否有计算上或累加上的算术错误。修正错误的原则如下：当单价与数量的乘积和总价不一致时，一般以单价为基础修改总价。只有评标委员会认为单价有明显的小数点错误时，才能以标出的总价为准，并修改单价。如果投标人不接受对其错误的更正，其投标书将被拒绝，其投标保证金将被没收。如果用文字表示的数值与用数字表示的数值不一致，以文字表示的数值为准。

第三，对于投标书中不构成实质性偏差的微小的非正规、不一致或不规则的地方，招标方可以接受，但这种接受不能损害或影响任何投标人的相对排序。

第四，在详细评标之前，根据投标人须知，招标方要审查每份投标书是否实质上响应了招标文件的要求。实质上响应的投标应该是与招标文件要求的全部条款、条件和规格相符，没有重大偏离或保留的投标。对关键条文的偏离、保留或反对，例如关于投标保证金、适用法律及关税的偏离将被认为是实质上的偏离。招标方决定投标书的响应性只根据投标书本身的内容，而不寻求外部的证据。

第五，如果投标书实质上没有响应招标文件的要求，招标方将予以拒绝，投标人不得通过修正或撤销不符合要求的偏离或保留从而使其投标成为实质上响应的投标。

13.4
评标体系

评标是依据招标文件的规定和要求，对投标文件所进行的审查、评审和比较。评标工作由招标采购单位负责组织，具体评标事务由招标采购单位依法组建的评标委员会负责。评标是审查确定中标人的必经程序，是保证招标成功的重要环节，招标方应该掌握一定的评标方法与技巧，建立严格、规范的评标体系，以成功推动评标工作的顺利进行。

13.4.1
评标委员会

1）评标委员会及其组成

为了保证评标的公正性，防止招标人左右评标结果，评标不能由招标人或其代理机构独自承担，而应组成一个由有关专家和人员参加的委员会，负责依据招标文件规定的评标标准和方法，对所有投标文件进行评审，向招标人推荐中标候选人或者直接确定中标人。评标委员会是由招标人负责组织，由招标人的代表及其聘请的技术、经济、法律等方面的专家组成，负责具体评标工作的专门组织。为了防止招标人在选定评标专家时的主观随意性，招标人应从国务院或省级人民政府有关部门提供的专家名册或者招标代理机构的专家库中，确定评标专家。评标委员会成员的名单，在中标结果确定前属于保密的内容，不得泄露。与投标人有利害关系的人员不得进入评标委员会。

由于评标是一种复杂的专业性活动，非专业人员根本无法对投标文件进行评审和比较，同时为了保证评标的公正性和权威性，在专家成员中，技术、经济等方面的专家不得少于成员总数的2/3。采购金额在300万元以上、技术复杂的项目，评标委员会中技术、经济方面的专家人数应当为5人以上单数。技术专家主要负责对投标中的技术部分进行评审；经济专家主要负责对投标中的报价等经济部分进行评审；而法律专家则主要负责对投标中的商务和法律事务进行评审。考虑到上述几方面的专家和招标人及其代理机构的代表，因此评标委员会人数一般应为5人以上。

2）评标委员会的职责

在整个评标过程中，评标委员会将按照公正、公平、公开的原则对待所有投标人，评标委员会对投标文件进行审查、质疑、评估、比较。首先审查投标文件是否符合招标文件的所有条款、条件和规定，对与招标文件规定有实质性不符的投标文件，应当决定其无效；评标委员会可以要求投标人对投标文件中含义不明确的地方进行必要的澄清，但澄清不得超过投标文件记载的范围或改变投标文件的实质性内容。然后依据投标商品的价格、技术性能、交货期、付款条件、售后服务、资信及履约能力和其他优惠条件等，综合评定后向招标人提出书面评标报告，并推荐1~3个中标候选人。招标人根据评标委员会的评标报告直接确定中标人，也可以授权评标委员会直接确定中标人。

13.4.2
评标的标准和方法

评标的目的是根据招标文件中确定的标准和方法，对每个投标人的标书进行评价和比较，以评出最低投标价的投标人。根据什么样的标准和方法进行评审，是一个关键问题，也是评标的原则问题。为了保证评标的公正性和公平性，评标必须以招标文件为依据，不得采用招标文件规定以外的标准和方法进行评标，也不得改变招标确定的评标标准和方法。凡是评标中需要考虑的因素都必须写入招标文件之中。这一点，也是世界各国的通常做法。

1）评标的标准

评标的标准一般包括价格标准和价格标准以外的其他有关标准（又称"非价格标准"），以及如何运用这些标准来确定中选的投标。非价格标准应尽可能客观和定量化，并以货币额表示，或规定相对的权重（即"系数"或"得分"）。通常来说，在货物评标时，非价格标准主要有运费和保险费、付款计划、交货期、运营成本、货物的有效性和配套、零配件和服务的供给能力、相关的培训、安全性和环境效益等。在服务评标时，非价格标准主要有投标人及参与提供服务的人员的资格、经验、信誉、可靠性、专业和管理能力等。在工程评标时，非价格标准主要有工期、质量、施工人员和管理人员的素质、以往的经验等。评标过程将重点考虑以下因素：

（1）投标文件符合招标文件要求，方案设计先进、合理、针对性强、适用性强。

（2）整体报价合理，不过高或过低。如投标报价过低，应能够作出合理的解释。

（3）所选用的设备及产品必须符合用户要求，产品具有较高的可靠性、先进性和可扩展性，同时具有较强的兼容性。产品的故障度低，今后服务有保障，运行成本费用合理，相关硬件的更换有保障。如果是选择服务，则要考虑供应商提供服务的能力、服务水平及服务管理能力的强弱。

（4）供应商具有良好的信誉和产品（或服务）的开发和提升能力，资金雄厚，技术力量强，能够保证及时完成投标项目，在项目完成后，可以及时准确地解决用户所提出的问题。

2）评标的方法

评标工作在整个招标采购中至关重要。招标方应该掌握一定的评标方法与技巧，以便根据招标工作的具体情况灵活运用，选到合适的供应商，推动评标工作的顺利进行。评标方法有很多，目前常用的也是最具有操作性的有以下几种：

（1）以寿命周期成本为基础的评标方法

采购整套厂房、生产线或设备、车辆等在运行期内的各项后续费用（零配件、油料、燃料、维修等费用）很高的设备时，可采用以寿命周期成本为基础的评标方法。

在计算寿命周期成本时，可以根据实际情况，评标时在标书报价的基础上加上一定运行期年限的各项费用，再减去一定年限后设备的残值，即扣除这几年折旧费用后的设备剩余值。在计算各项费用或残值时，都应按标书中规定的贴现率折算成净现值。例如，家电装配线按寿命周期成本评标时应计算的因素有：家电装配线价格、根据标书偏离招标文件的各种情况、估算家电装配线寿命期所需零件及维修费用、估算寿命期末的残值等。

（2）最低投标价法

最低投标价法是指在满足实质性要求和内涵相同的条件下，以报价最低确定中标方的评标方法。最低投标价法操作简便，应用范围较广，是评标的常用方法。一般而言，招标人采购简单商品、半成品、设备、原材料，以及其他性能、质量相同或容易进行比较的货物时，价格可以作为评标时考虑的唯一因素。在这种情况下，最低投标价中标的评标方法就可作为选择中标人的尺度。因此，合同一般授予投标价格最低的投标人。

但是，由于此种方法在评标时，只注重考虑价格因素而忽略其他影响因素，因此缺乏科学性。因为每个厂家的生产能力、规模、生产条件、质量保证和信誉度、交货期、运距都存在差异，在招标时的报价就会不同。因此，价格低廉不应作为中标的唯一标准。如果是较复杂的项目，或者招标人招标主要考虑的不是价格而是投标人的个人技术和专门知识及能力，那么，最低投标价中标的原则就难以适用，而必须采用综合评价方法，评选出最佳的投标，这样招标人的目的才能实现。

（3）以最低评标价为基础的评标方法

以最低评标价为基础的评标方法是指以价格为主要因素确定中标候选供应商的评标方法，即在全部满足招标文件实质性要求的前提下，评标委员会以招标方确定标的物的标底价为依据，评定出投标价格最接近标底价的单位为中标方的评标方法。例如，一项工程的标底价为100万元，交货期为关键响应因素，若甲方提前一周交货，则折扣为1%，评标价为99万元，乙方推迟一周交货，则折扣为-2%，评标价为102万元，则甲方为最终中标方。此种方法须在招标文件中明确各种因素对投标报价的影响，因此，在编制招标文件时要周全考虑，以避免招标过程中发生争议。

在采购简单的商品、半成品、原材料以及其他性能、质量相同或容易进行比较的货物时，评标委员会根据评标标准确定每一投标不同方面的货币数额，然后将这些数额与投标价格放在一起来比较。价格可以作为评标考虑的唯一因素。以价格为尺度时，不是指最低报价，而是指最低评标价。估值后价格（即"评标价"）最低的投标可作为中选投标。最低评标价有其价格计算标准，即成本加利润。其中，利润为合理利润，成本也有其特定的计算口径。

（4）综合评标法

综合评标法是指在最大限度地满足招标文件实质性要求的前提下，按照招标文件中规定的各项因素进行综合评审后，以评标总得分最高的投标人作为中标候选供应商或者中标供应商的评标方法，即评标时除考虑投标价外，还应考虑投标文件中所报交货期及付款方式、货物的技术水平、性能和供货能力、配套性和兼容性、货物发到最终目的地的运输、保险及零配件的供应和售后服务情况、技术服务和培训等其他费用，将诸多影响因素综合考虑、评分。在采购耐用货物如车辆、发动机以及其他设备时，可采用这种评标方法。

综观几种确定中标单位的方法，不难看出每种方法各有利弊，因此在评标时应根据招标的物资类别或具体情况灵活运用，可采用一种固定方式，也可结合招标方的需求和特点综合评定。总之，评标是招标采购工作的关键和难点，它是比较投标人的结果。采用何种评标方法，还需因时、因物、因地，参考众多因素，随着标的物的变化，影响评标因素的权重也将随之发生变化，这就要求在实践中不断摸索、不断地积累经验。

3）评标流程

评标过程的合理性和科学性可以杜绝不公平竞争现象，有助于评标工作的顺利推进，因此制定科学合理的评标程序，对最终选择正确的供应商至关重要。一般评标均采用以下评审程序：

（1）初步评标

初步评标包括以下内容：

①供应商资格是否符合要求；

②供应商是否按规定方式提交投标保证金；

③投标文件是否完整；

④投标文件是否基本上符合招标文件的要求；

⑤投标文件有无计算上的错误。

（2）详细评标

只有在初步评标中确定为基本合格的投标商，才有资格进入详细评定和比较阶段。依据招标文件中的规定，按评标价，由低到高评定各投标商的排列次序。评标出现最低评标价远远高于标底或缺乏竞争性等情况时，应废除全部投标。

（3）编写并上报评标报告

评标工作结束后，采购单位要编写评标报告上报采购主管部门。评标报告包括以下内容：

①招标通告刊登的时间、购买招标文件的单位名称；

②投标商名单；

③开标日期；

④评标的原则、标准和方法；

⑤价格评比基础；

⑥投标报价以及调整后的价格；

⑦授标建议。

（4）资格后审

如果在投标前没有进行资格预审，在评标后则需要对最低评标价的投标商进行资格后审。如果审定结果认为他有资格、有能力承担合同任务，则应把合同授予他；如果认为不符合要求，则应对下一个评标价最低的投标商进行类似的审查。

（5）签订合同

在投标有效期内把合同授予最低评标价投标商，并要求在投标有效期内进行。决标后，向中标的投标商发放中标通知书，同时也要通知其他没有中标的投标商，并及时退还投标保证金。具体的合同签订方法有两种：

①在发中标通知书的同时将合同文本寄给中标单位，让其在规定的时间内签字退回。

②中标单位收到中标通知书后，在规定的时间内派人签订合同。在合同签订前，允许相互澄清一些非实质性的技术性或商务性问题，但不得要求投标商承担招标文件中没有规定的义务，也不得有标后压价的行为。

合同签字并在中标的供应商按要求提交履约保证金后，合同就正式生效，采购工作就进入合同实施阶段。

4）评标报告

评标报告是评标委员会根据全体评标成员签字的原始评标记录和评标结果编写的报告，是评标委员会评标结束后提交给招标人的一份重要文件。评标委员会完成评标后，应当向招标人提出书面评标报告，并推荐合格的中标候选人。

在评标报告中，评标委员会不仅要推荐中标候选人，而且要说明这种推荐的具体理由。评标报告作为招标人定标的重要依据，一般应包括以下内容：

（1）招标公告刊登的媒体名称、开标日期和地点；

（2）购买招标文件的投标人名单和评标委员会成员名单；

（3）评标方法和标准；

（4）开标记录和评标情况及说明，包括投标无效投标人名单及原因；

（5）评标结果和中标候选供应商排序表；

（6）评标委员会的授标建议。

招标人根据评标委员会的评标报告，在推荐的中标候选人（一般为1至3个）中最后确定中标人。在某些情况下，招标人也可以直接授权评标委员会直接确定中标人。

当下述情况之一发生时，经招标管理机构同意可以拒绝所有投标，宣布招标失败：①最低投标报价高于或低于一定幅度时；②所有投标单位的投标文件均实质上不符合招标文件要求。

若发生招标失败，招标单位应认真审查招标文件及工程标底，作出合理修改后经招标管理机构同意，方可重新办理招标或转为议标。

5）中标通知书

中标通知书就是向中标的投标人发出的告知其中标的书面通知文件。我国《招标投标法》规定，中标人确定后，招标人应迅速（如有的国家和地区规定为10日内）向中标人发出中标通知书，并同时将中标结果通知所有未中标的投标人。中标通知书对招标人和中标人均具有法律效力。我国《合同法》规定，投标人提交的投标属于一种要约，招标人的中标通知书则为对投标人要约的承诺。中标通知书发生法律效力后，招标人不得改变中标结果，投标人不得放弃中标项目。招标人改变中标结果，变更中标人，实质上是一种单方面撕毁合同的行为；投标人放弃中标项目的，则是一种不履行合同的行为。两种行为都属于违约行为，所以应当承担违约责任。

小资料

吉林市建设工程中标通知书

中标通知书编号：吉市建设招中审字2012-03-08

中标单位名称：大连先锋建筑设计咨询有限公司

中标工程名称：吉林市公安局业务技术用房及附属设施、交通管理支队和刑事犯罪侦查支队业务（技术）用房、地下停车场建设项目（二标段设计）

中标工程地点：吉林市丰满区红旗街道红旗村

建设单位：吉林市公安局

开标日期：2012年8月22日

招标方式：公开招标

结构类型：方案设计

工程规模：总建筑面积：174 648平方米

吉林市公安局业务技术用房及附属设施总建设规模79 664平方米；交通管理支队和刑事犯罪侦查支队业务（技术）用房总建筑面积29 984平方米，其中刑事犯罪侦查支队业务技术用房14 290平方米，交通管理支队业务技术用房15 694平方米；地下停车场总建筑面积65 000平方米。

中标价格 人民币大写：贰佰零叁万壹仟零壹拾伍元（￥：2 031 015元）

中标工期（日历日）：10日历天

质量等级：符合国家建筑工设计规范的要求

中标工程范围：方案设计

请中标单位收到《中标通知书》后，30日内与建设单位签订合同，报招投标管理机构备案。

招标人：吉林市公安局

招标代理机构：吉林市公正建设工程招标有限责任公司

招投标管理机构：吉林市城乡建设委员会招投标管理处

（资料来源 吉林市城乡建设委员会招投标管理处. 吉林市建设工程中标通知书（设计）[EB/OL]. [2012-08-24]. http://www.ceh.com.cn/zbtbzx/zbgs/2012/130153.shtml.）

13.4.3
开 标

所谓开标，就是投标人提交投标截止时间后，招标人依据招标文件规定的时间和地点，开启投标人提交的投标文件，公开宣布投标人的名称、投标价格及投标文件中的其他主要内容。我国《招标投标法》规定，开标应当在招标文件确定的提交投标文件截止时间的同一时间公开进行；开标地点应当为招标文件中预先确定的地点。

1）开标的基本过程

为了保证投标人及其他参加人了解所有投标人的投标情况，增加开标程序的透明度，开标时，首先宣布参会供应商代表名单，由投标人或者其推选的代表当众检查投标文件的密封情况，所有投标文件（指在招标文件要求提交投标文件的截止时间前收到的投标文件）的密封情况被确定无误后，应将投标文件中投标人的名称、投标价格和其他主要内容向在场者公开宣布。招标人委托公证机构的，可由公证机构检查并公证。一般情况下，投标文件是以书面形式、加具签字并装入密封信袋内提交的。只有密封的投标，才被认为是形式上合格的投标（即是否实质上符合招标文件的要求暂且不论），才能被当众拆封，并公布有关的报价内容。投标文件如果没有密封，或发现曾被拆开过的痕迹，应被认定为无效的投标，不予宣读。考虑到同样的目的，还须将开标的整个过程记录在案，由主持人和其他工作人员签字确认并存档备查。

开标过程还包括投标人就唱标内容（见小资料"开标大会唱标报告格式"）发表异议、公证人员宣布公证词等。

2）开标的注意事项

（1）采购单位或招标单位只接受在规定的投标截止日期前由供应商提交的投标文件，拒收截止日期后送到的投标文件，并取消这类供应商的资格。在收到投标文件后，要立即签收并通知供应商投标文件已经收到。在开标以前，所有的投标文件都必须密封妥善保管。投标文件的内容应与招标文件的要求相一致。

（2）开标应按招标通告中规定的时间、地点和程序，以公开方式进行，并邀请投标商或其委派的代表参加。开标时间与投标截止时间应为同一时间。在特殊情况下，如出现突发事故，变更或取消采购计划等，可以暂缓或推迟开标时间。

（3）唱标内容应完整、明确。只有唱出的价格优惠才是合法、有效的。唱标及记录人员不得将投标内容遗漏不唱或不记。

（4）开标前，应以公开的方式检查投标文件的密封情况，当众宣读供应商名称、投标项目的主要内容、投标价格、提交投标保证金的方式是否符合要求、有无撤标情况以及其他有价值的内容。

（5）开标要做开标记录，其内容包括项目名称、招标号、刊登招标通告的日期、发售招标文件的日期、投标商的名称及报价、购买招标文件单位的名称、截标后收到标书的处理情况等。

小资料

开标大会唱标报告格式

投标单位全称				
序号	投标设备名称	数量	投标价（万元）	交货期
交货地点		备注		

投标单位：（公章）　　法人授权代表：（签章）

年　　月　　日

说明：唱标报告在开标大会上当众宣读，务必填写清楚，准确无误。

◆ 小结和学习重点与难点

招标采购是一种使用越来越广泛的采购方式，本章介绍了招标采购的内涵、特点、适用范围。招、投标文件是招标采购中相当重要的环节，本章在介绍招、投标文件的概念和内容的基础上，重点描述了招标文件、投标文件的格式及编写方法。

招标采购是通过在一定范围内公开购买信息，说明拟采购物品或项目的交易条件，邀请供应商或承包商在规定的期限内提出报价，经过比较分析后，按既定标准选择条件最优的投标人并与其签订采购合同的一种采购方式。

招投标采购有公开招标、邀请招标、议标三种招标投标方式。

按照竞争程度，公开招标可分为国际竞争性招标和国内竞争性招标。

一项科学规范的招标采购应由策划、招标、投标、开标、评标、定标和合同授予等部分组成。

招标文件是招标人向投标人提供的为进行投标工作所必需的文件，旨在向其提供为编写投标文件所需的资料并向其通报招标投标将依据的规则和程序等项内容的书面文件。

公开招标公告应当包括以下主要内容：①招标采购单位的名称、地址和联系方法；②招标项目的名称、数量或者招标项目的性质；③投标人的资格要求；④获取招标文件的时间、地点、方式及招标文件售价；⑤投标截止时间、开标时间及地点。

评标是依据招标文件的规定和要求，对投标文件所进行的审查、评审和比较。评标工作由招标采购单位负责组织，具体评标事务由招标采购单位依法组建的评标委员会负责。

中标通知书就是向中标的投标人发出的告知其中标的书面通知文件。

所谓开标，就是投标人提交投标截止时间后，招标人依据招标文件规定的时间和地点，开启投标人提交的投标文件，公开宣布投标人的名称、投标价格及投标文件中的其他主要内容。

本章的学习重点是招标文件、投标文件的编写方法。

本章的学习难点是投标文件的编制。

◆ 前沿问题

竞价采购

竞价采购是招标方式和拍卖技术以及现代互联网信息技术的有机结合，是类似于拍卖竞购的一种逆向行为，即用逐步降低销售价格方式赢得标的物的过程，也称拍购。竞价时，由采购商发布竞价标书，事先约定拍购条件，并主持整个竞价过程。经过采购商资格预审合格的供应商，都是在匿名条件下与对手竞争，可以在规定的竞拍过程中充分进行竞争性报价，争取获得有利的排位，符合预设中标条件的供应商最终中标。

相比传统的招投标方式，竞价采购将投标的静态报价转换为动态报价，允许供应商在公平竞争的环境中多次报价，从而能够快速达到采购产品的平均市场成本线。

相比传统的竞争报价方式，网上竞价采购在保证实时竞争现场的同时又能保证参与各供应商间的背对背，从而有条件创造出一个充分竞争的环境，保证采购企业的利益。

架构于先进互联网信息技术上的网上竞价采购，以其竞争气氛激烈、降价效果明显、业务流程简便易操作、业务周期短等特点被越来越多的企业所接受。网上竞价采购系统在充分保证竞价采购的特点的基础上总结大量项目实施经验作出了诸多优化，例如：允许用户设置大量业务开关参数，从而能够组合出不同的采购策略；引入评标机制，弥补竞价以价格为唯一决定因素的不足等。

（资料来源　佚名．电子采购——竞价采购［EB/OL］．［2015-08-05］. http://wenku.baidu.com/link？url=6VrpG6gpildZIMYvCvvd8o0pYXKlNCIfQJkUHwaWitGB6BPMAP35o4nWwOCStZFL_f107_r-aCynZ4w1vjTeDuOcz91tPGn2MAt7NgyJnwO.）

◆ 案例探讨

集中规模招标降低采购成本

2009年初，在国家电网公司，一份《关于开展"节约一分钱、节约一张纸、节约一寸导线"活动的意见》，以一号文的形式制定下发。"三节约"活动，有力推动了公司降本增效。其中，集中规模招标是国家电网公司降低发展成本，推进精益管理和标准化建设的创新之举。截至2009年7月份，累计中标金额达到842亿元，节约68.9亿元。

公司对输变电工程主要设备和材料实施集中规模招标采购。国际金融危机发生后，国家电网公司按照循序渐进、分步实施、规范程序、不断完善的原则，逐步扩大集中招标的规模与范围。目前，220千伏及以上输变电工程主要设备材料和二次设备、重要输变电工程的设计、施工和监理由公司总部集中招标，110千伏及以下输变电工程设备材料由各网省公司集中招标。在此基础上，全面推广办公用品集中招标采购，扩大二次设备集中招标采购范围，从场站端（变电站）扩大到主站端（调度中心），降低采购成本。

为推动集中规模招标顺利实施，国家电网公司制定公司招标活动管理办法，形成较为完善的招投标管理制度体系；推行集中招标电子化，保证招标活动公开、公平、公正。目前两级招标采购平台已全面实现网上发标、投标、开标；建立统一的监造管理体系和物资管理体系，累计派出48个驻厂监造组，对集中招标的220千伏及以上电压等级的主要设备实行集中监造，确保设备质量与交货进度；健全招标、监造、验收等环节的问责制，加大招投标工作督查力度，及时、完整地发布招标计划、招标结果等信息，建立厂家接待日制度，主动接受监督。

国家电网公司积极推行集中规模招标，有效控制了建材工程造价，节约了规划、设计、融资、运营等各项成本，降低了各项消耗、可控管理费用和非生产性支出。目前，降本增效已成为国家电网公司员工的一种习惯。

（资料来源 柴洁. 国家电网公司：集中规模招标降低采购成本［N］. 经济日报，2009-09-07.）

思考题：

试分析国家电网公司集中规模招标采购的好处。

◆ 课后练习

（一）名词解释

招标采购 招标文件 开标 中标通知书

（二）填空题

1.招投标采购有_____、_____、_____三种招标投标方式。

2.按照竞争程度，公开招标可分为_____和_____。

3.议标的主要方式有以下几种：_____、_____、_____。

（三）单项选择题

1.评标由（ ）负责。

A.招标人 B.招标代理人 C.评标委员会 D.主管政府部门

2.评标委员会人数一般应为（ ）人以上。

A.2 B.3 C.4 D.5

3.根据《招标投标法》的规定，履行项目审批手续和（　　）是招标项目进行招标前必须具备的两项基本条件。

A.落实资金来源   B.获得审批手续的批准

C.拟订招标方案   D.编制项目可行性研究报告

4.根据《招标投标法》的规定，招标人具有（　　）能力的，可以自行办理招标事宜。

A.编制和出售资格预审文件、招标文件　　B.编制招标文件和组织评标

C.审查投标人资格   D.编制标底

（四）多项选择题

投标文件通常可分为（　　）。

A.商务文件   B.技术文件   C.价格文件   D.评标文件

（五）简答题

1.招标采购是如何分类的？简要说明其特点。

2.如何进行招、投标文件的编制？

3.评标的标准和方法有哪些？

（六）论述题

结合实例说明评标包括哪些步骤。

附录　中英文词汇对照表

ABC Classification　ABC 分类管理是将库存物品按品种和占用资金的多少分为特别重要的库存（A 类）、一般重要的库存（B 类）和不重要的库存（C 类）三个等级，然后针对不同等级分别进行管理与控制。

Agent Purchasing　代理采购是指由于采购工作的复杂性和专业性，一些企事业单位不愿意自己花资金、时间和精力去直接从事采购工作，就将其委托给专门的采购代理公司来操作。这样的代理公司凭借其专业的采购人员、标准化的采购流程、良好的市场关系，能够用最低的采购成本找到最佳的供货商，获得合适的资源，并且为委托人签订采购合同并处理采购过程中的各种意外。代理公司通过收取一定的代理费作为其经济收入。

Automatic Warehouse　自动化仓库是指由电子计算机进行管理和控制，不需人工搬运作业而实现收发作业的仓库。

Bar Code　条码是指由一组规则排列的条、空及字符组成的，用以表示一定信息的代码。

Computer Assisted Ordering（CAO）　计算机辅助订货系统是指基于库存和客户需要信息，利用计算机进行自动订货管理的系统。

Centralized Purchasing　集中采购是指企业在核心管理层建立专门的采购机构，统一组织企业所需物品的采购业务。以组建内部采购部门的方式来统一其分布于世界各地的分支机构的采购业务，减少采购渠道，通过批量采购获得价格优惠。集中采购体现了经营主体的权利、利益、意志、品质和制度，有利于稳定本企业与供应商之间的关系，是经营主体降低进货及物流成本，赢得市场，控制节奏，保护产权、技术和商业秘密，提高效益，取得最大利益的战略手段。集中采购将成为未来企业主要的采购方式，具有良好的发展前景。跨国公司的全球采购部门是建设集中采购的典型应用。

Competitive Bidding　竞争导向定价是结合市场因素及成本因素来确定自己的产品价格。

Customs Declaration　报关是指由进出口货物的收发货人或其代理人向海关办理进出

境手续的全过程。

Certificate of Origin　原产地证明用以证明货物原产地或制造地，是进口国海关计征税率的依据。

Cost-based Pricing　成本导向定价法是以产品成本（包括销售成本）为基础确定供应价格。

Continuous Replenishment Program（CRP）　连续库存补充计划是指利用及时准确的销售时点信息确定已销售的商品数量，根据零售商或批发商的库存信息和预先规定的库存补充程序确定发货补充数量和配送时间的计划方法。

Consociation Purchasing　联合采购是指两个以上的企业采用某种方式进行的联盟采购行为。相对于集中采购强调企业或集团内部的集中化采购管理，联合采购则是指多个企业组成的联盟为共同利益而进行的采购活动，因此可以认为联合采购是集中采购在外延上的进一步拓展。加入联盟中的各企业在采购环节上实施联合可极大地减少采购及相关环节的成本，为本企业创造可观的效益。

Cycle Stock　经常库存是指在正常的经营环境下，企业为满足日常需要而建立的库存。

Daily Mean Sales　日平均销售量是指单项货品日平均销售量。

Decentralized Purchasing　分散采购与集中采购相对应，分散采购是指由企业的下属各单位（如子公司、分厂、车间或分店）根据各自的需要，实施的为满足自身生产经营需要而进行的采购活动。分散采购主要适用于小批量、单件、价值低、总支出在产品经营费用中所占比重小的物品，与集中采购相比，分散采购具有货量小、流程短、手续简单、占用资金少、不增加库存成本等优势。

Distribution　配送是指在经济合理区域范围内，根据用户要求，对物品进行拣选、加工、包装、分割、组配等作业，并按时送达指定地点的物流活动。

Delivery Order　提货单是收货人凭正本提单或副本提单随同有效的担保向承运人或其代理人换取的、可向港口装卸部门提取货物的凭证。

Distribution Requirement Planning（DRP）　配送需求计划是库存管理的一种计划方法。DRP联系着配送系统和制造规划及控制系统（MPC），它阐明现有的存货状况，并且预测配送系统对于制造生产计划和物料规划的需求。

Distribution Resource Planning（DRP II）　配送资源计划是一种企业内物品配送计划系统管理模式，是在DRP的基础上提高各环节的物流能力，达到系统优化运行的目的。

Economic Order Quantity（EOQ）　经济订货批量是在理想化的存货体系中，计算出在总成本最小化的基础上的订购数量。

Electronic Order System（EOS）　电子订货系统是指不同组织间利用通信网络和终端设备以在线联结方式进行订货作业与订货信息交换的体系。

Electronic Data Interchange（EDI）　电子数据交换是通过电子方式，采用标准化的格式，利用计算机网络进行结构化数据的传输和交换。

Efficient Consumer Response（ECR）　高效消费者响应起始于食品杂货业，是指食品杂货的分销商和供应商以满足顾客要求和最大限度降低物流过程费用为原则，及时作出准确反应而进行密切合作，使物品供应或服务流程最佳化。

Enterprise Resource Planning（ERP）　企业资源计划是在 MRP II 的基础上，通过反馈的物流和反馈的信息流、资金流，把客户需要和企业内部的生产经营活动以及供应商的资源整合在一起，体现完全按用户需要进行经营管理的一种全新的管理方法。

Fixed-interval System（FIS）　定期订货方式是按预先确定的订货间隔期间进行订货补充的一种库存管理方式。

Fixed-quantity System（FQS）　定量订货方式是当库存量下降到预定的最低的库存数量（订货点）时，按规定数量（一般以经济订货批量为标准）进行订货补充的一种库存管理方式。

Inspection　检验是指根据合同或标准，对标的物品的品质、数量、包装等进行检查、验收的总称。

Inventory　库存是指处于储存状态的物品。广义的库存还包括处于制造加工状态和运输状态的物品。

Inventory Control　库存控制是在保障供应的前提下，使库存物品的数量最少而进行的有效管理的技术经济措施。

Inventory Cycle Time　库存周期是指在一定范围内，库存物品从入库到出库的平均时间。

Jointly Managed Inventory（JMI）　联合库存管理是一种在 VMI 的基础上发展起来的供应商与用户权利责任平衡和风险共担的库存管理模式。

Just in Time（JIT）　准时化生产是起源于日本丰田汽车公司的一种生产管理方法。它的基本思想是"杜绝浪费""只在需要的时候，按需要的量，生产所需要的产品"。

Logistics Cost Control　物流成本管理是指对物流相关费用进行的计划、协调与控制。

Lead Time　前置期是指从发出订单到收到该批新订购货物之间所花费的时间，它与订单完成周期的含义是基本一致的。

Market-based Pricing　需求导向定价法（又称为市场导向定价法）是随行就市的方法，即以市场价格作为自己的产品价格。

Maintenance Repair and Operations（MRO）　维护、修理及运营用品是以辅助活动为目标的采购用品。

Material Requirement Planning（MRP）　物资需求计划是根据企业的主产品生产计划、主产品的物料单和结构文件及库存文件，分别求出主产品的所有零部件的需求时间和需求数量的方法。

Manufacturing Resource Planning（MRP II）　制造资源计划是指从整体最优的角度出发，运用科学的方法，对企业的各种制造资源和企业生产经营各环节实行合理有效的计划、组织、控制和协调，达到既能连续均衡生产，又能最大限度地降低各种物品的库存量，进而提高企业经济效益的管理方法。

Merge Purchasing　合并采购主要是存在于同行业的企业之间，通过合并通用材料的采购数量和统一采购来获得大规模采购带来的低价优惠。在这种联合方式下，每一项采购业务都交给采购成本最低的一方去完成，使联合体的整体采购成本低于各方原来进行单独采购成本的总和。

Order Cycle Time　订货处理周期是指从收到订货单到将所订货物发运出去的时间

间隔。

Order Proposal List 建议订单是指电脑计算出每项货品应续订数量之报表，也称订货计划。

Outsourcing 业务外包是指企业为了获得比单纯利用内部资源更多的竞争优势，将其非核心业务交由合作企业完成。

Package/Packaging 包装是指为在流通过程中保护产品、方便储运、促进销售，按一定技术方法而采用的容器、材料及辅助物等的总体名称，也指为了达到上述目的而采用容器、材料和辅助物的过程中施加一定技术方法等的操作活动。

Payment 支付方式是指买方将货款汇到卖方账户所采取的具体结汇方式。

Procurement 采购是指企业基于生产、销售、管理等目的购买所必需的所有货物和服务的交易行为。在制造业中，人们通过采购获取制造的基础设施（建筑物、机器设备）、原材料、零件和其他生产所需资源。在服务业中，通过采购获取诸如设备维护、废料管理一类的支持性服务，这些服务通常由专业的承包商提供。总的来说，采购就是通过商品交换和物流手段从资源市场取得资源的过程。

Packing Document 包装单据是指一切记载或描述商品包装种类和规格情况的单据，是商业发票的补充说明。

Purchasing Effectives 采购效果是指通过特定的活动，实现预先确定的目标的程度。

Purchasing Efficiency 采购效率是指为了实现预先确定的目标，计划耗费和实际耗费之间的关系。

Promissory Note 本票是出票人签发的，承诺自己在见票时无条件支付确定金额给收款人或者持票人的票据。这是我国《票据法》对本票的定义，指的是银行本票。

Quick Response（QR） 快速反应是指物流企业面对多品种、小批量的买方市场，不是储备"产品"，而是准备各种"要素"，在用户提出要求时，能以最快速度抽取"要素"，及时"组装"，提供所需服务或产品。

Receiving Space 收货区是指到库物品入库前核对检查及进库准备的地区。

Sorting 分拣是指将物品按品种、出入库先后顺序进行分门别类堆放的作业。

Supply Chain 供应链是指生产及流通过程中，涉及将产品或服务提供给最终用户活动的上游与下游企业所形成的网链结构。

Supply Chain Management（SCM） 供应链管理是指利用计算机网络技术全面规划供应链中的商流、物流、信息流、资金流等，并进行计划、组织、协调与控制。

Supply Logistics 供应物流是指为生产企业提供原材料、零部件或其他物品时，物品在提供者与需求者之间的实体流动。

Safety Stock 安全库存是指为了防止不确定性因素（如大量突发性订货、交货期突然延期等）而准备的缓冲库存。

Shipping Space 发货区是指物品集中待运地区。

Tally 理货是指货物装卸中，对照货物运输票据进行的理（点）数、计量、检查残缺、指导装舱积载、核对标记、检查包装、分票、分标志和现场签证等工作。

The Learning Curve 学习曲线是指随着产品的累计产量增加，单位产品的成本会以一定的比例下降的曲线。

Value Analysis　价值分析是指通过各相关领域的协作，对所研究对象（如产品）的功能与费用进行系统分析，力求以最低的总成本可靠地实现用户所需功能的一种组织活动和管理方法。

Vendor Managed Inventory（VMI）　供应商管理库存是指供应商等上游企业基于其下游客户的生产经营、库存信息，对下游客户的库存进行管理与控制。

Warehouse　仓库是保管、储存物品的建筑物和场所的总称。

Warehouse Layout　仓库布局是指在一定区域或库区内，对仓库的数量、规模、地理位置和仓库设施、道路等各要素进行科学规划和总体设计。

Warehouse Management　仓库管理是指对库存物品和仓库设施及其布局等进行规划、控制的活动。

Zero-inventory Logistics　零库存技术是在生产与流通领域按照JIT组织物资供应，使整个过程库存最小化的技术的总称。

主要参考文献

[1] 张浩. 采购管理与库存控制 [M]. 北京：北京大学出版社，2010.

[2] 霍红，张玉斌. 采购管理实务 [M]. 北京：科学出版社，2010.

[3] 国际贸易中心. 如何进行电子采购 [M]. 北京：中国物资出版社，2009.

[4] 郝渊晓，张鸿，马健诚. 采购物流学 [M]. 广州：中山大学出版社，2008.

[5] 邵晓峰，张存禄，李美燕. 供应链管理 [M]. 北京：机械工业出版社，2007.

[6] 鞠颂东，徐杰. 采购管理 [M]. 北京：机械工业出版社，2005.

[7] 郭晖. 采购实务 [M]. 北京：中国物资出版社，2006.

[8] 沃特商业研究中心. 百货零售店经营管理一本通 [M]. 北京：经济科学出版社，2005.

[9] 梁军，王金云. 采购管理 [M]. 北京：电子工业出版社，2006.

[10] 秦文纲. 采购与仓储管理 [M]. 杭州：浙江大学出版社，2004.

[11] 李琦业. 货物采购与检验 [M]. 北京：中国物资出版社，2004.

[12] 威尔. 采购与供应链管理 [M]. 梅绍祖，阮笑雷，巢来春，译. 北京：清华大学出版社，2002.

[13] 王槐林. 采购管理与库存控制 [M]. 北京：中国物资出版社，2004.

[14] 高玉林，郑一群. 采购实战精要 [M]. 北京：中国经济出版社，2005.

[15] 谢爱丽，朱玉荣. 做优秀的采购员 [M]. 广州：广东经济出版社，2004.

[16] 贝利，等. 采购原理与管理 [M]. 王增东，杨磊，译. 北京：电子工业出版社，2003.

[17] 吴清一. 物流管理 [M]. 北京：中国物资出版社，2003.

[18] 秦明森，等. 物流技术手册 [M]. 北京：中国物资出版社，2002.

[19] 朱新民，林敏晖. 物流采购管理 [M]. 北京：机械工业出版社，2004.

[20] 赵林度. 供应链与物流管理理论与实务 [M]. 北京：机械工业出版社，2003.

[21] 阙祖平. 商品采购管理 [M]. 大连：东北财经大学出版社，2008.

［22］魏国辰. 采购实际操作技巧［M］. 北京：中国物资出版社，2003.

［23］杨晨光，李海霞. 电子商务［M］. 西安：西安电子科技大学出版社，2002.

［24］薛文彦. 采购精细化管理与库存控制［M］. 北京：化学工业出版社，2015.

［25］刘宝红. 采购与供应链管理：一个实践者的角度［M］. 北京：机械工业出版社，2015.